1962年刘永好及父母兄妹全家在大邑拍摄合影
（照片上文字是刘永好父亲刘大墉亲笔写下）

陈育新（右三）、刘永好（右二）等人在育新良种场门前

1991年,刘永好五兄妹在新津老家希望科研所留影
(左起:刘永红、刘永好、刘永言、陈育新、刘永行)

创业初期刘永好四兄弟共谋发展大计

2003年夏天，刘永好全家在新津老家希望科研所留影

2016年，刘永好全家参加新希望澳新总部成立仪式时留影

1993年，刘永好当选全国政协委员，在全国政协八届一次会议上做题为《私营企业有希望》的发言

1993年9月，"希望牌"饲料荣获国家"星火科技成果二等奖"

1996年，刘永好在美国学习现代农业

1996年，刘永好出席中国光彩事业促进会第一届理事会议

1996年,刘永好在民生银行成立大会上

1998年,四川新希望农业股份有限公司上市

2005年,四川新希望农业股份有限公司与山东六和集团达成合作,双方正式更名为新希望六和股份有限公司,成为全国最大的民营农牧企业

位于山东德州夏津的新希望六和"聚落式"养殖基地

新希望乳业现代化生产车间

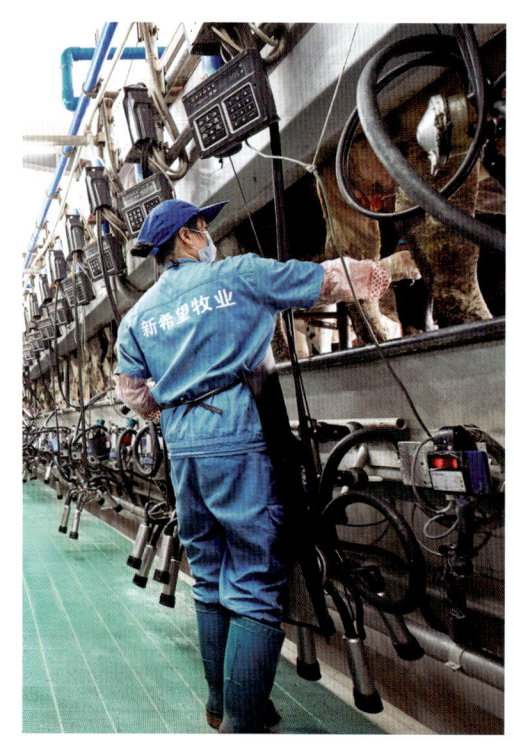

新希望乳业牧场现代化生产线

新希望乳业推出的国内首款"以时间定义新鲜"的产品——"24小时鲜牛乳"

刘永好应邀到正大集团董事长谢国民泰国家中做客

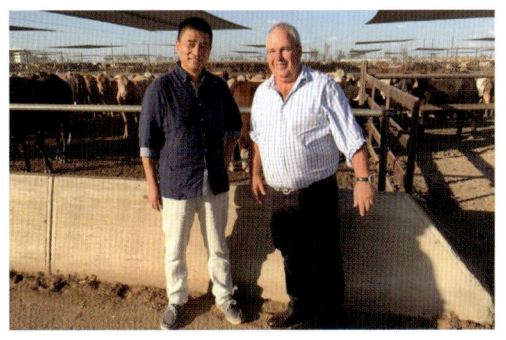

2013年，刘永好在澳大利亚考察牧场

2021年，川商总会会长大会

2023年春节，刘永好在悉尼与在澳高管及伙伴交流

2019年,新希望乳业上市(股票名称:新乳业,股票代码:002946)

2021年,新希望服务上市(股票名称:新希望服务,股票代码:3658.HK)

2022年,新希望控股旗下华融化学上市(股票名称:华融化学,股票代码:301256)

2021 年，新希望控股集团首次进入《财富》世界 500 强榜单

2022 年，新希望创立 40 周年主题 Logo 正式发布

2008 年，刘永好在汶川地震灾区的彭州小渔洞与抗震救灾志愿者共同救灾

2018 年，刘永好被国务院扶贫办授予"全国脱贫攻坚奉献奖"

2021年，首届乡村振兴"村长班"在北大国发院开班，学员们在永好楼前合影

2022年，刘永好在第二届乡村振兴"村长班"上与同学们互动

2021年，刘永好等10位民营企业家共同发起《让我们积极投身到"万企兴万村"行动中来》的倡议

2022年，新希望集团创立40周年暨第三届企业文化节开幕，刘永好带领团队参与"重走希望路"徒步活动

2018年，刘永好被党中央、国务院授予"改革先锋"称号

2019年，刘畅获得安永企业家奖，
刘永好也曾在2007年获得此奖项，本次全程参与并为刘畅记录获奖过程

部分杂志封面及媒体报道

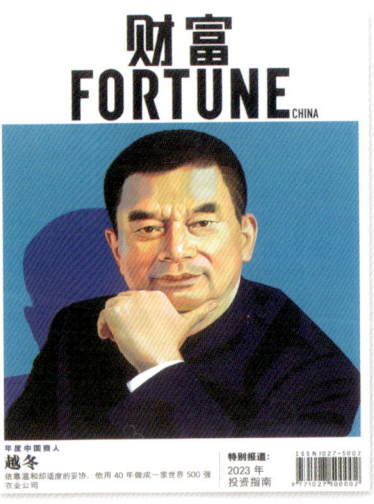

刘永好
和新希望的40年

秦朔／策划　刘睿敏／著

中信出版集团｜北京

图书在版编目（CIP）数据

焕新：刘永好和新希望的 40 年 / 刘睿敏著 . -- 北京：中信出版社，2023.3（2023.4 重印）
ISBN 978-7-5217-5116-1

Ⅰ.①焕… Ⅱ.①刘… Ⅲ.①刘永好－生平事迹②私营企业－企业管理－经验－中国 Ⅳ.① K825.38 ② F279.245

中国版本图书馆 CIP 数据核字 (2022) 第 257013 号

焕新——刘永好和新希望的 40 年
著者： 刘睿敏
出版发行：中信出版集团股份有限公司
（北京市朝阳区东三环北路 27 号嘉铭中心　邮编　100020）
承印者： 河北鹏润印刷有限公司

开本：787mm×1092mm　1/16　　印张：28
插页：8　　　　　　　　　　　　字数：390 千字
版次：2023 年 3 月第 1 版　　　　印次：2023 年 4 月第 5 次印刷
书号：ISBN 978-7-5217-5116-1
定价：88.00 元

版权所有·侵权必究
如有印刷、装订问题，本公司负责调换。
服务热线：400-600-8099
投稿邮箱：author@citicpub.com

目 录

推荐序一　希望行稳致远　方洪波　/ V
推荐序二　润物细无声　刘畅　/ VII

引子　与时俱进的奔跑者　/ 001

第一章　萌芽　/ 013
　　父辈　/ 015
　　理想　/ 019
　　人间　/ 022
　　春潮　/ 026

第二章　创业　/ 031
　　"既然想好了，那就去做吧"　/ 034
　　"大王"往事　/ 037
　　"希望"诞生　/ 045
　　希望的抉择　/ 050

第三章　希望花开　/ 057
　　春天的故事　/ 059

光彩的时刻　/ 067
希望的蜕变　/ 073
"民生"诞生　/ 080
希望，新生　/ 088

第四章　乘风破浪　/ 097
  在挑战中崛起　/ 100
  出海记　/ 105
  "世界级农牧企业"　/ 111
  什么是企业文化？　/ 120
  浪潮汹涌　/ 132

第五章　三十而砺　/ 141
  新时代的躁动　/ 143
  传承不易　/ 148
  卡壳 1000 亿元　/ 159
  "脱几层皮"　/ 166

第六章　大象起舞　/ 171
  赌局边的清醒者　/ 174
  小猪快跑　/ 179
  改变猪的生理结构　/ 190
  一家农牧企业身上的互联网气质　/ 196

第七章　厚积而新生　/ 201
  麦田的守望者　/ 204
  老将的新赛道　/ 210

拥抱新消费　/ 215
　　从厚生到厚新　/ 222
　　生命新篇　/ 228

第八章　从大树到森林　/ 235
　　从"北大荒"到"北大仓"　/ 238
　　"养猪人"的新玩法　/ 244
　　"农牧+"新想象　/ 251
　　养什么都不如养企业家　/ 257
　　"不做大王做生态"　/ 261

第九章　一直游到海水变蓝　/ 269
　　风雨无阻　/ 272
　　从全球化 1.0 到全球化 2.0　/ 276
　　"走出去"与"引进来"　/ 284
　　全球化 3.0 时代的新希望　/ 290
　　如何定义世界级？　/ 296

第十章　数智之旅　/ 299
　　农牧企业的数字化理解　/ 302
　　从养猪开始的数字化　/ 307
　　用数字化改造企业基因　/ 315
　　数智生态　/ 322

第十一章　正青春　/ 333
　　万岁产业　/ 336
　　走过世界，回到自己　/ 341

养猪人之歌 / 350
农业硬核科技 / 353
有新希望的地方，就有新的希望 / 358

第十二章　与时代同行 / 363
刘永好的三句话 / 366
企业家精神的三个维度 / 375
新时期的三个思考 / 385
好人，好的企业，好的社会 / 395

附录一　新希望40年，问道刘永好　秦朔 / 397
附录二　刘永好发言选编 / 424

推荐序一

希望行稳致远

方洪波

（美的集团董事长兼总裁）

永好董事长是我非常尊重的企业家前辈，对我而言，他亦师，亦友，亦伙伴。他身上展现出来的谦逊、质朴、勤奋和创新力，不仅是中国企业家独有的浪漫底色，更是残酷竞争中淘剩的真金本事。

速度和韧性都是企业发展的秘密武器，大多数人知道速度的价值，却忽略了坚韧的力量。新希望用40年时间在农业领域做出一家世界500强企业，是慢，也是快。无数次穿越周期和困难的训练让他们能在发展的道路上走得更稳健、更持久。尤其在经历三年疫情考验的今天，我们更明白韧性对于企业生存发展的意义。

如果说韧性和稳健是大家印象中的新希望，那我所知道的永好董事长和新希望则有着另一面——不可思议的活力和创新力。很难想象，他们2000多名中层以上管理人员平均年龄30多岁；也很难想象，他们在波士顿等十几个科研高地建了研究所，并且已经将数字化精益管理应用在多个场景。永好董事长每次与我讨论的都是最新的技术和企业案例，他对新事物和市场的敏锐让我印象非常深刻。

如果说新希望技术和科研上的布局已经突破我们对传统农牧企业的想象，那么他们对组织和制度的再造同样令人赞叹。美的也是制造业企业，这几年我们在组织再造、文化和企业战略升级等方面下了大力气。这些年，永好董事长多次主动与我交流，带高管团队来美的考察学习，把我请到他们内部去授课，他说要向我们学习先进经验，要找到传统企业在数字智能时代适合自己的生存发展之道。现在，他找到了一条属于新希望自己的独特道路，应用生态链和合伙人的理念，他不仅在主业的上下游组建了百花齐放的生态系统，构筑了足够高的竞争壁垒，也通过生态圈和合伙人的方式，以投资和赋能的理念，将触角延伸到各个领域前沿，感知市场的水温，了解用户的需求，永远和世界保持同频。

如此充满活力又坚定，看似冲突的矛盾在这位前辈企业家身上完美融合，也让新希望在做大做强主业的同时迸发出新的活力。期待下一个40年，永好董事长和新希望更精彩的故事。

推荐序二

润物细无声

刘畅

（新希望集团董事、新希望投资集团董事长、新希望六和董事长）

新希望与我是孪生兄弟，父母同时养育了我们。40年的时光里，我们从小到大，经历了国家、企业、个人重要的发展阶段。父亲给我最大的礼物是让我参与了新希望的成长。在这过程中，我们一起栉风沐雨，一起经历风浪。我从父亲身上看到他们那一代企业家所展现出的坚韧和睿智，而我自己也在不断地练习中逐渐与新希望长成一体。

四十不惑，"不惑"的意思是不再感到迷惑。虽然今天我依旧有许多疑问和迷惑，但方向却日渐清晰、坚定。回想年少时进入公司前，我曾是一个个人意志超越一切的独立少女，父亲用润物细无声的示范和引导，让我对新希望产生兴趣、感情和热爱，让我主动将自己融入这份事业。进入公司后，我才明白责任是什么、价值是什么。在这里，从管理层到养殖工人，都不断从责任里找位置，从日复一日的耕耘中找价值。在像军队、像学校、像家庭的"三像"文化认同下，每个人都在以自己的节奏和方式快速成长，快速融入这个共同的事业。

在这过程中，我渐渐变得不以成败为导向，而是更在乎是不是在做对的事情，是否坚持在做对的事情。许多人与我谈论接班问题，于我而言，接班不是一瞬间的，也不是一个人的。它是一群人坚定地、持续地做一件事。再过40年回望今天，也许现在发生的一切就能很好地诠释接班。

父亲对新希望和我而言都是无可比拟的存在。他不仅带领十余万人在农牧食品这个低利润的行业创造了一家世界500强企业，更在精神和文化上奠定了这个企业的基因。他做事讲方法，用人有耐心。40年来，他总是在不同阶段让自己扮演不同角色，带领这个企业和集体更好地成长。他善于沟通，开放地面对变化。曾经在某一阶段，我们企业的营收从百亿元到千亿元花了很多时间，但他整个过程都不疾不徐，找到可靠的方法和人才去行动。

父亲还经常教育我们做人要讲分寸，知进退。在我小时候，他就教育我不说过头的话，不懂别装懂；教育我对人要讲对得起，对自己好的要多还给别人一些。他时常说，学会道歉，受益的是自己，常怀感恩之心就不会有敌人。

这样的观念不仅滋养我，也滋养着新希望的每一个人。他总是听别人把话讲完，让大家都有存在感。他教我们，情绪上要保持钝感，但思维上要保持开放，要像一个容器一样能海纳百川，面对这个日新月异的世界。

今天的新希望已经找到一条适合自己的发展之路。我们用生物科技和数字科技改造以养殖业为代表的农牧食品行业，让这个古老的行业焕发生机；我们建立以合伙人机制为主体的生态体系，赋能一个个专精特新的中小企业，形成生生不息的产业生态。在不确定性加强的当下，这种大船带小船、坚守加创新的战略方法能帮助我们更从容地应对各种周期，走得更远、活得更久。

《焕新》记录了父亲和新希望40年从孕育到壮大的故事，尤其是完整地讲述了最近10年一个传统制造型企业如何突破瓶颈、寻找机会、探索方法，如何将自己的发展和时代的发展相融合，最终找到适合自己的路。

在这条父亲带领我们找到的路上，我们将继续远航。

引子

与时俱进的奔跑者

起点

2022年的夏天格外炎热,从7月上旬开始,在川西平原的成都,最高气温一再打破当地的历史纪录。

经济情况则寒意扑面。在2021年底召开的中央经济工作会议上,首次提出中国经济发展"面临需求收缩、供给冲击、预期转弱三重压力"。2022年是新冠肺炎疫情的第三年,对中国这样一个人口大国的影响是巨大的。2月下旬突然爆发的俄乌冲突,又极大加剧了全球能源和粮食供给的紧张程度。

2022年7月15日,国家统计局公布了最新经济数据。中国经济上半年同比增长2.5%,二季度同比增长0.4%,是几十年来的低谷。

同日,距离成都主城区30公里的新津区天府农博园,令人悦目的绿浪也无法抵消热浪的冲击。上午11点,太阳愈发毒辣,却有数百名身着统一短袖运动装的人在一记响亮的发令枪响后奔走向前。

这支队伍由新希望集团董事长刘永好领头，集团主要管理层成员和全球各地十几万名员工的代表参加。之前他们刚刚举行了"新希望集团创立40周年暨第三届企业文化节"的开幕活动，接着要重走希望路，寻找初心源，开启新征程。

这支队伍从天府农博园出发，徒步10公里后，目标是"希望起源地"——位于新津区顺江乡古家村的希望饲料厂。40年前，就在这里，作为改革开放后中国最早的个体私营经济的代表之一，"希望"启航了。

今天来看，市场经济的法则并不深奥，毋宁说只是一种常识，一种对人性的体察，对人的自由选择能力的信任。40年前，在一个封闭的内陆省份，在"下海"这个词还没有出现，绝大部分人还翘首观望的时候，在没有任何经商经历、关系背景，启动资金靠几家人砸锅卖铁凑钱的情况下，刘永好和他的三位兄长就放弃铁饭碗跳进商海，一度引起地方轰动，还是有着令人赞叹的激情和勇气的。

这是时代所赋予的勇气，也是植根在人性深处的探索与创造的力量。

40年弹指一挥间，正是无数像刘氏兄弟这样的创业者、建设者的努力，改变了国家的命运，也改变了他们自己的命运。在"摸着石头过河"的试错性演化和在以市场为导向的开放条件下，中国逐步建立起了有利于财富创造、推动企业家才能发挥的制度环境，这种制度变迁所激发的亿万市场主体的积极性、主动性和创造性，是"中国奇迹"的根源。

全面深化改革，就要激发市场蕴藏的活力。市场活力来自人，特别是来自企业家，来自企业家精神，中国领导人多次表述过这样的思想。2022年7月7日，在东南沿海省份政府主要负责人经济形势座谈会上，总理指出，1.6亿多户市场主体是我国经济的韧性所在，保住市场主体就能支撑稳就业、稳经济大盘。

刘永好就是活力企业家的一员，新希望就是中国经济韧性的一例。"重走希望路"上，71岁的刘永好头顶烈日，大汗如雨，走在最前方。对新希望人来说，这一幕早已见怪不怪。他脚大，穿44码的鞋，平常出差、下猪场、去工地，永远都是他走得最快，很多人甚至得小跑着才能跟上，女同事更是掌握了经验——不能穿高跟鞋。

从1982年到2022年，这双"农民的大脚板"，已经带领新希望行稳致远地走过了40年。在中国民企发展史上，经历40年风雨而不倒的标杆企业，犹如四川大熊猫一样珍贵。而不仅屹立不倒，还能不断创新、越做越大越强越优的，更是稀少。

刘永好刚刚在大会上做了"以创业心求发展，四十年从'新'再出发"的演讲。他说，新希望集团从新津一个家庭小养殖场起步，用40年的时间走到今天，实现了四川本土企业世界500强零的突破。这是时代发展的机遇，也是所有新希望人努力奋斗的结果。

这家在全球拥有超过600家分（子）公司的大型跨国企业，拥有世界第一的饲料产能、中国第一的禽肉加工处理能力，是中国最大的肉、蛋、奶综合供应商之一。在2022年8月公布的新一期《财富》世界500强中，新希望集团以391.689亿美元的营收位列第356位，较上年上升34位——也是食品生产领域唯一上榜的中国企业。

"创业难，守业难，持续发展更难。我们如何保持创业之心，以攻为守，创造更大价值？"在大会上，刘永好抛出了一个沉甸甸的问题。

几千年来，"看天吃饭"都是农牧业的宿命。对农牧企业来说，最近两年的"全球粮食供应紧张""新冠肺炎疫情""猪周期""非洲猪瘟"四重危机犹如豺狼虎豹，让整个行业承受了前所未有的压力。创办于1982年的新希望到2022年创业40年，并实现了40年赢利。就近的2020年，整个新希望控股集团实现税后利润100.8亿元。但

2021年，旗下农牧板块上市公司——新希望六和（股票代码000876）因为前述叠加危机出现历史上首次亏损，致使整个集团利润下降到2.3亿元，为20年来最低，这也让管理层，尤其是农牧板块管理层备感压力。

这次风暴是全行业的。对比同行来说，新希望六和的亏损程度并不算最多：温氏股份2021年营业收入649.63亿元，亏损超133亿元；正邦科技2021年营业收入476.7亿元，亏损188.19亿元；2022年上半年中国几乎所有养猪企业和养殖户都巨额亏损……整个行业何时复苏？如何把握住自己的命运？新希望人面临着新的发展难题。

极端情况下的亏损只是一面，企业要基业长青面临的问题还有很多。新希望是一家遍布全球30多个国家和地区的，以农牧、食品制造为主业的，十几万名员工中70%以基层产业工人为主的传统企业。和其他传统大企业一样，这样的组织也面临着"大象"转身慢和如何适应互联网、新消费等难题。新希望还能怎样干出"新"希望？

这不仅是新希望人的提问，是上下游合作商的疑问，也是时代的拷问。

刘永好和新一代团队将如何作答？

时代

新希望集团成立40周年的主题词是"I hope"（我希望）。

在刘永好看来，企业和企业家都是时代的产物。40年来的困难、风险、挑战，不过是家常便饭，但他和所有新希望人都是幸运的。他们的幸运在于，这是一个人们可以放飞希望并且努力实现希望的时代。

国以民为本，民以食为天。新希望经营的是"万岁产业"，是实现人们美好生活最直接、最基础的行业，是真正的"美好行业"，而且一干就是40年。40年并不短,但和全球粮食巨头、肉禽蛋奶及农牧业深加工龙头企业相比,它又是最年轻、最具活力的跨国企业之一。

譬如,全球四大粮商,ADM(阿彻丹尼尔斯米德兰)创立于1905年,邦吉创立于1818年,嘉吉创立于1865年,路易达孚创立于1851年;

全球前三大乳业企业,兰特黎斯创立于1933年,雀巢创立于1867年,达能创立于1919年;

全球家禽企业排行榜,名列前茅的巴西JBS创立于1953年,美国泰森食品创立于1935年,巴西食品(BRF)创立于1900年;

在饲料领域,大名鼎鼎的正大集团创立于1921年;

在中国,中粮集团创立于1949年……

和它们相比,新希望青春正当时。

新希望的40年证明了,以中国大市场为依托,只要有鼓励创业、创新的政策环境,普普通通的创业者就能够迸发出难以想象的能量,用几十年的时间"浓缩"国外行业龙头上百年走过的路。

新希望是幸运的。在其诞生之初,中国这块古老的大地同步出现了两个伟大的创造物,一个叫市场,一个叫市场主体,包括企业家。

先说市场。改革开放前中国实行计划经济,表现在农业领域,就是采取国家对粮食的统购统销政策。熟食业、食品工业等所需的粮食,旅店、火车、轮船等供应旅客膳食的用粮,也由国家定额供应,不能私自采购或转售。粮、油、蛋、菜、奶、肉、水产等均属于国家统购统销的范畴。

1978年,中国农村开始了家庭联产承包责任制的探索,改革开放启动。20世纪80年代,随着生产和市场供给的改善,农产品统一派购的品种和范围不断减少,最终于1992年底,全国放开市场,统购统销才退出了历史舞台。

和统购统销渐渐消失相对应的,就是商品化、市场化力量的兴起。

以前农产品被管得死死的，主要通过三个渠道购销：布、油、棉等在供销社；肉、鸡蛋等在食品店；粮食在粮站。市场几乎不存在，城乡之间几乎不流通，就算农民想卖也无处卖，就算城里想买也买不到。而当市场逐渐发挥主导作用之后，人的劳动成果就可以自由地进行交易，这给市场提供了丰富的产品，也给无数市场主体提供了致富机会。

再说市场主体。包括企业家在内的市场主体都是价值与财富的创造者，企业家更是创新的灵魂，是整合资源以实现梦想的引领者。

1978年，中国9亿多人口中，城镇个体工商户只有14万余，无足轻重。当时城镇流行的是"大锅饭"，干多干少、干好干坏结果差不多。此种环境下，劳动者和管理者当然是存在的，但企业家很难涌现。而当中国开始以经济建设为中心，很快就提出，"一定范围的劳动者个体经济是公有制经济的必要补充"①，个体工商户快速增加，中国的民营经济才出现了第一次创业浪潮。

1988年4月，《中华人民共和国宪法（修正案）》正式认定，"私营经济是社会主义公有制经济的补充"，随之国家相关部门颁布条例，明确"私营企业是指企业资产属于私人所有、雇工八人以上的营利性的经济组织"。到了2004年3月，《中华人民共和国宪法（修正案）》又规定"国家保护个体经济、私营经济等非公有制经济的合法的权利和利益""公民的合法的私有财产不受侵犯"，以及2007年3月《中华人民共和国物权法》的颁布，这些法律和政策都为民营经济的发展创造了基本条件。

今天的人们可能逐渐忘记，上述每一次法律、政策颁布的背后，往往都蕴含着巨大的时代争议，以及争议过后重大的转型机遇。20世纪最后20年，在中国，市场和市场主体就在这样的争议和机遇中出现。"先知三日，富贵十年"，刘永好兄弟正是把握住这样机遇的弄

---

① 出自《关于建国以来党的若干历史问题的决议》。

潮儿，要和浪花共舞又不被风浪打翻，也是无比严峻的考验。

从 1982 年起步，刘永好历经了 20 世纪 80 年代在农村创业带动农民致富，80 年代末"姓资姓社"大讨论和民企大调整，1992 年社会主义市场经济体制确立后的大发展，1997 年亚洲金融危机后的经济增速徘徊，2001 年中国加入世界贸易组织后的新一轮高歌猛进，2010 年后移动互联网的不可逆转，2015 年供给侧结构性改革和经济全面转型升级。自 2018 年起，百年未有之大变局一波又一波袭来，在高质量发展中推进共同富裕和中国式现代化的紧迫感越来越强烈……一路走来，刘永好和新希望都是见证者、参与者和价值创造者。

弹指 40 年。这是中国从一个农业国家向工业国家、现代制造强国迈进的 40 年；是在开放而复杂的环境中，主动融入全球化，同时坚持牢牢把握自己命运、倔强生长的 40 年。现在，中国早已成为世界第二大经济体、制造业第一大国、货物贸易第一大国、商品消费第二大国、外资流入第二大国，外汇储备连续多年位居世界第一。

时代不会忘记市场大潮中真正的创造者、领航者。2018 年 12 月 18 日，在人民大会堂举行的"庆祝改革开放 40 周年大会"上，国家领导人指出，总结改革开放 40 年成功经验，"我们必须毫不动摇巩固和发展公有制经济，毫不动摇鼓励、支持、引导非公有制经济发展，充分发挥市场在资源配置中的决定性作用"。会上向 100 位"改革先锋"称号获得者颁奖，刘永好作为"民营企业家的优秀代表"上台领奖，郑重地接过奖章。

世间最强大的力量，莫过于时代前进的力量。与时代同行，又要小心不被泥沙裹挟、吞噬，凭正心、守正念、怀正气、秉正义、做正事、行正道，这或许就是企业家的职责和天命。

40 年风雨坎坷、砥砺前行，40 年坚守实体经济、农牧产业，40 年抵御各种风险诱惑、守正创新，伴随改革开放全过程一路走来的新希望，已经成为观察中国民营经济演进的一个符号。新希望之"新"，恰在于刘永好有一颗永远年轻的学习之心、创新之心，与时俱进，生生不息。

"我看到我们的队伍在快速成长，我们的产业数字化、智能化程度更高，我们对行业的理解和思考更加深入。我相信，通过坚持和奋斗，我们一定会穿越周期。未来，市场格局和产业发展逻辑将会继续调整，竞争只会更激烈，波动可能是常态，企业面临的困难和挑战也会更多。可以说，面对瞬息万变的世界，今天的企业要想活下来，依靠惯性和经验肯定是不行的，必须坚持创新之路。"刘永好生活极其简朴，也没有什么特别喜好，对新事物的观察、思考，发现"原来是这么回事"的喜悦感，以及随之"快半步"的行动，或许就是他的爱好。

好人

算起来，从1982年的古家村到今天的天府农博园，刘永好走了整整40年。

这40年，刘家兄弟一起从古家村创业，在希望事业发展过程中，带动了一个村的发展，继而是整个新津县的鹌鹑养殖业发展，然后是整个四川的个体私营经济发展、饲料业发展；之后是新希望的诞生，带动了农牧业的发展，然后又在走向"世界级农牧企业"的过程中，"顺手"拿下全球饲料第一，世界500强第356位，全球食品、养猪、禽类加工等行业均排名前十的成绩。

走过世界，回到自己。近些年来，在企业不断向外扩展的过程中，刘永好的精神世界却不断回归，"初心""创业之心""感恩之心""奉献""文化自信"成为他讲得最多，也做得最多的事情。

2016年，为贯彻国家领导人关于擦亮四川农业大省金字招牌、加快实现由农业大省向农业强省转变的精神，四川省提出"从城市搬到农村、从室内搬到田园",打造国际性农业博览会的计划。

在自己的家乡,搞自己本行的国际性博览会和永久性农博园,刘永好十分兴奋。他举集团之力,并调动了自己的资源、影响力,帮助天府农博园落地距离古家村仅10公里的新津区兴义镇。

这个过程中,他不光在设计、策划、争取方面做了许多工作,还在农博园进行大量创新产业投资,包括:一个育种场和一个五层楼的智能化养猪场(已建成);旗下草根知本与新津区政府共同设立昇望基金,计划投资50亿元引入新消费企业,目前投资企业的大量新消费产品已上市;将旗下鲜生活冷链西南总部,以及其数字化柔性食品生产基地搬迁至此;将旗下新希望化工的"新希望化工贸易平台全国总部暨交易结算中心"放在这里……新希望是四川民营经济的领军企业,在它的带动下,越来越多新消费、智能化、高校基地等创新产、学、研、投融资平台入驻,使得天府农博园成为新津和四川农业、新经济发展的一大重要基地。

多年来,刘永好在家乡投资了大小几十家企业,带动了无数家乡人创业,还直接在这里为中国农牧、食品业培养了无数人才。曾经的许多农民朋友、乡亲,从这里走出去成长为新希望的管理干部,中国许多饲料、农牧、食品企业的老板或技术、管理骨干,不少还走出国门在海外办企业。每当在外面听到新津人熟悉的乡音,或见到新希望出去的创业者,他都由衷地开心与自豪。他何止成千上万倍地完成了创业初期一方主政领导对他的希望——带动十户村民发展。

天府农博园是刘永好帮助家乡建设的又一个重要项目,已成为四川农博会的永久举办地,以及中国农民丰收节的主会场。新希望和他个人的许多重要活动,都喜欢在这里举办。这里现代、时尚,大气又接地气,是新津和成都市民平时休闲、体验农耕文明和自然教育的好去处。看着这里的勃勃生机,看着家乡的巨大变化,他时常露出一个老农人般的欣慰微笑。

纵然烈日炎炎,对每天都快走 1 万步锻炼身体的刘永好来说,从天府农博园到古家村的 10 公里并不吃力。很快,他带领队伍回到了古家村。

此心安处是吾乡。这是刘永好的"初心"之地:母亲曾在这里教书,他在这里出生,青年时在这里插队,中年时从这里创业;今天,这里依然矗立着他和三位兄长一起创办的第一家饲料厂,机器依旧隆隆作响,拉饲料的卡车依旧络绎不绝,一路之隔的"希望科研所"也依然如故。

他对这里的一砖一瓦、一枝一叶,饱含深情,每当回到这里,他都会油然而生一种绵延不断的力量。40 年前,31 岁的刘永好和三位兄长,怀揣着"让家人、身边的人过得好一点"的朴素愿望,从新津县古家村出发,进成都、出四川、拓全国、布海外,但无论他们走得多远、多么成功、多么繁忙,几兄弟每年都要还乡聚首,在父母亲的墓前祭扫,看一看乡邻,也瞧瞧还能为家乡做点什么。这里,是他们共同的根。

那个坐在新津河边,等待山洪卷来了柴火,奋力游过去,把柴火拿回去补贴家用的少年;

那个下乡插队饿得吐酸水,身高 1.76 米、体重却只有 110 斤,还要挑着 200 斤担子的青年;

那个不甘心命运被安排,放下"面子"骑着自行车走街串巷收种蛋、卖小鸡的中专教师;

那个走南闯北,坐在闷罐车里守着几十箱鹌鹑蛋,瞄着点光亮就能刨开一片天的闯海者;

那个第一个站在全国两会的新闻发布会上,代表民营经济发表演讲的企业家;

那个集众智、合众力,成就世界级农牧企业、世界 500 强企业的商界领袖……

所有的所有，起点都在新津。

凡是过往，皆为序章。在民营经济史册上，幸运的刘永好留下了多个第一：

1982年，四兄弟下海创业，创办了最早一批民营企业之一；

1993年10月，刘永好成为全国工商联第一位私营企业家出身的副主席；

1994年3月，"希望集团有限公司"经国家工商局批注核准，成为全国首家无地名私营企业集团公司；

1994年4月，刘永好作为首倡者，和10位民企代表人士发表了《让我们投身到扶贫的光彩事业中来》的倡议书，光彩事业由此发端；

1995年，希望集团被国家工商局评为"中国500家最大私营企业第一位"；

1996年，中国大陆第一家由民间资本设立的全国性商业银行民生银行创立，刘永好是主要发起人之一；

1999年，新希望在越南投资了第一家饲料厂，成为最早"走出去"的一批民企之一……

永续比第一重要，长青比辉煌重要。在20世纪八九十年代叱咤风云的刘永好，始终保持着赤脚创业的朴素和谦虚，从善待员工到回馈社会，从为人处世到家风家教，从拼搏求胜到开放学习，共创共赢，他不仅是企业家群体中的常青树，还一直拥有着良好的社会口碑。

作为改革开放后第一代创业者，勇气、激情和冒险是刘永好的基本禀赋。多年来，他留给社会的印象一直是健康阳光、平和圆融、质朴内敛、与人为善。即使在面临冲突矛盾时，他也永远采取冷静、平和的方式去调和、去解决。

如果要长周期、多方位地总结中国民企的历程，并通过一家民企来感受中国崛起的力量，这个充满雄心又严格自律、放眼世界又植根本土、进取做事又谦卑做人，做着最传统的产业又在不断创新、使之充满新鲜与活力的企业家，是非常合适的一个样本。

好人主义者刘永好，以及把"万岁产业"做出青春万岁气息的新希望，就这样进入了我们调研的视野。

我们也谨以此书，致敬在中国艰难而伟大崛起的进程中，那无数默默扎根、努力前行，照亮时代和后来者的人。

第一章

萌 芽

让我们重新踏入时间的长河。

1951年出生的刘永好，身上有着这个国家70多年发展的印记。和国家发展的起起伏伏一样，刘永好的人生之路也不平坦，但信仰的波光，从未停止过闪耀。

我们的采访从新津县希望科研所开始。这个地方建于1986年，至今还在使用。沙发是四兄弟1990年买来的，也还在用。刘永好坐在沙发上，缓缓回忆起那些遥远的故事。

他的语气一如往常地平静。但静水流深，从中还是可以听出少年时代的风雨与奋斗。

希望就在奋斗中萌芽。

父辈

1967年的夏天，刘永好的父亲刘大墉站在成都双流和新津交界的牧马山上，望着远处的一个少年在烈日下踏步而来。

少年高高瘦瘦，挽着一盒饭食，赤脚走在马路上。他尽量沿着路边走，因为中间的柏油路面在阳光下灼灼发烫，光脚板难以立足。

他已经走了 20 多公里。当时，从新津到成都的公交车经过双流，每天有两三班，但少年没有钱，想坐也没法坐。走着走着，他发现了机会。这一路多是山路，起伏不平，常有牛车、板车或自行车通过。这些车上坡的时候十分吃力，他就跑过去帮别人推车，车主很感激，接下来下坡时就会邀请他坐到后座上，等到下一个上坡时，他再下来帮着推车。就这样，一路走，一路推车，一路坐车，省了不少力气。

走路不在话下，头疼的是过河。尽管他水性好，游过百十来米的河流不是问题，但带的饭食不能泡水。他在岸边等了许久，看见艄公撑着船靠了岸。上去一问，坐船每次要收 2 分钱。他犯了难，因为口袋里通常只有几分钱，买了去程，回程怎么办？

一般人此时会请求艄公同情，或者干脆打道回府，但这个十来岁的少年想了想，像个大人似的找艄公谈判："我没有钱，但可以帮你撑船。帮你撑过去，买个半票，怎么样？"

艄公看了看这个干瘦的少年，有点怀疑，问："你会撑船吗？"

"会，你教我两下就行。"

艄公心生怜惜，同意了。开船后，他指导了少年几下，少年很快上手，不一会儿安全把船撑到彼岸。从此，他们达成了默契，艄公免去少年的船票，大河不再是少年路上的阻碍。

这个少年，就是刘永好。他手里挽着的，是母亲为父亲刘大墉做的饭菜，而刘大墉，正在离家 20 多公里的牧马山上被关在牛棚，放着羊。

刘大墉看着心爱的小儿子跋山涉水，一步一步来到跟前，之后他们便在山顶的大石头上铺开饭食。吃饭前，刘大墉问家里的事，还问儿子们看书的进度，刘永好一边答，一边呼啦啦地扒饭。他太饿了，本来平常就吃不饱，还空着肚子走了 20 多公里山路，最后，带来的饭食被他吃了个大半。

如果来不及回程，刘永好就会留下来跟父亲住一晚。他们坐在山顶，头顶星河，手抚山风，高谈阔论。父亲主要讲故事，抗战、革命的故事，还有对时事的思考，以及对四兄弟和一个妹妹读书情况的指导。尽管"文革"中学校停了学，刘大墉还是要求孩子们不要停止看书。有时，他还让刘永好给他带书，英文、物理、数学等，不一而足。聊得晚了，他们回到漆黑的茅草屋，放下蚊帐，点起油灯，噼里啪啦地打蚊子。布满大窟窿的蚊帐很破旧，第二天一早又得和钻进来吃饱喝足的蚊子战斗。

在贫穷、被"打倒"、一家人抬不起头的艰难日子里，父亲并没有抱怨、愤恨，而是像一座灯塔，鼓舞着刘家五兄妹前行。

刘大墉，1914年生于重庆沙坪坝，祖上是大户人家，到其祖父时家道中落。因家中贫寒，刘大墉数次辍学，好在父子从未放弃。听说邻县璧山县的一位远亲要给小孩找个陪读，父亲毅然把刘大墉送了过去。

刘大墉的天分迅速展露，成绩很快超过亲戚家小孩，还在中考中一举夺得全县第一，被录取到当地最好的中学——璧山公立中学。但他交不起学费。于是，少年刘大墉找到校长，申请兼职做校工，主要负责上下课打铃，打扫学校里的公共区域，以及周日在厨房帮忙做事。能继续学习他很知足，更加发奋，最终又成为全校第一，并考上重庆最好的学校——重庆高师。

可惜他与重庆高师的缘分只有短短一个月，因为始终无法凑齐20块大洋的学费。此前，父亲东挪西借地筹了两块，校长也给了一块，但仍然相差甚远。父亲实在无能为力，只好到学校把他接回家去。

刘大墉没有选择服从命运。经多方打听，他得知重庆有一家专门培养工程师的高等工业学校可以免费就读，就毫不犹豫地报考了。当然，又轻松考上了。

抗战爆发后，重庆一时成为各种抗战力量、进步力量的汇聚地。

刘大墉积极投身学校内外的抗日救亡运动，先后参加了暴风歌咏队、讲师团等组织。1938年，他光荣地加入了中国共产党，并在工作中获得了命运的一个馈赠——一位叫郑康致的革命伴侣。

郑家是四川新津的名门望族，郑康致从小知书达礼、学业优异。1938年11月，黄埔军校随政府搬迁到重庆，成立了战地救护班，郑康致毫不犹豫地报了名。入校后，她同样积极投身爱国救亡运动，并在这场轰轰烈烈的学生运动中，与刘大墉相识，最终走到一起。

随着国共斗争日益尖锐，共产党员刘大墉面临暴露风险，不得不进行转移。在共产党地下组织的支持下，他成功考入成都的四川地震测绘大队，不久和郑康致一起来到成都。

天有不测风云，一直与刘大墉单线联系的上级邹风平接到通知回延安出差，不料一去不归。刘大墉从此与组织失去了联系，再无人能证明他的共产党员身份和一直从事的工作。多年后他才得知，原来一直领导他工作的邹风平，竟是川西特委书记，邹风平回到延安后被卷入莫名的风波，1943年死于"抢救运动"。

刘大墉一直在寻找组织，几年未果。他就加入了民盟——最靠近中国共产党的民主党派。

1949年成都解放，刘大墉以民盟地区负责人的身份参与新津县的土改工作，并担任法院院长。只是，他知识分子倔强的一面过于突出、耿直，看事又太通透，官越做越小，后面陆续担任建设科科长、农业局局长、科委主任，直至农业局副局长。倘若如此，一家平平安安，倒也不坏。但1966年"文化大革命"开始后，他身为民主党派人士，又被怀疑曾经"脱党"，加之妻子的家庭成分问题，就知道自己迟早会有一劫。

果然，刘大墉夫妇不久就被"打倒"，他被押到牧马山"关牛棚"、放羊，郑康致虽早已病退在家，但每天要按时前往县城中心的红照壁反思，时不时还要被拉去批斗。

即便贫苦无依,他们夫妇也从来没有在给孩子买书这件事上犹豫过。厚厚的《十万个为什么》,给孩子们进行了科学启蒙。刘大墉喜欢的《参考消息》,孩子们喜欢的《青少年报》,都带给他们无限乐趣和未来的无限可能。刘大墉睁眼看世界,对形势的敏感,对眼前困难的革命主义乐观精神,也传承给了刘家几兄弟。

回忆往事,刘永好的眼神总是泛着光。他并没有觉得特别苦难,尽管那时他还小,但他在"你帮人、人帮你",助人为乐、共同解决问题的过程中获益匪浅。各种苦难还锻炼了他沟通、交流的能力,也锻炼了他身体的耐力和吃苦的意志。这些,或许是他后来几十年创业、成长的秘诀所在。

说起青少年时期最大的困难,他顿了顿说:"应该还是饿……饿得吐酸水。"

理想

怀着对时代的美好希望,刘大墉夫妇给五个孩子取名为"言、行、美、好、红",即刘永言、刘永行、刘永美、刘永好,以及妹妹刘永红。刘大墉工作繁忙,郑康致每天要赶往顺江乡平岗小学上课,也很忙,要抚养这么多孩子太吃力了。

有一年,刘永好突然患上肺炎,眼看就撑不下去了,一位邻居着急地劝说郑康致:"郑老师,快送医院吧,不然就坏事了!"他这一叫才提醒了夫妻俩,待他们把刘永好送到县医院,医生责怪道:"好险啊,为啥不早点送过来抢救!"还好,打了几针青霉素,年幼的刘永好化险为夷。

养育五个孩子在当时已经十分艰难,无奈之下,刘大墉夫妇将二儿子永行过继给一个绸布商家庭。不料一年后永行不小心摔坏了腿,因为缺乏条件没有及时送医,永行的腿开始红肿,甚至走路都有问题,绸布商家庭吓坏了,把永行退回了刘家。这件事一直让刘大墉夫妇内疚不已。

此时,郑康致教书所在地的古家村农会主席陈耀云,表达了对老三永美的喜爱和抱养的请求。刘大墉夫妇在考虑之后答应了:一者,两家是熟人,可信;二者,陈家人只有两个女儿,都是郑康致的学生,他们一家人都喜欢永美,不会亏待;三者,郑康致就在平岗小学教书,可以随时见到儿子。

从此,刘永美改名为陈育新,成为刘、陈两家共同的喜爱和联结纽带。可怜天下父母心,刘家夫妇一次次把儿子往外送,何尝不是心如刀割。

1962年,郑康致身体变差,因病退休,而刘大墉官越做越小,工资也随之下降,一家人的生活条件急剧恶化,家庭日益贫困。此时,两个哥哥永言、永行在外读书,妹妹永红又太小,11岁的刘永好就成了家里重要的劳动力。尤其是1969年刘大墉被"打倒"后,工资砍半,只剩38元,以此支撑一家七口人的生存,实在艰难。

回忆起那些年,少年刘永好的苦恼都是一些很具体、很实在的问题,比如怎么能帮家里赚点钱,减轻压力。他苦恼于自家没有水桶,所以每天得早起,赶在邻居使用之前先去借,然后要快速走到河边,打水,挑回来,装满水缸,再放一块明矾澄清,然后就要"外出挣钱"。

挣钱的方式主要有两个:一是去街上捡煤渣,一部分拿回来自家用,一部分拿出去卖,2分钱一斤;二是去河里捡柴火,尤其是夏天,许多树木被河水冲下来,他就游过去把它们捞起来,拿回家晒干,一部分烧火,一部分拿去卖钱。有时他还能捡到橡胶、塑料,这些也都能卖钱。就这样,刘家那些年不但不用买煤、买柴,甚至还能拿出去一些卖。

因为儿时的刘永好长得胖乎乎，煞是可爱，而且懂事、能干，街坊邻里交口称赞，给他取名"四乖"。尽管每天都有许多活要干，"四乖"本人倒不觉得累和苦，就是饿，每天早上10点一过，胃里就开始泛酸。家里实在翻不出什么填肚子的东西，他就拼命干活，用劳动来忘记饥饿。

除了饿，还有一个问题——"四乖"长得太快了，快到根本没法穿哥哥们留给他的衣服和鞋子。新衣服、新鞋子就更不用想了，一家人连饭都吃不饱，哪还有钱买新的！后来，他索性习惯了打赤脚，冬天就把那些破鞋子用绳子或布条裹在脚上。

他记得父亲有一件蓝色的英国呢子大衣，穿了近十年，给了大哥永言，后来又过了十年，外面和下摆都磨坏了，就剪短，翻了个面，用染料膏染成黑色，再给二哥永行，最后，才"传"到小儿子永好。虽是旧衣，也让永好如获至宝，15岁时他和同学一起去北京"大串联"见毛主席，就是穿着这件呢子大衣去的。

穿着呢子大衣的"四乖"脚上却没有鞋。见毛主席总不能光着脚吧？加上时至11月，北京实在太冷，刘永好只好花2毛钱买了一双旧军用鞋。不巧，这双鞋在接受毛主席检阅的训练中被同伴踩掉了鞋帮。怎么办呢？再没余钱买鞋的他，跑到学校医务室申请了4卷纱布，把鞋、腿缠在一起，远远看去就像八路军的绑腿，总算解决了鞋子的问题。后来，毛主席接见了他们，这段经历深深地刻进了刘永好的青春记忆。

2009年10月1日，刘永好作为新中国成立60周年阅兵仪式的观礼嘉宾，和一众企业家一起，坐在天安门城楼西面的观礼台上。

这已经是刘永好第二次以杰出企业家的身份参加阅兵大典，每一次，他的心情都和15岁时一样激动。现场肃穆又热烈的氛围感染着他，他用自己带的相机拍了许多照片，旁边的人都开玩笑说他像个记者。

阅兵仪式结束，在花车表演之前，广场上出现了暂时的空旷，56根民族团结柱整齐地列在宽阔的广场上。刘永好看了看那些民族团结柱，又对照了周围的环境，猛然想起，那个地方，就在几根柱子中间位置，43年前，他在那里驻足过。那时，他刚刚来到北京，站在天安门广场上，和同来的同学、老乡一起拍了张照片。当时，拍一张照片要1毛5分钱，但因为没有钱，他没有照个人照，还是同学把他拉进了队伍。照片中的他，依旧光着脚。

瑞士心理学大师荣格曾说："一个人毕其一生的努力就是在整合他自童年时代就已形成的性格。"什么是日后的"希望"？对刘永好来说，最早的希望，不过是"有饭吃、有鞋穿"，是让生活过得更好一点——这正是后来刘家四兄弟一切事业的初心所在。

人间

1969年，刘家的际遇跌入谷底，没有一丝光亮。刘大墉被关在牛棚，郑康致身体不好，还不时被拉去批斗。老大永言在几年前的高考中考得很好，却因为父母的"政治问题"上不了大学，去了成都的工厂上班；老二永行因为腿疾无法下乡，在街上摆摊修半导体；老三在农村务农挣工分；老四刘永好卷起铺盖，下乡做了知青。

他选择了离家不远的顺江公社六大队四中队，那里与三哥家只有一田之隔，离母亲曾经教书的平岗小学也很近。刘永好一到队里，就感受到母亲的好人缘和农民的淳朴带来的暖意。

暖归暖，干活可不能含糊。18岁的刘永好，身高已经蹿到1.76米，却只有110斤重。挑担子时，鹤立鸡群的刘永好选择了170斤上手，结果几天下来，腰都直不起来。但他没有退缩，而是咬牙坚持，几个月后，200斤的担子都不在话下。

更大的挑战是吃饭。刘永好刚进大队时正值农忙——"大战红五月",中午只有半小时的吃饭时间。别人都是家里有人做饭,他一个人手足无措,结果到了下午就饿得头昏眼花。农民有心,看见刘家老四挨了饿,就帮他在屋外搭了个茅棚和灶台,还放了一口大锅。

做饭当然不是问题,他在家时早已是熟手。头天晚上,他将饭菜一起煮好,再留一部分作为第二天的早饭、中饭。不过饭菜留到第二天,又冷又硬,吃了不舒服。他又想了个招,晚上把米煮个半熟,再装进暖水瓶,经热水泡了一晚,米饭颗粒大,又松又软,好吃又撑肚子,他特别高兴。不过饭不能一直放到中午,容易馊,他又想了个办法,早上起床后把饭盛到簸箕里,再放到茅屋顶上晒,太阳可以帮忙保温。结果没几天他就开始拉肚子,原来他不知道要盖盖子,一上午鸟儿虫子都来光顾,不拉肚子才怪。

做知青的四年多时间,刘永好最大的敌人还是饥饿。当然,那时所有人都在与饥饿抗争,因为实在太穷了。

有一年春天,生产队种下蚕豆,没两天,就发现许多蚕豆种被人刨出来吃掉了。生产队进行了一轮补种,队长这回学聪明了,先把种子用敌敌畏泡一晚,结果还是防不住被偷吃,后来队长又想到先用敌敌畏泡再用大粪泡的方法,依然不解决问题。每次蚕豆种下去,都有20%左右的种子被刨出来吃掉……没办法,农民实在太饿了,在中毒与饿死之间,总有一些人冒险。

那些年,村里年轻人最渴望的是报名参加年底农闲时的修筑河堤、挖水库等劳动,因为管饭。他们最远到达过岷江三江口,有时只有20个名额,大家争着去。平常上工的日子,大家主要煮牛皮菜吃,随便将就,把伙食费攒着,到最后吃一顿大餐。刘永好还记得,有一年年前散工,他们买了一头病死的肥猪、几只鸡鸭。年轻小伙们忙活了一整天,等晚上9点多村民都回家睡了才开始做这顿大餐,结果刚煮上肉没多久,全村人都闻着肉味围过来了。

他们在全村人的目光中点上灯,开了席,结果每桌四周都围了至少30人的"闻香团"。一分钟后,不知为什么灯灭了,黑暗中一片混乱,片刻之后有人摸到火柴再点上灯,桌上就只剩几个空碗了。望着空空的桌子,刘永好只捞了点残羹,也没说什么。他知道,"闻香团"都是有权上饭桌的壮劳力的亲人,大家在老父老母、儿女子侄们的"围观"中吃香的喝辣的,心里一定不好受,肯定要把好吃的"输送"出去一些。

从那时起,刘永好下定决心,将来一定要为乡亲们做点什么。

行动者立下心愿,总是能很快找到机会。一年春节前,刘永好找到生产队长,说:"快过年了,我们买一台爆米花机,去县城和各镇各大队炒爆米花,肯定能赚钱。"队长犹豫再三:"这样会不会犯错误啊?再说你去哪儿搞机器呢?"刘永好信心满满:"哪至于犯错?!我们为老百姓炒爆米花过年,这是为人民服务。机器我去弄。"

不久后,爆米花二人组就开始为集体创业了。他们挑着设备,找个宽阔、人多的地方,摆起摊子。不一会儿就围了很多人,老乡们端着一碗米或者玉米,交3分钱,刘永好就把大米或者玉米倒进罐子,加点糖精,烧起柴火,拉起风箱,摇起罐子,看着气压表升到指定位置,然后通知队长开罐。放炮般轰的一声巨响后,他们将冒着米香、白烟的罐子口对准布袋用力一倒,白花花、香喷喷的爆米花就涌了出来,一碗米就膨胀成了一大袋米花。

物资匮乏的时代,爆米花生意好得出奇,队长每天收钱收到手软。短短三个月,这对创业组合就为队里赚了近1000元钱。当时,队上每个劳动力一天的工分是1毛2分钱,全生产队一年的产值加起来也不过1000多元。大家对"四乖"刮目相看。

刘永好很高兴,队长给他每天加5分钱工分,这样他每天的收入就是1毛7分钱,终于能吃饱饭了!更令他高兴的是,他第一次发现自己的行为客观上改善了农民的生活。这是他人生中的第一次创业,即使钱都上交给了生产队,他依然获得了很大的满足感。

那时的乡下没有肥料，种田种地用肥主要靠人和猪的粪便。为了获得粪肥，生产队要求大家养猪，算工分。刘永好没有猪圈，怎么办呢？那就在自己的床底下养一头小猪崽。床骨架是用两条长板凳搭起来的，上面铺个门板，门板上睡人，门板下可以养猪。晚上他跟小猪崽一起入睡，半夜起来上厕所老踩到猪粪便。他舍不得，在床下用破塑料布铺了个底，第二天一早再收集起来。现在城里有人养猪当宠物，但总不会有人喜欢猪的粪便吧，那时他可是把那头小猪，连带它的粪便都当宝贝。

母亲郑康致关心儿子的身体，买了六只小鸡托人送过来，希望儿子把鸡养大能吃上鸡蛋。结果没几天，有经验的村民一看，里面有五只是公鸡，待到最后一只小鸡长出形来，最后的希望也破灭了——那只也是公鸡。不过刘永好不以为意，继续养着。

那时的刘永好还不太会养鸡，每天还要出工，对鸡只们照顾不周，好在那六只鸡跟他一样，个个活力旺盛、"自力更生"。每天随着他开门出工，鸡就一窝蜂地跑出去，有时溜进村民家的菜园啄菜，有时抢别人家的鸡食，被邻居们戏称为"强盗鸡"。但就算这样，村民们也没有骂过他，还时常帮他喂鸡。他还有一块自己的小自留地，起初不太会种，三哥陈育新和邻居们就手把手教他，别人家厕所里面的粪，他也可以随便掏去浇菜。

所以刘永好说，他从十几岁养猪、养鸡一直养到现在，已经五六十年了，堪称中国资历最老的猪倌儿了。为什么新希望能把猪和鸡鸭养好，一是有感情，二是经验真的丰富。

回忆做知青的四年多，尽管充满艰苦，但刘永好总是带着一种苦中有乐的心情度过每一天。他锻炼了吃苦的能力，与农民、群众打成一片的能力；他深刻了解了中国这个最大的群体，理解了他们的思维和行为方式；农民简单、直接、知恩也报恩，他在农村创造了价值，也收获了农民、乡土对他的接纳、善意和爱护……这些，奠定了他日后在农牧领域创业、大展拳脚的基础。

但刘永好并没有像有些知青那样，在农村娶妻生子、安家落户。他心中始终隐隐回响着一种召唤，一种向命运的安排说"不"、一种走向恢宏天地的希望。这种希望，也许就来自父母从小用知识向他投射出的希望之光。

这个善良的家庭从未放弃过期待，总有一束光会把他们照亮。

春潮

1971年秋的一天，得知林彪"叛逃事件"及其覆灭的下场，刘大墉很高兴，特意带着刘永好去喝了碗羊肉汤。

父亲喝一口羊肉汤，难掩兴奋的心情，跟刘永好说，未来中国一定会发生变化。经济可能会发生动荡。中国的难题是没有钱，但我们的劳动力便宜，将来可以做来料加工，让外国人来中国开厂，中国人加工，再卖到国外去。听了这些话，年轻的刘永好懵懵懂懂，但从父亲坚定的语气中，他似乎看到了黯淡岁月中的希望。

不久，两位曾被刘大墉介绍入党的干部——一位军队高级干部、一位省政府高级干部联系上了刘家，他们证明了刘大墉的中共党员身份。笼罩在刘家头上多年的阴云终于一扫而光！刘大墉得以平反，恢复了名誉和职位，停发多年的工资也都补上了！那可是几千元的"巨款"，对饭都吃不饱的一家人来说，无异于苦尽甘来。

一家人坐下来商量怎么花这笔钱，哥哥、妹妹一时都说不出什么，反应最热烈的反而是"四乖"，他的主意很多：照相机！自行车！缝纫机！收音机！因为二哥会装收音机，所以买了其余的几件。

几天后，"四乖"骑着崭新的自行车，脖子上挂着照相机，从新津县城骑到了他插队的村里。大高个，绿军裤，红背心，刘永好还戴了顶自己缝的五角星军帽，这身行头完全是当时最时髦的打扮，一路引来无数姑娘回眸。大家喊他"超哥"（四川方言，意为时髦男青年），他哈哈大笑。

刘永好继续做了两年多的知青，1973年碰到了一次"鲤鱼跳龙门"的机会。之前，全国高考制度已经被取消，采取了"推荐优秀工农兵无须考试上大学"的方式。1973年国家恢复高考，但原则上只允许工农兵学员参加，个人报名，群众评选，组织推荐，获得考试资格，参加省区统考，排列分数，院校选择，组织决定，服从安排。由于刘永好人缘好、贡献大，又是在村里待的时间最长的知青之一，所以生产队很痛快地为他写了推荐信，他取得了考试资格。

这次高考发生了著名的"张铁生事件"：辽宁考生张铁生在考物理、化学时交了白卷，却在背面写了一封名为"给尊敬的领导"的信，他认为是集体生产使他没有足够的学习时间，集体利益和个人利益不能两全，"希望各级领导在这次入学考试中"能对他这个生产小队长加以"照顾"。此事在当时被看作"教育战线上两条路线、两种思想斗争的一个重要问题"，并导致录取工作中优先考虑"代代红"的学生。刘永好因为家庭出身不红，差点被刷下。第一志愿成都无线电机械学校根本不考虑他，后来还是父亲出面，证明自己没有什么政治问题，他才被第二志愿——德阳机器制造学校（今四川工业职业技术学院）录取。

这一年，大哥刘永言也考上了成都电讯工程学院学习计算机，后来成了一名科学家型的实业家。

"文革"结束后，恢复高考，老二刘永行、老三陈育新分别考上成都师范专科学校和四川农业大学。这样，在那个大学生凤毛麟角的时代，刘家一门四兄弟全是大学生，成了新津县家喻户晓的传奇。

刘永好一心想成为一名工程师，所以高考时报的都是机械工业类专科学校，虽然德阳机器制造学校只是他的第二志愿，但拿到录取通知书他也很高兴。

青年时期的刘永好

当时的德阳，是国家三线工程重地，军工厂、重工业企业众多。其中，德阳机器制造学校原隶属于国家第一机械工业部（简称一机部），后隶属于四川省机械工业厅，毕业的学生也大多被分配给德阳的中国二重（中国第二重型机械集团有限公司）、成都东郊的"信箱工厂"（一个信箱代表一个军工厂）。入校的第一天，刘永好就觉得美好的未来正在向他招手。

他很享受这样的学校时光，既能学自己喜欢的专业，又能吃饱饭。当然，这需要女生的帮助——当时在食堂负责打饭的师傅都喜欢抖勺，心情不好或看到男同学时，就有意无意地抖两下，搞得刘永好时常吃不饱，这时就要靠女生慷慨地从她们的饭里拨出一些给刘永好。在校三年，全班不少女生都成了他的米饭"赞助者"。

在校期间的刘永好，喜欢打乒乓球、羽毛球、篮球，还擅长无线电，基础电工活更不在话下，是校园里一个引人注目的存在。但在那些纯洁而闪亮的日子里，他完全被学习、实习、机械、技术迷住了。在那里，他遇到了成长之路上两位如灯塔般的老师——班主任段英杰和德阳二重的实习师父何国根，前者亲自到他家把他招进了学校，后者经常在实习课后带他回家吃中午饭，把他当成儿子一样对待。

何国根平常不苟言笑，却是机械、机床方面的技术权威，带出过很多优秀学生，刘永好幸运地被分到他手下。很快，师父喜欢上了刘永好。

作为技术骨干，何国根住的是厂里分配的30多平方米的住房，除了卧房，还有单独的厨房和一间客厅。师父经常在家给刘永好开小灶，除了教他技术，也教他如何做人做事、带团队，碰上节假日，还带着他和家人一起去城里玩耍。

刘永好知恩图报，师父家不富裕，他就把饭票兑成粮食交给师父。后来的岁月，每年他都要抽出时间去看望师父和班主任。2011年，刘永好以个人名义，出资350万元给母校修建了一栋新的教学大楼，在揭牌仪式上，他还特意把师父和班主任请到现场，递上新年红包和两条中华香烟。两位老人都极爱抽烟，但都没想到刘永好记得如此清楚。

在德阳的三年零九个月，是刘永好最快乐的一段时光，他在那里成长，无须忍饥挨饿，享受着师长的呵护、同学的友谊、学习的快乐、年轻的美好。毕业后，他没有如愿进入德阳二重或者成都东郊的"信箱工厂"——那可是一人入厂全家光荣的优质工作。

青年时期的刘永好

命运把他推向另外一种身份，他曾经试图拒绝，但又因此获益匪浅。1976年，学校秉着"肥水不流外人田"的原则，希望他在德阳留校任教。尽管他心里一万个不愿意，但组织分配的工作是不能随便拒绝的。他只好找了个理由："我的父母年纪都大了，身体也不好，我希望回到成都，以方便照顾他们。"

大概是刘永好在学校一直获得喜爱和信任的原因，学校接受了他的"理由"，并极富人情味地把他分到同属二机部的另外一所学校——位于成都的四川省机械工业管理干部学校。这一次,刘永好遵从了组织安排,成为一名教师。

1976年,刘永好25岁。这一年也是中国历史上极不平凡、充满巨变的一年。

因为,新的时代就要开始了。

第二章

创 业

"我们的家乡，在希望的田野上。"

20世纪80年代的中国，刚从灰色调中走出来，一点一点地看见外面的世界，满眼期望，浑身是劲。人们在"摸着石头过河"，撸起袖子，挽起裤腿。尽管河堤还没修好，河床不知深浅，政策也有反复，但压抑的创造力一经喷发，还是催生了无数奇迹。虽然也有不少人一不留神失足落水，被卷得无影无踪。

改革开放是从农村开始的。1978年11月24日晚，安徽凤阳县小岗村的18个农民挤在一间破草屋里，冒着坐牢的风险，在一张包产到户契约上按下红手印。家庭联产承包责任制在全国推开后，农村的面貌改天换地。

在川西平原上的新津县，刘永好四兄弟凭着本能意识，选择了离城回乡，在顺江乡古家村开办起一家叫"育新良种场"的草根工场。这株贫瘠土地上的小草，怀抱希望，在石缝中生长，在风雨中挺立，爆发出"野火烧不尽，春风吹又生"的蓬勃生命力。

"既然想好了，那就去做吧"

刘永好的女儿刘畅说，她最怀念的时光之一，就是父亲创业初期的那些家庭时光。

她的记忆是从家里养鹌鹑开始的。20世纪80年代初，自她三四岁刚开始记事，每天都在鹌鹑咕咕的叫声中醒来。彼时，父亲和叔伯们正在各家做鹌鹑养殖的实验，父亲要教书上课，还要去买鹌鹑饲料、卖鹌鹑蛋、处理鹌鹑粪，母亲李巍则要到学校的医务室上班，家里时常只剩下她和鹌鹑为伴。

起初在客厅养，鹌鹑又吵又臭，客人来了不方便，只好拿去卧室养，但鹌鹑实在太吵，吵得一家人没法睡觉，最后只好放到阳台养。刘永好做了一排架子放鹌鹑，鹌鹑越养越多，架子越加越高，最后差不多顶到房顶。有时，鹌鹑会从阳台栏杆的空隙里漏下去，刘畅和李巍就一起下楼把它们找回来。有一回是晚上，她和母亲打着手电筒在楼下草丛找鹌鹑，被一条突然蹿出的小蛇吓得惊叫。

养鹌鹑的吵闹和臭味惊扰了不少人。刘永好家楼上住着学校的教务科主任，楼下住着校长，他们还挺包容，没怎么反对，只是把自家门窗关紧。其他学校领导则私下会发几句牢骚："这个刘永好太不像话了，好好的老师不做，就是要去养鹌鹑，不务正业！"

待刘畅长大一点，她印象中的父亲忙于事业，早出晚归，一家人相处的时光往往只有晚上。睡觉前，母亲会打好水，一家人坐在一起，边泡脚边摆龙门阵。从鹌鹑、饲料，说到市场经济，说到广告营销，笑声不断。"吃一斤长一斤""养猪希望富，希望来帮助"等火爆一时的广告语，就是一家三口在泡脚时，你一言我一语地想出来的。

妻子和女儿，永远是刘永好事业最坚定的支持者。

从1976年被分配到四川省机械工业管理干部学校，刘永好给学生上的就是机械制造和电工课。他上课不是简单地按教材、套路讲，而是时常带大家去工厂实习，去机床上操练，理论与实践结合，有趣高效，深受欢迎。他还因为有过硬的无线电、机械维修技术，在学校颇负盛名。

晚刘永好两年，一个叫李巍的年轻姑娘从华西医科大学毕业，被分配到校医务室。彼时，小李医生是知名大学毕业的正经大学生，年轻漂亮，干部子女，平时除了工作，就是抱着收音机学英语——她打算考回母校读研究生。她的工资也比一般男老师多一元钱，一副拒人于外的架势，让想接近的男老师内心直打鼓。

一次，她的收音机坏了，同事带着她去找刘永好，结果他三下五除二就弄好了，让小李医生大为惊奇："这么快？"

刘永好没有添油加醋，实事求是地笑笑："小问题，很容易的。"在这个瞬间，他们的故事便开始了。

不久，小李医生又给刘永好找了个"小问题"，她的自行车不好骑了。刘永好摆弄几下就帮她解决了问题。在接二连三的"小问题"中，刘永好也开了窍，从那以后，经常有事没事往学校医务室跑，找小李医生聊几句……两个年轻人就这样交往起来。

李巍是东北姑娘，小时候父母工作调动，她成了那个时代的"留守儿童"，跟着爷爷奶奶、姑姑在东北长大。东北人的直率、麻利，加上成长过程中的独立，让16岁的她来到四川后迅速成长，上大学前，这个十八九岁的小姑娘就做了几千人规模的四川眉山拖拉机厂的团委书记。

结婚生子后，要强能干的李医生逐渐收敛了光芒，成为刘永好的贤内助。在刘永好"不务正业"的各种折腾、各种创业中，她暗暗做的只有一件事：说服自己。尽管有着家庭妇女渴望家庭稳定的意愿，但她始终相信、支持着丈夫——"既然你想好了，那就做吧"。

刘家几兄弟最初的创业，其实是"捣鼓"音箱。

1979年，他们凑在一块儿讨论时事，商量着一起做点什么。说到兴起，他们决定搞当时的高科技产品——音箱。大哥永言和老四永好负责电子元件，二哥、三哥负责外箱和包布，没几天，还真摆弄出一套样品。

他们把它抬到百货公司门口，通上电放起音乐，不断有人过来问："多少钱？卖给我们算了。"后来，他们还以学校的名义，把产品送去参加四川省科技展，荣获了二等奖。

四兄弟大受鼓舞，打算搞一个电子厂。他们克服困难，找到老三陈育新原来所在的大队，提出搞公私合营、三七或二八分成（集体占大头）的方案。基于对刘家兄弟的信任，生产队很快同意了。

技术、产品、资金、场地都有了，甚至连公司名字都取好了，就叫"新异"——源自四兄弟都崇拜的爱迪生创办的GE（通用电气）。这时，生产队长表达了担忧："以前都是国家才能搞工厂，这么做会不会违反政策呢？你们最好去问问，上面说可以，我们就做。"

刘永好和三哥陈育新马上跑去找大队长，大队长不敢做决策，让他们去问公社。结果公社书记一听，茶杯一放，一声断喝："反了，你们私人要和集体搞工厂？你们这是走资本主义道路！不行！你们死了这条心！"刘永好和陈育新一再争取，书记还是断然否定，最后手一甩，大门紧闭。

在那个改革刚刚开始，"两个凡是"还未完全纠正的时代，这样的结论，对创业者来说，相当于"盖棺论定"。多年后刘永好回忆起来，有些幸运地感慨："如果当时真的发展起来，可能1982年社会批判的就不是'傻子瓜子'年广久，而是刘永好和'新异'了。"

1979年，随着国家开始放开家庭副业和城乡个体工商户限制，个体经济一下子爆发了。到年底，全国批准的个体工商户就达10万户——这也是中国民营经济最初的雏形。但随着个体经济的快速发展，很快就给理论家出了一个大难题。

在安徽芜湖,一个目不识丁、被人叫作"傻子"的小商贩年广久,凭借着独到的手艺和经商意识,将炒货摊越做越大,一天就可以卖出两三千斤瓜子。他请了许多待业青年来帮忙,有人一数,十分吃惊,"雇工"竟然达到 12 个,远超马克思在《资本论》里说的——雇工到了 8 个就是"资本主义剥削"。于是,对"傻子瓜子"的批判声不绝于耳。

"年广久算不算剥削?算不算资本家?"引发了一场兼具经济发展和意识形态双重属性的大辩论。尽管当时的中央主要领导一再表态,"各种意见都可以讨论,可以动口,不要动手,不要一棍子打死""要调查研究,要沉住气,天塌不了",但许多地方对打击"投机倒把",打击"扰乱经济秩序"的行动已经展开了,个体私营经济陷入了顿挫。

"大王"往事

1982 年 8 月 6 日温州柳市镇爆发了"八大王事件",即个体私营经济领域的"五金大王""矿灯大王""线圈大王""电器大王"等八位弄潮儿,被上面派出的工作组以"投机倒把罪"羁押,造成社会上对于到底要不要发展民营经济出现了一片认识紊乱。"螺丝大王"刘大源说:"像运动刮台风一样,7 个人被抓,我一个人逃走了。"一时间,刚刚走上务工务商道路的温州农民遭受重创,工厂关门,商铺收档,人人自危。

1982 年 9 月 1 日,中共十二大召开,第一次提出"建设有中国特色的社会主义"的命题,会上还首次提出,个体经济是公有制经济"必要的、有益的补充"。此后,各地重新开始认识和发展民营经济。

1982 年 10 月,希望集团的前身——"育新良种场"诞生。同年底,中国首家民营股份合作制企业——温岭县牧屿公社牧南工艺美术厂在浙江温岭市诞生，大连的韩伟也创办起私人养鸡场。

与韩伟一样，刘家四兄弟正式的创业也始于养鸡。这年8月，四兄弟在陈育新家继续召开创业会议，对时事分外敏感的刘永好率先说出了他的想法："工业不让做，城里不能做，而农村农业的发展很不错，国家也支持，我觉得尝试一下农业应该不错。"

老二刘永行也早就认识到这个问题："起码农民在种什么养什么的问题上有很大的自主权；另一方面，大家的生活好了一点，吃肉应该是一个很大的需求，养殖业中可以做成规模的应该是育种，所以我们可以一起搞个良种场。"

学农的陈育新接话："办良种场条件最成熟的是我，我先辞职回家，实在做不下去了，还可以回来种地。"他在老家农村有一幢小房子，可以用来做育种场，这样不用考虑场地的费用问题，还有几分自留地，也可以用来做蔬菜的良种培育。

兄弟几个迅速达成共识，然后纷纷变卖手表、自行车等"大件"凑了1000元，把"育新良种场"的牌子给挂了起来。

一开始他们想利用自留地培育蔬菜良种，但很快就发现租地很难：一是农民缺乏契约精神，一旦实现了产量的巨大提升，他们就吵着把地收回；二是一旦实验成功要规模化生产，就算只需要100亩地也要和几十户人家一一去谈，这实在太难了。

种植不行，那就搞养殖。于是，他们决定将全部精力放到养鸡上，具体的做法是：第一，从国营供销社买小鸡，饲养产蛋，然后再孵小鸡卖给农民；第二，从农民手里买种蛋，在良种场孵化成小鸡，卖给农民，再从农民手里买种蛋……只要把好鸡的品种关，凭借陈育新和良种场的技术优势，再加上规模化孵化，良种场的规模就能越做越大！

说干就干，四兄弟先去供销社买了20只良种鸡，并四处收购良种蛋，然后开始孵化、繁育。其中，陈育新主要负责管理、技术，其他三兄弟一是做好各种辅助工作，二是负责四处收种蛋，孵出小鸡后再卖给农民。

良种场终于运转起来，但要做大规模，首先就要建设大面积的专业育雏房和孵化房。刘永好提议，要建就建保温、孵化条件好的钢筋水泥房。三个哥哥一致赞同。

但问题来了，他们没有钱。那就几兄弟自己想办法，自己动手干。困难时期，几兄弟的好人品、好人缘发挥了作用。

先是刘永好在成都找到一家亲戚工作的砖厂，把里面的半截砖或者一些烧得不太好的次砖要来，又找了个在省运输公司做司机的朋友，利用他晚上下班的时间，掏了油费把砖拉回去，一共拉了三趟。最后一公里的小路，他们又去村里借了很多独轮车，还叫了几个农民帮忙，这才搞定了砖的问题。

要盖房子了，那就自己上。他们自己画了图，挖了地基，从河里拉了石头、河沙，从附近石灰厂要来剩下的不能卖钱的石灰头子，买了少量水泥，刘永好还找了一个插队时认识的当地泥瓦匠帮忙。众人拾柴火焰高，他们就这样在没有钱的情况下把房子给垒起来了。

最后是屋顶，他们决定用混凝土。但混凝土要用钢筋，他们买不起，刘永好又琢磨着去城里的建筑工地，买了些人家扎东西用的废铁丝——这种生锈铁丝卖不了几个钱，但混合在水泥里吸附力强，效果不错。四兄弟如获至宝，把这些废铁丝用工具接在一起，拧成一股，然后打直拉伸，两边吊上大石头，代替钢筋吊在半截砖砌成的墙体上，做成预制混凝土屋顶。

就这样，顺江乡历史上第一座全砖混凝土钢筋屋顶房子就在刘家兄弟的双手下诞生了。拆模那天，村民们都跑来看，看到房顶上居然可以走人，围观的人都欢呼起来！

接下来是孵化机，更买不起，但对学机械、电机的他们来说，这个困难不是拦路虎。"打虎亲兄弟"，他们继续分工、合作，自己画图，找来废旧角钢、铁皮，借了公社农机厂的机器，利用周末和下班时间把孵化机的框架、外壳给做好了。大哥永言、二哥永行又设计了一套温控和电子报警系统。一台具备4万个鸡蛋孵化能力的孵化机居然就这样创造了出来。

什么是创业？在许多的不可能中实现可能才叫创业！这里面涉及动态管控、资源发现、人际沟通、成本控制、动手执行等综合能力，刘家兄弟从一开始就走了独立自主、自力更生的路。他们也跨越了一些早期创业者很容易陷入的灰色地带——往后数十年的历程证明，这样清清白白的创业路径是非常健康的。

1983年底，他们已经成为周边闻名的"养鸡王"。但就在这样的高光时刻，他们突遭一场巨大的灾难。

1984年4月，一个名叫尹志国的外表憨厚的农民拿着一张信用社的信汇单来到育新良种场，一次性订购2万只小鸡。这是育新良种场有史以来最大一单生意，刘家兄弟兴奋不已。他们不仅让尹志国一次性拉走了2000只小鸡，还立即向农民和亲友赊欠，大量收购种蛋用以补齐尹志国订单里剩下的1.8万只小鸡。

几天后，结果却让人五雷轰顶：尹志国的信汇单是空头支票，而且他压根儿不是养鸡专业户。他的真实目的是倒卖，那2000只被他拉走的小鸡，也在运输过程中被闷死了。面对下跪在地的尹志国的妻子，四兄弟无奈又绝望。尹志国一家根本还不起钱，就算把他暴打一顿甚至关到监狱，又能解决什么问题呢？

回到良种场，面对即将孵出的1.8万只小鸡，四兄弟欲哭无泪。卖又卖不掉，自己养又没那么大场地，更没有钱。买种蛋时向农民和亲友赊的账怎么办？扒拉算盘算下来，这根本是无法承担的债务！

这是四兄弟有生以来碰到的最大挫折，他们围坐在一起，不断喝水——大家都不会抽烟喝酒，没有任何排解发泄的方式，唯有喝水。任何极端的方式都从嘴里说出来了：跳岷江、出走新疆、四家人带着老母亲一起隐姓埋名……当然,这些极端方式只是逃避,只是情急之下的情绪宣泄。

逃避不是刘家人的性格,只能直面问题、解决问题。喝了半个晚上的水,他们做出了最后的决定:把鸡孵出来,卖掉!把欠农民和亲友的钱还掉!

当晚四兄弟就开始劈毛竹编竹篓,这是装鸡雏的必要工具。随后的一个半月,四个受过高等教育、有着体面工作的知识分子,开始了漫长的卖鸡之路。为了一只只卖掉这1.8万只小鸡,他们一个个像贩夫走卒,拎着鸡笼和小贩们在市场上抢位置,大声吆喝,讨价还价。为了完成当天的任务,当农贸市场收了摊,他们通常还要继续沿街叫卖。

连续一个半月,他们每天起早贪黑,从良种场骑车到成都再骑回来,行程两百余里,吃饭就靠清水就馒头打发,骑回良种场时往往已经是深夜十一二点,稍微休息一下,早上4点又要出发。尤其是二哥永行,从小腿脚不方便,这一番折腾大大损伤了他的健康,让兄弟们锥心不已。

如果没有四兄弟的互相支撑、扶助,而是让一个人只身面对困难,"希望"可能在早期就已经夭折了。这段漫长的煎熬后,四兄弟每人都瘦了十几斤,终于将1.8万只小鸡处理完毕,把赊欠农民和亲友的钱全部结清,最后还剩720元钱。四兄弟不论各自工作多少,采取平分政策,一人分得180元——真真正正的血汗钱。

这次"希望"路上的挫折,给了四兄弟很多教训,其中最重要的就是风险意识和风险控制。以后很长的时间内,他们宁愿少赚钱、不赚钱,也拒绝赊账。

尹志国事件后,大家身心俱疲,育新良种场也停产了好几个月。但刘家兄弟对改善生活、对美好生活的初心,对创业、改变命运的热情,又岂是一个尹志国能浇灭的。福祸相依,只要意志不灭,坏事说不定也能变成好事。

养鸡虽说不错，但已经是一个成熟且分散的行业，长此下去，迟早也会被想干一番大事业的刘家兄弟放弃。尹志国的打击，无非加快了他们转型的进程。几个月后，他们重新燃起热情，全情投入另外一项更有前途的事业——养鹌鹑。

1984年，刘永好开始从事鹌鹑饲养

事实上，在养鸡的同时，刘家兄弟就在试验养鹌鹑，这就是前文刘畅儿时的回忆。彼时，全球最大的鹌鹑养殖基地在朝鲜。1982年，朝鲜领导人金日成就送给中国政府一批鹌鹑，媒体把它们称为"会下金蛋的鸟"——它们的产蛋率和营养价值都很高，号称"动物人参"，而且饲养占地面积小。

在北京出差的刘永言看到这则新闻，立即把消息告诉了三个弟弟。回川后又多方打听，在附近的灌县（今都江堰市）买了50只鹌鹑、200个种蛋。由于所有钱都用来买了种蛋和鹌鹑，最后他一个人步行几十公里把它们扛回了育新良种场。

有了养鸡的经验，以及成熟的场所、设备，养鹌鹑就没那么困难了。得益于当时国家政策有所松动，刘永好也与学校协商，减少了课时，将精力集中到养殖场，并主要负责采购和销售工作。

1985—1986年，鹌鹑蛋的产量已不是问题。创业之初，新津县委书记要求他们"带动10户农民"，这一嘱托也已百倍千倍地完成，他们的鹌鹑产业已发展成新津县的特色产业。供给迅速提升，销售就成了决定发展的上限。

一开始，他们在成都的青石桥设立了批发部，刘永好任"总司令"，母亲郑康致任"总政委"。由于刘永好得四处跑销售，批发部实际上就交由母亲管理。"总政委"管理得一板一眼，井井有条。刘家兄弟都认为，是母亲的勤劳、节俭，为"希望"的诞生积累了第一桶金。

1993年，郑康致去世，刘家兄妹在整理母亲的遗物时，才清楚地知道了母亲"管理"的秘密。她有一本厚厚的账本，除了销售记账本身，还记录了哪年哪月哪日，哪个外地来的经销商钱包丢了，她就赞助人家车票费、住宿费，以及街坊邻里谁家有什么困难，她给了多少，公司员工有什么事情，她给了多少……几百元、几千元、一两万元的都有。难怪这么多年几兄妹给她的钱都不见了，大家还以为她花掉了，还纳闷一个老人家怎么能花这么多钱，也难怪街坊邻居们都称她为"中国的阿信"，一看账本全都明白了，几兄妹泪流满面。

刘永好善于市场营销。1983年，在走街串巷卖小鸡时，他就注意到有一户人家的对联上手写了一个地址，他精神一振：对啊！我也可以把良种场的信息写到对联上，如果家家都贴在门口，这样大家不就都知道我们在卖良种鸡了吗？但他很快发现这个办法需要改进，因为对联必须一张一张手写，成本高、效率低，而且有些人家并不太愿意贴，他又想到了门神。农民贴对联时，往往还要请门神、贴门神，讨个一年的好彩头。但那时卖门神的少，价格也高，一般农民买不起，刘永好就转而请人设计门神贴画，打上广告信息，再送给农民。这么一试，果然大受欢迎。

在"占领"了农民的大门后，他又发现了一个更好的广告载体——农民家的院墙。广告写在墙上，字大，醒目，行人不得不看，效果肯定好。不久后，他以三到五元钱一条广告的成本，迅速将墙体广告覆盖了川西广阔的乡村。

销售不能光靠广告，线下渠道才是王道。为了将产量越来越大的鹌鹑蛋销售出去，刘永好还率先入驻红旗商超，育新良种场也成为第一个在红旗商超中设立专柜的私营企业。他还与成都的五星级酒店合作，开发许多鹌鹑菜谱。那几年，在锦江饭店等成都星级酒店吃饭的外国或外地宾客，往往都会碰到厨师热情地向他们推荐"油炸鹌鹑""香煎鹌鹑"之类的成都名菜，末了，厨师还会自豪地告诉他们，这是本地新津县刘家兄弟搞的特产，号称"动物人参"，云云。

新的问题很快凸显，随着新津乃至成都鹌鹑养殖的迅速发展，一个成都市场已经不可能消化这么多鹌鹑蛋和鹌鹑肉了。必须走出去。

刘永好首先瞄准了重庆市场，准备了几十万个鹌鹑蛋。这么多蛋，首要问题是运输。他找了个农民一起，先用拖拉机把货物拉到了火车站，可他一听说要半个月才能到，又看到装卸工粗暴的装卸法，就知道常规办法没用。

刘永好软磨硬泡，又讲了一番"支援农业项目，到重庆推广良种鹌鹑"的道理，终于打动了车站管理人员，让他买票上了火车。别的乘客都有座位，他们俩只能到又热又闷又黑的密闭的行李车厢，全程站了12个小时，因为他们要亲自守着这些金贵的鹌鹑蛋。

到了重庆，两个人顾不得一夜疲惫，赶紧把45箱鹌鹑蛋卸到站台上，又叫了车拉到重庆最大的农贸市场——解放碑附近的大阳沟农贸市场。一打听价格，他就来了精神，这里一个鹌鹑蛋卖1毛7分钱，足足比成都贵了1毛钱。

他立马找到市场管理人员，掏出一张良种场盖了章的介绍信，"我们是良种场，科学支援农业，到重庆这边来推广良种鹌鹑蛋"，然后顺手给了管理人员20个鹌鹑蛋表示感谢。对方很高兴，迅速帮他协调了一个卖鹌鹑的摊位。为了摆放下这么多货，刘永好又给周边摆摊的农民派烟，送一些鹌鹑蛋，请他们让些面积出来。然后，他又跑到街上买了一丈二尺的白布，在商店借了毛笔，写上大大的"育新良种场良种鹌鹑蛋展销"，就这样，他的摊位迅速成为全市场的焦点。

除了自己摆摊卖，刘永好还到处寻找合适的代理商，甚至找到一个重庆本地的远房亲戚，说："市场上卖1毛7分钱，我卖1毛2分钱，我以1毛的价钱卖给你，你来经销。"亲戚是个生意人，一看很划算，迅速进入状态。如此，不过七八天，几十万个鹌鹑蛋销售一空。

接下来如法炮制，他北上西安、兰州、哈尔滨……开发了一个又一个市场，其经销商甚至远至俄罗斯。刘氏兄弟成了名副其实的"鹌鹑大王"，还接到了远在俄罗斯举办的"世界鹌鹑大会"的邀请。

1986年，在"万元户"受全民仰望的时代，刘家兄弟就实现了日进万元，资产很快过千万元——他们很可能是中国改革开放后，第一个靠实体产业完成千万级资本积累的家族。更重要的是，他们将最初"带动10户农民致富"的任务，升级为带动全县致富。新津，这个年财政收入不到1000万元的农业小县，通过鹌鹑产业实现了县域经济的第一次腾飞。

1986年，全国星火计划和科技扶贫表彰大会在四川举行，当时的国务委员、后来的国家科委主任宋健在会上听到育新良种场的发展后，特意到良种场参观，并题下了重要的一句话："中国经济振兴的希望寄托于新型的社会主义企业家。"育新良种场后来转型为"希望饲料厂"，厂名就源于此。

"希望"诞生

过犹不及。1986年底，新津县养的鹌鹑达到3000万只，由于鹌鹑每天都产蛋,所以每天上市的鹌鹑蛋也超过3000万枚。许多养殖户都在往上游发展,把鹌鹑养殖发展为孵化,因为一个几分钱的鹌鹑蛋,孵化10天后就能变成几毛钱的鹌鹑。

尽管刘永好搭建的销售体系已经把鹌鹑蛋卖向全球,但这么快的膨胀速度显然已经失控;尽管刘家兄弟每个月都有几百万元利润,但他们分明看到风险将临,忧心忡忡。他们打算给市场浇一浇凉水。1986年底,四兄弟商量了一夜,共同起草了一份《告全县人民书》,大概内容是:感谢父老乡亲对养鹌鹑事业的支持,但目前的形势是产量过剩,如果数量继续扩大,这个市场会很快崩溃。

第二天,刘永好就把这份通告张贴在县城的大街小巷,并送往新津县广播电台,通过有线大喇叭,向全县播送。政府的态度和刘家保持一致,县政府也采取措施,要求机关事业单位工作人员带头停止养殖鹌鹑。不过这也引起了轩然大波,唾沫齐飞,各种言论都有。

四兄弟又开了几天会,他们也知道,光靠一纸通告难以取信于人,于是痛下决心:处理鹌鹑!他们把孵化设备、优良品种都转给农民们,其余的鹌鹑一律宰杀!几天之内,刘家兄弟把价值几百万元的鹌鹑处理殆尽,这一壮士断腕的举动让全县人迅速冷静下来。

采取"自杀式"行为的刘家兄弟当然不是莽夫,他们清楚地认识到,无论是养鸡还是养鹌鹑,都只是一个小产业,赚钱可以,但撑不起一番大事业,也很难长期发展。他们之所以挥刀断腕,是因为他们发现了一个更宏大的产业——饲料产业。从"鹌鹑大王"到"饲料大王"的新故事,就要开始了。

事实上,在养鹌鹑的同时,刘家兄弟就已经在做饲料了,最早他们做的是鹌鹑饲料。因为市场上根本没有鹌鹑饲料卖,所以,要将鹌鹑养殖发展起来,必须自己解决饲料问题。

他们查阅了各种资料,然后反复配制、摸索。最早想的是用鸡饲料改良，刘永好拿着鸡饲料样品去四川省农科院请专家化验，当时农科院有一套日本进口的氨基酸分析仪，结果发现鸡饲料里蛋氨酸、赖氨酸都缺少一些，其他成分勉强可以——难怪吃了鸡饲料，鹌鹑虽然也下蛋，但产蛋量和蛋的质量都不理想。

然后就是如何往鸡饲料里添加氨基酸的问题了。当时的氨基酸依赖国外进口，不仅买不起，而且买不到。于是几兄弟又想到可以添加进口鱼粉，进口鱼粉里面含有不少氨基酸。他们又查资料，了解到蚕蛹富含蛋白质，晒干，磨成粉，再添加一些维生素，效果也很不错。

就这样，在养鹌鹑之外，他们投入一部分精力到鹌鹑饲料的生产中。起初，一部分自用，一部分销售。到后来，育新良种场的鹌鹑饲料名气越来越大，就专门建了一个饲料厂，产品主要卖给周边的鹌鹑养殖户。

1986年，鹌鹑饲料的产值已经占了育新良种场的半壁江山，而"育新良种场"这个名字偏养殖，已经不能体现他们的特点。他们借用国务委员宋健题词中的"希望"二字，毅然将工厂改名为"新津县希望饲料厂"，同时投资200万元，在饲料厂的旁边修建了新津县希望科研所。

往后多年，许多刚接触"希望""新希望"的媒体，都很好奇这个名字是怎么来的。它来自宋健的题词，而之所以选择这两个字，则是因为它代表着刘家四兄弟的朴素初心——希望自己、员工、供应商、上下游……大家的生活都过得好一点。

要买进口鱼粉，只能去广东，随着鹌鹑饲料产业越做越大，刘永好开始了定期的广东之旅。正是在广东买鱼粉的过程中，刘永好又发现了一个更广阔的商机。

1986年9月，刘永好像往常一样来到广州采购鱼粉。这一次，供应商建议刘永好去深圳走走，说深圳代表着中国的未来，变化非常大。一天，刘永好趁着空闲，自己坐着大巴从广州到了深圳。过了关，他开始漫无目的地坐着公共汽车到处闲逛。来到南头镇，他看见一座恢宏的现代化工厂，厂门口排了很多大型卡车，浩浩荡荡有好几里。刘永好很好奇，走上去，看到一辆车身印着"四川"字样的车，就跟司机老乡摆起龙门阵。

老乡告诉他，他来买的饲料叫正大乳猪饲料，四川不生产，四川只有粉料猪饲料，而这个正大产的乳猪饲料是颗粒状的，像豌豆一样，非常有营养，味道还香，小猪非常爱吃。更重要的是，四川的饲料，小猪吃三四斤才长一斤肉，而正大的猪饲料，小猪吃一斤就长一斤。以前养猪一年出一次栏，叫"年猪"，而使用正大的饲料，农民养猪一年能出两次栏，比以前赚钱多了。

刘永好意识到自己发现了一片新大陆。之后他才知道，这是中国最早的外资工厂之一，是由泰国正大与美国康地在中国合资建的第一个饲料厂，也是国内最先进的饲料厂。他当即提出跟着进厂看看，老乡一个人也很寂寞，就答应了。

刘永好进入工厂后，到处东张西望，如获至宝。他从开票处看起，然后进了车间，正好他喜欢拍照，平常随身带一台小型相机，加上这个饲料厂自动化程度很高，人很少，他就用了大半天时间，拍了个遍。他还进到了原料库，发现正大用的原料跟自己做鹌鹑饲料的原料几乎是一样的，都以玉米和豆粕为主要原料，也用了一定的进口鱼粉，还添加了一些钙粉、蛋氨酸、赖氨酸、维生素等。他是饲料行家，要把这些原料搞清楚，一看、一尝就知道。

最让刘永好惊讶的，是这里的销售火爆程度。在这里买饲料，要提前半个月开票、打全款，然后等着到时间来拿货，这位四川老乡就是等了半个月才轮到这天提货。也就是说，这家公司的销售环节是没有成本的，产品从生产线上下来，直接就被客户装车拉走了！

刘永好彻底震惊了，他和哥哥们在新津自己动手装的一台鹌鹑饲料生产设备，就让整个新津都挤破了脑袋，"鹌鹑大王"的美名、鹌鹑饲料的热销让他们心满意足，不料外面的天地这般广阔，见了这场景，他才感叹什么叫"产业"！

后来，刘永好又来了几次正大康地饲料厂，把布局、机械设备、生产过程看了个遍。回到四川，结合照片，他三下五除二就把工厂原理图、布局图、主要机械的设计草图——画了出来。四兄弟都是机械、电子行家，当即决定，一部分设备自己设计、制造，但关键的颗粒机还是应当尽快买——发现了机遇而不尽快去把握，简直是一个巨大的浪费！

刘永好在外跑了多年市场，有一个优势就是朋友多。经过多方打听，他得知江苏溧阳县有一家乡镇农机厂在生产小型颗粒机，就立即赶了过去。来到工厂，刘永好参观了一下样机，发现规模太小，他一方面迅速订了一台，另一方面把草图和各种参数拿了出来，和厂长、工程师讨论起改进意见。

在四川老家，大哥开始研发设备、控制系统，二哥、三哥开始研究乳猪饲料的配方，一场攻坚战迅速悄无声息地展开。两个月后，预订的颗粒机到位，四兄弟立马连夜安装、调试好，第二天就把第一批饲料生产了出来。

手捧第一把猪饲料，他们激动不已，将其命名为"希望一号"。

为了打开市场，他们将第一批饲料免费送给当地的养殖户试用，发现效果非常好，口碑迅速炸裂。同时，刘永好的广告营销天赋也有了更大施展空间，"养猪希望富，希望来帮助""吃一斤长一斤，希望牌奶猪饲料就是精"等简单直白的广告语不断输出。无论是川西的刷墙广告，还是收音机里的广播广告，"希望一号"扑面而来。在四川这个养猪大省，刘家兄弟的设计、制造、生产管理和营销等能力得到尽情施展。妹妹永红也进入饲料厂做财务工作。他们迅速成为公认的"饲料大王"！

跟远在广东的正大康地饲料厂一样，新津县希望饲料厂的门口也排起了几公里的汽车长龙，开票处的大门屡屡被挤破。他们不得不修建了一个钢筋混凝土的开票、发号处，外面看起来像个碉堡。有一次，急眼的顾客买不到货，甚至用石头砸开票处，公安局派警察来帮忙才维持住了秩序。

值得一提的是，希望饲料厂与这家溧阳的饲料机器厂共同研发、不断试验、改进设备，最终这家乡镇农机厂生产的机器能达到和进口设备同样的性能，价格却便宜一半，并因此成为国内最著名的饲料机器企业。后来这家机器厂还跟着希望集团一起走出国门，来到东南亚、中东等地，每到一处，就相当于在希望饲料厂设立了一个展示、推广的样板间。在希望饲料厂走向世界的同时，一些与其配套的"中国制造"也成功出海。

希望集团新津希望饲料总厂

希望的抉择

财经作家吴晓波在"中国企业家谱系"中将1978—1983年定义为"农村能人草创时期"，"那是唯一属于农民企业家的时代"，他们主要是政经合一的村级带头人、社队作坊或小工厂的厂长，比如天津大邱庄的禹作敏、江阴华西村的吴仁宝、河南南街村的王宏斌等。

回顾中国民营经济在农村发轫的历程，大致有两条路线。一是围绕"三农"进行创业，从特色农业、高效种植业、养殖业、饲料业中走出了"养鸡大王""鲍鱼大王""种田大王""兰花大王""果王""饲料大王""乳制品大王""花生油大王"等等。二是"洗脚上田"，创办乡镇企业，依靠农村剩余劳动力的成本优势，就地就近介入建材、运输、制造业、服装、轻纺、小五金、零配件、食品饮料等产业。无论在哪一条路线上，能够穿越几十年时空，始终与时俱进的企业，微乎其微。

天津的一位民企创始人说："经济刚刚开放时，就像被封闭了四五十年的水库被炸开，积存多年的水倾泻而下，此时你随便抱住一块木头，都能被冲得很远。说白了，只要胆子大就能赚钱。"但从刘永好兄弟创业之初的经历看，风险随时都有，并非胆子大就行，换句话说，企业一上路，就有战略定位、管理、风控的问题。

和当初的"农村能人"相比，刘永好兄弟在农村创业，也算是能人，但颇为独特的一点是，他们从城市到农村，在创业过程中不仅敢闯敢试，而且善于运用知识的力量。刘永好说，当年无论种养什么，他们都买来各种资料书籍，跑图书馆，请教农技部门的干部专家，积累知识。当市场疲软时，他们认定，只有疲软的产品，没有疲软的市场，要用知识提升产品的竞争力。大哥永言把电子计算机应用于饲料调配和育种选样，四兄弟一起摸索出了独特的立体养殖方式——用鹌鹑粪养猪，猪粪养鱼，鱼粉养鹌鹑。靠着这种新型的生态循环饲养法，鹌鹑蛋的成本降到与鸡蛋一样，从而赢得了市场。再后来他们进入饲料业，挑战洋饲料，同样依靠了科研上的突破。

善于搜寻和积累有用的知识，这是企业家才能的表现，也是刘氏兄弟优于同时代创业者的突出特征。

1984年，农村地区的家庭联产承包责任制改革基本完成，国家开始力推以苏南模式为代表的乡村集体企业的发展，并在当年中央4

号文件中正式提出"乡镇企业"之名。今天中国很多有代表性的民企都是在乡镇企业的基础上，后来通过改制转变为民营企业的。和它们相比，刘氏兄弟的育新良种场及后来的希望饲料厂，完全依靠自有资金，出生第一天就是百分之百的私营企业，产权非常清晰。

但历史上也有过波折，"希望"差一点也戴上"红帽子"。

1989年，全球局势动荡，国内风波不断。下半年开始，诸如"收紧改革""重抓阶级斗争""取消个体工商户""不能吸收私营企业主入党"等风声不断出现，针对个体私营经济的偷漏税打击、"非定点企业"打压、专业市场突击检查等行动不断进行，刚刚萌芽不久的私营经济出现一次短期的衰退。

至1989年底，全国个体户注册数减少了300万户，私营企业从20万家锐减到9.06万家，减少了一半多。年广久也因为被指控贪污、挪用公款而再次入狱。来自经济和政治上的双重压力，使得各地的私营企业主变得十分恐慌。山东临沂一家白磁厂的创始人王廷江、江苏宜兴一家电缆厂的创始人蒋锡培、浙江台州"北极花"冰箱厂的创始人李书福，纷纷要把自己的企业上交给地方政府。

山雨欲来风满楼。刘家兄弟也意识到问题的严峻——原本络绎不绝的政府视察、同行参观、社会考察团突然都不来工厂了。他们异常紧张，内心里那个恐惧的声音又冒出头来——"难道运动又要来了？"

刘永好联想到一段时间内发生的事情，心里越来越没有底：他平时去一些国营饲料厂购买原料一直畅通无阻，但这几个月受到的阻拦越来越多，去找政府相关的人帮忙，得到的也是各种支支吾吾的托词。

还有一回，一位成都市领导到新津检查工作，专门到税务局去看了各类企业的交税情况，然后指着希望饲料厂的交税记录质问新津县委书记钟光林："交税这么少？明摆着是逃税嘛！"消息传到希望饲料厂，陈育新拿着支票就去找县税务局："我们一直按规定交税，政府说多少我们就交多少。现在说我们逃税，那我干脆把支票摆在这里，政府要收多少，直接填算了。"税务局当然很明白，希望饲料厂向来是按照规定老老实实交税的，但他们也不好说什么。

此外，周边郫县、彭县等地也风传一些私营企业老板被抓或厂子被摧毁的消息。这些事情联系在一起，四兄弟坐不住了，难道真的干不下去了？

他们决定去找县委书记钟光林探探口风，并且做好了最后的思想准备——像王廷江、蒋锡培等私营企业主那样，也主动把工厂上交给集体。

第二天，刘永好和三哥陈育新敲响了钟光林的门。钟光林热情地招呼兄弟俩坐下——事实上，他们已经是老熟人，除了多次去考察，钟光林还直接见证了育新良种场的诞生。

想当初，陈育新作为新津县历史上第一个"辞官为农"的国家干部，在当地引起过一阵热议——让国家培养出来的大学生辞去公职当个体户，这事实在找不到依据。好在钟光林思想很开放，他笑呵呵地看着前来汇报的两个人，没有打官腔，而是拍着陈育新的肩膀说："哈哈，我看可以，现在是改革时期，各种办法都可以试验嘛。你们是有胆量、有抱负的大学生，带了个好头。一年如果能带10户农民致富，就是了不起的贡献！我支持！"这才直接推动了育新良种场的诞生。

7年后，当钟光林看到陈育新和刘永好再次郑重拜访，心里早已明白了几分。

双方寒暄了几分钟，刘永好开口了："钟书记，最近我们感觉到国家的政策是不是要调整了？这样的话，我们也愿意把工厂和财产交给政府。但是，这个企业我们做了这么多年，有很深的感情了，交给政府后，我们还是想管这个企业，我们知道怎么管。所以，今天来请教您，我们把财产交给政府后，是不是仍然让我们管理，让我们当厂长？"

钟光林怎能不知道他们的心思。他沉默了一会儿，猛吸了几口烟，开口了："最近是有一些说法，但我从来没说过你们做错了。你们发展农业，科技兴农，帮助生产和发展，肯定是没错的，县里从来没想过要没收你们的财产。你们先回去，该怎么搞就怎么搞。不过，老交情了，我还是提醒你们，做事姿态低一些没错。"

送走了刘家兄弟，钟光林愁眉不展。一方面，他已决定支持刘家兄弟，保护好地方的私营企业和产业发展；另一方面，作为地方的一把手，他太清楚政治里面的问题了。

果然，上面派人来了。1990年春节刚过，一位"特使"进了县委大院，没等钟光林回过神来，他就说："领导派我来，主要是因为刘家兄弟办的希望饲料厂的问题，我们考虑要参股，共同发展。"口气很硬。

钟光林一听，把脸沉下来："什么参股？别人干得好好的，一掺和不就把人掐死了吗？"

"钟书记，这是领导的意见，你得考虑考虑哟。"对方的嗓门分明高了几度。

钟光林没开腔，来者见碰了个硬钉子，只好打道回府。

不几日，领导亲自出马，来到新津县委大院。"老钟呀，希望饲料厂不能让它自由发展，市里决定要参股，这不是我个人的意见，而是集体定的。"

领导资格很老，但钟光林也不怵，顶了一句："这样做，我看不妥，一参股，一派人，就把厂子给捏死了，就发展不了了。"

"死就让它死吧。我们不能为了一个小厂，犯错误呀。"

"这个厂办得还可以，又不需要外面投钱，参股，我看没这个必要。"

领导没了耐心，"这事没什么可说的，就这么定了"，气呼呼地走了。

一场不为外人所知的交锋，就这样电光石火地发生着。"不识时务"的钟光林不动声色，决定采用"拖字诀"。一拖几个月，不断有人来催，他也笑着应付了过去。

终于，1990年9月北京亚运会举行后，对私营经济的非议少了。"犟拐拐"钟光林，守住了自己的原则，也保护了"希望"这一私营经济的重要火种。

守得云开见日出。1992年，新一轮改革开放的春天来临。5月，新津县政府颁发了多项促进个体私营经济的规定和办法，并上报建设"新津个体私营经济希望城"。不久，该项计划得到四川省人民政府的批复。次年，新津还被省委、省政府批准为"四川省个体私营经济试验区"，一大批私营企业如雨后春笋般快速生长起来。

要研究中国的民营经济，总绕不开苏南、温州、义乌、晋江、佛山等几个重镇，这些地方都是民营经济"摸着石头过河"的主要试验场，孕育了许多具有代表性的民企，堪称中国民营经济的摇篮。

但长期以来，人们往往忽略了，在远离东南沿海的广袤内地，也有许多地方在默默而积极地探索民营经济。譬如川西平原上的新津，这里有刘家兄弟这样的优秀民营企业家，有成熟的产业探索，有守护一方、为民企遮风挡雨的一些有为官员。从农村起步、从私营经济起步、依靠知识兴农富农的"新津模式"，理当载入中国民营经济的史册。

新津的民营经济发展，除了"敢为天下先"，还有一个宝贵精神是"勇闯险难关"。今天走进"新津民营经济博物馆"，可以看到一份题为"申请停薪留职发展专业户"的报告，落款人正是陈育新。在个体私营经济还处于半地下状态的1982年，新津县就敢于表彰几十户"万元户"，奖励给他们崭新的自行车，并组织他们上街游行。1992年，经工商部门和地方批准，"希望饲料厂"改组为"希望集团有限公司"，这是中国成立的第一个民营企业集团。

在发展民营经济方面，新津人想为、敢为、有为。多年来，新津民营经济增加值占地区生产总值的比重稳居70%以上，民营企业税收贡献占全区税收的比重一直稳居80%以上，均位居四川省第一，新津被评为"中国民营经济最佳投资县"。

正因为有刘家兄弟与钟光林这样目光远大、行动坚决、负责任的思考者、行动者，新津的民营经济才书写了一个又一个新篇章。

第三章

希望花开

在春寒料峭中，20世纪90年代来了。虽然新旧观念的冲突仍在延续，但越来越多的人相信，要发展经济、改善人民生活，不走市场经济的路不行。

1992年初，邓小平在视察南方时提出：计划多一点还是市场多一点，不是社会主义与资本主义的本质区别；计划和市场都是经济手段；抓住时机，发展自己，关键是发展经济，要注意经济稳定、协调地发展，但稳定和协调也是相对的，不是绝对的；发展才是硬道理……

这是对所有创业者的鼓励，也是期待。

新的希望，开始绽放。

春天的故事

1992年3月30日，刘永好拿着一份报纸冲进办公室。远远地，他就冲着刘永行喊着："二哥，来看！来看！"

那是刘永好每天必看的《光明日报》，那天的头版头条是《东方风来满眼春——邓小平同志在深圳纪实》。那篇1万多字的报道，刘永好几乎是屏着一口气读完的。

刘永行拿起报纸，专心读起来。刘永好在旁边坐下，也跟着再读了一遍，其中一些段落，两兄弟不禁异口同声地读了出来：

"多搞点'三资'企业，不要怕。只要我们头脑清醒，就不怕。我们有优势，有国营大中型企业，有乡镇企业，更重要的是政权在我们手里。有的人认为，多一分外资，就多一分资本主义，'三资'企业多了，就是资本主义的东西多了，就是发展了资本主义。这些人连基本常识都没有。"

"改革开放胆子要大一些，敢于试验，不能像小脚女人一样。看准了的，就大胆地试，大胆地闯。深圳的重要经验就是敢闯。没有一点闯的精神，没有一点'冒'的精神，没有一股气呀、劲呀，就走不出一条好路，走不出一条新路，就干不出新的事业。不冒风险，办什么事情都有百分之百的把握，万无一失，谁敢说这样的话？"

"现在建设中国式的社会主义，经验一天比一天丰富；在农村改革和城市改革中，不搞争论，大胆地试，大胆地闯……"①

很多话，都写到了他们的心坎里。读完，他们久久不能平静。窗外，春光烂漫，花香四溢，他们对望一眼，感到希望的春天来了。

之前的几年，刘家兄弟都在埋头、低调地推进事业的发展。首先，他们将新津饲料厂大幅扩建。其中，生产车间仿成都棉纺厂建造，抗7级地震，而且引进了国内最好的设备，包括筛选、提升、粉碎、调值、输送、搅拌、打包，整个体系全电脑控制，"可确保40年不落后"——确实如此，直到30多年后的今天，这个厂的生产、管理、效益依然是中国饲料行业的标杆。

其间，大哥刘永言、三哥陈育新将重心转移到他们喜爱的电子或农业产业，刘永好和二哥刘永行则继续坚守饲料业。1991年底、

---

① 《东方风来满眼春——邓小平同志在深圳纪实》真实记录了小平同志在深圳视察时所做的重要谈话，发表于1992年3月26日出版的《深圳特区报》一版。——编者注

1992年初，刘永好、刘永行将饲料厂的销售、管理部门搬到成都，在一环路的京川宾馆建了办事处。兄弟俩的办公桌面对面，不出差的日子，从早上7点多一直到晚上很晚，两人几乎都在一起吃饭、办公。下面的人进来做汇报，两个人都能听见，并且随时交流意见，迅速决策。也正是在那时，他们抓住机会，在省内的重庆（重庆当时隶属于四川）、绵阳建了两家工厂，效益也都非常好。

尽管这两年企业做得风生水起，但他们心里还是压着块石头，就仿佛是在大河中潜泳。直到小平南方视察的春风吹过，他们终于可以浮上水面，大口呼吸，随心所欲地变换泳姿了。

看完小平南方视察的纪实报道后，他们迅速做了两个决定：一是成立并注册"希望集团"，二是解开手脚、进军外地、大举扩张。

此前，刘永好、刘永行对外的称呼一直是希望饲料厂的"副厂长"，这个名号显然已不符合实际，更跟不上对外扩张的计划。同时，在长期与泰国正大、美国康地等全球化企业的接触中，刘永好看到了集团化运作的巨大优势，所以决定将自己的企业改名为"希望集团"，走集团化发展之路。

在当时，这个想法还是非常大胆，甚至有些冒险的。此前，"集团"一般出现在军队的"××集团军"，或者政治上——如"××反革命集团"。虽然很多国外企业也用"集团"，但国内还没人敢用，哪怕央企、国企也没人用。刘家兄弟旗下不过区区三家饲料厂，还是民企，就敢动"集团"的念头，着实令人吃一惊。

这个想法的确太超前，所以当他们找到成都市工商局办理"希望集团"正式注册手续时，办事人员都蒙了："从来没有注册过不冠地名的民营集团公司，这我可不敢批，必须请示上级。"结果报到省里，省工商部门也没听过，也不敢开这个先河。

像以往面临的许多困难一样，刘永好既然想好了，就不会轻易放弃。他专门跑了一趟北京，找到国家工商总局，亲自找到局长申请。

局长没有推脱，但也没有明确表态："民营经济我们要鼓励发展，这件事是新生事物，不过国家鼓励改革开放，我们也是摸着石头过河。这样，你把你的申请报告交给省里，再由他们转给我们，我们一定认真研究。"

刘永好回到成都，重新提交了申请报告，但半年多一直没有音信。1994年3月15日，当刘永好都觉得没什么希望的时候，报告居然获批了！"希望集团有限公司"经国家工商总局批准为无地名私营企业集团公司，并颁发新的营业执照，"希望集团"因此成为全国首家企业集团公司——而且是民营的！这个不冠地名的集团公司，为后来四兄弟各自的二级公司到各地投资建厂、办理工商手续都提供了巨大便利。

事实再次证明刘永好"快半步"的前瞻性思维的价值。这种"快半步"往往刚好和时代的脉搏相呼应，它不是凭空想象的，而是植根于自身的发展要求。他在通过实际行动一点一点地为自身谋求更大的发展空间时，也在客观上为整个中国的民营经济破冰、探路。

希望集团成立后，二哥永行任董事长，负责集团的管理，刘永好则任总裁，将精力放到开疆拓土上。

起初，他们将目光投向众多国营饲料厂。20世纪80年代至90年代初，我国的饲料业发展迅猛。至1991年，已有大小饲料厂上万家。其中，时产1吨以上的饲料厂有6200多家，时产5吨以上的大中型饲料厂也有670余家。估算下来，全国的综合产能可达6278万吨。但事实上，由于许多工厂开工不足，实际产量只有3720万吨。

拖产能后腿的主要是地方粮食局办的饲料厂，它们也是饲料工厂的主要组成部分。

20世纪90年代以前，各地粮食局不仅管理粮食收储、流通和调控，还管居民吃饭——城乡居民买粮、外出吃饭都得靠粮票。而为了满足地方养猪、养鸡等饲料供应，许多地方都配建了饲料厂。由于具有原料供应的源头优势，加之20世纪80年代后期价格双轨制的促进，这些饲料厂普遍发展良好。比如四川省粮食局下属的成都红牌楼饲料厂、郫县安德饲料厂，都是当时四川比较大的饲料厂。刘家兄弟生产鹌鹑饲料所需的鸡饲料，以及生产猪饲料所需的许多原料，就需要从他们手上购买。

20世纪90年代后，国家陆续取消粮食统购统销、价格双轨制、粮票制等制度，并推动粮食市场化，这些原本靠双轨制下买低价粮的粮食局办饲料厂优势迅速丧失，其生产成本高、设备老化、机制僵化、效率低下等问题陆续爆发，在大量涌现民营、外资饲料企业的冲击下，经营状况大多每况愈下。随着国家推进国企改革、"抓大放小"，这些国有饲料厂就成为地方政府急于改革的对象。

最先抛来橄榄枝的是河南浚县政府。此前，他们的县委书记从新华社一份内参中知道了刘家兄弟和希望集团，还悄悄来成都考察过。所以这次前来，他们是直接带着方案来的：他们出地，希望集团出技术、资金，双方共同建立一个饲料厂。

刘永好兄弟当然很愿意，因为他们看到了其中最重要的一点——对方是政府出面来谈合作。对私营企业来说，能不能处理好与政府的关系是比较棘手的事情，有政府出面，这个阻碍自然就没有了。他们下了决心，最后双方达成的条件是：总资产300万元，浚县政府以42亩地及部分设备作价100万元，希望集团出93万元，另外，希望的技术和品牌再作价，以无形资产的形式占总资产的25%。

谈判很顺利，接下来就要正式派驻团队了。这是希望集团首次出川，在外省联合办企业，还是民营企业首次与国营企业合作，意义非常重大，只能办好，可不能砸锅！正当大家议论纷纷之时，刘永行与刘永好已决定派一个叫冯波的27岁小伙子去建厂、当总经理。

这么重要！这么年轻？马上有人提出了异议，但刘家兄弟管理风格很果敢、果断。他们与冯波连夜谈话。冯波也有点惊讶，兴奋、压力一起翻腾，心里默默地说："是呀，我很想挑担子，可没想到这担子来得如此之快、如此之重！"

集团先派冯波到绵阳工厂学习了一周，然后交给他一张93.4万元的汇票。就这样，冯波和另外两个年轻人一起，踏上了北上的火车。

到了浚县，冯波首先感到的是明显的抗拒。按照协议，筹备组双方各4人，主事人则由希望集团委派。

"嘻，他们当法人、总经理，来指手画脚，来控制我们国营企业，指挥咱，有这么个理吗？"

"是呀，这帮人，我们并不了解，到时候把财产拿跑了咋办？"

这事也不能怪浚县人多嘴，此前不久，就有一个北京来的老板，宣称要在浚县和政府一起合办一家饮料厂，为黄河故道百姓造福。可资金到位后，那个老板就把几十万元资金揽入私囊，像黄河里的水一样流走了。

希望集团的年轻人知道，只能拿行动说话了。他们是刘家兄弟带出来的兵，擅长精打细作、勤俭办厂，先生产、后生活，这也是希望人的一贯作风。为节省开支，他们一部分人租住在当地农民的破房子里，一部分人住在简陋的工棚里，一日三餐吃的是黑面馒头加土豆汤。为了跑政府，办理各种事项，他们买了一辆微型面包车，被旁观者笑话为"耍猴人的'仿真车'"。尤其到了冬天最冷的封冻期，艰苦的生活确实吓退了几个新招的员工。虽然建设暂停，但他们没有休息、放假，而是利用这个时间宣传希望的产品、企业文化，同时加紧收购生产所需的玉米、豆粕之类的原料，为建成后迅速投产做准备。

8个月后，浚县希望饲料厂正式投产。一个冬天不见，一块荒地上就拔地而起一座漂亮的新工厂，农民们看着都很新奇。但要真金白银掏钱买饲料，他们还是要再看看的。结果"中原希望"开业第一天，只卖出去3.8公斤饲料，成为希望集团有史以来最惨淡的开业。

刘永好带出来的销售队伍可不是吃素的，马上展开了行动。他们走街串巷，把宣传材料、试用产品送到农户家；他们在各乡镇免费放电影，电影放映前插播养鸡、养猪科教片，介绍希望饲料的精彩片段；

他们租用、包装宣传车，每逢赶集，就开着五颜六色的宣传车出现，一边向群众讲解科学养殖知识，一边销售产品；他们成立技术队，到农民家里指导养殖，解决实际问题……很快，希望饲料就获得了周边十来个县市农民的信任与喜爱。

到 1995 年末，中原希望一算账，总投资 200 万元，而税利高达 1700 万元，不到两年就赚回 8 个公司。善于发现机会，敢于抓住机会，敢给年轻人机会，让他们和企业一起迅速成长，这也正是希望集团初期快速成长的重要秘诀。

以浚县的合作发展为蓝本，刘永好、刘永行逐步摸索出一套公私合营的新模式：与地方政府或粮食局合作成立合资公司，希望集团现金出资 30%~40%，同时，刘永好提出，希望饲料经过几年的技术进步、市场营销、技术服务，在中国西部打出了品牌和影响力，参考国际惯例和市场实际情况，希望品牌、技术、管理能力等作价 25%~30%；地方则将土地、厂房等作价，占总资产的 30%~40%，并派驻副总经理、财务负责人，双方共同经营。这样，国有饲料厂只是转换了经营机制，员工不下岗，资产不缩水，也没有处置风险，还能保值增值，而希望集团则可以借此快速发展，双方各取所需。

这套公私合营的改革和发展模式，被各地政府和媒体概括为"国有加民营，优势互补，共同发展"的"希望模式"。它与当时流行的外资对国企一揽子收购，改善经营状况再转手退出的资本运作模式有很大不同。希望集团所到之处，各地政府纷纷召开研讨会，希望一时声名大噪。

凭借着这套模式和强大的管理、输出能力，兄弟俩带着团队陆续南下昆明、东出湖南、江西，进军上海，希望集团迅猛发展了起来。

上海历来是国企和外资的天下，民营经济发展相对滞后。嘉定区的马陆镇作为上海市发展私营经济的重要试验区，特别欢迎刘永好。1992 年底，双方签订协议，总投资 1000 万元共建饲料厂。结果，投产第一年就实现销售 1.72 亿元、利润 2005 万元，一年就赚回两个厂。

与此同时，马陆镇政府以希望集团为招牌，建设了"上海希望私营经济城"，将其打造为招商引资、发展民营经济的桥头堡，为嘉定区以及上海市郊探索私营经济发展做出了很大贡献。

有一次刘永好和刘永行到上海出差，一上出租车，司机就盯着刘永好看。看了半天，师傅终于开口了："我特别荣幸，今天能拉到刘永好先生坐我的车。你的报道我在电视里至少看过三遍，每次我都认真地全部看完。你们太了不起了！四川人，大学生，养鹌鹑起步，来上海做到私营企业第一，了不起！"

1992 年后的这段时间，刘永好和刘永行形成了优势互补的最佳组合。刘永行主抓管理，在公司形成了一套科学化、精细化、有特色的管理体系；而刘永好除了继续主抓销售、品牌、采购，更重要的是主抓发展，包括与政府交流、与被重组合作公司谈判、重大发展区域的选择、新工厂的土地收购、工厂建设等。

那是刘永好创业之后出差最多、最为忙碌、发展成果呈现也最快的一段时间。曾经有一周，他签回了 3 家公司。短短两三年间，他们就整合了 30 多家国有工厂。饲料是一个充分市场化的行业，时至今日，这些合营的工厂大多还在正常运营，双方的合作关系也基本没有变化，国有资产不仅未流失，反而伴随希望的成长增值了无数倍，而当时谈过合作未果的饲料厂几乎都关闭了。

"你要想得到地方政府的支持，就要对当地的利益相关者做出贡献，为他们创造价值。如果只是想着自己赚钱发财，那是长不了的。而且做农业和做房地产不一样，做房地产，一个项目完了，拍拍屁股就可以走了，但农业是年年都要做下去的，就像农民年年都要种地，你必须要善待土地，做长期打算。"刘永好说。

建工厂，更建"生态"，刘家兄弟很早就找到了民营经济健康持续发展的秘诀。

光彩的时刻

刘永好兄弟的创业和发展,引起了政府的高度关注。

1993年初,四川省的一名干部找到刘永好,说准备推荐他担任全国政协委员,没过多久还让他填了表。同时,四川省工商联还推荐他担任全国工商联的副主席。作为一个白手起家的私营企业家,这些职务过去是想也不敢想的,简直有点像"天上掉馅饼"。

在改革开放的东风下,在刘家兄弟和希望集团的发展和努力下,"馅饼"真的掉下来了。1993年3月,刘永好与其他22位民营企业家一起,成功当选为全国政协委员并进京参加全国政协八届一次会议。刘永好坐在人民大会堂里,国家主人翁的感觉油然而生。其间,刘永好还被举荐在全国政协大会上发言,并参加关于私营经济的一场记者招待会。

刘永好在全国政协大会上的发言主题为《私营企业有希望》,刚把题目念出来,全场就爆发了热烈的掌声。操着带一些四川口音普通话的刘永好很感慨,"私营经济终于和国有经济站在了同一条起跑线上"。这篇接地气、饱含深情的发言,令与会者们深感共鸣,掌声不断。会后,希望集团还为希望工程捐款10万元,在邓小平的家乡四川广安建设一所希望小学。

1993年,希望集团向希望工程进行捐助

刘永好的大会发言反响热烈，让中外媒体对他在新闻发布会上的表现更加期待——在此之前，还从来没有一个私营企业家站在国家层面的新闻发布会的话筒前。也因如此，当时全国工商联的领导们也捏了一把汗：作为第一个出现在中外记者面前的私营企业家，刘永好肯定是发布会上的一个焦点。几百名中外记者，什么问题都有可能提出来，作为私营企业家的代表之一，一定有不少问题会直接指向他。这可是脱稿，刘永好知道怎么回答吗？会不会出纰漏？

开会前一天，紧张的刘永好看了不少材料，想把可能遇到的问题都考虑到，目的只有一个，"要回答得好，不出任何大的漏洞"。结果，那天发布会的效果出乎意料的好，刘永好从容淡定、侃侃而谈、分寸感恰如其分，颇有大将之风。会后，一位部级领导迎过来握住他的手："永好，你讲得太好了！我没想到你会讲得那么好！"

刘永好的另一项重大变化发生在全国工商联。1993年3月底，全国工商联主席荣毅仁先生当选为中华人民共和国副主席，这是时隔多年，民族工商业的代表再次成为国家领导人。工商联主席由经叔平接任，他是老一辈民族工商业代表，也是第九届全国政协副主席。

1993年10月，全国工商联第七届会员代表大会召开，正式选举经叔平为主席，全国人大副委员长王光英为名誉主席，老一代工商业者，第八届、第九届全国政协副主席孙孚凌为全国工商联名誉副主席。大会还选举了几位副主席，刘永好作为新一代民族工商业者的代表成功入选，他也是改革开放后第一位进入全国工商联并当选为副主席的民营企业家。

美国《华尔街日报》对此发表评论："中国民营企业家第一次进入全国工商联领导层，不仅是民企的发展得到了肯定，更进一步代表着中国政府要走市场经济道路的决心，并向社会表达，民企的地位更受重视和肯定。"

刘永好从此多了一重身份和责任。这一年，他壮怀激越，一路奔忙。一方面，他和哥哥永行南征北战，将工厂办到了数十个省份，并开始涉足食品行业，年底他还当选为中国饲料工业协会副会长。另一方面，他以民营企业家身份登上全国政协、工商联的舞台——此前，工商联的主要负责人都是老一辈工商界人士，他们自身已经不再经营具体企业，而刘永好作为新时期民营企业家的代表，不仅肩负着帮助工商联构建政企联系纽带、助力民营经济发展的职责，还要做大做强希望集团，以实际行动证明民企对社会的价值。

那个在新津南河里捞木柴补贴家用的少年，那个穿着父兄"传承"了半个世纪的破呢子大衣、赤着脚去北京的少年，已经成长为一个能对家庭、对员工、对伙伴，乃至对社会负责的优秀企业家了。

成为全国政协委员和工商联副主席后，刘永好身上的"光环"一下耀眼起来。当时就有很多人劝他，利用他的身份和与政府、领导的密切往来，为希望集团争取更大发展空间。当时中国房地产正处于热潮中，北京的地产更是火热，估值最高，机会最多，在协议供地的情况下，拿到北京的土地就有可能赚大钱。希望集团当时作为中国最大的民企，刘永好又有大量时间在北京，完全有条件跟政府说说，在北京盖一个集团办公楼，顺便要一些地，赚一把房地产的钱，这很合情合理。

刘永好习惯性地呵呵一笑，谢绝了。他说，自己一个人在北京工作生活都很简单，一家做农业的企业也不需要非常好的办公楼，他更不想借用自己在工商联的身份谋取什么私利。直到今天，新希望作为一家世界500强企业，在北京的总部办公楼还是租的，而且只有区区两层，几百人的员工团队，办公条件还不如很多中型企业，新希望在北京也从未开发过一个房地产项目。

在担任全国工商联副主席后，刘永好除了在各种场合为民营经济发声、提案，还将主要精力放在了两件事情上：一是号召、联络10位民营企业家发起了"光彩事业"；二是呼吁和参与筹办民生银行，帮助民营企业解决贷款难的问题。

说到"光彩"二字，这是中国政府对民企的一种评价和要求，其中还有一段故事。

改革开放之前，由于多年受"一大二公""兴无灭资""割资本主义尾巴""警惕小生产"等运动的影响，人们普遍患上了"恐私症"，谈"私"色变，避之不及。20世纪80年代初，广州华南师范大学攻读硕士研究生的一位年轻人，在其毕业论文中主张"应当允许私营经济探索性存在"，因为内容过于敏感，被其导师勒令必须删除，否则不能毕业。

1980年秋，大连市的一位复员军人姜维为谋生路干起了个体户，在动物园门口摆摊为游客照相。经常有不满20岁的工商部门工作人员让他站着，像训儿子一样训他。他的个体执照时常被没收，求爷爷告奶奶再讨回来。老朋友、老战友约他见面，他也不好意思去，因为是个体户，"低人一等"。

了解到这些困扰就业与发展的问题后，1983年8月30日，胡耀邦、万里、习仲勋等国家领导人，在中南海接见了300多位全国集体经济和个体经济安置就业的先进代表，并在怀仁堂举行座谈。座谈会上，胡耀邦发表了著名的《怎样划分光彩和不光彩》的讲话。

他说："现在社会上还有一些陈腐观念，妨碍着我们前进。在社会舆论中，有些是非标准还不很明确。例如，谁光彩，谁不光彩，怎样区分光彩和不光彩，就不很清楚。到处碰到这样情况，到全民所有制光彩，到集体所有制不大光彩，搞个体的就很不光彩，找对象都困难。……光彩与不光彩，究竟用什么标准来划分？……我国把剥削制度废除了，一切有益于国家和人民的劳动都是光荣豪迈的事业。……凡是辛勤劳动，为国家为人民做了贡献的劳动者，都是光彩的。"[1]

---

[1] 《什么叫光彩，什么叫不光彩?》刊于《人民日报》1983年8月31日第1版，参见：https://govopendata.com/renminribao/1983/8/31/1/#635550。——编者注

这一讲话，肯定了从事个体经济是光彩的劳动，支持了当时遭受歧视的非公有制经济的存在与发展。据当时的媒体报道，胡耀邦讲话的当天晚上，刚刚冲洗完胶片的姜维正在吃晚饭，听到收音机中传来他讲话的声音："请同志们回去传个话，说中央的同志讲了，集体经济和个体经济的广大劳动者不向国家伸手，为国家的富强，为人民生活方便，做出了贡献。党中央对他们表示敬意，表示慰问。"[1] 泪水一下子涌出了姜维的眼眶。

民营经济做的是光彩的事情。"光彩"就这样成为中国民营经济的标记。

中国民营经济的"光彩事业"，与刘永好的亲身经历颇有关联。

有一年，刘永好从成都乘火车去昆明考察市场。列车即将到达凉山州州府西昌前，在一个小站临时停了下来。许多乘客纷纷起身去透透气，或到站台买点食品饮料，刘永好则坐在车厢里望着窗外，等待开车。这时，他看见铁轨上停住的列车下面，突然钻出来几个头发长长的、全身黑乎乎的小男孩，他们都光着脚、赤着上身，下身只穿了条小裤衩，背着背篓跑向这列火车的车头。刘永好好奇起来，顺着他们奔跑的方向望去，才发现这帮孩子是跑去掏煤渣——那个时候的火车还以烧煤为主，有些掏出来的煤渣还没烧尽，捡回去后还能再用。这些孩子迅速地捡着煤渣，偶尔还争抢起来。有车上的旅客一时高兴扔点糖或饼干给他们，他们就高兴得不得了，纷纷涌上来抢。

看到这一幕，刘永好的心里五味杂陈。他仿佛看到30年前的新津街头，那个每天一早背着背篓去饭馆门口蹲点，等待店家把煤渣倒出来的干瘦少年。想不到30年过去了，这一幕依然还在真实地上演。

---

[1]《民营企业家成为对中国经济做出很大贡献的进步群体》，参见：http://www.ca-sme.org/content/Content/index/id/1239。——编者注

几天后，从昆明返程途中，刘永好特意在西昌下了车。他花了几天时间，考察了一下当地的农民生活、农业养殖和饲料业。总的来说，当地普遍还处于传统"打猪草"养猪的阶段。虽然有做猪饲料的潜力，但这里地方太偏僻，农民对市场经济完全不熟悉，交易成本和风险很大。如果希望集团在这里建工厂，肯定没有在其他成熟市场赚钱，从战略布局来说并不划算。作为一个对风险把控极为看重的企业家，理性来说，在这里建厂也没有太大必要。

同事也提出了差不多的观点，但刘永好的决心已下，当地人爱养猪、爱吃猪肉，他要争取在这里建一个工厂，帮助当地的养猪业发展和产业建设，同时也间接帮助那些贫困的孩子。

建一个工厂并不难，不赚钱也不要紧，但一家企业力量毕竟有限，该怎样才能更广泛、深入地帮助更多捡煤渣的孩子呢？他在思考着。

刘永好的想法和"快半步"的前瞻思维，又一次和国家的政策导向吻合。1994年3月，国家颁布"八七扶贫攻坚计划"，力争用7年左右的时间，基本解决全国农村8000万贫困人口的温饱问题。刘永好想到，民营企业也可以加入这个计划，他可以找一批涉农企业，结合自己的主业，以投资带动，通过把资金、先进的观念、技术、产品带到贫困地区，形成示范作用，带动地方产业发展，解决部分就业；同时，再鼓励、支持贫困人口参与到产业链上来，通过养猪、养鸡，种植玉米、大豆等最基础的养殖种植行为，提升他们的收入水平。这种"造血式"扶贫，一定要比简单捐款捐物更深刻，也更可持续。

他把这些想法向国家相关部门领导进行了汇报，得到深度认同和广泛支持。1994年4月，刘永好联合其他9位参加全国工商联七届二次常委会的民营企业家联名倡议《让我们投身到扶贫的光彩事业中来》。这篇倡议中写道，"消灭绝对贫困是每一个中国人的责任，是时代赋予我们的光彩事业"，他们向所有民营企业家倡议，举办一个光彩事业计划，为脱贫致富做一份贡献、献一份爱心，为缩小贫富差距做出贡献。

具体倡议包括：每年为老少边穷地区培训 1000 个人才，"把他们请到我们的企业中来，将我们的技术和经验传送给他们"；每家企业每年为老少边穷地区开发一个项目、传授技术、发展生产、拓展销路，等等。

随后，希望集团率先投资 1500 万元，在四川凉山州兴建全国第一家"光彩事业"工厂——西昌希望饲料厂，开启"产业扶贫"之路。

照片为 1995 年春节期间（2 月 5 日），刘永好看望西昌希望饲料厂员工时所拍合影

10 家民企率先探索、成功运行了一段时间后，1995 年，国家相关部门和全国工商联下发了《关于大力推动光彩事业的意见》，成立了以经叔平为名誉会长的"中国光彩事业促进会"，以推动光彩事业在各地的发展。到 1996 年底，就有数千家民营企业投入到这项事业中，投资总额就达 68 亿多元。光彩事业也逐渐成为全国非公有制经济、民营企业开发式扶贫的典范，并一直延续至今。

希望的蜕变

当希望集团迎来一个个高光时刻、光彩时刻之时，集团本身则在酝酿一次资产和组织的蜕变,也就是"分家"。

希望集团的创立,四兄弟都功不可没。而集团化战略的推进,则主要依靠刘永好和刘永行二人。在刘永好心中,二哥永行是个管理的奇才,所以他只管一心开拓,不用担心管理消化的问题,兄弟俩联手,互相信赖,优势互补,这才有了希望集团的迅速崛起。到1995年时,希望集团相继被国家工商行政管理局等组织评为"中国饲料百强第一位""中国500家最大私营企业第一位""中国民营科技企业技工贸收入百强第一名"。

但客观来说,那几年负责对外拓展、交流、政府与媒体公关、营销等事宜的刘永好占据了外界给予的大多数光环。在外人眼里,他甚至渐渐成为希望集团的象征。而董事长刘永行主要"对内",负责生产、管理等具体事项,同样能力强悍,却难免被忽略。虽然这是四兄弟早就明确且形成默契的事情,但越走越远的"四乖",在忙碌中确实也忽略了"回头看",照顾兄长的感受。

1995年,在国家工商行政管理局评选的私营企业500强中,希望集团位列第一

1995年4月的一天,刘永好比刘永行晚一些到公司。在办公室坐下后,和二哥简单说了一些公司的事情。一阵短暂的沉默后,永行突然严肃地说:"永好,我们聊一聊。"刘永好听二哥的口气,就知道

是件不简单的事。

"你看这样好不好?"二哥说,"我们调整一下。你看,我们两个人一间办公室,你能干,我也很能干,我觉得太浪费资源了。中国市场这么大,我们是不是调整一下?在产权上我们把它明确,你带一个团队,我带一个团队,各自发挥。我们可以互相支持,互相配合。"

刘永好的内心从没想过兄弟两个分开干的事,他有点恍惚。沉默了一会儿,他回答说:"我觉得还是不调整为好。我们两个搭档可以说是最好的,优势叠加,也能够互补。而且现在集团各方面发展都是最好的时候,如果这个时候调整,我感觉会削弱发展的势头……不过,我们是兄弟,公司是两个人的,我也不能勉强你。无论如何,我都觉得不调整为好。"

但刘永行显然已经想好了,非常坚持:"还是调整比较好。"

刘永行主张分开来发展,还有一个重要原因,那就是在饲料之外,他渐渐萌生了拓展重化工,向上游生产资料行业迈进的想法。当时的重化工基本上是"国家队"的事情,民营企业想都不敢想,而且饲料行业也很广阔、发展得如火如荼,所以他的这个思路并没有得到其他几兄弟的认同。但刘永行也是一个意志坚决的人,打定主意要进入重化工,最好的选择就是和刘永好分开,另起一摊。

事实上,刘家兄弟在此前已经分过一次家。1990年差点把公司交给政府的事情发生后,风口浪尖上的陈育新身体状况不佳,就将饲料厂的管理逐渐转移给二哥永行,他和大哥永言打算去做一些各自更喜爱的事情。

当时刘家兄弟的资产已经很庞大,四兄弟都有不同的贡献,但1982年创业时,他们只考虑了几兄弟优势互补,共同努力一起干,根本未讨论过股份谁多谁少。其中,老三陈育新最先辞职,而且出地、出房、出力最多;老二刘永行认真负责,在管理方面投入很大,效果好;老四刘永好在并购、销售、品牌、对外关系上投入最多;老大刘永言在计算机开票、机械设计、科研等方面贡献也很大。但1991年第一次分配利润时，三哥陈育新和二哥永行还是提出来四人均分。同时，对最核心的资产——"希望集团"和新津希望饲料厂，四兄弟依旧共同管理，并各自抽出1/10的股份分给妹妹永红。

这次"分家"非常顺利、和谐——其实，与其说"分家"，还不如说"分红"更合适。四兄弟将创业以来的利润均分后，刘永好与二哥永行组建合资公司，用希望集团的品牌继续做大饲料业。大哥永言投入他热爱的电子科技产业。三哥陈育新则投入他热衷的农业，在新津宝资山流转了3000余亩土地，打造了"花舞人间"花卉公园，这里一年四季花团锦簇，被誉为"西南赏花首选地"，成为成都著名的4A景区。同时，大哥和三哥联合成立房地产公司，率先进军四川航空港。20世纪90年代中期，他们建成成都最早的民营五星级酒店"家园酒店"，开发的"美好花园"别墅项目，连美国博士参观后都赞不绝口，"这样的别墅，在美国也是一流的建筑"。

历史证明，"分家"不是坏事，而且有利于各自发展。所以1995年，当永行把再"分家"的这个想法告诉了大哥、三弟和妹妹后，虽然他们的第一想法和四弟一样，认为永行、永好天然默契，且事业蒸蒸日上不宜分开，但最终还是选择了对永行的理解、尊重，"由你们协商定吧"。

刘永好考虑得更多。那几年，希望集团已成为四川乃至中国民营企业的一面旗帜，甚至是国家经济体制改革的一个示范性代表，企业的影响远远超出了家族的范畴。考虑到自己全国政协委员和工商联副主席的身份，刘永好将分家的可能向省政府以及工商联的领导做了汇报。

领导们的反对几乎是异口同声的。中央有关部委的一个领导，直接把电话打到成都，明确表达了自己的态度，"建议不分"，并派出全国工商联第一副主席郑万通专程到成都协调此事。四川省主要领导还专门把四兄弟请到了饭桌上劝和。

领导们的协调显然没成功。

这时，刘永好冷静了下来，决定接受分家的提议。虽然他觉得不分最好，但分也有分的好处。因为他和二哥都是很强的人，或许一山难容二虎，分开后各自有独立的空间发挥，双平台发展，也许还能做更多事。分也不是对立，而是独自发展，发展中也有合作。所以，如果一定要分的话，那迟分不如早分。

随后的一天晚上，刘家兄妹举行了一场和睦的家庭会议，不到两小时，就将当时中国最大的民营企业划分得清清爽爽。他们采取了罗马士兵分饼的方式，由老二来划分资产，由老四来选择：资产以长江为界，将工厂划分为一南一北均等数量；同时约定，双方以后各自发展，要竞赛、不要竞争，不侵占对方市场，10年之内不得跨江；大家共享技术和品牌。刘永好选择了包含四川在内的长江以南的工厂。

没有争议，不需要律师，也没有任何花边新闻，更没有"豪门恩怨"。

1995年，《福布斯》首次公布中国大陆富豪排行榜，刘家兄弟以6亿元人民币身家排在首位，成为中国首富。但"首富"一如往昔，温润、平和、重情，与影视剧里或人们想象中的"豪门"完全两异。分家后，尽管天各一方，但兄妹五人每年都要回家乡相聚，每年都要组织大家庭的旅游、聚会，事业上也互相扶持，有重要的发展和战略上的问题，也经常电话沟通、征求意见，有时一个月要打10多个小时的电话交流看法，共同发展。后来的事实证明，刘永好当时无奈之下的清醒判断是正确的。

很快，希望集团正式发布通知："希望集团东方投资有限公司、南方投资有限公司宣告成立——集团董事长刘永行兼任东方公司负责人，集团总裁刘永好兼任南方公司负责人"，不久后，两者分别发展为东方希望集团和新希望集团两大公司。

与之同步，大哥刘永言注册成立大陆希望集团，三哥陈育新注册成立华西希望集团。但四兄弟共同创业的基地——新津希望饲料厂、新津希望食品厂等创业初期的几家企业依然属于四兄弟共有，它们承载着希望集团的"初心"，无论世事如何变迁，这都是他们永远的根，也是他们前进的永恒动力。

事实上，这次分家还有一个巨大的示范效应，那就是中国民企从家族企业向现代企业迈出重要的步伐。

1994年7月1日，中国正式施行《公司法》，中国企业开始步入与国际惯例接轨的规范化管理阶段，"现代管理制度"也逐步在国有企业中推行。

彼时，希望集团虽然名声大噪，但外界普遍认为这是刘家兄弟的家族企业。随着企业不断扩张、日益复杂化，迟早需要有更加清晰的权责边界和更加规范的现代企业制度。现实也是如此，相对平均的股权和话语权，在决策和各种执行中往往会累积一些隐患：一方面是各自的兴趣和思考方式不同，久而久之难免伤感情，甚至导致家族分化，最终给企业带来负面影响；另一方面，外界、职业经理人、上下游合作商要同时考虑不同老板的想法，效率会大打折扣，企业很可能走向平庸。

"伟大的经历为了伟大的目的产生。"刘氏兄弟继承了父亲的意志和视野，随着企业发展，他们的境界也在不断提高。做企业的目的早已不是简单赚钱、改善家人和员工的生活，他们都瞄准了世界级企业、百年企业的伟大目标。

后来，大哥永言研发生产的工业变频器、传动控制和能源管理体系，在全国乃至国际都有不小影响，很多国际大企业都在使用他们的产品；二哥永行的东方希望集团，在做好农牧的同时，不断向重化工领域探索，成为中国铝业、多晶硅、化工、能源的标杆企业之一；三哥的华西希望集团立足四川本地，成为一家广受赞誉的美好企业；而刘永好带领的新希望集团，成为中国民营食品行业中第一家迈入世界500强的企业，是中国农牧行业的代表性民企。同气连枝，一分为四，互相扶持、比照，共同进步，对各自、对社会、对国家，更是好事。

在20世纪90年代中后期,希望集团虽然屡屡被评为中国民营企业第一,但由于所在的行业不"性感",而且创始人的性格低调沉稳,使得"希望"并不像一些明星企业那么耀眼。当时,要论中国发展最迅猛、最具光环的民企,大概要数曾经风行一时的保健品企业和"广告标王"们了。

1994年春晚,牛群、冯巩表演的经典相声《点子公司》,就反映了当时一种非理性的社会经济现象——很多企业通过一个灵机一动的点子或一个策划案就能一夜崛起。

一个典型的例子,就是保健品行业的快速扩张。当时,各种保健品纷纷席卷全国。它们并不真正讲究产品,甚至不盖厂房、不置资产,连办公大楼也不盖,而是依靠"广告-市场-效益"的循环营销战略,但却非常有效。只要敢砸,1亿元的广告费往往就能砸出两三亿元的利润。

它们敢于"创新",采用"农村包围城市"的策略,"让专家说话,让患者见证",聘请医生上街下乡"义诊",或者取个类似洋品牌的名字混淆视听……只有想不到,没有做不到。令人血脉偾张的保健品市场,就连搞高科技的企业家也要进来分一杯羹。这些企业的电视广告铺天盖地、深入人心,从而销量大增。显然,保健品远比电脑、高科技有诱惑力……

后来的发展,大家都清楚了。随着一个个"神话"被揭开面纱,民众回归理性,众多保健品企业暴起暴落,迅速消失。

如果说保健品企业忙于"农村包围城市",白酒企业则热衷高举高打,争抢中央电视台"广告标王"。似乎只要敢想,罗马一天也能建成。

1994年11月8日,中央电视台第一届广告时段招标会在梅地亚中心举行,当时的最终竞标价格高达3079万元,令同行和各路专家纷纷为中标的白酒企业捏一把汗。不料,随着广告语飘入千家万户,其广告投放的前两个月就实现销售收入大幅增长,令人瞠目结舌。

有了这次的启发,各路酒厂磨刀霍霍。次年,为了抢夺第二届标王,一些白酒企业开出了更高的价格。虽然出价很高,但对这些白酒企业来说,只要标王到手就不用担心。果然,这届标王的销售收入较上年有了数倍的提升。

关于标王们"怎么上去,就怎么下来"的故事,人们也已经耳熟能详。为了满足"市场需求",赚回广告费,他们不断收购杂牌酒厂,个别企业甚至弃产品质量于不顾,结果都被打回原形,一代枭雄狼狈不堪。

风流总被雨打风吹去。那些年,有关成本管控、品质提升、精细管理等制造业的基本规则,在"只有想不到,没有做不到"的保健品、食品饮料等"巨头"们眼中好像纷纷失效。但不过五六年,这些基本规则又给了"巨头"们沉痛的教训。

在这个阶段,原本走在中国广告营销前列、最擅长农村包围城市的刘永好却十分冷静、低调。他也做电视广告,但跟电视台谈的却是"非黄金时段无优先权的底价包段"模式——他以10%的底价批量承包电视台卖不出去的非黄金时段,在这些时段密集投放广告,这些时段如果电视台又卖出去了,他就马上退出来。电视台很喜欢这种无风险模式,大家实现了双赢。

秉持"生产+营销+管理"的法则,刘永好脚踏实地,坚持实业精神,走正道,快半步,一点一点地应变、创新,在许多"民族品牌"暴起又迅速崩塌的时代,才能带着希望,一路行稳致远。

"民生"诞生

1996年1月12日,中国第一家主要由民营企业发起设立的全国性股份制商业银行——中国民生银行正式成立。当晚,北京人民大会堂二楼宴会厅高朋满座,民生银行成立招待会在此举办。时任中央政治局委员、国家体改委主任李铁映,时任全国人大常委会副委员长、原财政部部长王炳乾，时任全国政协副主席、全国工商联名誉副主席孙孚凌等领导人到场祝贺，时任中央政治局常委、全国政协主席李瑞环，时任中央政治局常委、国务院副总理朱镕基还专门打来祝贺电话。

刘永好作为民生银行的主要提案人之一、主要股东之一，频频向到访的宾客致意、敬酒。望着济济一堂的客人和喜庆热烈的氛围，他的心中充满感慨。创业初期，刘家四兄弟向银行申请贷款就被拒绝，后来即便做到中国最大民营企业之一也依然很难向银行贷到款，更何况一般中小企业？而现在，中国民营企业终于拥有了一家属于自己的银行！

20世纪90年代中期以前，我国事实上实行"大财政，小银行"的政策，银行与政府财政不分离，主要为国有企业、集体企业、农业发展服务，也向外资企业发放一定贷款，但极少为民营企业提供贷款。金融为百业之母，民营企业没有金融的支持，往往只能在自己熟悉的一亩三分地小打小闹，很难上规模、杀出舒适区。作为民营企业家的代表，刘永好对此感受颇深，他一边做实业，一边在思考金融方面的事情。

1993年3月，刘永好首次参加全国政协会议，就在工商联小组讨论上大胆提出：邓小平南方讲话后，民营企业发展加快，在不同领域对国家、社会和市场做出了贡献，但融资难一直是个大问题。"我们工商联组织是老一辈工商业者发起的组织，是联络政府与民营企业家的桥梁，应该通过这个桥梁把民营企业的需求和呼声反映上去。而这就是当下民企最需要的支持和最大的呼声。"

他的说法引发了其他委员的共鸣和热议。长沙南方华侨贸易有限公司的李静委员、山西安泰集团的李安民委员等人结合各地情况，先后提出了类似意见。

1993年10月，经叔平正式就任全国工商联主席。作为老一辈实业家的优秀代表，经叔平深知民营经济之疾苦，积极推动民营企业和民营经济的发展，后来被一些媒体誉为"中国民营经济之父"。

新老两代民营企业家汇聚到一起，彼此感同身受、互相支持。在征询了刘永好等企业家的意见后，经叔平在第一次大会上发言时就表示："大家认为'借贷无门'是当前民营企业发展中面临的很重要的问题，我愿意与大家一起做几件事情。可以办一家银行，着重帮助民营企业融资。"

1994年初，经叔平建议和委派刘永好到民营企业走访，整理一下工商联会员的呼声和意见。一路沟通下来，民营企业有许多现实困难，对工商联组织的期盼也比较多，反映最集中的依然是难以获得银行贷款，很难做大。但彼时中国金融改革才刚刚开始，重心还集中在央行与财政分家，人民银行与商业银行分家，以及分税制、汇率改革等重大事项上，还难以照顾民营企业的这些呼声。同时，国有商业银行自身也面临极大挑战，动辄百分之十几、二十几的不良率，国际上甚至有"中国的银行在技术上已经破产"的说法，虽然危言耸听，但也道出了部分事实。

在这样的背景下，要触动刚刚开始变革的商业银行格局，要带领民营经济进入国家敏感地带金融领域，无疑十分困难。

怎么办？"等"，通常是一个明智的办法，比如等国家政策稳定，等商业银行格局定下来，等时机成熟……

但刘永好和经叔平不想用这个"老办法"。刘永好想到，既然改变很难，那是不是可以建一个新体系：由工商联牵头，由工商联下的民营企业出资组建一个新型银行，它主要为工商联的会员企业服务，并逐步扩大到为广大民营企业服务。如此，一方面可以在不增加国家负担的情况下满足民营企业贷款需求，另一方面可以主动融入中国金融体制改革的大潮，通过所有制与业务创新探索，为国家的金融改革贡献民营经济自己的方案！

经过充分调研、收集情况，刘永好和40位人大代表、政协委员，联名起草了一个提案，该提案首先在工商联主席会上提出。提案指出：第一，全国工商联是政府正式组织，由它牵头组织民企建立银行，可确保事态可控、不出格；第二，过程中可以筛选一些企业，提升工商联的影响力、凝聚力；第三，我国金融业当前问题较多，如何改革、发展任重道远，民营银行试验可以做中国金融与银行业改革的试验田和先行兵，开始的规模也可以小一点，即使失败了也没关系，不影响国家金融大局。

会议达成共识。经叔平作为工商联主席和全国政协副主席，以个人名义给当时国务院副总理兼人民银行行长朱镕基写了一封信，还附上了刘永好等企业家写的建议和报告。

当时，国家金融改革的一些重大事项才刚刚开始，民营企业就要"单干"，这封信和这份报告无疑都是大胆的——放在几年前，恐怕还是危险的。但经叔平和刘永好坚信改革开放的伟大时代氛围。为了写好这封信，经叔平一再征询刘永好等人的意见、反复斟酌了一周才动笔，信中直陈改革思路，并仔细陈述了"为什么要以民营企业为投资主体""为什么不能让国家做大股东"等敏感问题。

两天后，朱镕基回复："请人民银行予以考虑。"

经叔平和刘永好如释重负。他们迅速组织工商联成立谋办小组，由经叔平任组长，刘永好任副组长。他们在北京贵宾楼宾馆租了一间办公室，开始了紧锣密鼓的工作。"民营老板要开银行了"，这依然是个颇富争议的大事。刘永好等一众工商联委员则动用自己的社会关系，上上下下地做解释工作，解释的重点依然是两大核心问题——"为什么要以民营企业为投资主体"和"为什么不能让国家做大股东"。

1995年1月，中国人民银行的批文正式下达，谋办小组升级为筹备组，经叔平继续任组长，除了刘永好，还专门请了时任中国人民银行副行长童赠银担任副组长。同时，刘永好等12位民营企业家还各自筹集了25万元，贡献出来用作前期经费。

随后工商联开始征求股东，并联系了一些较大的、经营状况良好的会员企业。大家都非常高兴，纷纷表态愿意成为股东，万科的王石、联想的柳传志都有意认购。由于认购形势良好，所以在上报注册资金时，筹备组信心满满地报了100亿元。

不料，真到了交款时，前期沟通的许多企业由于无法向外界融资，根本拿不出钱来，加上一些其他原因，最后只筹到18亿元。经中国人民银行资格审查，再剔掉不符合规定的4.2亿元后，最终实际到位股本金仅有13.8亿元。其中就有刘永好拿出的5080万元。

实际数字只有上报的1/8，实在不太好看。怎么办？经叔平找到刘永好："现在能够拿出来的，又符合条件的只有13.8亿元，你看要不要再募集一次？"

刘永好作为民营企业家代表，其实已有一定的心理准备，对"失约"的民企也很能理解。他的回答很实在："第一，虽然我们希望钱多一点，规模一开始就比较大一些，但中国人民银行并没有要求非要多少钱才行；第二，先把它办起来，办起来就成功了，办不起来，再大都没用，办起来了，小一点也没关系，会更灵活，后面一步步来；第三，现在民营企业好多都比较小，实际经营也比较困难，这之前也有不少外资企业希望参与，但我们是全国工商联牵头的民营企业，所以拒绝了。现在标准高一点，可能也是好事。"

经叔平同意了刘永好的意见。就这样，筹备组决定按13.8亿元资金向中国人民银行报备。

关于银行的取名问题，有人认为，既然是工商联牵头，就应该叫"工商联银行"，但有人说已经有工商银行了，存在两个"工商"类银行不合适；也有人说干脆直接叫"民营银行"，但银行的业务对象肯定不能局限在民营企业，直接打"民营银行"的名字也不准确。

这时，刘永好提出，四川原来有一个实业家卢作孚，他办了一家"民生轮船公司"，为四川经济发展和全国抗战胜利做出了巨大贡献。"民生"代表了民有、民需、民众、民营等含义，为民生服务，当然也包含了为民营企业和整个社会服务，叫"民生银行"比较合适。

会上,大家都觉得这个名字很好,经叔平也点头认可,但他细心地说道:"民生轮船公司是以前有过的,卢作孚先生也是中国企业界非常有影响的人士,抗战时期也为国家做出过重大贡献,他的后人肯定还在,是不是要征求一下他后人的意见?"

于是,筹备组通过重庆市工商联,找到了卢作孚的家属,并向他的儿子征求意见。卢家欣然同意,中国第一家民营银行就正式命名为——民生银行。几代爱国实业家的精神,也在这一刻得到传承与发扬。

不久后,民生银行第一届董事会在北京京西宾馆召开。会议举行了董事会选举,原则上资本金超过5000万元才能进入董事会,最后共有19名股东进入。其中,经叔平以工商联代表身份成为民生银行第一任董事长,为确保工商联的引导作用,还特意在投票权中增加了一个规定,即工商联以组织的名义占30%的表决权,但工商联是非营利性机构,并不实际占有股份分配权——这个创造性的"金股"设置,对民生银行的初期发展至关重要,直到2000年民生银行上市才废止。

副董事长设两席,一个是行长,由筹备组副组长童赠银担任,另一个是股东代表,经叔平直言不讳:"刘永好是发起民生银行的主要提案人之一,又是银行发起谋划者、筹备组副组长,为民生银行的创办做了大量工作。他是一个优秀的民营企业家和全国工商联唯一一位民营企业家副主席。他还是全国政协委员,在国内外有广泛影响力,他的希望集团还被国家工商局评选为全国百强私营企业第一名。所以我推举刘永好做副董事长。"

会上,也有个别股东认为,应该按股本多少来决定人选,而刘永好的5080元股本金并不占绝对优势。对此,一位政府背景的工商联副主席快人快语:"咱们也不能只认钱啊。"

最后还是按《公司法》进行投票,结果仍然是刘永好胜出,被正式任命为民生银行副董事长,并得到全国工商联和中国人民银行的认可。后期银行业改革后,国家明确要求银行高管必须同时具备学历和资历要求,刘永好这个学历和金融资历并不突出的"民间金融高管",也算罕见了吧。

民生银行起步时规模小点的确不是什么大问题,一点一点发展就是了,但银行股东和管理架构上存在的问题,则影响深远。

第一,民生银行一共有 59 个股东,都是全国工商联会员企业,股东结构较为分散、复杂,给银行的股权架构带来了许多难以预料的影响。譬如,其中有一些重要股东存在外资代持的情况,就曾闹得沸沸扬扬,纠纷就长达 20 年。

第二,缺乏核心人物。一开始核心人物是经叔平,但他年事已高、事务繁忙,而且不是实际股东。此外,刘永好及其他两位股东都有相当的影响,但他们也都不是控股股东,实际经营管理权由后来的行长等管理层掌控。2006 年,随着经叔平离任,民生银行控制权之争或明或暗地爆发,以至于刘永好作为最大股东竟然落选董事会,引发轩然大波,这是后话。

第三,职业经理人团队与董事会股东存在"两张皮"的现象。在 1998 年 10 月的一份关于《民生银行若干问题的汇报》纪要中,明确显示:"民生银行一味求稳也许来自年龄的因素,更多是(管理层)向总行负责而较少考虑为股东赢取利润,下面的感觉是缺乏朝气……行长向董事会负责,下面的人向行长负责,但由于董事会缺乏力度,致使民生银行处于一个比一般国有商业银行更宽松的监管环境中,这样就取决于行长的选择,更向着人总行还是更向着股东?"

虽然问题突出,但民生银行的探索还是取得了很大成绩,不仅证明了民营企业家也能办好银行,也推动了中国金融体制改革。成立后,其凭借市场化经营体制,利润率、不良率、资产负债比等各项指标长期领跑国内商业银行。

民生银行堪称刘永好仅次于新希望的重要投资,曾有一位金融行家评论:"民生银行绝对是刘永好最成功的一次投资,他总是快人一步。"但在刘永好心中,民生银行并不只是一项投资,更承载着他中国民营经济的金融梦想——他将民生银行与汇丰银行对标,期望将它打造为世界级的大银行。

要实现这个目标,要解决上述三大问题,首先就要成为最大股东,掌握话语权。1997年金融危机爆发后,民生银行的许多股东都出现资金困难,刘永好逆势收购、不断增持。至2000年,新希望集团增持1.3802亿股,占比9.9997%,十分精准地停在民生银行规定的单一股东持股10%的限制前。再加上希望集团所持原始股、南方希望所持股份,最终合计持股17.05%,刘永好成为民生银行的第一大股东,并逐渐拉大与其他股东的差距。

通过真金白银的持续增持,刘永好及其体系不断扩大在民生银行董事会中的话语权,有利于解决民生银行股东意见不太容易达成一致、董事文化过于"江湖"等状况,以及企业规范化、透明化、法人治理结构的推进,为民生银行早期的发展做出了重要贡献。

其次,刘永好将企业的规范运营带到民生银行。为了维护民生银行的规范化运营,刘永好提出,新希望的发展尽可能不用或减少和民生银行之间的关联贷款,决不能用大股东和副董事长的身份来获利。譬如,曾经有新希望旗下某食品公司经不起贷款经理的软磨硬泡,向民生银行象征性地借贷100万元,最终被集团通报,并迅速停止贷款,还款销户。

以严格自律为基,刘永好作为中国最早进入金融业的民营企业家之一,其贡献和格局广受各界赞誉。民生银行不仅为刘永好带来源源不断的回报,还启动了集团的金融布局。随后,刘永好在集团内成立金融事业部,并相继参与创立民生人寿、联华信托等有影响力的金融机构,一直"快半步"地走在民营企业参与、开拓中国金融开放、创新之路上。媒体甚至在很长时间内都"忘了"他"饲料大王""农业大王"之类的称号,而喜欢称他为"金融大王"。

无论是在全国工商联还是在民生银行,刘永好都成了经叔平的好助手。两代民族工商业者在开拓创新、认真敬业的风格,做实业的执着态度,以及沟通全局、顾全大局的做事方式等方面,都有着深深的共鸣。经叔平,也成为刘永好在事业发展中的一座有着引领作用的灯塔。

刘永好是一个感恩的人。他在工商联努力无私地工作,以报答经叔平等老一辈民族工商业者的知遇之恩。在长期的工作中,两人渐渐成了忘年之交。他经常去经叔平家中看望,讨论民生银行的相关工作。2009年,已经91岁高龄的经叔平逝世。刘永好当时正在日本出差,得知消息后第一时间写了一篇悼念文章。回国后,刘永好立即赶到北京经叔平家慰问。

刘永好到经叔平家有数十次,还参加过几次家宴。他熟悉的那个四楼的房间,一直都没有什么改变。可惜物是人非,经老永远地离开了。

在缅怀经叔平的文章中,刘永好写道:"15年来,我的公司从一个普通的、来自西部农村的小企业,成长为有一定规模的大集团,事业能得到发展,思想有提升,是经老的教诲和帮助。他是领导、恩师,更是长辈、朋友,经老的去世,我万分悲哀。""作为领导、长者、民生银行事业的创始人,经老创造了巨大的商业价值,更留下了很多无法衡量的珍贵的精神财富,中国民营企业尚走在逐步做大做强的路上,相信经老当年的愿望将逐步实现!"

希望,新生

1996年初,刘永好的内心既兴奋又清醒,民生银行开业,他旗下的公司发展到21家,希望集团作为中国最大民营企业,密集地获得ABC（美国广播公司）、CNN（美国有线电视新闻网）、NHK（日本广播协会）、BBC（英国广播公司）、《华盛顿邮报》等世界媒体的关注和报道。另一面，希望集团分家的事陆续见诸国内外媒体，《华尔街日报》还发表了题为《中国最大的企业正在分裂》的文章，美国记者指出"对发展战略的争执促使几兄弟分裂希望集团"。一些媒体毫不客气地用了"分裂""争执""各立门户""竞争对手"之类的词汇，并热衷挖掘、放大刘家几兄弟之间的嫌隙。各种质疑声不断，南方希望要驶向何方，刘永好也必须要给出一个清晰的方向。

这一年，中国企业界还有一件大事，《财富》世界500强第一次发布，中国（大陆）虽然只有3家公司入选，却为许多不甘平凡的企业家树立了一个共同的远大目标。随后，国家经贸委宣布，未来几年重点扶植宝钢、海尔、江南造船、华北制药、北大方正、长虹6家公司，力争让这些公司在2010年进入"世界500强"。

作为纯民营企业的希望集团，当然不会出现在国家重点扶植的名单中，但刘永好的心绪已经开始远航。随后，他在《希望集团报》发表了内部著名的《奔向大海》一文，借此阐释着"希望"的过去和"新希望"的未来。

"辉煌的人生是一个不断刷新自己的过程……在'希望'经过十余年创业并获得了世人瞩目的成功之时，我提出了一个'新希望'的梦想，就是要走出四川的崇山峻岭，进入江汉平原，继而奔向大海的梦想；这个梦想，是将各种有效社会资源重组整合后拓展'希望'原有的饲料业，进入产业化大农业的梦想；这个梦想，是力求突破单一的经济成分，走一条混合型经济的道路，从而最大限度地解放生产力，实现振兴民族农业的梦想。"

"在未来的事业中，当今中国还没有多少人能拥有我们这样的优势。全面进入产业化农业，这就是机遇。我们又一次抓住了历史的大机遇，这就是'新希望'之希望所在。'新希望'意味着新的机制、新的管理方法,'新希望'要向现代企业制度靠拢……我们要奔向大海,首先目标要明确,沟、塘、堰、壑不是大海,河、湖、港、湾也不是大海,不能浅尝辄止,不能知足常乐……大海在呼唤,让我们以最好的心态,以昂扬的斗志,以清醒的头脑,全力以赴奔向大海,奔向新希望——在太阳已经升起的时候。"

1997年元旦刚过,新希望集团有限公司正式成立。各路媒体此前的好奇与猜测成为现实,纷纷加强报道,各种社会舆论亦扑面而来:希望集团怎么出来一个新希望集团?新希望跟老希望是什么关系?希望集团是不是要退出舞台了?三位兄长对此也很有意见。

10天后,刘家五兄妹在成都南苑召开特别董事会,就希望集团内部关系问题进行协商。最后,大家达成的决议是:第一,希望集团由新津饲料厂、成都希望食品有限公司和希望科学科技研究所组成,为一级公司,继续由刘永行担任董事长和法人,刘永好任总裁,刘永言任股东会主席,陈育新担任常务副董事长;第二,大家共同享有及维护"希望"商号,集团支持各方发展自己的下属企业,新希望等各自的企业为希望旗下松散的二级公司;第三,希望集团的印章保存于新津总部,各下属公司需要使用印章或出具材料的,集团予以支持,而涉及集团权益的,则需事先征得董事会同意。

一场外界瞩目的"分裂好戏",又在刘家五兄妹彼此的包容、支持下化解。随后,东方希望集团、大陆希望集团和华西希望集团陆续成立,希望集团花开四朵,各领风骚。

为什么是"新希望"?"新"在哪里?其实刘永好在对它的定位——"农业科技为主的现代化、适度多元化、国际化的企业集团"中,就清晰地给出了答案。

他的第一个"新",是"走出家门",建立现代企业制度。

早在育新良种场时,刘家兄弟就明确规定,谢绝各自家庭和任何亲友的加入。兄弟四人,一直以陈育新为厂长,其他三人都是副厂长,各自分工明确，企业也一直在简单、直接、高效的机制中成长。新希望集团成立后，刘永好更严防它走向复杂的家族企业。

1996年，女儿刘畅到国外读书后，李巍决定再次"出山"。为了不与集团业务产生关联，她问刘永好借了2000万元，办了一家印刷厂。在她的精心打理下，印刷厂业务蒸蒸日上。3年后，她便还清了丈夫借给她的2000万元。一直以来，尽管她为家庭和新希望默默付出了许多，但从来没有在新希望担任过任何职位。

1995年分家后，刘永好就迅速建立了集团审计制度和财务直管制度。一直以来，这都是刘永好旗下企业的核心制度，并不断成熟、创新。到今天，这两个体系甚至可以做到完全独立运营，这在民营企业里殊为罕见。各项管理制度也制定得非常详细，现代企业制度初见雏形。

要奔向大海，这些当然还不够。刘永好把目光投向上市，但在内部和周边，很多人并不理解刘永好的上市决定，因为新希望现金流非常好，并不缺钱，上市反而是捆住了自己的手脚，所以建议刘永好不要上。他们没有理解刘永好的战略意图。

著名经济学家厉以宁曾这样评价："从刘永好至今几乎没有大的战略失误能看出来，他从没有被财富所扭曲。"刘永好拥有无数财富，但钱从来都只是他做事业的"工具"，他也从来都不是守财奴。他对上市的理解显然更为高远："除了获得直接融资的资金、增强抗风险能力，上市更重要的一条是培养我们的规范意识。企业更加公开、更加透明、更加有规则。作为上市公司，更公正地对待我们的员工、客户。由于资本市场透明公开，我们更容易找到合作伙伴、引进资金，能更有效地进行合作和管理，这些才是更大的价值！"

1997年，明确上市目标后，刘永好整合绵阳、广汉等四家饲料厂，组建起"四川新希望农业股份有限公司"的上市主体。随后，他将目光投向了具有带领企业上市经验的高级管理人才——当然，这样的人才只能在大国企中寻找。就这样，四川金路集团总裁沈绪安、常务副总裁黄代云等人就进入他的视线中。

金路集团是四川第一批上市国企，与刘永好同龄的黄代云，在企业股份制改造、上市和实际管理中都发挥了核心作用，对大型企业的政治经济环境和资本市场的把握，以及在企业管理方面的造诣，都堪称"高手"。在这样的大国企、相当于副司局级干部的"高手"，愿意"屈尊"前往一家民营企业吗？

开始是不太愿意的。刘永好随后"三顾茅庐"，黄代云才动了心，但家属的担忧依然是个障碍。最后的临门一脚，是刘永好请黄代云和夫人参加刘家的家庭聚会，黄夫人这才被打动："他们家的家风真的很好。本来在我的想象中，把老公放在民营企业，他有了钱就会变坏，我会丢了老公。可是今天看到他们的家风，真的很正。我绝对放心，老公不会挣了钱就跟别人跑了。"

后来，沈绪安、西南交通大学教授邓幼强等一批大国企高管、知名高校教授陆续加盟，被誉为新希望人才历史上的"云蒸霞蔚"，还一度引发众多媒体的关注与专访——刘永好到底有什么魅力，能将这么多大型国企核心负责人挖走？如果没有"走出家门"的格局和胸怀，肯定难以打动他们。

人才有了，但要上市，最大的壁垒还在于政策。1990年底，上海证券交易所成立，中国诞生了第一批上市企业。但在当时，上市指标由省级政府和部委推荐，经国家批准，再由证监会分配。新加坡《南华早报》甚至在文章中称，"（中国政府）压制私企上市的做法还很强硬，官方目前政策主要是利用股市为国企筹集资金"，一些官员"反对家庭企业上市，认为这样会致使公众资金注入单个家庭的腰包"。

民生银行的设立初步解决了民企间接融资的问题，但直接融资依然无门，也有违市场公平，民营企业家对这个问题意见很大。在全国工商联会议上，刘永好就多次提到广大民企的这一呼声，"民营企业背后是数以万计的个体户和私营企业，竟然没有一家民企有上市的机会。工商联有义务向政府呼吁，应该对民营企业和国有企业、乡镇企业、外资企业一视同仁。既然要公平，那在资本市场也要有同样公平的上市资格"。

显然，经叔平和蒋民宽等领导都听进去并反映上去了。资本市场对民营企业的坚冰正在一点一点融化。

机会终于到来！经过全国工商联和民营企业家的争取，1997年，证监会经过考虑给了民营企业一个上市指标，由全国工商联安排。

这个宝贵的名额，不只是第一家上市民企的桂冠这么简单，更象征着民营企业终于享受与国有、外资企业一样在资本市场融资的权利！那么，这个名额应该给谁呢？

全国工商联主席会议展开了激烈的讨论。工商联副主席蒋民宽曾做过四川省省长，对新希望十分熟悉，他直言不讳："第一，新希望是中国最大的民营企业，是国家工商行政管理局颁布的500家最大私营企业第一名，规模足够大；第二，他们从事的是农业、饲料业和养殖业，这符合国家支持的方向；第三，永好是我们工商联的积极参与者，是改革开放以后第一位新型民营企业家副主席；第四，他的企业规模、效益都很好，也惠及广大的农民。另外，我也知道他有上市的意愿，所以我建议考虑新希望。"经叔平这时也表态，永好的公司，不管行业和规模，各方面条件都符合，他也同意。指标就这样定了下来。

随后，蒋民宽找到刘永好，把这个结果告诉他，刘永好的心高兴得怦怦直跳，这可是"中国第一家以民企身份推荐上市"的机会，荣誉和象征意义都远远超出了上市本身！但兴奋没多久，他就冷静下来，当晚，几乎一夜未眠。

"国家给工商联上市指标，允许民营企业上市，它的象征意义和政治意义非同一般。我确实非常想要这个指标。但我是全国工商联副主席，为了民企上市，我一直在奔走呼唤，如果我要了这个指标，好像是'近水楼台先得月'，是在为自己跑指标。越想越觉得我不应该要这个指标，应该给其他的民营企业。"第二天，刘永好把这个想法向经叔平做了报告。

经叔平、蒋民宽，以及国家相关部委领导听了十分感动，他们也为刘永好的成熟和格局感到十分欣慰。全国工商联再次讨论，同意了刘永好的请求，把指标给了别的民企。

那些不理解刘永好执意要上市的人，这时又不理解他为何主动放弃了，刘永好也不多做解释，准备把上市目标放到下一年。善意终有回报，没过几天，经叔平又找到刘永好："为了工商联的形象，你主动把工商联已确定的指标让给了别的民营企业，这是一种境界。但我们已经将你的想法和做法跟四川省政府沟通过了，希望省里可以为你们争取一个指标。"

时任四川省长宋宝瑞也很感动，回到四川后一再叮嘱有关人员："刘永好放弃了工商联给他的上市指标，他进步了，风格很高。我们要支持这种进步、这种风格，省里不能让他吃亏。"于是，四川省将当年三个上市指标中的一个给到了新希望——同年的另外两家上市企业，一家是峨眉山旅游，一家是五粮液，都是四川的核心企业。

兜兜转转，刘永好的上市梦依然得以实现。1998年3月11日，新希望农业（000876.SZ）在深圳证券交易所上市，股票代码000876，新希望成为中国第一家以民营企业身份推荐上市的企业。新希望集团也由此向一家现代化的公众公司迈出了坚实一步！

新希望的第二个"新"，是走出"农门"，适度多元化。

刘永好为新希望指明了产业化大农业的方向，但做农业风险大、利润薄、周期波动强，一直难以摆脱"看天吃饭"的宿命。因此在企业做大，也有了一定积累后，就有必要做一些组合配置，将鸡蛋放在不同的篮子里：一方面让资本创造更大的价值，另一方面用其他产业的盈利反哺和巩固农牧主业，来对冲农业周期波动，为主业保驾护航。

1997年10月，新希望与成都市统建办达成合作，投资6亿元，在成都南二环开发占地面积近 30 万平方米的"锦官新城"项目，刘永好将其定位为成都房地产品质及价格的新标杆。1999 年 7 月，锦官新城首期开盘，三天销售额 1.4 亿元，令成都市场为之一振。

锦官新城为新希望房地产开了一个好头。2000 年后，中国房地产逐渐进入黄金发展期，正当行业满心期待刘永好的下一个作品时，他却选择了低调发展。新希望的地产项目，大多是借原饲料厂、养鸡场、养猪场用地调整的机会搞开发——随着城市化的发展，新希望的一些工厂所在地逐渐从郊区变成城市，按照城市规划调整，这些工厂要么退出，要么只能自己开发。新希望卖了一部分地，也留了一部分做开发，但并没有到公开市场上拿地。

20 世纪 90 年代后期，新希望的这种适度多元化是成功的，有高管将其概括为"做饲料是一分一分地赚，做地产是一毛一毛地赚，做金融是一元一元地赚"。进入 21 世纪后，新希望还陆续进入了化工、乳业等板块。而对刘永好来说，新希望的根始终在"农门"，通过农业上下游延伸出去，对企业稳健经营、开阔视野、吸引人才等，发挥了积极作用，但新希望根本的思路，还是用"一元一元""一毛一毛"赚回来的钱巩固"一分一分"赚钱的阵地，为农业这个长周期、低回报、周期风险高的行业筑好安全墙。

这种做法曾让各界大惑不解，更赚钱的产业不去发展，却把赚的钱投向不赚钱的产业，实在不合常理。如今回头看去，当年盛极一时的部分金融化、地产化的民营制造企业，许多已经江河日下甚至灰飞烟灭，坚守"一分一分"赚钱的新希望却始终稳步前行、历久弥新，我们不得不为刘永好的清醒和格局所感叹。

新希望的第三个"新"，是走出"国门"、迈向国际化，并成为中国最早进军海外的民营企业。

新希望自诞生之日起，国际化就是其不灭的基因。一方面，虽然身处"农门"，但刘永好的视野一向很国际化，他与泰国正大、"ABCD"

（"A"是指 ADM，即阿彻丹尼尔斯米德兰；"B"是指 Bunge，即邦吉；"C"是指 Cargill，即嘉吉；"D"是指 Louis Dreyfus，即路易达孚）四大国际粮商，都保持着非常密切的联系乃至合作关系。他对国际市场十分熟悉，也一直在寻找启动国际化的机会；另一方面，20 世纪 90 年代后期，国家日益鼓励中国企业走出去，1999 年国家领导人访问越南时，就与越南商议加大中国企业对越投资，而带领希望体系"奔向大海"，也是新希望的使命所在……这些，我们将在下一章详细讲述。

1999 年，"胡润富豪榜"发布，刘永好家族排在中国富豪第二的位置，一年后便荣登第一。其缔造者胡润曾数次公开称赞："在中国民营企业家中，我最敬佩的企业家之一就是刘永好。"自 1999 年颁布"胡润富豪榜"开始，许多企业家都起起落落、风云变幻，只有刘永好稳稳位居榜单的前列。

财富的领先并非刘永好的追求，但财富的持续领先却深刻地说明了问题。

纵观 20 世纪 90 年代，刘永好是当之无愧的改革先锋时代人物。一方面，他扎扎实实地做企业，敢想敢干，始终"快半步"——中国第一家企业集团、中国最大的民营企业、中国第一家民营银行、中国第一家上市民企、中国第一批到海外办厂的民企等等，是民营经济创业、创新、开放的时代典范；另一方面，他勇于承担社会责任，善于运用综合的社会资源，不断为私企民企、农牧业、社会公益发声及实践，为中国民营经济的发展、组织工作做出了巨大贡献，是各界公认的社会企业家代表。

他目光远大、胸怀开阔，视野、格局、思维不断自我迭代，又不断求新、善于应对和引领变化，最后结出"新希望"的硕果。

新的希望，新的世纪，更多精彩故事，也将——发生……

第四章

乘风破浪

2008年8月8日，北京，一场盛大的奥运会开幕式，让全体国人心生自豪。在世界的聚光灯下，中国的形象熠熠生辉。

这一年恰逢改革开放30周年。在世界经济的竞赛场上，中国经济总量占全球经济总量的比例从1978年的1.7%攀升到2008年的7.2%，仅次于美国和日本，居世界第三位；中国人均国民总收入达到3292美元，按照世界银行的划分标准，中国跃升至世界中等收入国家行列。

财富的创造来自生产力的飞跃，生产力的活力来自体制的创新。改革开放之初，中国国内生产总值中，公有制经济贡献的比例约为99%。而到2008年，全国实有私营企业657.42万家，从业人员7903.75万人；实有个体工商户2917.46万户，从业人员5776.68万人。民营经济成为中国经济的重要支撑。

2008年12月，人民日报社旗下的《中国经济周刊》评选出了"中国改革开放30年影响中国经济30人"（简称"30年30人"），刘永好兄弟和袁庚、倪润锋、柳传志、马云、张瑞敏、宗庆后等企业家，厉以宁、吴敬琏、林毅夫等学者，以及成思危、经叔平等官员一同入选。有意思的是，泰国正大集团（简称"正大"）董事长谢国民也在这个名单上。

谢国民出生于 1939 年，比刘永好大 12 岁。他领导的正大集团是一家集农、工、商综合经营于一体的国际性大财团，在中国改革开放后率先到大陆投资。他曾是刘永好心目中一个标杆。能和他同列"30 年 30 人"，不仅折射出刘永好等一批企业家的崛起，更是这个"长风破浪会有时，直挂云帆济沧海"的大时代的成就。

在挑战中崛起

1999 年，正值正大进入中国 20 年，中央电视台《对话》栏目做了一期正大中国 20 年的节目，邀请刘永好做嘉宾。当时的正大与新希望，犹如饲料行业的麦当劳与肯德基，不论销售门店还是工厂，两者往往比邻而立，又旗鼓相当。有人认为在这次节目中，刘永好明摆着是去做"绿叶"的，都劝他不要去。他却真诚地笑着说："正大是我们的老师，我们要继续向人家学习。"

节目中，有人当着刘永好的面问谢国民："当年刘永好先生就是在出差时看到正大饲料卖得很火，发现了这个市场的商机，才开始从事饲料行业的。但是这几年，新希望的发展比正大快多了，饲料越卖越好，成为正大在国内饲料市场最大的竞争对手。对此，你有何看法？"

谢国民沉吟数秒，回答道："其实，这并没有什么。我一直认为，竞争是一个企业必须经历的重要部分。刘先生的新希望集团做得的确非常好。从竞争的角度来看，无论是饲料还是其他方面，正大还有许多优势没有完全发挥出来。"刘永好笑着听完。

毋庸置疑，中国民企是在学习和模仿中成长起来的。学习、模仿并不可耻，缺乏挑战的精神和勤奋的态度才是成长的最大障碍。几十年间，中国民企是如何从跟随者变成挑战者，再到超越者，甚至引领者的？"希望"（新津希望饲料厂）成长的故事，就是一个鲜活的缩影。

20世纪90年代，"正大"在中国几乎家喻户晓。1990年4月，正大集团与中央电视台合作的《正大综艺》栏目，让"正大"的名字响彻大江南北。除了电视节目，正大的商场、超市、饲料、食品等也是人们经常接触的，以至于很多人以为正大是一家中国企业。虽然是外企，但正大绝对称得上是最本土化的外企之一。1979年，中国刚刚宣布改革开放，正大就最早进入中国建设工厂——也就是刘永好曾为之惊叹的深圳正大康地饲料厂。此后，正大陆续在中国建立了100多家饲料厂，成为当时当之无愧的饲料王者。

在刘永好心目中，一直视正大为"老师"，但在商场上，正大无疑是"希望"和"新希望"的主要对手。商场如战场，双方的第一战发生在20世纪80年代末的新津希望饲料厂时期。

20世纪80年代中期，正大投资2880万美元在成都设立了合资公司，这在当时是天文数字级的投资。跟这样的庞然大物竞争？"小小的"新津希望饲料厂想都不敢想。但不久，正大真的就"杀"上门了——眼看成都地区的鹌鹑养殖如火如荼，"希望"的鹌鹑饲料卖得非常火爆，正大也加入进来。

正大虽然是饲料行业霸主，但在鹌鹑饲料上却是后进者，它试图上来就给"希望"一个下马威：降价，而且每次都以10元的幅度降。当时，一个工人月工资不过三四十元，一张"大团结"可不是个小数目。原本高高在上的"霸主"大降价，在市场上威力十足，很快，希望鹌鹑饲料就被抢走了40%的市场份额。

在正大的预想中，接下来应该是小小的希望饲料扛不住，上门求饶，要求合资或收购，然后正大还价，再"勉为其难"地把它收入囊中，或干脆置之不理，任其自生自灭。这是正大在全国各地的扩张过程中反复上演的戏码，成都也不例外。

但让正大没有想到的是，这次踢到的是个硬钉子，他们预想中的刘家四兄弟慌里慌张的情节并没有出现。希望饲料规模虽小，但刘家兄弟可是经营的行家。这当中，又数刘永好对正大最熟悉，正大的每一个生产环节、每一项成本投入，刘永好都心如明镜。他一盘算，正大的初期投资、员工工资、银行利息、高举高打的广告投入等算下来，成本起码是希望饲料的120%。他心里有了底：如果打价格战，最终受不了的一定是正大。于是，他和哥哥们商量，同步降价，并且价格要低于正大。

不出刘永好所料，鹌鹑饲料并不是正大的主要产品，亏着卖实在不划算。几个月后，正大低头，主动派人来协商，大家不做恶性竞争，确定合理价位，公平竞争。刘永好主张接受，认为大家是同行，既然人家主动求和，就没必要内讧，也要让人家有赚钱的余地。三个哥哥也一致同意。

这场短兵相接，看似双方打了个平手，实则刘家兄弟在与跨国企业的较量中收获了巨大的信心和经验，从此鱼跃龙门。

短暂的硝烟后，更大规模的"战斗"接踵而至。1990年，希望饲料厂研发了一种叫"希望精"的浓缩型饲料，只需要把这种饲料添加在农家饲料里，就能基本达到全价饲料的效果。也就是说，差不多同等效果，但每吨"希望精"的价格比正大精饲料便宜60元。同时，为了促销"希望精"，希望饲料厂采取了买一定数量全价饲料就送一包"希望精"的方式。

"希望精"的推出，刺激了正大的神经，他们感到这次是刘家兄弟在抢他们的地盘，猪饲料是他们的立命之本，他们必须应战。正大再次举起降价大旗，而且每吨的价格一下就降了20元。

刘家兄弟深知，随着规模和创新能力不断提升，希望跟正大早晚必有一战。况且他们心里有底，希望饲料的利润空间比正大有优势，于是坦然地迎了上去，把价格降到每吨比正大还低20元。

十几天后，正大每吨饲料再降20元。刘家兄弟再碰头，意见一致，也每吨再降20元！

到了1991年初，正大加大力度，每吨直降100元！他们想尽快结束战斗，也为春节拿个开门红。刘永好和几位兄长都明白正大的心思，同时也更加清楚，战场上不怕遭遇战，就怕看不到尽头的消耗战，也希望这场价格战能尽快结束。四兄弟开了一天会，毅然决定一次到位——每吨直降140元！这已经逼近成本价关口了！刘永好明白，正大的财务人员比希望的财务人员更精明，一定能领会到希望的用意——大家拼到这儿也就差不多了，再拼下去都得弹尽粮绝！

正大的职业经理人不可能把自己的饭碗拼掉，果不其然，"霸主"低头了。春节过后，正大再次前来谈判，双方达成协议——不再降价，正大和希望的价格保持在原有的差距上。

这一场竞逐又是希望获胜。1990年，希望在与正大的商战中销量增加了11倍，从5000多吨飙升到6万吨，1991年一举突破10万吨，1992年再翻1.5倍达到25万吨。而1991年、1992年，正大在川西片区的销量仅为4万吨和6万吨。正大虽然也在增长，但势头明显被希望大幅度反超。

希望饲料从此势不可当，向正大的霸主宝座发起持续冲击，双方的竞逐走向长期化。客观来说，当时希望的优势还是区域性的，放眼全国，正大有资本和品牌优势，设备先进，又顶着"中国第一外企"的光环，全国各地对正大的招商热情堪比后来的富士康。同时，正大集团董事长谢国民还十分接地气。那几年，他提出了一个"百人计划"——在全国招聘100个县委书记、县长加盟正大。外企待遇好，发展空间也不错，不久便达成"计划"。这些地方官员能力强、本地资源多，帮助正大发展得很快。然而，正大的核心高管仍然来自泰国或海外其他地区，这在一定程度上影响了它的进一步本土化。

1995年，希望集团已经拥有37家工厂，还被中国饲料工业协会评为"中国最大的饲料生产企业"，被国家工商行政管理总局评为"中国最大民营企业"，希望饲料的追赶势头很猛。随后，希望集团的分家让正大饲料稍微松了一口气。

殊不知，刘家兄弟分家不分业，他们并不搞内部竞争，而是联手在市场上发起冲锋。1998年，刘永好、刘永行联合宣布，希望饲料和正大饲料要进行"三年决战"——当时，二者在中国饲料市场的占有率分别为5.4%和7%。

忆及这段往事，刘永好温和又坚毅："正大引领我们进了饲料生产的大门，是我们永远的老师，我们一直都会向正大学习。但是，青出于蓝可以胜于蓝，我们从老百姓中发展起来，更了解中国市场。我想，从长远来看，我们有更大的优势。"

优势在哪里？除了多年积累的成本管控、产品研发和价格优势，根本还在于——希望是从中国的土地里长出来的企业，对这片土地太了解又太热爱。相比正大的高举高打，希望把销售终端做到田间地头、农民家里；相比正大的外资品牌光环，希望更注重实效，推出了"先见效，后付款"模式；相比正大在央视做的《正大综艺》节目，希望在乡村的墙头广告效果更精准；相比正大庞大的销售体系成本，希望将精力放在组建技术服务队上，通过培养使用希望饲料的养猪专业户，帮助他们赚钱，形成示范效应。很快，他们在农村发展起成千上万个经销点，并不断组建渗透力极强的销售网络⋯⋯

另一面，在与新希望的战斗中，正大饲料也在不断进步：他们被迫收缩战线，放弃散户而专注大型养殖企业，牢牢守住高端市场；在细分领域不断发力，在鸡饲料领域的优势地位相当牢固；战线缩短后，可以集中精力组建高质量的技术服务团队，有针对性地帮助养殖企业提升养殖水平，并进一步提升客户黏性。更重要的是，正大集团在农牧食品板块选择了纵向一体化的发展路径，把握住食品销售终端，再上溯至整个产业链，深度整合，综合利润相当可观。这都是这个百年跨国企业的强大之处。

两者互相竞争、学习、进步，相生相伴，堪称"友商"的代表。从 20 世纪 90 年代后期到 21 世纪前 10 年，中国饲料行业的冠军宝座上，希望、正大轮流坐庄；21 世纪 10 年代，双方又将竞争格局扩展到全球。直至 2021 年，新希望六和以 2854 万吨的产量一举超过正大的 2700 万吨产量，成为全球饲料业的新霸主。

与媒体为了节目效果的"拱火"两异，两家企业的领导人其实私交甚笃。刘永好一向视正大为老师，而谢国民不止一次说，"我和新希望不是对手，而是朋友"。本章开头提到的《对话》节目录制结束后，谢国民主动跟刘永好握手，并盛情邀请刘永好到他家中做客。

后来，刘永好应谢国民的一再邀请，到其泰国家中做客。谢国民举行了盛大的家宴，还把集团的七位核心高管叫过来，请刘永好讲解如何在中国市场做生意。随后，正大高管团队对刘永好的发言和新希望做了两天的专门研究，双方各层级互相关注和欣赏，关系一直维持至今。

出海记

在全球做农牧业，只要上了一定规模，就几乎一定会遇到"ABCD"四大国际粮商。其中，刘永好在很多场合特别表达过对嘉吉的推崇，这是一家拥有 150 多年历史的家族企业，是全球排名第一的非上市公司，也是美国第一大私有资本公司。

刘永好没有想到的是，20 世纪 90 年代初，刘家兄弟与正大打得火热时，嘉吉就注意到了他们。

1991 年，刘永好第一次出国，和二哥刘永行到美国考察。面对丰裕而充满活力的美国社会，刘永好的好奇心被强烈激发。三周考察结束后，刘永好决定留下来深度学习一次。他把二哥送上回国的飞机，然后自驾三个月，进行了一场跨美国之旅。东至新泽西，中经艾奥瓦，西至加利福尼亚，南至佛罗里达、新墨西哥，大到嘉吉、普瑞纳这样的跨国农业、饲料巨头，小到一些农场、农业合作社，都是他重点停留的地方。

一路看下来，他惊讶于美国农业的规模化、集约化水平——大片的农业基地、现代化农场，很高的机械化程度，先进的灌溉系统。往往一个家庭甚至夫妻俩就可以轻松管理几千亩土地。许多农场既种粮也养猪，就地取材养猪，猪粪还田肥田。大一点的农场、猪场还有自己的实验室，令他印象深刻。美国和中国一样，国土辽阔，高运输成本对企业和农户来说非常不划算，所以美国的饲料企业都是在各地密集建厂，以就近服务养殖户，这样才能降低饲料成本，增加养殖户对生产商的黏性。他意识到，希望集团应当向嘉吉、普瑞纳学习，走密集建厂、规模化扩张之路。

第一次去美国，刘永好是主动去学习的；而到了第二次去美国，却是作为客人，受美国饲料巨头普瑞纳公司董事长的邀请。刘永好再次赴美。普瑞纳家族在家中举行了欢迎晚宴，那是一个冬天，室外的温泉泳池却冒着热气，让刘永好开了眼界。宴席氛围十分热烈，觥筹交错间，普瑞纳家族表达了收购希望集团的意向。刘永好这才恍然大悟，原来请他万里迢迢过去是为了这个事儿。

普瑞纳家族颇有诚意，他们直言中国有13亿人的市场，对饲料、粮食、谷物需求巨大，所以打算在中国发展。他们在希望和正大的"战斗"中了解了希望，也看到了希望的快速成长、实力和风格。最后，他们提出了一个初步方案，准备把饲料体系全部打包，双方都经过国际评估后，与希望饲料重组成立跨国饲料企业，刘永好做公司董事，同时中国区仍由他管理。

刘永好感到既震惊又振奋。他沉思了片刻，知道普瑞纳看重的是中国市场和希望的增长势头，但当时希望根本拿不出符合现代会计标准的报表，对未来的预测也没个准数，加上普瑞纳并不了解中国民企的环境和国家在农业方面的减免税等政策，如果贸然答应，操作起来会非常麻烦。他心里默默盘算了一下，要做到这些标准，起码还得有两年时间，于是回答事关重大，容他回去再想想。

当然，刘永好并没有想过要把自己的企业卖掉。正如他所估计的，两年内希望确实拿不出合格的报表，这件事对他的触动非常大。他意识到，要做世界级企业，就必须从基础设施做起，财务、组织、管理规范，一个都不能少。他迅速开始补课。

后来，嘉吉、普瑞纳都进入了中国市场。其中，嘉吉家族每年都来中国调研。他们告诉刘永好，嘉吉是一家粮商，更是一家风险管控型企业，对各种政治、自然灾害、市场和管理风险的管控，才是他们的核心竞争力，这让刘永好感触颇深。随着新希望走出国门，包括嘉吉、普瑞纳、大陆谷物公司（康地母公司），大家成了走到哪儿都能遇上的竞争对手，但刘永好与这些家族都保持着良好的关系。2018年，新希望还与大陆谷物公司在美国共同成立投资基金，围绕生物科技、立体种植、智慧农业等领域在全球范围内进行投资。

1999年，新希望在国家的鼓励和号召下，将出海第一站放到越南。结果一到越南，就遇见了嘉吉、正大等"老熟人"，以及法国鹤牌，它们都是全球饲料业巨头。

20世纪90年代末，除了一些台湾地区设立的小厂，在越南的中国企业还很少。曾有一家洛阳的国有玻璃厂短暂试水过，但因为"水土不服"很快就打道回府。作为最早进入越南的中国民企之一，刘永好亲自去越南蹲了一周的点。他心态很平和，对负责开拓海外市场的张涛说："只要资产不流失，哪怕只赚一点钱都行。"

1999年，新希望在越南胡志明市建立了第一个海外饲料厂

刚到越南，面临的第一个挑战是工期。在国内建工厂，1个月盖好，3个月开工是常事，但在越南赶工期就难了，因为当地工人没有加班加点这个概念，有加班费也不愿意加班。他们的理由是："我是来给你做这几个小时工作的，下班了我要回家，钱我不要。"这让新希望派出去的经理们只能干着急。

第二个挑战是"没钱"。国家虽然鼓励企业走出去，但相应的配套没有跟上，比如缺乏外汇政策的支持，新希望只能在缺少官方兑换外汇通道的情况下办厂。但要花钱的地方太多了，怎么办呢？只能"铤而走险"，在中越边境通过边贸把人民币换成越南盾。在当时，这是一个法律的模糊地带，严格来说并不合规。好在此举并没有被批评和追究，因为当时国家外汇紧缺，这样做相当于为国家节约了美元外汇。

最大的挑战还是文化。因为人生地不熟，工厂偶尔会遇到有人上门找茬儿打架的事，为了安全，几个经理还专门托关系认识了当地的一些"台湾帮"，并对他们说"大家都是中国人，有人上门打架麻烦帮一帮"。同时，新希望派到越南的管理者大多没有出过国，当地语言文化不同，很怕出错，总是提心吊胆。当时，公司聘请了一个叫班小姐的当地人做翻译，结果她成了公司最忙的人之一。管理人员出门谈生意时，她都得跟着。一位叫翟军的管理者更胆小，无论去哪儿都带着班小姐，甚至上厕所都要请班小姐在门口等："你可不能走远了啊！"这也成了新希望越南公司常年的笑谈。

最根本的挑战来自当地对中国商品的认知。一直以来，越南社会对中国制造的商品都不太信任。曾有人建议刘永好用香港公司的名义在越南注册公司，这样就可以摆脱一些"made in China"（中国制造）的负面印象，但被刘永好拒绝了，他的目的是正大光明地走出中国、走向世界，而非悄摸摸地出去赚点钱。

产品出来后，销售果然遇冷。一开始，新希望联系上当地的经销商，此前他们曾偶尔去广西买新希望的饲料，相对熟悉一些。但他们在自己的地盘便狮子大开口，首先就要求赊账，被新希望一口回绝。然后是价格，他们要求新希望比正大、嘉吉、鹤牌这些一线品牌便宜40%。他们说："摩托车、家电、服装，哪样中国货的价格不是国际主流品牌的1/3？""给你半价，再加10%的财务费用，就不错了。"新希望人非常生气，结果当然谈不拢。

好在新希望人做市场都是好手。他们对当地市场进行了充分调研，找到几家大的养殖户，以比正大便宜20%的价钱把饲料给他们，同时约定半年后看效果再付钱。此外，他们还组建团队，对养殖户进行交流辅导、技术培训，这都是新希望在国内驾轻就熟的事情。结果，一两年后，当地市场慢慢接受了新希望，新希望饲料的价格也从正大、嘉吉的8折到9折，再到9.5折，最终成为与正大、嘉吉并驾齐驱的国际一流品牌。

越南的"文化冲突"还算温和，在其他国家遇到的麻烦更多。

在开拓越南市场之后，新希望的第二站来到了菲律宾马尼拉。当时，虽然菲律宾政局不稳，但马尼拉是首都，新希望还找了当地人合资占股，一开始顺利建成投产。

一天晚上，刘永好突然接到菲律宾公司总经理的来电，称工厂大门被十几个军人叫开，对方张口就要"革命费"。原来，他们是菲律宾新人民军的一支部队，说自己是"菲共"方面的，宣称要夺取政权，要革命，就找上门来要经费。总经理当时和他们进行了交涉，但对方依然不依不饶，还向工厂索要枪。总经理没办法，只好打电话向刘永好汇报。

刘永好表示，不能牵涉菲律宾内政，不能涉枪，实在不行"咨询费"可以给一点。最后，总经理给了他们相当于人民币1万元的"咨询费"，那伙军人才离开。

事后总经理打听到，原来工厂所在地，白天归地方政府管，晚上则是新人民军的地盘。

刘永好马上开会，定了几条原则：第一，绝不参与菲律宾人内部的事；第二，对于新人民军之类的组织，可以和他们周旋，在被逼无奈的情况下可以给一点所谓的"咨询费"，但是不能来往太密切；第三，跟当地政府保持正常的友好关系；第四，送钱行贿的事不做，实在不行的话，可以找当地中介机构以正常的顾问咨询服务来办，按正常的商业规则办。

只要有市场，再大的困难也要克服，但一定要注意合规，这是新希望人一向的态度。

此后去印度尼西亚开拓时，新希望人就更有经验了。建工厂时，他们建设了一个漂亮的穆斯林祈祷室，同时聘请当地有实力的家族做顾问，以解决跟个别官员、当地民俗存在的冲突。

2006年5月18日，在商务部和全国工商联共同举办的"全国民营企业'走出去'促进与交流会议"上，刘永好代表新希望讲了上述故事，并介绍了新希望的最新布局。时任国务院副总理吴仪听完很高兴，赞扬新希望为中国制造、中国民营企业"走出去"争了光，为中国品牌争了光。

刘永好的目标没有局限在第三世界。在走出国门时他就想，要去就去最大的市场。他去美国市场考察后，看到美国养殖、饲料行业都已经高度集中，而且美国公司大量利用期货市场采购原料，各种技术含量也非常高。他是个精明而豁达的人，心里盘算了一下，"肯定打不过，还是先放放"，"干国际化也得'农村包围城市'"。

直到十多年后，刘永好和新希望才一点一点进入国际市场的中心地带。

"世界级农牧企业"

在跟国际巨头的拼杀与交流中，刘永好一直抱着将新希望打造为世界级企业的目标。按照西方管理理论，企业做大后大致有两条道路：第一条路是集团式的多元化，将既有优势发展到多个领域；第二条路是通过不断提升核心竞争力，聚焦做最有优势的事情。

刘永好跟西方一些顶级商学院、咨询机构常年保持交流。在西方学者看来，企业发展应当专业化，因为一个企业家的心、一个企业的能力是有限的，走多元化就意味着同时做很多事，往往会分摊企业的注意力、能力，往往导致事情都做不好。他认可这个观点。

刘永好还时常跟各种企业家交流。在许多企业家看来，在中国的特定情况下还是应当多元化，因为中国市场变化快，政策时常调整，单做一个行业风险太大，比如这两年的教育培训行业、房地产行业。中国老话说"东方不亮，西方亮"，这个时候企业如果还有一点其他产业，比如能源项目，就会更加游刃有余。

"理论是灰色的，生活之树常青。"在刘永好看来，绝对的专业化和绝对的多元化都未必对，还是要结合企业自身特点、时代变化去做：

2003年，刘永好出席中国贸促会与美国商会举办的首届中美商务理事会会议

对新希望来说，企业一直以农牧为核心，他们先做养殖业，然后转做饲料，因为做养殖百分之六七十的成本来自饲料，所以两者紧密关联；从希望到新希望，他们一做几十年，然后发现光做养殖、饲料还远远不够，因为企业最终的产品是肉、蛋、奶，是蛋白质在动植物之间转化，最终被人吸收。那么，就要将肉、蛋、奶加工卖给市场，让消费者更方便，就不能只针对农批市场，还要面对团体市场，所以必须做好 To B（面向企业）；而当企业在 To B 上下足功夫，很快又发现互联网时代来临，只做 To B 根本跟不上时代发展，所以必须向 To C（面向个人）延伸；To B 主要讲的是效率、规模、竞争力、成本，而 To C 更多要讲品牌、市场、营销、心智、设计，再延伸至后期的食品冷链物流运输、调味品研发生产等，企业的行为就必须随之转变……

这一路下来，企业要生存、发展，就必须不断顺应甚至引领变化，专业化或多元化的两极理论，根本不能解释这样的企业行为。

另一方面，农牧是典型的周期性行业，猪、鸡、鸭都有明显的市场周期，连带饲料行业随之波动。光做养殖、农牧、肉蛋奶、食品，很容易陷入"冰火两重天"的境遇。在产业下行周期，一旦遇到比较重大的政策、市场或经营风险，就难以穿越周期，企业生存就会成为大问题。所以，绝对的专业化或多元化解决不了这个问题。

刘永好研究发现，房地产行业与农业的周期几乎是错峰的，所以1997年新希望进入房地产行业一方面是过去产业发展的延伸，一方面是对周期平抑的思考。但总体来看，将房地产业务控制在合理发展、赚取利润以反哺农牧的范畴是基本准则。此后，至2006年，新希望以农牧为核心，走过一段"适度多元化"之路。

随着城市化进程的推进，房地产之后，刘永好希望找到一个既与主业相关，又与城市化建设相关的产业，经过分析考察，新希望选择了化工领域。因为猪饲料生产需要大量辅料或添加剂，比如磷酸氢钙，是工业化养殖的动物必须补充的营养品，但当时磷酸氢钙质量和价格波动都较大，给新希望饲料的稳定生产带来了较大干扰。同时，化工领域也是城市化建设中快速发展的好赛道。

很快，四川威远的石牛化工集团进入了他们的视野，这家化工集团经营磷酸氢钙多年，技术很强，但管理欠缺。双方一拍即合，很快签订了协议：双方合资组建四川新威矿物质饲料有限公司，注册资金1146万元，新希望投资596万元，占股52%。随后，新希望又看上了云南昆明一家叫龙飞的磷酸氢钙生产企业。2002年，双方达成协议，共同成立云南新龙矿物质饲料有限公司，新希望占股71.41%。

更大的机会则是在2000年左右，国企四川成都化工股份有限公司（简称"成都化工"）准备建一个万吨氢氧化钾和万吨碳酸钾生产项目，计划引入世界银行下属的国际金融公司（IFC）提供融资。但IFC要求合作对象为民企，且负债率不超过60%，这两项指标成都化工都满足不了。于是，他们找到新希望合作，并最终达成协议，由新希望控股组建成都华融化工。新希望从此在化工领域站稳脚跟，并相继进行了其他一些并购。

如果说化工是向农牧业的上游进军，那乳业就是向下游延伸。在乳业的发展中，刘永好依然选择了并购国有老厂这条擅长的路径。2001年后的几年间，新希望相继并购、控股了四川阳平乳业、四川华西乳业、云南昆明雪兰乳品等 11 家地方优秀乳品企业，行动之迅猛，被王石笑言："古有 80 万禁军教头林冲，今有 80 万乳牛老板刘永好。"

民生银行以外，刘永好还相继参股了民生人寿、联华信托等金融机构。上述这些投资大多收益颇丰，尤其是化工和乳业越做越大，多年后还成功上市，但刘永好始终控制着速度，没有把它们做成"第二主业"。

这些年，企业越做越大，然而他却清晰地感到，虽然产业铺开了，但无论从规模、盈利、影响力，还是格局、发展趋势上，新希望离他的"世界级企业"的梦想并没有越来越近。他在思考，也在等待机会。

2004 年 2 月，时隔 18 年之后，国家就"三农"问题再次下发一号文件，国家的重视，重新带动了社会各界对农业的关注。两年后，2006 年的政府一号文件明确要求加快建立以工促农、以城带乡的机制，并提出全面取消农业税，终结了中国延续数千年的农业税历史。随后，各地的"新农村建设"如火如荼地展开。

看到政府把"三农"问题摆到了如此之高的战略地位，刘永好十分兴奋，他的现代化农业大产业之梦再次沸腾。恰在这时，山东六和集团（简称"六和"）向他抛出橄榄枝，提出进行深度战略性合作。他毫不犹豫地把握住了这次机会——如果说创办民生银行是刘永好最重要的一次投资，并购六和就是新希望发展史上最重要的一次扩张。

山东是中国农业大省，人口多，耕地多，蔬菜产量、鸡鸭养殖位居全国第一，同时还是养猪大省。在新希望的战略计划中，山东本来就是重要方向，但鉴于 1995 年分家时明确的"十年之内不跨江"的约定，刘永好只能站在一旁干着急。2005 年十年期满，但发展时机已然错过，要重新占领这一非常成熟、竞争十分激烈的市场，谈何容易。何况，山东还有六和集团这样的农业巨头存在。

山东六和集团成立于 1995 年，创始人张唐之、张效成、黄炳亮都是山东莱阳农学院（现青岛农业大学）动物科学院畜牧兽医系毕业，张效成、黄炳亮毕业后都曾留校任教过。科班出身的他们，将六和饲料厂运作得很不错。几年后，他们预见到行业微利时代到来，创新性地采取了"合资租赁"模式——在激烈竞争下，许多饲料厂经营不善，它们就可以和山东六和成立合资公司，原企业主以工厂入股，约占40%的股份。这样，他们既能拿到工厂租金，又能轻松享受分红，旱涝保收，自然十分愿意。

依靠这个独特模式，山东六和迅速发展，截至2005年，旗下已拥有50多家饲料厂，并成为全国家禽养殖、屠宰的龙头企业，年营业收入88亿元，排在山东省百强企业第36位。与之相对应，此时新希望农业股份公司的年营收为30.98亿元。彼时，刘永好与二哥分家时"十年之内不跨江"的约定刚过，新希望农牧在北方几乎没有什么布局，谁也想不到他们会走到一起！

随着企业越做越大，六和"合资租赁"模式的问题逐渐暴露出来。在贷款困难的情况下，创始团队向合作企业主、内部管理团队吸收了不少投资，这些投资缺乏明确的认证，也没有明确具体的占股、退出机制，导致了相当程度的内部混乱，也限制了企业进一步发展和走向上市。三位创始人认识到，需要引入外部资金和管理把这些历史遗留问题清理干净。

天有不测风云。2004年，张唐之突然身患重病，情急之下，便打算出售股权退出商海。新希望作为中国饲料行业龙头，刘永好口碑极佳，成为张唐之、张效成、黄炳亮共同属意的合作对象。

2005年1月8日，在六和的邀请下，刘永好派黄代云作为代表赴青岛访问。经过分析，刘永好认为与六和的合作，能填补新希望在北方区域的饲料生产，以及家禽养殖、屠宰领域的空白，强强联手，非常符合走向"世界级企业"的需求。

双方都很坦诚，合作进展很快。春节后不久，刘永好就拿出了合作架构，六和方面表示认可。然后，新希望以金融条线负责人王航作为代表，与六和迅速谈好价格。3月，双方签订了协议初稿。紧接着，刘永好在新加坡见到了张唐之，签下了所有股权转让的协议——新希望接手六和55%的股份，其中10%的股份将拿出来激励管理层。4月11日，六和集团新的营业执照发下来，法人正式改为刘永好。

从2006年元旦后开始接触到领取新公司执照，刚好100天！新希望从诸多竞争对手中接手了一家年营收88亿元的著名企业，也被媒体称为"鲸吞"。

其实就在这一天，还有某大型饲料企业的老板专程飞往青岛"堵截"张唐之，期望为收购做最后一搏。结果他刚到机场，发现来接机的是新希望的王航，大吃一惊。他明白尘埃已经落定，随后在饭桌上只好改口："王总，我今天过来，就是专门来祝贺你们的。"那一刻，这位老板的内心肯定是无比遗憾和羡慕的。

这个时刻，刘永好并不在现场，而是在家中和家人一起吃饭。生活如常，但他心绪无限，仿佛践行多年前《奔向大海》的宣言。这一次，他把新希望这艘巨轮开到了远海。他豁然顿悟，不搞多元化也能成就"世界级企业"。

他开始"业务归核"，并给新希望明确了"世界级农牧企业"的目标，全神贯注地做大农牧产业。他为新希望架构起"三链一网"的发展框架："三链"指生猪、禽类、奶业三大畜禽养殖产业链，做深产业链整合与服务，帮助各地建立养殖合作社，与合作社、农户共同搭建产业链平台，统一协调养殖、技术、金融、保险、市场销售等方面的问题；"一网"指农村电子商务网，力求通过信息技术实现从传统饲料供应商到农业综合服务商的转型。

此后，刘永好按照目标和战略，一边将六和做大做强，一边将其融合进新希望体系。2011年，刘永好将新希望上市公司与六和集团、南方希望及新希望非上市农牧企业进行资产大重组，并将其更名为"新希望六和股份有限公司"。合并后，股份公司饲料年产能超过1000万吨，居中国第一位；年家禽屠宰加工能力达10亿只，位居世界第一。中国最大的农牧企业正式诞生，中国也终于拥有一家具备迈向"世界级农牧企业"能力的龙头企业！

回首往事很容易云淡风轻，但如果身在其中，就知道做事不易。新希望之所以在获得山东六和控制权5年后才正式重组，是因为刘永好深知，要将这两艘巨轮融合在一起，决不能鲁莽行事，"好事务必要做得恰到好处"。核心要义是新希望收购六和后，用一种更接地气的方式来鼓励广大员工进行文化创新。

现任新希望集团办公室主任助理的高庆玲，是一个从六和一线成长起来的80后女孩。2005年，为了还助学贷款，她无奈辞去月薪仅有六七百元的中学教师工作，经朋友介绍进入山东六和的屠宰场，因为那里的工资翻了一倍。

刚走进屠宰场，里面的环境就让她难受得想吐。虽然是大学生，但她要和所有新员工一起在车间轮岗两个月，脱毛、宰杀、分割、剔骨都要学。轮岗后，她被分到物料室。物料室就在车间中间，她负责给物料进行分类、贴标签。此外，她还负责给不小心割到手的同事进行包扎，或临时处理后再去医院缝针。

物料室有一个广播，主要用来给大家放点音乐，放松心情。一天，兼职放广播的同事请假了，就让她临时顶一下。她一开嗓，车间里的工友都惊讶了，哪里找来了一个普通话这么标准的播音员！

高庆玲大学学的是心理学专业。她太知道一个车间几百上千人，在潮湿、繁忙、全程都要站着、精神也很紧张的环境中工作，特别需要情绪疏解。在领导和工友的鼓励下，她决定把播音员工作认真地做起来。没多久，她自掏腰包买了一台小电视，创立了"小玲工作室"，并开办了四档节目。

第一档节目是早新闻，给大家传播一下外面发生的事情；第二档节目是送祝福，每天上午10~11点，给过生日的同事点首歌，再播放一下工友们写的祝福；第三档节目是唱歌，午饭过后大家容易犯困，她便组织大家来唱歌，班组之间竞赛，每个班组派人来唱，大家乐此不疲，还顺便为公司春节和中秋晚会选拔人才；第四档节目是情感类的，下午4点左右，念一些情感类文章，她特意做了个"小玲信箱"，让大家写信，她来读。一时间，工友们纷纷参与，或写信诉说自己的情感故事，或提出对工作的改进意见，或直接向领导提各种建议，落款都是"黑山老妖""冷酷杀手"之类的化名。"小玲信箱"几乎每天都被塞得满满的。

这个小小的广播站渐渐成了大家的精神支柱，也成了公司与员工交流的平台。"小玲工作室""小玲信箱"很快在六和体系内复制开来，高庆玲也通过这些朴素而有创造性的工作，以及在内部演讲比赛中的出色表现，被集团看中，慢慢由一线工人提拔到屠宰场，又升任新希望六和后勤管理人员，直至新希望集团办公室部长助理。

高庆玲的励志故事在新希望六和广为人知，但并非个例。她的经历说明新希望真的给人以"希望"，不管你的出身、背景、学历如何，只要能创造价值，就能发光，就不会被埋没。这是一个让"平凡英雄"能够脱颖而出的地方。

同时，她的故事也说明农牧业工人的辛苦，工作强度很高，需要极强的文化凝聚力，否则很难留住人、培养人。高庆玲说，新希望六和具有强烈的家庭氛围，比如基层领导有相当的自主权，常常主动给员工涨工资；公司跟养殖户的关系也像家人，他们平时努力帮助养殖户，而当市场紧缺时，养殖户也会把产品全部平价卖给六和。

在六和管理人员看来，六和文化代表着山东的传统文化，比如重情义，六和采取的"合资租赁"模式就是这种文化的产物。这种模式好的一面是能凝聚人，一呼百应，初创期发展特别快，但发展到一定时候，由于情理法三者并不对称，制度化、规范化程度不足，就会出现发展瓶颈。

而新希望很早就建立了现代企业制度，人才也来自五湖四海，加上刘永好胸襟开阔，让职业经理人都有用武之地，所以新希望管理层代表的是现代职业经理人文化。

再比如，由于前期发展模式和区域不同，六和员工工资水平比新希望高出不少，引发新希望大部分员工不满。尤其新希望还是收购方，所以两边的员工，包括一些管理人员都猜测，是不是六和体系要降工资……新希望和山东六和的融合，注定不可能一蹴而就。

刘永好清晰地看到两家公司的文化差异。在很长一段时间里，刘永好一再强调不要用"兼并""收购"这类字眼，坚持用"联合""合作"的说法；他只派了一个总裁和财务总监进入六和，既没有调整六和的管理架构，也顶住了压力没有降任何人的工资；收购成功后，他立即宣布从55%的股权中拿出10%，对六和管理层进行激励……尽管如此，一年后，深受他信任、职业化程度很高的总裁尉安宁还是因文化、管理融合的困难，很不适应，选择了离职。

大家纷纷猜测刘永好会派谁接任六和总裁，结果令人意外，他提拔了已经在六和工作五年的副总裁陶煦。他对六和的高层说："'港人治港'能做好的话，为什么我要从外面派人来？"

刘永好的豁达胸怀和耐心，为新希望与六和最终完全相融奠定了基础。山东六和在陶煦的带领以及新希望的全力支持下，将"善、干、学、和"的企业精神，较为独立的文化和管理体系，一点一点融入了新希望的气质。新希望与六和还互派高管，互相学习对方的优秀经验，直至相与为一。

事实上，从育新良种场到希望集团，从新希望到新希望六和，刘永好并不以琐碎管理的精细化见长，但其大局观，敢用人、会用人的眼光，谦逊、开阔的胸怀，使得他总能在形势迷乱之时，不急不躁，事缓则圆，让管理团队和企业文化发挥出最大潜力。他说："我经常想到'相互成就'这四个字。每个人都希望成就自己，但如果不能成就别人，也就无法成就自己。就算你是老板，如果高管、团队、员工感觉不到自己的成就，也不会长期追随你。所以一定要换位思考。特别是合作类的项目，稳妥总比激进好。"

如果没有坚定的目标、深切的反思，新希望可能会在20世纪90年代末和21世纪前10年的民企多元化大潮中越漂越远，像今天的许多民企集团一样，大而不强；如果没有把握机会的果敢、迅速的行动、成就他人的胸怀，山东六和可能就会被他人摘了去，中国第一农牧企业的出现可能就要推迟很多年，甚至另属他人；如果没有大海般的胸怀、耐心和智慧，新希望与六和这两艘巨轮恐怕很难修得同船渡，甚至在并行中相撞，"世界级农牧企业"之路也许就将化为梦幻泡影……刘永好，让这一切都"刚刚好"。

什么是企业文化？

回顾新希望与六和的融合过程，我们能清晰看到企业文化的重要性，它是解决企业内外矛盾、助力企业长期发展的根本。

许多企业都知道企业文化重要，但到底什么是企业文化，往往说不清、道不明。所以企业在运行中，总是习惯性地将"虚的""软的"文化，让位于立竿见影的实际业务。

其实，企业文化是虚实相生、虚实一体的。不是有了企业愿景、口号标语、视觉识别、宣传体系，或者组织一些员工进行联谊活动，就意味着拥有强大的企业文化。在本质上，企业文化更多地表现为企业全员在全链条、全流程、全方位的各种实践中，所共同表现出的价值标准、行为取向与作风。

新希望的文化是什么？

从官方最新版本的宣贯体系看，新希望的文化包括："一个使命"，即"希望，让生活更美好"；"两个愿景"，即"智慧城乡的耕耘者，美好生活的创造者"；"三像"基因，即像军队、像学校、像家庭；"四维"价值观，即基本准则、组织精神、发展理念、对外态度这四个维度的10条具体内容；"五新"理念，即"新机制、新青年、新科技、新赛道、新责任"。

新希望40年文化积淀，相比上面的凝练概述，更像是一本厚厚的书。细细品读，会看到无数的故事、观点和启发，我们在对新希望的长期调研中就深有体会。鉴于篇幅，本书仅列举一些有代表的启示。

人就是文化。

我们在请公司员工点评刘永好时，大家首先纷纷提到的就是"节俭"，故事有很多。

某年，刘永好和现任新希望集团副董事长的王航一起去看猪场，看完后要参加地方政府的宴请。总不能一身臭烘烘地去吧？于是，两人到附近的商场买了一身行头。从裤子到衬衣，王航挑了一身300多元的衣服，刘永好也挑了一套，加在一起花了100多元。

某次会议后，司机拉着刘永好和几个高管到路边的"苍蝇馆子"吃工作餐。大家都知道刘永好对吃不讲究，而且看哪里民工多就往哪里扎——说明实惠、味道好。可那个小饭馆连餐巾纸都不给配，最后还是司机跑到车上拿了一包纸巾。吃完临出门时，刘永好回头嘱咐司机："桌上一包纸只用了几张，记得拿上，别浪费了。"

刘永好节俭的背后，是对实用和新价值的追求。他喜欢逛电子和家居类市场。前不久，他在逛商场的时候看上一款只能煮2~3个人饭量的电饭煲，觉得很适合现在的年轻人，也很适合自己家。标价200元一个，他说买10个，跟店主砍到150元一个。他带了一个回家，让秘书把剩下的9个带回公司，送给集团高管。他借此分享着自己的消费观和价值观……

此类故事，不胜枚举。一是反映出刘永好从小节俭惯了，反对铺张浪费；二是反映出他经常挂在嘴边的行业特征，"我们是做农业的企业，农民最实在、最讲节约，我们节俭是应当的"；三是反映出他的率先垂范，"企业这么大，你浪费一点、我浪费一点就不得了，我不能开这个闸门"。

刘永好的这种节俭习惯，成了新希望共通的企业文化。比如各种商务宴请，制度不好规定死，全靠人把握，但新希望人在点菜时都知道，可以档次高些但最好不要剩。比如会议会务，动辄往豪华上走，动辄头等舱、商务座，即便没人说你，你也会知道自己错了。再比如，某次公司大会开得有点晚，副董事长王航叫了个网约车，站在门口就冲一屋子年轻人招呼："我家住哪儿哪儿哪儿，谁跟我顺路……"

什么是文化？就是即使没有明确规定，大家也自觉、习惯性地按照一个方向去做，这就是文化。凡事靠事无巨细地规定、约束、激励，那就是只有管理而没有文化。

另一面，刘永好和新希望虽然节俭，但对做公益向来十分慷慨且认真。

除了持之以恒坚持做"光彩事业"、乡村振兴，新希望的公益版图中还有刘永好的"永好公益慈善基金会"，李巍的"李巍教育基金""爱心树生命关怀中心"，刘畅帮助白内障患者免费手术的"光明行"；有集团层面的"新希望六和儿童食品安全教育基金"；有新希望六和的"希愿计划"，新希望乳业的"希望有你"，新希望地产的"希苗计划——优秀学子走出大山游学公益项目"，新希望服务的蓝领关怀"微光行动"，还有持续不断的应急、救灾公益等等。公益已经成为刘永好家庭、新希望各业务板块、集团上上下下主动自觉追求的文化。在新希望，如果一个部门或业务板块没有公益项目，反而是不正常的。创业40年来，新希望在光彩事业上投资超过60亿元，用于扶贫和社会发展的捐款也超过10亿元。

调研中，我们发现新希望是一家很有安全感的企业，员工在新希望工作普遍有一种强烈的安全感和稳定感。

这种安全感首先来自刘永好。一直以来，刘永好身上都有一种"好人主义"的色彩。他与人为善，肯为对方考虑，不树敌，坚持"走正道"，凡事也想得开、吃得好、睡得香，很少有焦虑的时候；他脾气好，跟了他十几、二十年的人也很少见他动怒、骂人；他的生活习惯也好，吃穿用从简，不抽烟、不喝酒，也不打麻将，没有什么不良嗜好；他也不当"霸道总裁"，善倾听、善学习，以是非对错而非个人喜好作为任人度事的判断标准。

刘永好的这些特质，通过长期的耳濡目染，传导给了他身边的高管，潜移默化地影响、培养着他们，继而传导到全集团。所以，整个新希望就成为一家"情绪稳定"、向善、简单的公司。高庆玲就笑言，她没想到像她这样"硬"，一点也不八面玲珑的人也能办公室的工作，而且还能做到集团办公室部长助理的位子。

许多认识刘永好的人都说他身上有一种"好人主义"的精神，继而他又将这种状态赋予整个新希望集团。那么，何为新希望的"好人主义"？那就是不断聚集好人、培养好人，好的文化和机制又不断让更多普通人变成好人，最终集合成一家极具安全感的好企业。

时间就是文化。

历史学家钱穆先生将文化简要定义为"群体的人生"，一是有群体才能形成文化，二是经历了时间，有人生才有文化。所以文化大致可以理解为，一群人在长时间里积淀下来的习惯、做事方式、观念、制度等等。

作为一家传统的农牧企业，新希望能穿越40年周期、不断革新、越做越大，其中有一种文化很重要，那就是学习文化。

同样，学习的动力首先来自刘永好。

从很早开始，刘永好就习惯走到哪儿都带一本记事本，碰到什么新鲜的、有触动的事情马上记下来，而且笔速很快，每天晚上他都要把白天记下来的事复习一遍。他平均每月要记满两本笔记本，一本记完就让秘书收好，需要时随时拿出来看。多年下来，已经积累了厚厚一摞。

刘永好的这种学习习惯，令所有接触他的人都惊讶和敬佩不已。近期在采访刘永好的好友、小米董事长雷军的过程中，提问者就请他回顾对刘永好印象最深的事。雷军就说，每次跟刘永好交流，他都会拿本子记，搞得自己还有点紧张。其实不只雷军，别的企业家，包括新希望自己的高管，对刘永好最直接的记忆都是这样，他永远是拿一个笔记本，边聊天边记录。

还有一则故事。曾经有位钢铁老板找到刘永好，希望他参与投资，给刘永好分析了钢铁业的大好前景。回到公司后他把项目拿出来跟高管们商量，大家都认为那位老板在玩"虚大空"，表示反对，刘永好没有表态。第二天，他拿了一本旧记事本又召集大家开会，翻到一页说："这是去年一次开会时，国家冶金局领导和我聊天谈的内容，他对钢铁业的一些分析和那位仁兄说的是一样的。"最后他得出结论，那位投资钢铁的老板没有说大话，项目可以考虑。所以，新希望的高管普遍认为："挑战刘永好的记忆力事小，挑战他的笔记本事大。"

日积月累，这种学习精神也成了新希望管理层的文化，无论走到哪儿，他们都习惯带一个笔记本。养成了记笔记、学习的习惯后，他们很少夸夸其谈，或发表很极端的以自我为中心的观点。他们说，在新希望当高管，最大的压力绝非"伴君如伴虎"的那种压力，而是如何跟上刘永好的"笔记本",跟上他学习的脚步,这很不容易。

真正的企业文化不是外面学来的,而是由时间深处冒出来的。一个典型例子,是新希望内部的"互助会"。这个互助会,最早的原型来自刘永好的母亲郑康致。在 20 世纪 60 年代困难时期,人们经常会碰到生病住院、婚丧嫁娶之类急需用钱又借不到的急事,郑康致就在亲友邻里之间组织了"民间互助会",即找十几、二十家亲友、邻里,每家每月出一元钱,凑在一起就是十几、二十元,然后由发起人先保存,第二月则第二发起人保存……依此类推,以帮助人们摆脱需要"大钱"时的窘境。

"民间互助会"操作起来很麻烦,而且需要发起人具有良好信誉。由于郑康致信誉好、人缘好,大家都很信任她。碰到大家实在困难时就降低门槛,每个月凑的钱降到 5 毛,但总是能组织好。

2014 年,由新希望集团副总裁张明贵发起,员工内部成立了"民间"的"美好互助会"。所有员工自愿入会,并按照职级缴纳会费,当年就收到会费 600 多万元,用于救助突遭疾病、灾难等大事、急事的会员(含直系亲属)。2021 年郑州洪水,互助会就第一时间响应,拨付了 40 多万元。

"美好互助会"完全独立于集团,由互助会内部推举秘书长。秘书长没有报酬和补贴。他们还委托新希望参与投资的新网银行进行理财,并由新希望财务公司负责监督,每年有完整的财务报告和审计报告。

这一自发的组织文化创新之举,确保员工不因突然的变故而掉队,对于稳定团队颇有作用,并且让员工有一种"企业如家"的感觉。它不是企业的"现代管理"要求,而是在企业漫长的发展过程中、文化的沃土中长出的新芽!

原则就是文化。

"好人主义"并不代表没原则，相反，在具体工作中新希望非常强调原则。1995年，刘永好在南方希望集团推行"财务直管+审计文化"，审计文化从此成为企业最具代表性的文化之一。

1995年初，45岁的江桥从一家大型国企人力资源部部长的岗位上离职，来到希望集团。现在她已经70多岁，虽已退休，但依然还关心新希望集团的监察工作和员工。

江桥是一个强硬、性格又比较急的人，45岁以前管的是国企干部，到新希望后先做了几年人力资源负责人。刘永好用人所长，2000年把她调到监察部长的岗位，直到2011年退休。此时，她依旧难以割舍新希望，主动帮助年轻人，传递正能量和新希望文化。

随着新希望的规模越来越大，"大企业病"在所难免。眼里容不得沙子的江桥，总是站出来与贪腐、浪费等违法违规、不良现象斗争。她时不时自愿抽时间，通过自己的方式做一些调查研究，逐步成为新希望人又爱又敬又有些怕的"江妈"。

如果说"江妈"奠定了企业前期的审计文化基础，那么以张彦为代表的新一代审计人，就代表了新希望新时期的文化特点。2017年，张彦从国家审计署离职加入新希望。他很快发现，企业审计比政府审计需要更多的智慧。"智慧"并非指八面玲珑，而是企业审计不像政府审计那样有公权力加持、有一套标准模板，它与企业文化高度相关，还要结合实际业务和发展阶段，完全是非标准化的。

一方面，他将国家监察审计的许多优秀做法应用到企业，比如定期通报、拍摄专项宣传片、参观监狱等警示教育，将签署承诺书、述廉等制度流程带入民企；另一方面，他建立起更加职业的审计体系，比如重新收集、整理过去二三十年的资料、文件，并组织"老审计人讲审计"，把过去的审计骨干请回来总结、传授法宝，重新梳理。更重要的是，新希望独立、正道、阳光的审计文化给了他巨大的发挥空间，他和团队与时俱进，共同打造起了新希望的创新审计文化体系。

企业的根本任务是发展，审计也不例外，所以张彦团队的审计注重与业务相融合，推动企业发展。

第一，将"增值型审计"引入新希望。他们主动提出一年赚2000万元用以"养活"审计团队。一个本身并不产生利润的部门，如何赚这2000万元？主要是通过抓涉及贪腐的员工和行贿走后门的供应商。结合新希望的"家文化"，本着沟通、谅解精神，只要情况并非特别严重、查处对象不顽抗、退回相关款项、认缴罚款、为企业挽回损失，审计部门就可以酌情采取出具谅解书、不予起诉、沟通缓刑等方法。如此，审计部门既可以达到审计监察的目的，又可以形成目标驱动，从而更加主动、细致地开展工作，还可以通过养活自己，进一步强化审计的独立性。

第二是"业务型审计"。审计不是封建社会的"东厂"，也不是和业务对着干，而是要阳光审计，把审计过程放在桌面上，并助力业务健康发展。新希望审计部门的员工许多来自大型企业、外资企业和政府部门，具有极强的业务能力。除了有专业化的审计中心，他们还采取派驻人员到业务板块工作的方式，以强化对业务的直接支持。如此，在长期的磨合过程中，他们逐渐获得业务板块的信赖。业务板块充分认识到审计具有提前发现问题、识别风险、补窟窿、甄选优秀供应商等价值，纷纷主动请审计部门前去帮忙。

第三是数字化审计。2019年，新希望地产板块连续三个城市的公司出现暗标、泄露标底等不良现象。类似情况，往往常见又隐蔽，很难监管，而且企业不可能像政府那样，因为审计的原因把业务暂停下来进行彻查。新希望审计团队改变了工作方式：一是所有招标需提前报备并邀请审计参加，审计如果人手不足，就采取随机抽取的方式，同时全程视频、录音；二是推动招采从线下改线上，线上有痕迹，通过IP好追踪，而且难以篡改，达到相关参数还会触发自动预警，同时他们还建立了相关责任人、供应商的廉洁画像。所有这些，都可以有效防止暗标、串标、泄露等现象。

好的制度改变人，新希望数字化审计通过先进的技术、与时俱进的制度，深入推动了企业的阳光文化。

第四是各种审计微创新。新希望的审计文化创新十分具体、实用而有趣。例如，逢年过节，供应商会收到审计部门的祝福短信、邮件，短信、邮件中除了祝福信息还有他们的联系方式——有事找他们；今天，如果你去拜访新希望，会发现他们提供的瓶装水都是审计部门生产、供应的"阳光文化水"，瓶身上印着审计部门的二维码——这是审计部门原创设计，委托新希望乳业工厂生产的，审计部门再以成本价"卖"给行政部门；审计人还开发了内部微信、飞书表情包、贴纸，并在"阳光文化周"中用话剧、拍卖员工所收礼品等形式宣传阳光文化，等等。

企业，尤其是民营企业，是靠本事吃饭的地方，自驱力很重要。自驱力的表现形式就是充满主观能动性，不断进行工作方式方法的创新。新希望的审计文化之所以创新不断，根源还在于新希望是一块充满包容性、成就感、追求创新的土壤，让张彦这样年富力强、经验丰富、有着不同背景的审计人，能在这块土壤里生根成长、发光发热。他们把外界各种组织和行业的先进经验与体系，和新希望的实际需求与文化特点相结合，将审计做深、做实、做新。

在新希望的审计文化中，还有许多公认的原则。比如"三不"原则：不偷税漏税、不做两本账、不违规违法。新希望财务部门有不少员工离职后又重回新希望，就是因为在外面有诸多不适应，觉得还是在新希望工作踏实、放心。比如拒绝"暴利"，新希望在发展过程中拒绝过很多与农牧无关的可以获得暴利的投资机会，因为暴利往往可能来自官商勾兑提供的特惠机会，来自"打擦边球"；再比如禁止内部裙带关系，新希望湖南子公司曾由刘永好的一位爱将任总经理，此人上任后大量任用亲戚朋友，高价采购原料，影响很不好，也给公司带来损失，好脾气的刘永好罕见地发了脾气，还亲自带团队过去接管管理工作……

2006年，随着新希望收购六和，以及相关多元文化的延伸，刘永好认识到，企业要凝聚人心、稳健发展，关键还要"以新希望多年形成的文化力量促进多元文化的融合"。在此背景下，新希望提出了上文提到的"三像"文化基因。

第一是像军队。一家企业，首要任务是"活着"，要想活下来、活得好，战斗能力是第一位的。这就要求企业要像军队，令行禁止，组织力、执行力、攻坚能力要强。同时，新希望还有一种强烈的"战功文化"，所有人都很清楚，要获得提拔、进步、要有收获，关键还得靠自己立下战功，这也激励着年轻人以结果为导向、以绩效论英雄，长江后浪推前浪。

战场形势总是瞬息万变，军队要打胜仗，必须因时因势而变。近两年，新希望同时面临国际粮食危机、新冠肺炎疫情、非洲猪瘟、猪周期下行四重困境，农牧板块陷入亏损。此时，企业就要从平时养兵、练兵状态转换为战时氛围，以打好攻坚战。

第二是像学校。企业要健康发展，成为百年企业，关键在于学习、创新和人才培养能力。只有后备人才不断顶上来，才能实现新陈代谢、永续发展。

新希望有自己的MBA（工商管理硕士）商学院，有"新英、领英、精英、雄鹰培养计划""MT培训""中青班培训""龙腾计划"等成熟的学习体系。但最能体现新希望"学校"色彩的，还是刘永好一直强调的"干中学"。

最能代表"干中学"的，一是在实战中成长，二是现代师徒制。

在新希望，学习的一种重要方式是实战。新希望发展迅速，不断为员工提供新的机会，看谁能打下地盘、建功立业，"快速由连长变团长，团长变师长"。如此，新希望的规模优势、灵活机制优势和不拘一格选人才的传统，就塑造了以战代练、以练代学的重要练兵场。

新希望的"现代师徒制"，可追溯至刘永好在德阳机器制造学校时，学习与实习并重，何国根师傅对他的手把手教导。后来，他在四川省机械工业管理干部学校当老师时，也坚持带学生去工厂实习、去机床上操练的教学方法。目前，新希望的中生代高管都是刘永好和黄代云等"老希望人"带出来的"学生"，都稳定地传承了新希望的文化。为了将这种文化传承下去，从2007年开始，新希望集团大力推行管理培训生计划。其中，集团管理培训生一年招收6~8人，安排副总裁级核心高管一对一传帮带，之后安排他们进入一线，上下结合，帮助管理培训生迅速成长。今天，最初的几批管理培训生已有不少成长为各事业部、各职能部门或旗下收购企业的总经理、总监级高级管理人员。

在复杂多变的现代社会，企业与员工之间的关系往往并不稳定。像新希望这样，在以契约为中心的现代企业管理制度中，适当加入"学校""师徒"的文化因子，将传统智慧与现代制度结合，是一项极有意义的探索。

第三是像家庭。"家"是中国文化架构的起点和终点，是中国人人生观、价值观的源起和归宿。在新希望，也有浓浓的"家文化"味道。这里有不少人干到退休，目前形成的"二十岁新生代，三四十岁核心骨干，五十岁以上二线稳定力量，六十岁左右定军心、导师、顾问"的"四世同堂"的人力结构，在中国民企中是非常少见的。

像"江妈"这样70岁以上退休了，但依然把企业当成家一样看待的人还有不少。今年已80岁的"朱妈"，1994年从军工厂退休出来"见世面"，加入希望集团时已经52岁，是刘永好的第一任"老秘书"。当年，她掌管着刘永好的机要工作，还参与处理重要的行政事务，被刘永好亲切地称为"朱妈"，以至于有段时间大家都怀疑她是刘永好的亲戚。

"朱妈"说，她本来是一个内向的人，原本觉得职业生涯已经快结束了，没想到跟着刘永好又开启了新的春天。她已经成了刘永好和新希望的亲人，彼此都难以割舍。

除了"江妈""朱妈"，财务体系的"王妈""蔡妈"，以及刚刚退休的新希望第一代办公室主任赵韵新等，都是"文化引领者"。新希望选择继续发挥他们的长处，每年为年轻的新希望人讲1~2天文化传承课，既是为了在一些关键地方，依靠他们丰富的经验让年轻人少走一些弯路，少摔一些跟头，也是"家有一老如有一宝"的传统文化的自然弥散。"朱妈"说："我就是把这里当成我的家，只要我还能出一点力，不成为企业发展的累赘，我就会尽我的责任。"

需要强调的是，"三像"文化是一个有机体，不能只讲一点、忽略其他。刘永好总结说："只像军队，执行力强，但是温柔度不够，学习力不足；只像学校，教书育人，但是缺乏执行力；只像家庭，互相关爱，但是执行力和学习力做不好。必须三者结合。""'三像'基因是我们的传承和历史，这一点不能丢。"

"三像"如何有机结合？举一个例子。前两年，新希望地产某城市公司销售经理，伙同前夫开办销售代理公司，违规代理自己管理楼盘的销售，数额巨大且抗拒审计监察，被依法判刑。该员工家有年迈老母、雏龄幼儿，确实有值得同情之处，但法不容情，审计部门向公安机关报案，依法惩办。回过头，地产公司的高管包括原地产总裁、现新希望六和总裁张明贵，一起做出自我检讨，并自处罚金共计80万元，全部捐给了该类员工的家属。

法内无情，法外有情。军队要有军队的纪律，严重损害组织，恶就是恶，就要严肃处理；但一个大家庭又要有大家庭的氛围，管理层自罚，再把钱捐给员工家庭解除生活之忧，给予实实在在的帮助，则是一种温情；企业上下，不怕家丑外扬，不遮遮掩掩，将这一问题作为典型案例详细剖析，广而告之，以儆效尤，又颇像学校。

文化如土壤，往往不被外人所见、所重视，只有内部的人深切知道，土壤才是一切作物生长的决定力量。土壤不好，再金贵的作物都会长歪，土壤好了，种点什么都容易活。从刘永好到管理层到普通员工，正是上述许多成文或不成文的文化力量，在有形或无形中孕育了新希望这棵参天大树。

浪潮汹涌

企业其实很脆弱，据《财富》杂志统计报道：中国民营企业平均寿命大约是 3.7 年，其中，中小企业平均寿命只有 2.5 年，而集团企业的平均寿命只有 7~8 年。企业在经营发展中往往九死一生，朝不保夕，充满不确定性。

新希望的投资、并购过程总体是顺利的，但"常胜将军"刘永好也翻过几次船，其中具有代表性的有两次，一次是折戟宁波钢铁，一次是败走乐客多超市。

2002 年，唐山建龙实业有限公司董事长张志祥计划在宁波北仑建一家钢铁厂，找到刘永好一起投资。虽然对这个行业不太懂，但刘永好经过分析认为，宁波的海港优势和长三角的钢铁市场需求巨大，宁波市政府的决心和支持也很大，已经承诺在钢铁厂旁建设一个 10 万吨级的码头和两个 5 万吨级的码头。他相信张志祥的眼光，同时看到复星的郭广昌也已入局，于是以南方希望的名义参与投资，占股 10%。

正当社会各界对宁波建龙钢铁项目翘首以盼之时，2003 年底，政府判断"经济过热""能源紧缺"，开始对民营重化工进行宏观调控。12 月 23 日，国务院办公厅下发通知，要求各地运用多种手段，迅速遏制盲目投资、低水平重复建设的势头。2004 年 2 月 4 日，国务院专门举行关于严格控制部分行业过度投资的电视电话会议，明确要求对钢铁、电解铝、水泥三大行业进行清理检查。

3月，民企江苏铁本钢铁有限公司在常州的800万吨钢铁项目被停工。4月，该公司创始人戴国芳及妻子、岳父等10人被警方带走，家产被查封。5月，中央有关部门开始关注建龙钢铁项目，派出联合调查组进驻宁波。最后的调查结论是：宁波建龙钢铁项目属于违规、越权审批上马的项目，在项目审批、土地手续、环保审批、银行贷款、外方资金、进口设备税等方面都存在违法违规问题。项目搁浅，直至2005年改由国企杭钢控股。

刘永好黯然告别了钢铁行业。但他觉得，民企一窝蜂进军重化行业固然要整顿，但从发展非公有制经济的角度，还是应该放宽市场准入，贯彻平等准入、公平待遇原则。2004年，作为全国政协经济委员会副主任，刘永好参与推动了"非公经济36条"（即《国务院关于鼓励支持和引导个体私营等非公有制经济发展的若干意见》）的前期调研工作。这份文件再次明确毫不动摇地鼓励、支持和推动非公有制经济发展的政策方针，推动民营企业与国有企业享有平等待遇向前跨了一大步。

"非公经济36条"公布后，一批民营企业得以进入公用事业和基础设施、社会事业、金融服务和国防科技工业建设领域，为民企参与国有经济结构调整和国有企业重组，以及自身发展拓宽了空间，是民营经济发展史上一个重要的里程碑。

和投资宁波建龙钢铁项目差不多同期，刘永好遭遇了第二个打击，这次打击来自乐客多超市。

2002年，著名的NTUC（新加坡职工总会）、DBS（新加坡星展银行）与乐购超市总裁沈建国计划联合创办一个新的超市品牌。当时中国的政策是大型零售卖场允许外资进入但不能控股，因此，NTUC和DBS找到了刘永好。

在刘永好的计划里，新希望的农业产业最终要像正大一样，形成生产和销售一体化产业链，在进入食品、乳业后，再有一个稳定的终端销售平台，将是新希望迈出去的重要一步。而且，他对这两家新加坡企业十分熟悉。经过几方谈判，成立了两家公司：一家为乐客多终端店面，注册资金 100 万美元，由刘永好控股 50%；一家是为乐客多超市供货、运营的乐客多商业发展公司，初始资金为 3557.5 万美元，其中 NTUC 与 DBS 各出资 1200 万美元，新希望出资 450 万美元占股 12.6%，沈建国个人出资 25 万美元。

在商业结构上，乐客多用于注册牌照及面对公众，实际控制乐客多资金和运营的则是乐客多商业发展公司。为了顺利在中国打开市场，NTUC 与 DBS 将新希望推到台前，公司的主要对外活动也请刘永好站台。

乐客多成立不到 1 年时间，便在上海、浙江、江苏相继开了 7 家店，其中几家店单店面积就有几千平方米。然后，问题就来了：首先是内部管理严重跟不上，采购报表混乱不清，电脑系统常常出问题，每次刘永好过问此事，都被敷衍；其次，开店速度过快，而且由于一开始资金充裕，对物业宁买不租，仅南京店买下来就花了两三亿元，加上四处装修花费巨大，很快就把投资花光了。

可惜刘永好占股仅 12.6%，没有话语权，也没有决策权。此后，管理层几次要求增资扩股，刘永好都拒绝了，他的股份也逐步稀释为 5%。而新加坡投资方长年不在大陆，对中国国情不甚了解，过于信任管理层，对问题的累积反应迟缓，导致乐客多的问题越来越多，最后供应商垫货后拿不到货款，新加坡投资方再想干预也来不及了。

2005 年 10 月的一天上午，浙江台州乐客多店发生极端事件，几名供货商催要货款无果，于是直接从货架上取走自己的存货。下午，催要货款的供货商越来越多，到下午 5 点左右，有将近 150 名供货商涌向超市，从货架上撤货，场面失控，店长不得不打 110 报警。随后，形势开始崩塌，绍兴、余姚、南京、上海等地的门店均遭遇了来自各地供货商的哄抢，乐客多完全瘫痪。

最后，乐客多资不抵债、宣布破产，新希望为此损失了2000多万元。更要命的是，社会各界都以为新希望才是乐客多的大股东，在一系列事件中纷纷将矛头对准新希望，一度连累新希望农业股份的股价节节后退，新希望的品牌也蒙受了巨大损失。

这次失利成了刘永好和新希望的一次巨大教训。此后，刘永好加强了对新希望的品牌保护力度。曾经有一次，有人提出自己出地皮、出贷款，用新希望的品牌合作房地产项目，新希望占股30%。刘永好眼都不眨，直接拒绝。赚不到钱、亏点钱都不要紧，新希望的品牌可经不起折腾。

延伸至1997年的适度多元化，刘永好曾提出过"造飞机"论，其中：新希望总部是飞机头，负责确定方向和实施决策；饲料业为机身，处于主要产业位置；金融业是飞机左翼，房地产业是飞机右翼，初步进入的一些新行业是飞机尾翼。但这架"飞机"显然已经变得庞杂。多次受挫后，刘永好对多元化进行了深刻反思，形成了"业务归核"的想法，直到并购六和、明确"世界级农牧企业"战略，才重新在主航道上聚焦前行。

2006年，刘永好备受媒体瞩目，年底他同时荣获两项"大奖"：一项是"CCTV年度经济人物"，另一项是某知名财经媒体评的"年度十大悲情人物"。堪称悲喜两重天。这是怎么回事呢？

喜的一面自不待言，主要指并购六和、业务归核，新希望主线和发展战略更加清晰，而"悲情"主要指折戟乐客多，以及落选民生银行董事会的风波——尤其是后者，堪称"无妄之灾"。

1996年1月，民生银行成立后，凭借灵活的机制，发展顺利，各项增长指标都位居行业前列。刘永好看好民生银行，一直增持，获得了丰厚回报，发挥的作用也很大。但2006年民生银行发生了两件大事：一是经叔平卸任董事长，行长有了新的人选；二是在董事会选举中，第一大股东刘永好落选，继而失去副董事长之职，引起一片哗然。

惊愕的不只是外界，刘永好作为当事人也十分讶异。

2006年6月27日，民生银行在北京举行第三届董事会第四次临时会议。在审议通过的决议中，第一项就是《关于公司第四届董事会董事候选人名单的决议》，其中股东董事候选人12名，由董事会提名委员会审核产生，按提名票数排序，刘永好排第一，王航排第八。此外还有独立董事候选人9名，执行董事候选人3名。会议同意将董事候选人名单提交临时股东大会进行选举，产生公司第四届董事会。

7月16日上午，民生银行举行2006年第二次临时股东大会。通过差额选举产生了由18人组成的新一届董事会。在律师等监票人的监督下，印有最终投票结果的纸从打印机里缓缓吐出。刘永好是大会主持人，但他万万没有想到，他以44.8%的得票率名列12名股东董事候选人的第10位。得票最高的前9名当选董事，他刚好无缘。

刘永好落选后，现场氛围有些尴尬。有人提议选举刘永好做监事会监事长，他婉拒了。虽然内心很不平静，但为了民生银行的利益，也按照一贯的处世风格，他选择了三缄其口。只是在记者追问时，他颇有风度地回答说：既然是差额选举，那入选和落选都是有可能的事情，很正常，自己之前就有这个心理准备。他也有意识地把年轻人推到前台，作为第一大股东，他将一如既往地支持民生银行的发展。

虽然新希望方面的王航当选为董事，但刘永好出局还是引起金融领域和政府、社会的极大关注。消息一出，全国工商联、银监会和国家相关部委都觉得很奇怪。各方还派人一起到现场了解情况，他们提出是否存在技术原因，但再次计票之后发现情况还是如此。这时大家就明白了，按照常理，刘永好只要再加一两个大股东投票一定能通过,但有些大股东要么投了反对票,要么投了弃权票,而且是针对刘永好本人的。显然,有很大可能是他们事先商量好要把刘永好拉下来。

把刘永好拉下来后,一些股东喜气洋洋,和沉默的刘永好形成了巨大反差。媒体议论纷纷,猜测是不是刘永好和其他股东的人际关系出了问题。业内都清楚,刘永好洁身自好是出了名的,他一直严禁旗下企业从民生银行获取关联贷款。所以不可能是他做了什么亏心事,影响了其他股东对他的看法。反而在刘永好出局董事会后,有的大股东有数亿元、数十亿元的民生银行贷款或其他关联交易,民生银行董事会治理问题也被相关监管机构一再点名批评。

随着相关事项陆续公告出来,多家专业财经媒体纷纷为刘永好打抱不平。相较于刘永好的洁身自好和素来隐忍,民生银行某些管理层和一些股东的关联交易,已经到了不加遮掩的地步,颇有些"劣币驱逐良币"的气息。有媒体参加完民生银行临时股东大会后,这样将刘永好与民生银行其他一些大股东进行对比:"这边不差钱,那边资金吃紧","这边不开腔,那边侃侃而谈"。

又有媒体挖到,此前刘永好曾拒绝管理层提出的MBO(管理者收购)方案,招致他们不满,继而一些高管联合其他大股东对刘永好进行"反击"的情况……各路媒体不断追踪,一时间关于民生银行的话题热闹不已。而刘永好始终沉默,没有说一句对民生银行不利的话。

多年后的今天,许多事已经尘埃落定,我们大致可以梳理出一个脉络。

之前,民生银行某些高管曾联合一些人搞"内贷外投",即通过民生银行及其关系,帮助相关公司贷款,投资于特定标的,获得了不菲的收益。当时,这些高管就找过刘永好,暗示了这种操作方式,但被刘永好拒绝。此后,类似事情他们就再也没找过刘永好。但要完全避开刘永好这个副董事长，很多操作又不可能。最好的方式就是让他出局。

另外，正是刘永好的洁身自好，让他成为一些人的矛头所向。

我们不知道刘永好落选民生银行董事会的委屈，在他心里压抑了多久。但三年后，在民生银行 H 股上市仪式结束后，已回到董事会的他主动找到了两位当时投弃权票的大股东交流。他坦言："我当时的确很气愤，因为我觉得作为大股东落选是不光彩的事情，我觉得我遭到了'暗算'。"

他回顾了自己的心路历程，最后却是一段反省之语。"我所处的行业比较好，国家支持，而且企业经营比较早，规模大，效益一直都不错，所以我们自己基本上没有大的贷款困难，各家银行甚至提出下调利率，争着给我们的企业贷款。正因为这样，对于民生银行贷款的问题，我更多考虑的是如何规范、如何有序和透明。我从自律的角度考虑太多，恰恰没有考虑到其他股东。他们有不同的需求，企业经营有周期性，不同时期有不同的需求，大家都有资金困难的时候，不可能都像我一样。我不能把我的状态强加给别人。我的这种姿态一定是给了别人压力，也间接影响了别人的利益。我没有站在这点上多与你们沟通，这一点我应该反省。"

刘永好的坦率和真诚，让在场的大股东深受感动。当初，或许正是刘永好说的这些原因，让他们投了弃权或反对票。

被民生银行董事会"抛弃"后，"不差钱"的刘永好选择对民生银行不断增持。2007 年后，民生银行进行了几轮定增，刘永好不断加码，第一大股东的地位反而得到巩固。反之，最大股东缺席董事会，以及董事会治理乱象，对民生银行的形象和股价都带来了极大的负面影响，很多中小股东和股民纷纷反映了不同的看法，民生银行赴港上市也就此搁置，同时，相关监管部门对民生银行的规范治理也提出了意见。民生银行董事会一再邀请相关领导前往视察，但始终没有人响应。

在各界纷纷的压力之下，民生银行高管找到刘永好，主动请求刘永好在下一届董事会中担任董事和副董事长。

2009年3月，距上次换届仅仅两年半后，民生银行破例提前半年进行董事会改选。这一次，刘永好以99.93%的最高股东赞成比例正式当选为董事。在随后召开的董事会议上，刘永好被推选为副董事长。他也不计前嫌，积极投入民生银行重启H股上市的工作。

关于刘永好、新希望与民生银行的故事还有许多，甚至可以独立成书。民生银行股权结构分散，除了刘永好，主要股东还包括很多其他知名企业家。围绕董事席位的争夺，被媒体形容为"一群最强男人的战争"。

围绕民生银行的各种收购也持续不断，2014年安邦保险对民生银行数次举牌，并于年底成为民生银行第一大股东，原本应在2015年4月举行的第七届董事会换届被拖延了22个月，直至2017年2月才最终完成。

其间，刘永好几经减持、增持，始终位列民生银行主要股东之列，并一再连任副董事长至今，民生银行也堪称他经济生涯中最难忘、跌宕起伏的乐章之一。

对刘永好和新希望来说，这些都只是波澜。时代变化带来的挑战，才更为深刻且无法回避，未来几年，随着消费互联网和移动互联网时代来临，还有更多、更大的挑战在等着他们。

第五章

三十而砺

2010年，中国经济总量超过日本，成为全球第二大经济体。

2008年，美国爆发了次贷危机并影响全世界，2010年欧洲又爆发了主权债务危机。中国则在2008年11月推出"4万亿"计划，该计划实施不久，中国经济就开始强劲反弹，并成为全球经济增长的重要引擎。

世界经济格局"东升西降"，这让刘永好对未来更有信心。但时代的另一种变化，即移动互联网的来临，却让他感到了不小压力。

2012年6月，新希望创立30周年庆典在成都举办，300多位知名企业家和6000名员工、合作伙伴和各界好友汇聚一堂。刘永好致辞时充满感慨："大家这么捧场，这么支持，不只是对我刘永好，不只是对新希望，我觉得这是对我们民营企业发展的30年，对我们民营企业群体的认同。"

掌声雷动，其乐融融。但其中的制造业企业家不久就会发现，一起坐在台下的互联网企业家们，即将用新技术、新模式，让整个商业世界来一次大洗牌。站在台上的刘永好，也很快就会发现这一点。

新时代的躁动

2012年11月11日，阿里巴巴董事长马云邀请刘永好去杭州参观，共同见证"双11购物狂欢节"。这是淘宝搞的第四届"双11",之前三年,每年的成交额都以数倍到十几倍的速度增长。2011年,"双11"总成交额达到33.6亿元,相当于每秒2万多元的成交额。"双11"的包裹,据说直到12月下旬才发完,这也彻底引爆了互联网消费。

2012年,马云同样信心满满。"双11"当天零点37分,淘宝天猫交易额就破10亿元,上午8点16分达50亿元,下午1点38分破100亿元,最后全天销售额为191亿元。那天,刘永好和马云等企业家一起,站在阿里巴巴的大屏幕前,看着快速跳动的销售数字,仿佛心跳也快了起来。阿里一天的销售额就相当于新希望卖四五个月饲料!他既震惊又感慨,回去后就跟新希望的高管们开会研讨。

只是,当时新希望的许多高管还沉浸在集团成功举办30周年庆的巨大喜悦中。当时,前去捧场的众多企业家坐在台下分享和见证着新希望的辉煌。对新希望高管团队来说,新希望做的是农牧业,且以 To B 为主,很多人对外面消费市场的剧变还难以感同身受。

那几年正是新希望发展最迅猛的时候。2010年,新希望集团全年实现营收700亿元,各项经营数据都很亮眼。2011年,重组后的新希望(000876.SZ)一跃成为中国最大农牧上市企业,全集团营收突破830亿元,再创历史新高。而且其资产和财务结构也很健康,资产结构中现金占比10%,应收占比10%,存货占比20%(以房地产板块资产为主),权益性投资占比30%,固定资产占比20%,其他资产占比10%;负债结构上,资产负债率在50%左右,其中有息负债占比50%左右,有息负债中长期负债又占比50%多。这样的资产结构,非常符合稳中求进的特征。

2012年,是希望集团创业30周年。1月,新希望在成都召开2011年终总经理工作会议,刘永好上台感谢了大家的努力付出,在做完总结后提出2012年销售额破千亿元的目标。按这几年的发展速度,这个目标还是比较容易实现的。为此,新希望决定:第一,提升企业的生产能力和销售能力；第二，适度新建一些工厂，适当收购一些公司；第三，再多招一些人进行培训。即通过投资、人力和内部管理升级，继续提升规模。大家信心满满，掌声四起。

随后，集团副总裁王航上台做了一个演讲——《站在1000亿的边上》。他说，2010年世界500强最后一位销售收入约为170.53亿美元，相当于1100多亿元人民币，新希望的830亿元营收，已然站在千亿元边上，即将敲开世界500强大门。他的说法，再次点燃了管理层的热情。

他们不太了解的是，外面的世界更精彩、更躁动！

2012年1月，新希望集团在成都召开2011年终总经理工作会议

2010年，有一件事情颇具象征意义。5月，北京、上海等大城市的地铁、公交候车亭被一则广告大量占据，画面中央是80后一代的偶像韩寒，他穿着印有"I see you"（我看到你）的白T恤，旁边是一排广告文案——"爱网络，爱自由，爱晚起，爱夜间大排档，爱赛车，也爱29块的T-SHIRT，我不是什么旗手，不是谁的代言，我是韩寒，我只代表我自己。我和你一样，我是凡客"。

这则广告瞬间引起80后的广泛共鸣，从文化上来说，"凡客体"

代表着80后一代的崛起。从商业上来说，仅一件衬衫，凡客当年就卖出3000万件，几乎是规模最大的传统衬衫企业雅戈尔的5倍多，震惊了整个服装业。互联网冲击中国制造的时代正式来临。

天猫的"双11"只是缩影，彼时的互联网经济正呈现一个百花齐放的盛况。

2009年8月，新浪微博上线，彻底改变了互联网社交模式，以至于包括政府机构在内的组织都到上面开设账号。

2010年，小米公司成立，雷军开发出"米聊"通信App，但了解到腾讯即将推出微信，只得无奈放弃，但他用互联网思维"降维打击"制造业，即将在智能手机领域开辟出新天地。

3月底，出生于1983年的海归陈欧回国创办了化妆品特卖商城"聚美优品"，打出"我是陈欧，我为自己代言"的旗帜。

年中，团购模式被引入中国，到2011年，中国居然涌现出5000多家团购公司，北京、上海的一些普通办公楼里就能聚集上七八家。

2011年1月，让雷军大皱眉头的腾讯微信正式上线，彻底引爆了移动互联网时代……

电商大门的轰然开启、80后一代的崛起、移动互联网时代的来临，让商业世界的格局和风向产生了颠覆性的变化。那几年，大城市的咖啡馆被许多端着电脑做PPT（演示文稿）或讲PPT的年轻人占据，他们大谈互联网商业模式，开口动辄千万元估值，意气风发。被拒绝也没关系，时代浪潮波澜壮阔，一个风口没赶上，就赶下一个，一次掉进海里，马上就有新的机会翻身。

而与互联网的喧嚣、热闹、性感形成鲜明对比的是实体经济企业，特别是其中的民企相对冷清，少人问津。民间巨大的储蓄、银行大量的放水，使得"蒜你狠""姜你军""豆你玩"等通胀现象此起彼伏。一方面，民企很少有机会分享4万亿元的政策红利，另一方面，材料、人工、土地等制造成本不断高涨，利润日益微薄。不少民企索性改变赛道，将目光投向了房地产、资本运作、理财，甚至是 P2P（点对点网络借款）。

彼时，大街小巷、商超、写字楼满是理财公司，它们可能来自正规金融机构、上市公司，也可能来自中小民企老板，甚至是完全没有金融从业背景的街头骗子。很多缺乏金融专业知识的路人纷纷摇身一变成为"理财经理"，拉着大爷大妈天花乱坠地宣传"两位数的刚性兑付"。吸收到钱的理财公司把钱投向哪里？不可能投向回报不高的制造业，首选还是房地产。所以各路资金，通过企业贷款、P2P、影子银行等转了一圈，又都流入了房地产市场。房地产市场成为大家共同的最大去处。

房地产市场也变了天，高杠杆、高周转取代精工、品质、人文关怀，成为最流行的打法，如何炒房则成为人们乐此不疲的永恒话题。那几年，不光民营企业家，整个社会的心态都变了，对实体产业的关注度和投资热情快速下降。

刘永好一向对新事物充满热情。他拥有很多互联网行业的企业家朋友，在与他们的交流中，清楚地看到互联网的优势和对传统制造业的冲击，开始谋划布局。关键在两个方面：一个是企业经营层面，要推动企业转型升级；另一个则是企业传承，虽然他身体健康、精力旺盛，但毕竟已年满 60 岁，需要开始考虑交接班问题——这是任何一个民企创始人都必须考虑的问题。

只是这方面的成功经验少、失败教训多。一些民营企业传承失败的案例让很多民企创始人都深深地感到，传承是事关企业生死存亡的大问题。

2012 年，整体市场风云变幻，但好在新希望从事的是农牧行业，受互联网冲击并不大，同时还能从肉食品价格上涨中获益，因此发展势头不错，还可以缓一缓。他打算暂时腾出一只手来，借新希望 30 周年庆的契机，正式开启新希望的传承。

传承不易

2012年6月30日晚，可以容纳6300人的成都双流国际网球中心座无虚席、热闹非凡。然而，进进出出的并非运动员，而是企业家。

当天国内有代表性的民营企业家几乎尽数到来，四川本地的知名企业家几乎一个不落。同时，世界银行、ABCD四大国际粮商、日本三井和三菱、新加坡淡马锡等一批国际大企业及合作伙伴也纷纷派出代表来参会。加上全国工商联以及几个省的工商联主席等，在场企业家、相关领导共有300多人，还有集团员工代表、家属代表、合作伙伴代表和上下游相关群体代表6000多人，整个会议如同一场高水平的企业家峰会。

这场"峰会"的主题是"感恩，有你有我有希望"。企业家们从车内陆续走出来，踏上一条长长的青绿色地毯走入会场。会场中有一个别致的"30年历程回顾与展望"的长廊，记录了新希望30年的历程，企业家们看了都心生感慨。专门穿着印有"四川很有希望"标识的服装去参加庆典的建川博物馆馆长樊建川，发了这么一条微博："刘永好四兄弟从养鹌鹑起家，骑起自行车走村串户到处销售，转眼30年过去了，成为民间企业之风向标。"

新希望30年，无愧民企之风向标。面对众多著名企业家的群体道贺，刘永好难掩欣喜："大家这么捧场、这么支持，不只是对我刘永好，不只是对新希望，我觉得这是对我们民营企业发展的30年，对我们民营企业群体的认同。"

台下还坐了很多在商海中失意的故人旧识。刘永好形容他们是"一些虽然企业垮了但与我并肩战斗过的朋友"。他不以成败论英雄，也把这些老朋友请到了现场。他不无感伤地说："从20世纪80年代中期开始参加一些国内企业家活动，到90年代出席这些活动时，变化已非常大了。早些在一起开会的朋友越来越少了，现在在20世纪

80年代创业的企业家大多不见了。有的不干了,有的去世了,有的企业倒闭了,有的被抓了……社会上有一种说法,民营企业家里有不少'两院院士',要么进法院了,要么进医院了。"

"很多人说民营企业的生命力只有5年、10年,我们一走就是30年。30年来,我们始终'埋头拉车,抬头看路',始终坚持植根农牧产业。顺潮流、快半步,这让我们始终没有迷失自己,在中国经济的几次重大变革中获得了快速发展。"

"我认真研究、学习了'中国特色市场经济'。为什么叫中国特色呢?就是中国跟别国有些不同,没有经验,要摸着石头过河。什么叫摸着石头过河?就是我们不知道前面究竟怎么样,要一步一步摸到它,实在不行了,摸着石头还回得来。企业的发展实际也是这样。我们总结出来,叫作'顺潮流、快半步'……"

刘永好这番推心置腹的演讲,引发在场企业家和新希望员工代表们的强烈共鸣,掌声一再在这个夜晚响彻整个会场。

然而,这天晚上的主角除了刘永好,还另有其人。当晚,一个叫李天媚的新希望员工,穿着代表新希望的草绿色裙子走向舞台中央。新希望不少员工都认识她,但在这么一个重要场合、这么一个画面,很多人还是感到有些惊讶。

尽管已经彩排过许多遍,但面对近万名嘉宾、员工,李天媚还是不免有些紧张。当她站定,身后的主屏幕上却打出了一行大字——总导演:刘畅。大家恍然大悟,原来她就是刘永好的女儿。

掌声再次响起,刘畅开始发表她的感言。这一刻,也是她人生新阶段的开始。

对于做中国最大农牧企业的接班人,刘畅一直比较抗拒。

小时候,刘永好就经常把刘畅带到公司养猪场,想让她见识一下家族的产业。但刚进猪场,刘畅就捂着鼻子跑掉了,黄泥地、臊臭气,显然她很不喜欢。她喜欢的事物跟这些毫不搭边，譬如画画、唱歌、艺术之类。

初中时，刘畅考上了成都外国语学校。尽管家里很有钱，父母对她却很"抠"。刘畅开始住校，每星期零花钱10元，饭票20元，跟普通人家的孩子一样。但她喜欢交朋友，"拉帮结派"的开销可不少。初二那年，她还跑去当"雅芳促销小姐"，赚了不少零花钱，一下感觉自己是"先富裕起来的人了，有责任带大家一起高兴高兴"，结果把钱都花在组织朋友一起吃喝上了。

还有一件趣事。当时成都滨江路有个英语角，常有外国人和中国人在那儿互练外语。在20世纪90年代中期还流行"笔友"的年代，这种更直接、面对面的"陌生人社交"，让刘畅觉得非常有趣，很有参与感。她决定做一件有创意的事。她找到一家打印店，亲自设计了名片，印上自己的英文名、年龄、性别、呼机号，煞是可爱，然后到英语角发放。刘永好知道后马上制止了她，批评很严厉："一个女孩子家印这么花的东西，看到的人会怎么想？碰到坏人怎么办？"

高中，刘畅被父母安排到美国留学，就读于一家教会学校。学校管理严格，只有她一个人来自中国大陆。也有一些香港和台湾地区的同学，但还是感觉比较陌生。当时，对大多数美国孩子来说，中国还是一个遥远的陌生国度，同学都很好奇，整天有人问她"你在中国能看电视吗""你们那里的人能吃饱饭吗"之类的问题。她"过惯了呼朋唤友的快乐日子，一下子跟掉在洞里一样"，一个处于青春期、活泼好动的少女，常常感到很孤独和压抑。

虽然女儿远在万里之遥，但刘永好的态度依然严厉。据当时刘永好的秘书赵韵新回忆，有一次他陪刘永好在北京出差，早晨还没睡醒，就听到刘永好在跟女儿打电话。电话中刘永好一再强调和叮嘱，不要跟一起留学的谁谁谁过多地去参加各种聚会。电话那头，刘畅估计不太高兴。

刘永好最后语重心长地说:"爸爸妈妈为什么要把你送到美国去?你要考虑清楚,虽然你的爸爸在国内算是一个有影响的民营企业家,但在国外根本说不上什么。所以让你到美国去,谁都不认识你,是让你在平等独立的条件下去学习、去成长。你自己要有一个平常的心态,更多的时间要用来学习。"

赵韵新很感慨,1995年《福布斯》在中国第一次评选富豪榜,就将刘永好家族评为"中国首富"。但刘永好却处处防止刘畅形成优越感,把她送到美国就是为了让她在平等的环境中成长。刘畅学成回国后,逢年过节或刘永好生日,都是她去请赵韵新等老希望人吃饭。父女俩不收任何礼物,刘畅每次都给客人敬酒——尽管他们都是父亲的下属,而且很多早已离开岗位,但刘畅都毕恭毕敬地一一敬酒:赵总感谢您,您对爸爸的事业帮助很大;王总感谢您;罗总感谢您……这也让老希望人很欣喜,他们看到了"希望"正在默默地传承。

后来,刘畅在美国完成了学业,1998年回国,进入外交学院。有一次李巍过生日,刘畅帮母亲取东西时,不小心碰掉了保险柜里几盒名片。一看,正是当年自己亲自设计的英文名片。一旁的李巍打趣着说:"那时候,你爸其实觉得你很有想法,私下可没少夸你,说一定要把名片留下来做纪念。"刘畅泪眼蒙眬,原来父亲的爱这么深沉。

早就过了青春叛逆期,刘畅对父亲的心结早已消解,但对接手家族的农牧产业一直还犹豫着。遗传了父亲的基因,她对新事物的喜爱程度更加热烈。

大学期间,她开始尝试各种创业,第一项创业是在成都市中心的春熙路开时尚饰品店。出乎意料,父亲没有反对,还大方地借给她20万元——一定是借。她很开心:"我爸对我和弟弟很抠的,从他手上拿钱可不容易。"

刘永好、李巍对孩子用钱一向很"吝啬",谨防孩子养成大手大脚的习惯,李巍也从小就注意培养孩子珍惜财富、有效花钱的财商。

刘永好听说女儿要开店，心里特别开心："她主动要开个店，所有事情自己打理，这就是一种锻炼，就是一个好的开始。"

店面选好后，装修、进货，20万元已所剩不多。最初刘畅去韩国进货，发现不合算，就去广州，后来又去义乌。一开始，她还习惯性地住星级酒店，后来为了节约成本，搬进了火车站旁的小招待所，4人一间的那种。有一回还因为卫生状况差，受到细菌感染，被拉去急救。

父亲的目的达到了：在做生意的每个环节中，刘畅逐渐明白了父亲的"抠"，其实是在节省成本。做小商品生意，一件可能只赚一两毛钱，却整天住星级酒店，这哪是在做生意啊！渐渐地，她意识到除了文艺气质，自己做生意也很有天分。很快，她明白了怎么带团队，怎么做市场，如何控制投入、产出、中间的风险，以及遇到问题后如何想办法去解决。这些最基本的原则，通过点点滴滴的实践渗透到刘畅心里。日后，她执掌千亿元市值的公司，尽管要比当初20万元开饰品店复杂千万倍，但原理还是相同的。

春熙路饰品店开了两年，挣了几十万元。刘畅还了借父亲的钱，又用盈余开了一家带轻餐饮的酒吧，经营得也不错。后来，她又跟朋友"脱不花"（后来的罗辑思维合伙人）合伙开了一家广告公司，成为这家公司的副总经理，还接下了伊利、完达山、汇源等知名品牌的营销推广业务，也做得风生水起。她们人生中的第一部手机，都是这期间自己赚钱买的。

刘畅的20岁生日，是和"脱不花"在泰山顶上度过的。她们受邀去泰山附近的一家纺织企业讲课，一个赚了2000元，另一个赚了5000元。为了节省开支，也为了方便，她俩跟客户工厂的纺织女工一起住工厂宿舍，八人间，女工们友好地匀了两张床给她们。她们平时太不容易了，第二天拿到钱，两人觉得简直太棒了，一定要好好犒劳一下自己，就决定去爬泰山，把钱都花光。只是当时经济还不发达，一路爬山竟然没处消费，到了山顶一人开了一间最贵的房间——

380元，又点了最贵的菜，却怎么都花不完。于是，她们拉了几个游客一起打牌，就想着这次尽快把钱"造出去"，一通乱打，哪知对方更菜，她俩没输，居然还赢了好几百元。

第二天天一亮，她们就去泰山顶看日出，合影留念。青春的自由、洒脱、蓬勃之美，与初升的太阳无异。

后来，刘永好开始动员刘畅进入新希望。她依然犹豫，仿佛站在一个人生的十字路口——一边是充满未知的、自由的明天，一边是家族传承的沉甸甸的责任。

李巍深知刘畅是个孝顺的姑娘，对家人的感情和责任很重，于是她出面做工作。她丝毫不提那些沉重的传承、人生的前程，而是说："我们一家人一直聚少离多，你中学就住校、出国，你父亲忙得不着家，我们三个人在一起的时间你都算得出来。你如果不在自己家的企业里，而去外面工作、生活，那我们这个家以后就更不成家了。"

这番再朴素不过的话，把刘畅说动了。她想，如果在公司和父亲朝夕相处，办公室不就像家一样吗？从此，她隐姓埋名，化名"李天媚"，通过正式渠道应聘到新希望乳业，然后是南方希望、新希望地产、海外公司，以及集团办公室工作，直至集团创立30年的这场晚会。

眼看女儿日益成熟，刘永好十分欣慰。她大致与新希望同龄，而且擅长策划，他就想着干脆让女儿来操办30周年庆典。他的计划很精密：一是通过筹办庆典，让刘畅对集团的历史、文化有个全面的了解和认同感；二是庆典会邀约各路企业家、政府领导，以及核心的合作伙伴，自然而然地进行资源交接；三是过程中让她去发现和组织一批年轻人，将来跟她一起成长。

刘畅也很高兴，多年来尽管策划、操办过许多活动，但这样的大项目可是难得。她要把这场庆典打造成像春晚一样，初步预算7000万元。报到刘永好那儿，没同意，只好降到5000万元，仍然不被认可，然后降到2000万元、500万元，一降再降，直至200万元。

刘永好通过"压价"给女儿再上了一课："这就是市场。它通常都不理想，一方面是你想要的，另一方面是你能得到的。但还是要在摸索出的范围内尽力做好！"

200万元办"春晚"，无异于螺蛳壳里做道场，这可比她前期开店、开公司、在集团内做业务的挑战大得多。她既要精打细算，又要协调好各方关系、调动各方积极性，其中在与外包商谈判、磋商的过程中就多次被惹哭。

为了办好活动，她对集团做了一个系统的梳理，深度采访了各板块负责人、不同时期的老员工，还亲自带队下到各板块一线。渐渐地，她对父辈几十年打拼下来的企业产生了深刻的理解和认同。

那天，刘畅站在舞台上，而台下前排坐着父母、三位伯父、一位姑姑。在他们期许的目光中，她突然理解了父辈们为什么从筚路蓝缕到突飞猛进，从挫折坎坷到再创辉煌，始终保持着旺盛的精神力量。因为希望永远在前方，像灯塔一样闪亮。在这一刻，就像20岁那天站在泰山顶上，她真实地听到了有一种使命向她召唤，有一种传承的责任等着她去担当。

晚会的结尾，请出了央视著名财经主持人陈伟鸿，就创业、守业和传承的问题与刘家父女对话。在场的人都明白了，刘畅即将进入接班的程序。

刘畅的对话依然很有自己的风格。聊着聊着，她伸出五指对着台下说："我新做的指甲就代表着新希望的事业，图案有小猪、小鸡、小鸭子、小牛等等，这些都是我们要感恩的动物。"真情流露又合情合理，令在场的人印象深刻。

后来，刘畅多次被媒体问到接班的过程，她的回答一以贯之："从我小时候起，他们（父母亲）一路以来就是'两座大山'，两个人都那么自信，都那么成功，都那么说到做到，都那么受人尊重，我要怎么办?其实很长时间我都找不到自我在哪里。""接班不只是接班的事,对家人的体谅和心灵的相通都是关键。没有心灵相通就没有相互体谅,而没有体谅就没有良好沟通。这些才是我最终选择新希望的前提。"

她逐渐将家族责任、农牧大业那些"沉重"的东西融入自己活泼的个性,自自然然、坦坦荡荡、从从容容,让"新希望"真的显示出新意。

在刘畅做导演的那天,12岁的弟弟天天也低调地守在一旁。他看着姐姐一手操办的精彩晚会,也学到了很多。

在刘畅顺利进入管理体系后,刘永好把培养下一代的精力开始放到儿子天天身上。天天出生于千禧年,现在国外念书。有了培养刘畅的经验,对于怎样做父亲、早做传承的规划和部署,刘永好也更加娴熟了。

除了尊重劳动、简朴消费的传统,刘永好很早就注意发掘和培养儿子的商业意识。在参加一些企业的投资活动、调研、投决会时,刘永好都会把儿子带在身边。

2013年底,新希望旗下基金收购澳大利亚宠物食品企业——澳宠畜牧业公司,就是13岁的天天在做一些翻译工作。

每个时代的孩子,都有他们的成长背景和个性。和同时代的许多孩子一样,天天喜欢手机、电脑、游戏、短视频制作,也喜欢元宇宙这类新鲜事物,刘永好从不阻拦。譬如,天天非常喜欢遥控飞机,尤其是大疆无人机,以前几乎每一代无人机他都用自己的零花钱买。刘永好就引导他上"闲鱼",天天上去一看,果然像发现了新大陆:稍微晚3个月在咸鱼上买二手无人机,价格就便宜了40%,玩了半年、一年后,升级的新产品又出现了,他就把手上的卖了,此时还能以原价的40%~50%卖出。一前一后的操作,相当于只需要花一台新机价格的20%~30%,就能一直玩最新的无人机,天天感到十分开心。

李巍十分注重生命教育对家庭教育的重要性,从小就开始培养天天爱的能力,引导他认识生命、尊重生命、爱护生命。在天天上小学时,李巍曾带他去非洲肯尼亚的野生动物园看望濒临灭绝的珍惜动物，了解生命的意义。

刘永好也很开心，在他看来，这就叫企业家精神——用小钱办大事，精打细算，用市场化的方式算经济账。这跟互联网还不发达时，刘畅亲自去广州、义乌淘货，住招待所，道理是一样的。

天天在北京的国际学校读高中。一进学校，他就发现了一个商机——由于学校管理严格，只有校门口一家小卖部，卖的东西不论零食还是文具，价格通常都是网上价格的翻倍。天天敏锐地发现了这一点，而学校又不允许开店，他就想到装一台自动售货机，既方便同学，又对学校也没什么坏处。

天天回家一说，刘永好表面不动声色，心里却很高兴：一来，这事要跟校长谈，可以锻炼他的沟通能力；二来，这是商业行为，买/租机器、进货、管理，都能锻炼人。

他就问天天需要多少钱。天天没想到父亲这么大方，就把详细的商业计划跟他讲了一遍。原来天天早就想清楚了，找几个同学一起凑钱干，风险共担、利益共享，对学校也好说一点。他们算下来，大概每家出1万元就够了。

刘永好"大方"地借给儿子1万元，顺带给他支了一招："你们应该从赚的钱里拿一部分出来捐给学校，作为学生活动经费之类。"天天秒懂，用这一招和学校沟通会更有说服力。

于是，天天带着合伙团队找到校长。校长是个老外，觉得这事太小了，又考虑到食品安全问题，一开始并不同意，但架不住几个小孩软磨硬泡，几次沟通后还是同意了。由于商品价格只有外边小卖部的1/2~2/3，生意果然火爆，"校园合伙人"很快又安了第二台。天天和小伙伴们要花很多时间线上、线下比较，进行需求调查、统计、进货和管理。这对天天和伙伴们合作意识的提升起到了非常好的作用。

这时，天天又想到这样的情况同样适用于北京其他国际学校。他就跟团队商量，在其他学校找以前的初中同学入股，将成功模式进行复制。大家都很兴奋,都去联系各自的同学。不过,各个学校的情况很不同,直到他们毕业,其他学校的分站也没搞起来。但他们学校的经营一直很稳定,毕业时,天天还把股权转给了低年级的同学。

这是儿子的第一次创业,在刘永好看来,这就是 MBA 的最初教材——自己发现机会,产生创意,建立团队,整合资源,分步实施。虽然不是多大的项目,但也是一个完整的过程。刘永好一脸欣慰。

创业不可能都成功,刘永好很关注挫折教育。他没有想到,天天很快就遇到了挫折。

在学校,天天很快又注意到另一项生意——炒鞋。他发现同学穿的是各种各样的限量名牌鞋,就找到北京三里屯的一个朋友。这个小伙子开了一家店,专门卖限量鞋,生意不错,天天已经是一米八几的大小伙儿了,因为脚大平常就不太好买鞋,经常去他那儿买,还时常买不到。小伙子见天天有意,就说你也投资一点,保证每个月都有 20% 的回报。

天天一算,每个月 20% 收益的话一年就是 240% 的收益,可比父亲的公司赚钱多了。他回家跟刘永好商量,这回他打算借 2 万元。刘永好虽然不懂鞋,但一听就知道流水线生产的鞋子很难真的做到限量,20% 的月回报也很夸张,这事一定不靠谱。但天天很笃定,说小伙子是他的好朋友,不会骗他,而且小伙子之前确实赚了很多钱,他自己买的鞋子也放在那里,而且都在增值。

刘永好并没有揭穿问题,而是和搞售货机时一样,痛快地借了钱。入股后,天天就从店里拿鞋,开始为了打开市场,自己不赚钱,平价卖给同学,想着毕竟还有分红。果然,第一个月就分到 20% 的回报,他很开心。第二个月,据说生意不好,只分到 5% 的回报。然后到了第三个月,小伙子说生意更不好了,没办法,暂停分红。到第五个月,小伙子就连人都找不着了。

预想中的 240% 的年收益不见,还巨亏 75%,天天一脸懊恼。但刘永好比前几次还开心,安慰儿子说:"你看,还剩下 25% 的投资呢。"

花钱买个教训，值啊！

天天到美国读大学后，一天，打电话回来借钱，这次是 10 万美元。他说他在美国看中了一家做元宇宙虚拟游戏的初创公司，一帮年轻人做事很实在，也和自己处成了朋友，他很看好他们，并且咨询了新希望集团的投资团队，想投资。刘永好创业之初就摆弄过音响，对科技产品很有兴趣，和美国一些家族也有一些基金合作，主要投资农业前沿科技，还经常带着儿子参加投决会。他同意借钱给儿子。

钱汇了过去。这次果然验证了年轻人的眼光，才一年多，这家公司的估值就翻了多倍，天天投入的 10 万美元的收益达到 5 倍之多。他决定先卖掉一部分，把本钱收回还给父亲，以及作为自己的学费。

新希望国际事业部总裁刘围与天天工作交集较多，她认为天天跟父亲一样，有着超越年龄的成熟、稳重，爱学习，思考独到，处世知进退，并且十分温和与自律。按理年轻人爱玩，尤其是在自己赚到钱的情况下，刘围曾担心拉着他到处跑、开会，他会厌烦。不料，他乐此不疲，在繁重的大学课程之余，主动要求参与一些会议和项目，虚心学习，积极推动。

刘永好再次为儿子感到高兴。之前，天天曾经用零花钱投资二级市场，买中概股，有的亏损百分之六七十。而这次做一级市场投资成功了，收益确实不错，这些在一级市场、二级市场的盈亏经历，以及在投资中认识的一些创业者、了解到的一些新行业，对天天来说都是宝贵的财富。

新希望的传承，也成为刘永好的企业家朋友最羡慕的事情之一。很多朋友跟他交流，最关心的就是如何传承。他的秘诀是：传承不只是企业家和儿女的问题，还是一个巨大的体系传承，"所以传承要早、要放、要带、要帮、要成体系，关键是正确的观念、习惯和文化的传承，以及体系的传承"。

卡壳 1000 亿元

新希望 30 周年庆典非常成功，以刘畅为代表的年轻人的成长，更让刘永好感到欣慰。但从集团各个产业的一系列报表中，他已经感觉到问题不太对劲了。虽然营收还在增长，但利润和每股收益都出现了较大幅度的下滑。

国际金融危机后，中国为了刺激经济采取了超大规模的投资计划，在拉动增长的同时也留下了产能过剩、部分企业因融资便利而乱投资等隐患。2012 年，这些后遗症纷纷浮出水面，温州等地有相当多企业难以为继，纷纷"跑路"，留下一地鸡毛。

产能过剩问题也发生在饲料、食品行业。新希望六和 2012 年半年报显示，虽然销量还在上升，但利润开始下滑，而且下滑速度在加快。年报出来，数据更难看了，2012 年股份公司营收 732.38 亿元，比去年同期增长 2.23%，但利润却比上年同期减少 31.67%。加之地产、化工的全面不景气，全集团营收和利润更出现了成立以来的首次双降。

祸不单行。2012 年 11 月，肯德基的原料供应商之一山西粟海集团被媒体曝光一只鸡从孵化到端上餐桌仅需 45 天。这一"速成鸡"事件引发社会舆论对养殖业过量用药的普遍质疑。尽管山西省农业厅对该工厂进行核查后澄清，粟海集团使用的饲料、兽药均符合国家规定，但国人长期对食品安全问题的担忧迅速被点燃。随后，央视暗访山东多地养殖场，曝光了一些养鸡场违规在饲料里添加多种抗生素和激素类药品的行为，这对以生产鸡饲料、养鸡鸭为主营业务的新希望六和造成了巨大冲击。

一直以来，速成鸡都是食品安全的敏感话题，但事实上，"速成"并非由于添加药物，而是由于品种。这些养鸡场养的都是白羽肉鸡，这种肉鸡生长速度快，一般 40 天左右即可出栏，平均体重可达 5.5 斤，是世界上长得最快的鸡。而且它的"料肉比"好，1 斤 8 两饲料就可以转变1斤肉，它的肉含有的不饱和氨基酸也最丰富，最容易被人体消化。因此，美国、欧洲90%以上，中国45%以上的肉鸡都是这种鸡。

这种鸡本身就生长快，过度添加激素、抗生素成本高，而且并不能给鸡催长，所以大型养殖场一般不会做这种事。但一方面，一些养殖企业会从农户、专业户手上收购，难以逐一监控（央视拍摄的也是农户）；另一方面，包括肯德基、新希望六和一些屠宰场在内的产业链，在收货时确实存在把关不严的情况。同时，处于风口浪尖的肯德基反应不及时，加深了公众的担忧，而且在PS（修图）盛行的网络时代，各种长了四只翅膀、四条腿的鸡的图大行其道，更加重了公众的恐慌。

那段时间，刘永好、刘畅带着高管团队四处拜访政府和媒体，做沟通、解释，并主动汇报整改方案。虽然官方对新希望肉鸡的检测是合格的，但并不能阻止"速成鸡产业链失控"的话题不断发酵，以及新希望的股价不断下挫。

一波未平一波又起。"速成鸡事件"刚刚消退，猪又来凑热闹。2013年3月，"黄浦江死猪事件"爆发。截至3月20日，上海相关区水域内打捞起漂浮死猪10395头，这又导致了公众对猪肉的恐慌，猪价也迅速跌到11元/公斤的低点。这意味着全国的养猪场全部亏损，猪周期正式进入下行阶段。

猪未消停，没过几天，H7N9禽流感又暴发，使得整个产业陷入更大的恐慌。随后，4月20日，四川雅安地震又导致新希望在雅安、乐山、邛崃、眉山、阿坝等地十余家分公司、子公司不同程度地受灾，甚至连新希望成都中心办公楼都出现了裂缝……而立之年的新希望，似乎流年不利，处处精准踩雷，令人徒呼无奈。以至于刘永好在股东大会上少见地感慨说："我们处于最倒霉的时刻了。"

在各种冲击下，2013年新希望六和营收再次下挫至692亿元，下降5.23%。其他板块受各种大环境的影响，同样收入下降、利润下滑，这也导致整个集团的营收、利润再度双降。此后 2014 年、2015 年，各项财务指标虽然有所恢复，但规模达"千亿元"目标始终像挂在驴子眼前的胡萝卜，任大家如何辛苦奋蹄，就是够不着。

不光新希望，中国很多产业都陷入了产能过剩的痛苦，以及痛苦的转型。2013 年 10 月，国家相关部门出台《关于化解产能严重过剩矛盾的指导意见》，总结了产能过剩的原因，并宣布国家将采取坚决措施，从审批上限制相关过剩严重行业的产能和新增规模。2015 年，国家正式宣布进行供给侧结构性改革，提出中国的供给体系总体上是中低端产品过剩，高端产品供给不足，改革就是要从生产端、供给侧入手，调整供给结构，为真正启动内需、实现高质量的经济发展寻求新路径。

刘永好和刘畅也深刻地认识到这些问题，开始控制产能，淘汰运营不佳的工厂。更重要的是，他意识到过去 30 年规模扩张的那些成功经验在新时期已经不够了。驱动未来的发动机是什么？除了外部环境不给力，企业自身又有什么问题？要做什么变化？他们开始了反思。

随后，刘永好做了两件大事。

第一件事是加快了传承的步伐，将其变成用年轻人。新的时期、新的市场变化，更适合拥有新思维的年轻人。

30 周年庆之后，刘畅对接班有了一定的心理准备。但她以为是管理新希望乳业，毕竟她对乳业更加熟悉，自己也擅长消费品领域，切入进去更加得心应手。没想到，刘永好直接把核心主业新希望六和交给她管理。

刘永好对刘畅说："这是我们的主业，是我们的根和魂，你去里面锻炼，成长更快。当然，这也是一个考验，但我相信你经过努力是可以把担子挑起来的。更重要的是，我们集团不能再靠惯性发展了。你年轻，推动创新变革比我更有优势……而且我们集团有一大批新人，他们是跟你一起进步和成长起来的，由你带领新希望六和已经比我更合适了。"

刘畅低头不语。但她从小就将自己定位为花木兰那样的角色，每次看到刘永好很晚回来，她都希望自己能够替爸爸分担一点，有一种舍我其谁的担当和愿意付出、牺牲的精神。困难大，责任大，她的胆子更大，"往前冲便是，管它会有什么坎坷"。

她抬起了头。

刘永好当然不是"一交了之"那么简单草率，在跟刘畅交底的同时，已经派王航去了广州的华南理工大学，目的只有一个，请在此任教的陈春花老师再次出山。

彼时，陈春花是华南理工大学工商管理学院副院长，一直致力于中国优秀企业的跟踪研究，在企业组织和管理文化方面卓有建树，是国内少有的能把理论、教学和企业管理实践相结合的学者。2003—2004年，她就应张唐之邀请担任过山东六和集团的总裁，在任期内把山东六和的销售额从28亿元提升到74亿元，深受六和上下的尊重。

王航开门见山地代表刘永好发出邀请。尽管有些突然，但两人还是详细交流了行业形势、集团现状等内容。随后，刘永好和陈春花在北京相见，最触动陈春花的，还是刘永好立志打造"世界级农牧企业"的情怀，中国农牧行业太需要这样一家公司了。

2013年5月22日，新希望召开年度股东大会，正式宣布刘永好离任新希望六和股份有限公司董事长，刘畅当选新任董事长，陈春花为联席董事长兼CEO，陶煦任公司总裁。其中，联席董事长的设计，堪称一个巧妙而务实的创新。刘畅+陈春花+陶煦"铁三角"的建立，使新希望六和形成了老中青三代结合的领导结构。

在接受媒体的访问时，刘畅的回答依然很有"刘畅"范儿。"我不要装着做一个霸道女总裁。我给自己的定位是要做一个生命丰满的女人，扮演和平衡好更多角色。"她依然真实、自然，有清晰的想法。同时，她也希望借此机会对外传达，这次"接班"不只是董事长职务的变更，还是一种与父辈有所不同的新的组织和文化的切换。

在陈春花的辅佐、陶煦的支持下，以刘畅为代表的新一代管理层逐步进入了管理角色。除了支持刘畅和陶煦的工作，陈春花还要发挥企业管理的作用，帮助年轻的团队，在运营、转型、创新等方面发挥作用，这恰好是她一直研究和擅长的方面。

2013年新希望六和第一次临时股东大会

与父亲一样，刘畅也是一位感恩重情的人。对她来说，除了父亲刘永好，陈春花就是她成长路上最重要的老师之一。尽管陈春花陷于与华为的舆论风波，且已离任多年，但在2022年的新希望集团年中会上，刘畅还是特意把她请到现场，新希望用行动表达了对她的支持。陈春花像往常一样对新希望10多万人进行了专项"培训"。演讲完毕，刘畅上台，向她赠送了自己亲手制作的纪念礼品——一个她俩合影的纪念相框，礼轻情意重。

第二件事，是刘永好把2013年定位为学习年。他带领团队，跨行业向一些优秀企业学习。

来到广东顺德美的集团，创始人何享健2012年刚刚隐退幕后，把接力棒交到职业经理人方洪波手上。在家庭晚宴中，刘永好与何享健和儿子、方洪波一起开诚布公地交流，讨论传承、职业经理人的信任、企业经营等问题。

方洪波是优秀职业经理人的代表。彼时，美的营收、利润比新希望下降得还厉害，方洪波也认为最大的变化还在于大环境。中国家电业过去30年发展的旧模式已经失效，中国制造业转型还得依靠技术积累和技术创新。

方洪波反思："美的是民营企业，但为什么看起来像一个国有企业，人员复杂、机构运作低效、内部交易成本过高？美的已经有1000多亿元的年营收了，为什么和年营收100亿元的企业除了规模之外没有任何区别？做的东西一模一样。"他采取了快刀斩乱麻式的改革，首先把各种非家电业务砍掉，再把品类繁多的电吹风、剃须刀、按摩椅等数十种小家电业务砍掉，最后将业务收缩至30余种核心产品。同时裁掉大批冗员，让组织扁平化。

一系列大刀阔斧的改革让美的又一次焕发生机。2012年，美的净利润为34.73亿元，同比下降7.29%，2013年则实现净利润53.17亿元，增长极为明显。更重要的是，从此美的开始沿着"产品领先、效率驱动、全球运营"的战略主轴发展，战略更清晰了。美的的变革不但解决了接班人的传承问题，而且在新老交替中，实现了企业的创新升级。

在北京，刘永好带队向小米学习。小米是移动互联网风口上的代表性企业，依靠"专注、极致、口碑、快"的七字诀，"硬件＋软件＋服务"的铁人三项模式，"做爆品，做粉丝，做自媒体"的参与感三大法则，风头正劲。雷军向刘永好介绍说，小米很少做广告，而是用让用户感到惊喜的、性价比超高的产品打动顾客。通过移动互联网的社群运营，米粉们会在小米开发产品时出谋划策。小米新品上线时，数百万米粉会在几分钟内涌入小米官方网站抢购。小米推广新品时，米粉们会奔走相告。产品售出后，米粉们又会积极参与到口碑传播之中。米粉扮演着小米的产品经理、测试工程师、口碑推荐人等各种角色。

在与雷军的交流中,刘永好还清楚地看到互联网对农业这样的传统行业的颠覆性变革。当时出现的某农产品网站,在几个月时间估值由 2500 万美元涨到 2.5 亿美元。它的目标是"改变中国数以万计的农产品批发市场",使之互联网化、高效化、服务实时化。而他们做的事情其实很简单,设立一个网站,在全国不同的城市招 200 个大学生,把每天农产品批发市场的价格经整理后通过互联网发布,然后通过全面、及时的价格信息,引导农产品的流向。同时,他们推出定向服务,按照客户的标准和要求,现场指导农户种菜和包装,并以成本价销售,抢占市场份额,赢得客户资源。当时,这个网站平台每天的销售额可达 4000 多万元。

在腾讯,刘永好与马化腾进行了交流。2010 年左右,作为传统社交霸主的腾讯,被新浪微博的异军突起所震动。当意识到移动互联网将是下一个时代的船票时,马化腾在腾讯内部同时组建了三支团队,在广州、成都、深圳同步开展研发,并给三地同样的支持。结果,不到半年时间,广州团队做出了微信,但他们并非即时通信部门,而是做邮件的部门。这种为了最快进入市场,不惜"重复投入",多路径进行布局的赛马做法,在传统产业里并不多见。刘永好很受启发。

刘永好不光带领团队外出学习,还把方洪波、雷军等企业家请到新希望演讲、介绍经验。这次学习持续了一年时间,新希望管理层的思想发生了巨大变化。

他们清晰地看到了新希望做农牧产业的封闭性,其好处是有安全感、稳定感,但也导致创新、激励和压力不足。

他们清晰地看到了新希望的"大企业病",员工多、产品众多、规模大,但不够聚焦,缺乏爆款产品,创新速度逐渐跟不上发展要求,船大难掉头,有些方面已经从"快半步"变成"慢半步"。

他们清晰地看到优秀人才队伍的不足,产品的技术含量不高。全集团的人力资源多数还是初中、高中学历的农业工人和初级管理者,即便招来很多博士、硕士做研发，但缺乏创新驱动的系统、流程和投入，也很难做出极致的好产品。

刘永好自己也清醒地看到，以前自己管得太细了，细到连项目的建筑材料都要过问，在宏观上对技术新趋势的把握不够。他还看到，一些创业代的老同志，财务自由了，缺乏闯劲了，逐渐僵化了……他决心从自己开始转型。

"脱几层皮"

在一次两会专题采访中，刘永好就指出，"实体经济转型，要做好'脱几层皮'的准备"。

他亲手脱掉的第一层"皮"，是他自己。他发现，只要他在，大家就都向他汇报，依然习惯性地把他当"老大"，刘畅和新团队就很难成为真正的决策者。索性，他选择隐身，不再参加新希望六和的会议了。

他成立了一个集团领导小组，小组成员是集团各板块一把手，就像新希望的"常委"，是集团的最高领导体系。随即他又定了一个制度，即刘永好没有决定做什么的权力，但拥有一票否决权——他以此自我规范，少做决定，只是把控方向、严控风险。

他"杯酒释兵权"，组织老同志退居二线，60岁左右该退休的退休，50岁左右该让权的让权，把位置让出来，让他们做顾问，待遇不变，空出的职位则让年轻人顶上去。从那时起，以张明贵、席刚、李建雄为代表的80后、70后中坚力量正式登上新希望的关键管理舞台，并带领各个板块大胆创新、突破。

刘永好亲手脱掉的第二层"皮"，是重新创业。继1982年创业、1995年分家、2006年并购六和后，他要再一次创业。这次创业，他打算从转型战略投资人开始，发现新人、投资新人，在新希望农牧体系外另起炉灶，寻找真正的第二增长曲线。这个重新创业的过程，我们后面再详细介绍。

在集团层面，各项变革也陆续展开。2013年7月，新希望召开总经理中期大会，刘永好围绕"以小企业精神做大企业"的主题，明确了三个改革方向。

第一，拥抱变革，持续创新。于此，新希望将开启激励和治理机制创新，并成立创新集团，以及扶持乳业等创新板块试点。

第二，倡导事业型创业家。刘永好认为，在现代企业制度下，职业经理人遵守职业道德，拿一分钱干一分活，这在外资企业中是敬业的象征，本身并没有错，但限制了企业更广阔的发展。他发现很多创新的优秀企业，核心管理层并不是拥有职业经理人意识，而是很多人都有企业家思维、企业家意识。

所以，新希望在集团倡导新时期职业经理人的企业家精神，并逐步建设合伙人制，同期开启集团的年轻化。于此，新希望开启组织变革，并明确规定每年晋升提拔的指标，20%要给30岁以下、在公司工作3年以上的大学生，给年轻人打通向上流动的通道。

第三，全面拥抱互联网。新希望由To B转向To B和To C并重，并构建互联网化、更贴近终端的快速、灵活的体系。

要"脱皮"，还得从刘畅管理的新希望六和开始。第一步是组织体系的变革。

首先是将原来"四大片区"（青岛中心、成都中心、海外中心和三北中心）进行分拆，其中青岛中心分拆成沂蒙、滨海、鲁西、胶东、中原五大特区，并提拔5位年轻的带头人，以及成立禽肉食品事业部。这就拆散了文化上一直剪不断、理还乱的"六和系"，对于公司最大的禽肉养殖板块告别原有的路径依赖，意义重大。

接下来再次分拆，围绕养殖建立"聚落一体化"，即从种禽到屠宰形成一个系统闭环，聚落负责人称为"聚落总经理"。随之，从"公司+农户"调整为"基地+终端",围绕基地建聚落,为农产品面向消费端打下基础。

其间,渠道变革、食品端可追溯体系的打造、划小核算单元与组织激活等系列变革方案不断出台。所有改革的目标都指向"内部一体化"——保证养殖的安全,保证养殖效率的水平,投入产出比要高于同行。

第二步是业务体系的变革。

新希望各业务板块从设立开始,走的就是产供销一体化模式,大家按照生产逻辑做事——以产定销。比如,为了快速消化生产出来的肉类,最直接的方式就是卖给批发市场,如果产能过剩,就降价销售。由于缺乏终端市场信号的指引,因此是生产主导,导致一些产品总是卖不掉,亏损严重。这一模式还造成了内部封闭,明明是对市场不敏感,反而在内部老被说成"市场还不成熟"。

因此,以刘畅、陈春花、陶煦为代表的新管理层进一步决定将禽肉事业部进行产销分离:把所有的屠宰厂归到饲料片区,禽肉事业部主管销售及渠道转型,把对批发市场的销售占比要求从90%逐步减少到60%以下。

通过将屠宰业务回归农牧一体化,让销售业务独立出去发展形成食品一体化,新希望六和可以形成两个"全产业链":农牧产业链、食品产业链。如此,一来可以双轮驱动,大幅提升企业综合竞争力;二来更加细分,更利于执行To C战略,大幅提升产品竞争力。

改革总要伴随阵痛。产销分离、转变渠道的要求提出后,压力不断上升。一些旧体系、管理者和老员工无法接受改变,一时在企业内部形成了"改革派"和"保守派"。加上市场行情不好,企业各种"踩雷",多事之秋,双方充满了对抗情绪。

陈春花就回忆说:"养殖与工业不一样,生物生长周期固定,所有动作必须按生命周期去处理。200万吨肉加工出来,不能再靠批发渠道,压力确实大。所以产销分离进行了100天之后,我们进行了一次对话，那时候大家还不太能接受这样的转型。"

但后退没有出路。在刘永好的支持下，新希望六和撤换了一部分高层，精简了管理岗位，继续大力推进改革。他们同时在公司公开竞聘，让一批有潜力的80后年轻人站出来大胆创新。

蓦然回首，刘永好清楚地看到：新希望30年，正是其勤奋、简朴、肯吃苦、简单、温暖的"农业性"造就了企业的辉煌；反之，也正是"农业性"相对封闭、固执、打小算盘的惯性，导致了企业迟迟无法突破瓶颈。思想、文化和眼光的落差才是根本。

三十而"砺"，展望新征程，在健康地实现企业传承后，他要举起互联网大旗，彻底改造已经落伍于时代的那些旧路径，让"希望"转身向新、自我刷新。只有这样，新希望才能在新时代有"新"希望。

第六章

大象起舞

世间最强大的力量，莫过于时代前行的力量。

在刘永好的 40 年创业与奋斗之路上，他受惠于改革开放的力量、市场经济体制的力量、企业家精神的力量，好风凭借力，一路向前行。每一次，他更多感到的都是机遇的力量。

而在 21 世纪 10 年代，在以移动互联网、大数据、云计算等为代表的新技术、新模式面前，他却深深感受到挑战的力量。"互联网+"的时代潮流，把互联网的创新成果与经济社会各领域深度融合，推动技术进步、效率提升和组织变革，提升实体经济创新力和生产力，形成了经济社会发展的新形态，无法回避。

在这一新时代，改革开放上半场的民企英雄们，有的学习，有的拥抱，有的诧异，有的抗争，有的沉默，也有的不以为然。

虽然新希望并没有站上互联网时代的潮头，但刘永好深信，让世界变得更美好的关键，不是技术本身，而是如何使用技术，以及将技术用在何处。所以他的选择，一是拥抱互联网新消费时代，推动企业从 To B 向 To B+To C 转型；二是主动从过去的"大王"宝座上走下来，和年轻人一起重新创业，推动企业组织变革。

面对新希望这样一个传统产业里的庞然大物，对一个六七十岁的企业家来说，挑战无疑是巨大的。他会成功吗？

赌局边的清醒者

2013年12月12日，央视财经频道主办了第十四届中国经济年度人物颁奖盛典，小米集团董事长雷军和格力集团董事长董明珠同时入选。然后，台上发生了著名的"10亿元赌局"。

此时，电商发展如火如荼，对传统制造企业以线下为主的营销模式造成明显压力，线上线下之争沸沸扬扬。在颁奖嘉宾和主持人"拱火"的情况下，代表线上互联网的雷军和代表传统制造业的董明珠开始"互掐"。

先是主持人陈伟鸿引出话题："我突然发现，其实你们两人之间也许也会有一个世纪之争，也就是你们两人所代表的生产模式，对中国的企业，对我们的转型升级来说，到底谁的后劲更足？"

董明珠接过话茬儿，开始挑战。她先做了个市场调研："现场观众有多少人使用小米手机？"只有3个人举手。雷军的反应很快："这说明我们的市场空间很大，还有99%的人没用小米手机。"

第二个回合，董明珠把矛头对准小米的短板：工厂和供应链。她问雷军："如果全世界的工厂都关掉了，你还有销售吗？"这类问题雷军见怪不怪："发展到今天，强调专业化分工。做工厂的人应该专心把工厂做好，做产品的人应该专心做产品。"

第三回合，董明珠爆出猛料：刚才在后台，雷军和她就"杠起来"了，雷军说5年以后小米会超过格力，自己当时没有回应，现在她要说，不可能。她继续"攻击"，小米的网上销售模式也可以为格力所用，假如她和马云合作，利用好传统和电商两个零售渠道，"那不天下都是格力的了吗？"董明珠步步紧逼，雷军甚至难以插话。

就在主持人宣布下一个环节时，第四回合掀起了高潮：被广大粉丝奉为"雷布斯"的雷军终于忍不住开始反击。他说,小米的优势在于极其贴近用户、轻模式以及全天候服务。伴随着越来越重的语气,雷军终于抛出了他的赌局:"5年之内,如果我们的营业额击败格力,董明珠董总输我1块钱就行了。"

董明珠毫不示弱。她说:首先,小米的营业额超过格力是不可能的;其次,要赌就不是1块钱,"我跟你赌10亿元"……

这场著名的"10亿元赌局"迅速引起全社会关注。赌局的大背景,是那几年中国的制造业企业家确乎有些狼狈:先是被马云的电商搞得节节败退,后又被雷军的小米模式搞得眼花缭乱。

刘永好坦言:"一开始确实有点蒙,别人发展得太快了,外部变化太迅猛了。我们干了30年,再连续3年冲刺规模没能过千亿元,但是别人3年差不多就从零干到千亿元了,你想这个冲击多大!"

在与刘永好相熟的企业家中,董明珠、宗庆后等属于对互联网的"不屑派"。董明珠挑起"赌局"后,迅速成为中国制造的新领军者。知名度大振的董明珠索性撤下所有明星代言人,亲自为格力代言,"格力,让世界爱上中国造"的广告语,也道出了制造业企业家们的渴望。

性格直率的宗庆后则在一期央视节目的现场,直接批评马云。当时马云提出了新零售、新金融、新制造、新资源、新技术的"五新",宗庆后说:除了新技术,其他都是在胡说八道。

海尔集团创始人张瑞敏则属于互联网的"拥抱派"。他多次引用黑格尔在《小逻辑》中说过的一句话——"熟知并非真知",提出传统制造业的模式是我们熟知的,但今天需要颠覆过去。他在海尔发起了一场迄今仍未结束的变革:产品"网器化",组织扁平化,员工创客化。他的"人单合一,链群合约""让每个人做自己的CEO""产品被场景代替,行业被生态覆盖"等观点也产生了巨大的影响。

尽管和这些企业家都很熟悉,但刘永好向来不喜欢卷入观念和形式之争。他的一大睿智之处,在于始终关注的是底层变化而非表现形式,"社会变了,市场变了,我们必须变,否则没有任何出路"。

新希望作为传统农牧企业,并没有赶上第一波互联网大潮。2001年,刘永好应邀去日本参加经济研讨会,当时就有一个个子不高、长得很特别的年轻人坐在他的前排。当他演讲完之后,那个年轻人找到他说:"我姓马,我的公司叫阿里巴巴……"

当时全球互联网都处于泡沫破灭期,阿里巴巴也只是一个刚创建1年多的小互联网公司,处境十分艰难。马云希望刘永好关注互联网,能在电商方面做投资,但这并非刘永好的布局方向,他拒绝了。后来他回忆起来,对错失这个机会表示遗憾,错失投资的回报是一方面,更重要的是,错失了一次拥抱时代巨变的机会。

大风起兮云飞扬。2013年左右,消费互联网和移动互联网的新时代变化已经很明显,这已经不是错失一次机会的问题,而是涉及企业生存、发展的核心问题。

在拥抱新变化、用新工具新思维改造行业和企业方面,刘永好对雷军尤为欣赏。虽然两人完全是两代企业家,但私交很好,无论私人还是企业之间的交流、互动都很频繁。2016年,雷军带着做"互联网农业"的"私心"前往新希望交流,却无意间促成了中国第三家互联网银行——新网银行的成立。

刘永好与雷军、新希望与小米虽然所在领域不同,但有一点非常像:都有一种草根精神,都梦想创办一家世界级的伟大公司——草根精神是文化基因,世界级企业梦想是驱动力。两人在企业家精神方面颇有相似之处:譬如对初心的坚守,对梦想的追寻,对事业的专注,对成本的敏感,对效率的执着,对创新的持续推动,等等。

他们的不同之处主要在于各自创业的时代不同:刘永好与新希望更早出发,从农村出发,在物质短缺的时代,以草根创业精神做基础民生行业;雷军成长于软件时代和互联网时代,随后在移动互联网大潮中建立了小米,希望用互联网方法论提高中国制造的效率,让"高效、透明、公平、普惠"的互联网准则在制造业中得到应用,造福广大消费者。

小米也是新希望转型路上的重要学习对象。在刘永好看来,小米并非纯互联网公司,而是介于互联网与制造业之间的典型"互联网+"企业。他和雷军的观点也一致,在新的时期,互联网首先是一种工具而不是一个独立的产业,其次是一种观念,"是一些原本就存在的商业创新或准则在新技术条件下的极致放大,互联网思维是可以应用于互联网时代的所有行业的方法论"。

在与雷军的交流和对小米的研究学习中,刘永好发现小米迅速成长的秘诀:一是对C端(消费者端)的牢牢掌控,二是现代"互联网+企业"的组织变革。

小米的互联网思维,首先体现在对B端(企业端)的改造上:当时,大多数手机企业依然采取传统销售渠道模式,不论是"总包-分包-零售",还是"全国代理-省代-零售",跟新希望此前主要面向农批市场、团体组织没有本质差别,它们直接面对的还是B端,并没有直接接触消费者。

而"小米之家"在厂家与用户之间只有一层零售商,零售商的职能主要是投资、共建和共同运营,双方是合作而非博弈关系。如此,一方面,小米可将中间环节费用大幅压缩至10%左右,远低于传统渠道高达25%的成本;另一方面,零售商的主要角色在于投资和利益分享,并不掌握小米货品的"物权",销售端的任一环节都由小米实时、精细管理,数据链完全打通,完全实现了"交易即数据",消费者和市场的任何变化、反馈、意见都会第一时间传达到研发端。

C端的秘诀又在哪里?雷军概述为"感动人心,价格厚道",即"有诚意的性价比+极致的用户体验"。2010年,小米公司还很小,就先在论坛上招募网友试用MIUI系统,后自建MIUI社区收集吐槽和反馈，再根据用户反馈迅速更新系统。渐渐地，小米积累了30万核心用户，这30万早期的"米粉"就成了在企业外围的"产品开发建议团队"和口碑宣传队，成为小米牢不可破的发展底盘。

系统打磨好之后，小米又找到全球一流的供应链，终于做出了令雷军满意的第一代产品。然后是定价，每台手机核算下来，成本约为2000元，但正式售价却定为1999元。同时，小米采用官网销售和自建电商的模式，并建立小米社区、微博等新媒体矩阵与消费者保持沟通，从而搭建起"前店后厂"的销售模式……

通过这些企业行为的转变，刘永好更清楚地看到，小米的人才架构与创新激励机制才是这一切发生的基础。小米的创业合伙人都是行业精英，几乎全是产品工程师出身，年龄40岁上下，都有把产品做到极致的工程师思维。

为了组建一支优秀的创业团队，雷军曾坦言"小米在创办的第一年用80%的时间找人"。当时招募优秀的硬件工程师尤其困难，比如为了引入一个关键的技术人员，雷军和小米团队在3个月的时间里跟他谈了十几次，每次持续四五个小时甚至10个小时之久。雷军不仅用改变世界的理想去感召他们，也提供了创业合伙人的平台、信任和股权激励机制，以吸引他们。

面对这些变化，刘永好坦诚地进行反思。他坦言："我创业的前20年，只要勤奋努力、认真去做总是对的，而且看得见收获，看得见成就。但后20年，感觉到有些吃力了。到了刘畅他们这代人，社会供应基本上已经平衡，又赶上了移动互联网、智能手机以及数字化、生物科技高速发展的年代，消费者也变了。他们更要考虑的是怎样满足年轻人，是年轻人在引领消费，他们的生活水准和生活格局变化了。他们不喜欢自己下厨房了，喜欢外卖，喜欢点点手机，顷刻之间货就来了。他们不仅追求方便，还追求创新、味道好、价格低、服务周到，而且还要有特色。像腾讯、阿里，像雷军的小米，都是满足了这个变化。"

"显然,那个时代已经过去了。一个是我自己要变,和我的小伙伴们一块去学习和分享;另一个是更多还是要靠年轻人和企业的再次年轻化。我希望在这次转变中我不掉队,我的企业不掉队,我们能够继续在中国市场这个汪洋大海里边拼搏、遨游、航行。这就是我和刘畅他们这一代新希望人不一样的地方,这也是我带他们经常去学习的原因。"

刘永好清醒地看到,事实上,无论雷军与董明珠,还是其他互联网企业家与制造业企业家,双方吵来吵去,都没有说制造业不重要,无论何时,制造业都是中国的立国之本。究其本质,双方吵的还是发展主导权的问题,究竟是"互联网+"倒逼、推动制造业,还是制造业"+互联网",主动利用互联网工具改造好制造业。但对他这种实干型企业家来说,这样的争吵并没什么意义。包括新希望一直布局的金融投资,既然都是为实体产业服务,那么"互联网+"和"+互联网",也没有本质区别。

知难行易,企业家的自我思想革命才是企业转型升级的基础。2012—2017年的几年间,是新希望卡壳1000亿元门槛的几年,更是刘永好带领新希望转型To B+To C、组织变革的关键几年。

小猪快跑

刘永好有一个特点,那就是善于将各种理论、道理归纳、转化为接地气的形象比喻。他将上述思考和转型目标概述为一句话——从做好"一袋饲料"到做好"一块肉"。

"一袋饲料"是典型的制造业逻辑、To B 逻辑。它的出发点是成本和规模,不断做大规模、摊薄成本,然后根据竞争强度,调整利润加成的幅度,确保比竞争对手能提供更高性价比的产品。立足饲料行业，进行相关多元化发展，往上延伸至原料，往下延伸至养殖、乳业。这大致是新希望前30年的发展路径。

而"一块肉"是典型的互联网思维、To C 思维。它的出发点是用户，是终端，围绕消费场景、用户需求、增值服务，提供一套完整的好体验，并据此整合企业产销、供应链、产业链。

转型的核心依然是新希望六和。2013年，新希望六和提出"产品领先、服务驱动、全球经营"三大战略转型，并期望在三年时间内初步达成目标。

一个典型例子是华为。华为原本是典型的To B 企业、技术企业，为了适应消费互联网时代，毅然从"技术型管道"转型为"终端渠道"，并精心打造To C 的高品质消费产品和消费场景。新希望六和的转型计划，也将重点放在了肉食品消费终端建设方面，希望借此逐步改变以饲料为主的经营现状，塑造面向终端消费者的体系。

为此，他们主要采用了三种方式。

第一种是产业合作。

互联网思维强调开放和融合。陈春花曾说："如果我是董明珠，绝不会与雷军打赌，而是与他合作做个小米格力空调。"

以往，新希望主要做To B，屠宰、分割、初加工之后将产品卖给中间商或直供大型餐饮终端，为了维护各自利益双方是博弈关系。新希望六和转变思维后，变博弈为合作，如与海底捞火锅联合开发小酥肉产品，就是这方面的一个例子。

酥肉是川渝两地知名的传统美食，后来在火锅店流行起来，不管小吃还是菜品，都有酥肉的存在。但它们一般靠现做，要工业化创新并不容易。新希望六和旗下的美好食品与著名火锅品牌海底捞有着众多合作，为标准化地供应小酥肉产品，双方决定联合开发这款产品。

美好食品研发团队的负责人回忆，团队原本以为背靠成渝火锅的先天优势，研发这种预制菜十分简单。可在之后长达半年的研发进程中,他们发现始终无法解决酥肉核心特色——"酥脆度"问题。工业化生产、预炸、速冻再油炸之后的酥肉,与现做的酥肉比起来,存在着返潮、不酥脆等问题。此外,酥肉咸淡、花椒味在复炸后的舌尖体验也需要反复验证和调整。

开始的半年时间内,研发团队几乎跑遍了成都所有知名火锅连锁品牌门店,不断研发、改进、品鉴,反馈都不尽如人意。直到2018年10月,他们来到北京海底捞火锅门店,与资深大厨一起讨论关于小酥肉的研发难点。他们在交流和观摩中找到了灵感,并将大厨的手做方式与每一个细节都记录下来。回到成都后,团队一起将研发细节一步步调整,最终才完成了将手做小酥肉1∶1复刻的工业化创新。

2019年,"美好农家小酥肉"首先在海底捞火锅门店上市,其凭借味道、品质、价格的综合优势,在不到一年的时间内就迅速成长为销售量破亿的火锅"明星单品"。

它只能作为火锅配菜、只能作为To B产品存在吗?他们决定开发C端。在研发生产和营销推广上,他们采用了一些新方法,包括请网红直播带货,以及用年轻人喜欢的方式来讲述小酥肉的故事。2020年,在某网红直播间,"美好农家小酥肉"开播6秒即销售400多万元,引发消费端市场热捧。2021年"双11","美好农家小酥肉"延续爆品势头,摘得天猫速食菜品类"热卖榜"和"回购榜"的双冠王,单品销售额突破10亿元。

自此,小酥肉从一道传统的四川小吃走向全国,走入了千家万户的餐桌和各类餐饮门店。2022年,美好食品与全国超过10万家餐饮门店达成合作,"美好农家小酥肉"销售额全年有望突破15亿元。

疫情期间,预制菜市场广受关注,但刘永好和刘畅很早就在布局这一消费新需求了。除了小酥肉,美好食品还推出了香菜丸子、美好肥肠等爆品,既有效解决了火锅餐饮在食品安全、高效供应和产品卖点等方面的问题,又提前踩准火锅、预制菜消费快速增长的节点,创造了巨大的消费市场空间。

其间还有一个小故事。刘畅在与团队讨论许多预制菜产品概念时，目标消费者的原型往往就是刘永好。她提到父亲近年来午餐总是点外卖，高盐高油不健康，部分身体指标都高了，在公司烹饪又不方便，能不能将既方便又营养、健康的预制菜作为另外一个选择？这是一个女儿对父亲的孝心，也是一位企业家对消费者的关心。后来，他们成立的预制菜品牌预膳坊推出了"乐盒盒"系列，该系列产品不仅成为刘永好午餐经常的选择，也赢得了市场的好评。

第二种是资本撬动。

2016年1月，新希望六和战略投资"久久丫"，占股20%，成为该品牌的最大股东（2020年底退出）。久久丫创建于2002年，以鸭脖产品闻名，当时在全国20多个大中城市有近千家门店。同年，新希望全资收购餐饮企业嘉和一品中央厨房，后者拥有150家餐饮门店。这些都成为新希望六和直接对接消费者的探索。

同时，新希望六和陆续收购本香农业等养猪企业，将"一块肉"牢牢抓在自己手中，并逐渐发展成为中国第三大养猪企业。

第三种是自我研发创新，这是根本。

经过长期发展，新希望旗下已拥有美好食品、六和食品、千喜鹤、科赫等十余家食品子公司或品牌，它们各自独立发展，陆续进入火锅食材、烧烤、团餐及肉制品等赛道。除了产业联合开发，他们还深入消费终端，加快自主研发。

譬如，充满人间烟火的烧烤摊，虽然小而分散，但同样可以做出爆品。"雪花鸡柳""香辣猪脆骨""奥尔良翅中"等产品大受欢迎，屡屡获奖。

以前，屠宰、分割过程中会产生大量非标肉块、碎肉、内脏等，只能廉价销售、处理甚至废弃。而一旦深入了解C端需求，就会发现这些"处理品"同样具有独立的价值。其中颇有代表性的一个案例是美好"黄金鸭掌"在广西的意外走红。

数年前,新希望销售人员前往广西柳州调研,发现当地人在吃螺蛳粉的时候都会加一个不脱皮的"黄金鸭掌",但鸭掌普遍偏小。销售人员就想到自家"白羽鸭"鸭掌,它们掌大且筋多皮厚,非常适合做"黄金鸭掌"。回去后,他们迅速将需求反馈到生产线路,东北、山东、河北等地的工厂便同步展开研发,着力打造"肤白貌美大黄掌"。

市场端对研发端提出两大要求:一是鸭掌油炸或卤制后容易缩水,所以要达到一定克重;二是要求外皮金黄。由于饲料中玉米含量不同会影响鸭掌颜色的深浅,这就对饲料配方提出了新要求。最后,在饲料营养师与养殖人员的共同努力下,符合市场端要求的鸭子终于出栏。最后在屠宰前,生产人员还要取样、筛选,"根正脚黄"的"黄金鸭掌"才能上市。

结果,黄金鸭掌在柳州上市后,迅速成为当地嗦粉的黄金搭档和特色美食,8个月后销售额就过亿元。市场机会总是留给有准备的人,跟小酥肉踩准火锅热点一样,近几年随着螺蛳粉在电商领域的流行,"黄金鸭掌"的知名度和销售额也节节攀升。

在许多人心目中,新希望还是一家饲料企业或养猪企业,但事实上,和通信企业华为向 To B+To C 并重的转型一样,新希望已经在 To C 领域飞进了寻常百姓家。它已转型为一家高效地为民众提供优质蛋白质的现代农牧企业。

在新希望的整个 To C 转型过程中,新希望乳业(以下简称"新乳业")是最早起跑的。

事实上,自 2001 年进入乳业赛道后,新乳业十余年间一直不温不火,虽然并购了十几家地方国有优秀乳业品牌,但始终没有清晰的定位和发展方向。这期间,国内乳业已形成了伊利+蒙牛双寡头,外加光明等区域巨头的乳业市场现状。同时，刘永好还观察到一个现象，那就是许多主流乳企高管都不喝自家产的牛奶，这说明中国乳业还有巨大的改进和发展空间。

2011年，刘永好任命席刚为新乳业总裁。他交给席刚两个任务：一是尽快制定出清晰的发展战略；二是花两到三年时间，让公司干部和员工都觉得喝自己公司的产品是最好的，并且还愿意把产品推荐给自己的亲人。沿着这个用户思维往上捋，他们终于找到了答案。

一次，刘永好与席刚捋到他小时候的故事。他说，当时卖牛奶的人都是每天一大早挑着担来卖，居民们听到"铛铛"的敲铃声，就知道是卖牛奶的人到了。大家通常都是半斤、一斤地买，买回后再煮一遍，表面会生成一层牛奶皮，味道特别香，营养特别好。但这就意味着养牛人必须凌晨就挤好奶，而且当天必须卖完，否则牛奶就要倒掉。刘永好随即一转，提出新乳业能否用现代牧场的自动化设备，生产这种24小时"铛铛鲜奶"呢？

在传统思维的人看来，这只是一个美好的想法。小家小户这么做可以，但要工业化生产，有两大挑战无法回避：一是做好冷链，二是如何坚持真正的"24小时"。

彼时，中国的冷链物流非常欠缺。由于过去以常温奶销售为主，对防腐剂的监管也还不严格，从物流到终端都缺乏动力做真正的冷鲜，譬如终端冷风柜标准温度一般在4~6摄氏度，而实际往往在10摄氏度多。

这还不算困难，毕竟终端标准可以随着市场成熟逐渐统一，真正的困难是要用成千上万名冷链车个体司机取代挑担的卖奶商贩，要监督和管理好他们的温控，几乎是不可能的。所以"铛铛鲜奶"的核心挑战，其实是在冷链物流上——也正是对这个问题的长久专注，才催生了日后新希望的冷链数字化、互联网化解决方案，并孵化出了一家中国冷链物流的头部企业。

再说"24 小时"的挑战。这一挑战的核心是订单管理要非常精准：一是各环节时间必须扣死；二是数量必须定死，一旦出现滞销就将大量吞噬利润；三是对灵活度的把控，譬如对几天内天气、气温的预判，下雨天要提前减少订单，晴天、高温天要增加订单……这些都极度考验相关环节的精细化管理。

正因为困难如此之大，管理要求极细且利润并不高，所以乳业巨头们明知常温奶采用的超高温瞬时灭菌技术会损失一些牛乳自带的活性营养物质、维生素等，也宁愿坚定地走常温奶之路，不愿意考虑"铛铛鲜奶"。

刘永好没看走眼，擅长市场营销的席刚思维并不传统。他眼前一亮：就搞这个，而且新乳业旗下许多地方乳企，原本就是做巴氏奶，就是每天用玻璃瓶装着卖的那种，这正好符合新乳业的特点。

于是席刚提出，聚焦"鲜战略"、专注低温巴氏奶，得到刘永好的认同和支持。席刚继续沿用用户思维，想到老百姓买蔬菜肉类都倾向选当天的，于是提出"24 小时巴氏鲜牛乳"的概念。

2011 年，这款 24 小时鲜奶在上市之初，就面临各种质疑：保质期怎么办？销售半径会不会太小？会不会影响销量？卖不出去怎么处理？在成都市场，蒙牛、伊利都有生产基地，大家刺刀见红拼得火热，这样做是不是太冒险了？新希望内部也有很多人捏着一把汗。

有了刘永好的支持，席刚很坚定地说："我们要做的就是最难的事。"

席刚清晰地记得，"24 小时巴氏鲜牛乳"上市第一天，在成都双楠的人人乐超市铺了 200 盒。因为是新产品，价格又高，所以尽管销售人员非常努力，但依然只卖掉 100 盒多一点，还剩近 100 盒。总经理压力很大，他打电话跟席刚说："你看现在我不是不卖，而是真卖不掉，这么卖下去就真的把公司卖垮了。怎么办？"

席刚赶过去一看，产品的动销做得还不错，能卖到上百盒也还合格。但既然承诺了只卖当天，那就不可能再收回去重新利用。于是他带领大家，每人拿几十盒牛奶站到十字路口，看到车辆停下来等红灯时，就叫开车窗往里送，一人送两盒，一会就送完了。这就不存在库存积压和回收的风险了。

有了这个开头，团队就都清楚了决策层做"24小时巴氏鲜牛乳"是玩真的，而不只是造概念。毕竟"互联网+"最不缺的就是概念，如果只停留在互联网+产品或营销的概念上，不延伸到产业链，就很容易被复制、淘汰。

以"24小时""鲜战略"倒推，席刚逐步把每个链条都做到透明，包括奶源、辅料、机械设备都用最好的，品质自然就有了保证。

所以近10年来，在成都高新区的新乳业工厂，每天凌晨3点，就有员工陆陆续续进厂。他们整装完毕，然后进入正压无尘车间，为生产"24小时巴氏鲜牛乳"而忙碌。最忙碌的往往是车间后端，很多工人忙着打包、装箱，再送到低温冷库等待集中发运。三四个小时后，赶在人们早餐前，这款绿白色相间包装的鲜奶就会送达成都各大商超和便利店冷柜。

这一切，从灌装生产到运输到销售，都要在24小时内完成，如果耽搁了就很难卖掉，而当天没卖掉，就会下架。不要小看这款产品，能做到10余年坚持"24小时"可不是容易的事，正是它帮助新乳业这一后进者，在巨头耸立的中国乳品业撕开一条缝并站稳了脚跟。

而后，他们逐渐精进供应链，把每一个渠道的数字掌握准确，并制定不饱和订单——比如某商超要卖100盒，实际订单就下90~95盒，这样虽然会牺牲一部分订单和利润，但确保了将高效和快速掌握在自己手里。同时，他们制定严格的冷链标准和配套科技研发，确保"鲜物流"。

在供应链和冷链方面做了最难的事之后，"互联网营销"反而相对简单。2013年，新乳业开始建设自己的新媒体矩阵，从总部到子公司纷纷注册微博、微信公众号和服务号，实现了高效的互联网沟通,"新希望乳业是传统企业里最早拥有上千万粉丝的企业之一",席刚说。在他的提议下,新乳业还打造了一年一度的粉丝节。在首届粉丝节上,席刚还亲自登台表演魔术。

"专注、口碑、极致、快",这样的互联网改造工具,其实是普适性的。"互联网+"思想打开后,新乳业的创新源源不断地诞生:推出了行业内第一款风靡全国的香蕉牛奶、第一款专门针对乳糖不耐受人群的美味牛奶,在全国率先展开食育教育,让消费者通过互联网订奶。

2014年秋,新希望在成都还推出了第一家基于"SOLOMO理念"打造的牛奶主题乐园"新希望鲜生活"门店,SOLOMO即social(社交)+local(本地)+mobile(移动)。这家门店除了销售新乳业旗下的澳特兰、24小时巴氏奶、洪雅牧场奶,还销售鲜奶调制的进口咖啡、手工希腊酸奶、鲜乳清产品等,一时成了网红打卡地。

互联网化后的新乳业,2013年所有子公司都实现了扭亏。2014年,当伊利、蒙牛等乳业巨头大举进入低温奶市场时,新乳业的"24小时巴氏鲜牛乳"已成为行业标杆。而且今天的新乳业,早已实现刘永好的"初心"——不论新希望办公园区的早餐车,还是新希望的各种商务宴请,抑或高管们平时的家庭用牛奶、向亲友推荐,他们都自信满满地使用新乳业的产品。

在新乳业创新的过程中,最令席刚感激的,还是刘永好的包容、信任,以及帮助新乳业这一互联网化排头兵与整个集团融合。作为全集团高管中最不循规蹈矩、"最不务正业"中的一个,席刚经常在朋友圈发吃喝玩乐的图片,到处看市场,跨界学习交流,甚至时常"脱岗"到北京、上海等地商学院读书。

刘永好作为全集团最忙的人,对席刚这个"经常找不到的人"却并不在意,还时常在集团"常委会"、管理会上帮席刚打圆场,"如果吃喝玩乐也能把事情做好,说明他善于把新的生活方式与新的市场结合,创造出新的价值,这也是非常好的。我们的干部必须了解变化后的市场，知道年轻人的想法和需求，从而推动转型，推动企业变革。这方面席刚做得不错"。

如果说新希望六和、新乳业的互联网化是刘永好在原有业务板块上的行动，那么2016年刘永好联手雷军创办新网银行，就完全是用互联网思维做新领域。

2013年，四川省政府金融办找到刘永好，希望由他牵头申报一个民营银行。可按照金融监管要求，他虽然不是民生银行控股股东，但却是第一大股东，又是副董事长，所以审批有障碍，就没有参与。之后，随着安邦保险大举"进攻"民生银行，连续增持，取代刘永好成为第一大股东，刘永好牵头创办一家新的民营银行的政策限制就解除了。

互联网时代的民营银行怎么做？刘永好不想再走传统模式了，找到了雷军。雷军对刘永好很信任，爽快地答应了。2016年12月，由新希望集团、小米、红旗连锁等股东发起设立新网银行，银行主要服务城乡创业者、农村进城青年，服务小微群体和众多得不到贷款服务的银行白户，以支持实体经济、践行普惠金融。

最初申报时，有人建议叫希望银行，四川省和成都市的领导都觉得"希望"二字寓意很好，而且新希望集团是四川民营经济的领头企业，也担得起这个名字。但刘永好做了一些调研，发现这样会给人两个误解：第一，这是新希望办的银行；第二，新希望是做农牧业的，这个银行限定在为农业服务。

为避免误解，刘永好提出"新网"的名字，意在表达"科技的银行，网络的银行，新的银行"，是新一代互联网银行的简写。雷军也很认同"新网"这个名字，希望这个银行能够与互联网科技结合起来，成为科技型的银行，并为普通百姓、年轻人提供金融服务。

新在何处？

第一，这是一家真正意义上的互联网民营银行，是继腾讯的微众银行、阿里的网商银行之后第三家获批的互联网银行，可以通过互联网在全国范围内展业。

第二，它从出生开始就带着互联网基因，没有现金业务，没有业务经理，依托金融科技手段为客户提供全在线、全实时、全客群的金融服务。

第三，在展业上，新网银行不像微众银行、网商银行背后分别有微信和阿里的强大流量入口，它走的是"向内＋向外"两条路线。"向内"指的是新希望、小米、红旗连锁等股东都有较强的生态体系，依托它们向内延伸；"向外"则依托金融科技推行"万能连接"，缺乏微众银行、网商银行那样的流量闭环，反而促使新网银行更加开放，它与蚂蚁金服、美团、中国移动、银联云闪付、南航、饿了么、爱奇艺等企业纷纷建立了合作，并在其 App 上进行金融服务链接。

第四，新网银行推行"互联网＋产业"，将互联网金融和产业深入结合。

供应链金融的传统做法主要是围绕核心企业，做上下游企业的库存或应收账款融资，这就需要核心企业确权和逐单尽调，非常困难，尤其是上下游供应链企业分散在全国的情况。这类业务由区域性银行做，只能做当地，效率较低；国有大行虽然可以覆盖全国，但也要将业务分散到各地分行，很难形成统一。此外，除了融资需求，核心企业急需的往往是搭建一整套账务体系、经销商的钱包体系之类，传统银行不会响应这个要求，这反而成了"互联网＋"科技型银行的优势所在。

因此，新网银行非常适合做围绕核心企业的供应链金融服务，合作模式也较为灵活。譬如，新网银行和陕西重型汽车（简称"陕重汽"）有限公司签订了独家战略合作协议，除了为其客户提供购车贷，还涵盖后期的配套金融服务，如购车后的抵押贷款等。同时，新网银行还帮助陕重汽打造了专业化 App，让其轻松管理相关数据和流程，知识产权则双方共有。显然，新网银行的服务已超出金融产品本身，扩展到全套的互联网、科技增值服务,双方跨界、融合、共赢,有效帮助客户进行产业发展,这也是互联网银行的真正意义所在。

第五,灵活的普惠金融。很多小微企业对资金的需求时间较短,比如贷款进货后,一两个月就可以实现销售回款,就可以还贷,它们的要求就是要灵活,如果还款方式设置不灵活,将大幅增加它们的利息成本。对此,新网银行率先推出对公贷款随借随还的产品,这在全国银行体系里非常少见,从而真正灵活、普惠地满足了客户需求。

第六,作为一家新型网络银行,其人才架构也非常与众不同。新网银行 70% 的员工是科技人员和算法工程师,与主流银行形成巨大差异。主要管理者也由刘永好亲自面试,面试者包括国有大行和互联网企业高管。最终,新网银行几乎没有从传统银行里招一个高管,差不多全部是互联网科技领域的人才。

不管是核心农牧板块的 To C 改造,还是新乳业的市场创新,以及新网银行这样的互联网新生事物,刘永好都亲自参与。而企业行为的转型背后,是组织的变革与升级,这更加需要刘永好的亲自推动。

改变猪的生理结构

用好互联网工具,猪也可以跑起来。但要让猪赶上互联网时代的速度,显然,光靠外部工具是不行的,只能改变猪的生理结构。

如何改变?还是得从自己开始动刀。

刘永好很清醒,老年人是跑不快的。他对很多优秀的日本企业都很熟悉。他说:其实这些企业非常优秀,企业的商业模式、产品服务都很好,但这些年发展乏力了。它们最大的问题就是"老同志奋斗终生,年轻人浪费青春",老同志永远不退休,年轻人永远上不去,企业就永远没希望。

从"鹌鹑大王""饲料大王",到"金融大王""乳业大王",再到

"养猪大王""鸡王""鸭王",刘永好有很多各界公认的"大王"头衔,而他的第一刀就挥向这些"大王"——他主动从"大王"的宝座上下来,着力去辅佐以刘畅为代表的年青一代小将,继而彻底推动企业的年轻化和组织变革。他将新希望六和交给刘畅,将新希望乳业交给席刚,将新希望地产交给1982年出生的张明贵,高管层实现了一次全新的代际更迭。

2016年陈春花任期届满,刘畅独立执掌新希望六和。此时,它已由饲料巨头发展为中国饲料规模第一、养猪规模第三、综合食品规模第三(仅次于茅台、伊利)的综合农牧、食品企业。2016年,其营收虽同比下降1.04%,但净利润增幅达11.67%,尤其是归属于上市公司股东的净利润增幅更高达100.9%,被媒体形容为"更瘦但更有肌肉"。

新乳业在席刚的带领下快速增长,成长为"双寡头"(伊利、蒙牛)之后第二梯队的头部企业,并于2019年成功上市。

新希望地产,在行业最年轻总裁张明贵的带领下,销售额由2014年的46.62亿元,猛增到2020年的1039亿元,并且"三道红线"全部绿档,这在民营房企中屈指可数。尤其是,这些成绩是在行业衰退、风险集中爆发的时期获得的,更属不易。同时,新希望地产孵化出的新希望服务于2021年5月在港交所上市。

此外,新希望化工在同样年青一代管理者邵军的带领下快速扭亏,并完成向专精特新小巨人企业的转变。2022年3月,旗下华融化学在深交所上市……

这些成就,都可以溯源到2012—2017年的5年转型期,刘永好专注推动的"新四化"变革,即管理干部年轻化、变革创新互联网化、产业金融一体化、公司发展国际化。

第一是管理干部年轻化。

当时，刘永好清醒地看到，与他一起创业的老员工大多已经五六十岁了，已经跟不上互联网时代，由他们领导变革显然不现实。经过几年调整，新希望集团高层平均年龄下降到 40 岁左右，各板块、分（子）公司总经理级管理层则普遍在 35~40 岁之间。

在新希望饲料 BU（business unit，业务板块）总裁贾友刚看来，虽然很多传统制造企业都在提年轻化，但真正做的并不多。贾友刚生于 1984 年，2009 年研究生毕业，以集团管理培训生的身份进入新希望。管理培训生要求先从基层做起。2009 年到 2011 年，他先是做了两年饲料销售，然后在 2011 年 4 月到 2012 年底，又调到肉食板块销售禽肉。丰富的基层磨炼，加上新希望成熟的培训体系，以及集团高管、直属领导手把手"二带一"的管理培训生培养体系，他成长得非常迅速。

2014 年，新希望六和推行管理干部竞聘制，标准有三个：一是个人有意愿、积极性；二是有战功，不论年龄、资历，有业绩、有战功就行；三是有组织贡献，光个人干得好还不行，还得有胸怀，帮助别人成长，比如积极参与集团中台管理，兼职一些重要岗位，对自己本职之外的工作也有付出等。

贾友刚报了名，经过层层筛选，于 2014 年底就任禽 BU 分（子）公司总经理，后升任禽 BU 总经理。2019 年，35 岁的贾友刚当上了新希望核心板块——饲料 BU 总裁，饲料 BU 2021 年产值达到 600 亿元，下辖管理 26 个片区、153 家饲料厂，员工人数达 1.8 万。这一年，新希望也跃升至世界第一大饲料生产企业。

干部年轻化只是切入口，后续一系列变化相继展开。

第二个变化是收入机制，以往收入基本由领导定，贡献与收入并不成比例，损伤了员工积极性。新希望六和新的收入机制采用增量分法，除工资外，绩效、奖金可预期、可衡量，尤其是对超出预期的增量部分实行重奖。这样，每个人都有清晰的年度或阶段目标。

第三个变化是"上下"机制，即总部与片区的管理与协同。

中国企业不少在组织结构上普遍存在一个问题——总部和片区两层皮。上面讲上面的战略，下面干下面的事情；上面来了下面好好接待，上面走了下面该怎么干还怎么干。总部的许多战略、战术、方法论的效力一层一层减弱，到终端就剩不下多少，终端的问题则一层层向上遮蔽，信息选择性地上报，到决策层时就有很大偏差。

为此，一方面，新希望从集团到各股份公司，再到各板块，借助互联网、数字化搭建连通底层业务的中台体系，实现技术与管理打通。例如饲料BU就建设了供应链采购、技术研究院、精益制造三个专业中台，以及猪禽鱼反刍四大料种中台，既可以垂直管理、深入片区，又可以防止片区负责人突然离任、更换导致的经营不稳。

另一方面，再好的中台也得靠人去管理。与传统管理干部不同，像贾友刚这样从基层做起来的年轻干部，喜欢带领总部职能部门下片区。饲料BU有26个片区，每个片区贾友刚一年至少去两次。下到片区，他也不讲"正确的废话"、对片区没有帮助的道理，而是带着团队现场发现问题、解决问题，解决不好不能走。这样总部与片区就可以将共识、利益、"革命友谊"连成一体。同时，此举还能倒逼总部职能部门不断学习、升级，片区也欢迎总部，这样才能实现真正的管理一体化。

第四个变化在片区与片区之间。

传统制造企业强调竞争，外部与竞品竞争，内部各片区互相竞争。好处是有压力、互相比拼，坏处很明显——连内部都到处是厚墙，一点都不互联网化。

贾友刚是从子公司、片区做上去的，很清楚其中的问题。比如：好片区一直好，差片区一直差；差的片区来了个好管理者变好了，但管理者一走又差了；有的片区干好了，心里还不愿别的片区变好，因为总得有人做陪衬；等等。类似这种山头主义，日常管理中是很常见的。

贾友刚认为，要做到板块、产业一体化并上升到新高度，就必须所有片区都好。于是，他致力于将片区与片区之间打通，比如建立项目组制和中台体系，把各片区捆绑到一起考核、互助。效果很不错。

干部年轻化的效果是直接且显著的，在饲料行业整体饱和、竞争激烈的情况下，从 2019 年底贾友刚上任到 2021 年底，饲料 BU 利润实现翻番。对于接下来的几年，贾友刚也是信心满满。

新希望内部流行一句话，"年纪不是年纪，心态才是年纪；年轻不是年轻，创新才是年轻"。这些年轻的小将，正不断给予刘永好许多的惊喜。

第二是变革创新互联网化。

2016 年前后，消费互联网的跑马圈地速度减缓，产业互联网则旭日初生，日益得到各界重视。新希望的"产业+互联网"也开始推进，除了前述以新希望六和、乳业、新网银行为代表的 C 端变革，生产端的变革也在同步发生。

通过 C 端看产业，刘永好看到：随着中国城市化发展与农村经济变革，农民纷纷进城务工，养殖规模化趋势越来越强；同时，人口红利逐渐消失，养殖户、养殖企业需要的不再是饲料的"产品"本身，而是技术、金融、产业等多方面的配套服务。正如小米的启示，制造企业要长期发展，就必须从"制造成本 - 销售利润"的简单产品模式中跳出来，去拥抱更开放的价值融合。

养殖业周期波动大，上行时会拉动 CPI（消费者物价指数）增长，容易受到政策与政府干预，下行时造成养殖户巨额亏损，政策却很少对此给予补偿。为此，新希望建设了数据公司，并通过互联网平台发布，大到过去 10 余年猪肉价格、原料价格波动的周期关系、市场格局等相关数据，小到每日的农产品、菜价、肉价等信息，农民一打开手机就清清楚楚，从而帮助减少市场波动对养殖从业者的影响，并增强他们的计划性。

新希望从数据服务切入，2013年，在全行业率先推出了为农户服务的"福达计划"。它主要提供以下几种服务：一是提供价格信息等数据服务；二是成立"养殖大学"，线上线下结合，为养殖场培训、培养养殖人员；三是提供大型养猪场的托管服务；四是从担保、保险、融资的角度探索农业互联网金融业务。

种瓜得瓜，种豆得豆。新希望的这一产业赋能行为，帮助企业在向养殖转型的过程中积累了宝贵财富。2018年以后，非洲猪瘟肆虐，养殖环境巨变，普通养殖户大量退出，新希望加大了自主投资、养殖。此时，长期形成的产业赋能数据就可以帮助企业有效抵御风险、不断做大，并向深层次的数字化转型升级。

在食品产业端，2015年8月，新希望六和在上海成立"美食发现中心"。它是中国首个专注美食创作和美食分享的行业组织，既面向行业内的采购、厨师，又面向社会上的美食爱好者、普通消费者，并聚合起"创客餐饮神作"、"颜值料理盛宴"、烹饪经验交流、试吃及反馈等功能。随后，"美食发现中心"在各地复制，并结合全资子公司嘉和一品中央厨房，构筑起食品产业C端创新探索体系。

第三是产业金融一体化。

产业、互联网、金融，三者做到一定规模和深度必然是融合的。除了新网银行，最能代表新希望产融一体化的还是饲料。饲料生产本是重资产行为，通过不断的商业创新，加大与轻资产运作的结合，运营效率大为提升。这是如何实现的？

关键还在产融结合。

经过前30年厂房、设备等资产沉淀，饲料生产的最大成本就是粮食，新希望每年需采购粮食2000万吨以上。粮食的大宗采购，尤其是进口主要通过银行融资，农牧业是民生行业，利润微薄，国家政策扶持，加上新希望评级一直保持在 3A，因而贷款利息相对较低。使用贷款将粮食买回来后，饲料生产不像养殖那样需要一个较长的周期，可以迅速进入生产，然后款到发货，再拿着现款还贷……这一系列流程可以在 10 来天的周期内完成，远远低于贷款账期。因此，饲料生产成为一个无须现金投入、净贡献现金流的产业。

2011 年，新希望财务公司、农牧担保公司相继成立，现金流、担保等功能可以内部完成，饲料生产就可以实现产融一体化的内部闭环。同时，随着粮食采购量的增加，新希望六和成立了饲料供应链管理大部，通过代采购、粮食贸易，可以再赚一部分收益。如此，新希望饲料已相当于完成了传统制造业的"互联网化"，即产品本身的利润是一块，通过饲料产品这一核心载体，又可以整合供应链、提供服务、提升产业链效率盈利。

第四是公司发展国际化。我们将在后文全球化章节中详细讲述。

做实体经济越来越难，出路越来越窄，真的吗？新希望用其互联网化求新求变的转型和组织变革探索，给了我们新的启示。

一家农牧企业身上的互联网气质

在对新希望的调研、采访中，我们会发现一些明显的互联网气质。

譬如，男性高管像 IT 男，喜欢背个黑色双肩背包，里面通常有两个笔记本，一个纸质，另一个是笔记本电脑。他们的日常沟通方式是线上围绕飞书，线下沟通直接、不拐弯抹角，十分高效。

管理、技术团队十分年轻，出身一线，而且强调跨专业、跨板块融合，机会多、上升也快。一个典型代表是出生于 1982 年的张明贵，他学会计出身，以管理培训生身份入职，8 年时间从秘书做到集团团委书记、办公室主任，直至新希望地产总裁，现任集团副总裁，新希望六和执行董事长、总裁。

更重要的还不是表象气质，而是刘永好将互联网的合伙人制广泛用活。马云曾这样解释阿里巴巴广泛采用合伙人制的原因：职业经理人跟企业家的区别就像一群人上山打野猪，职业经理人开枪后野猪没死，朝我们冲过来，这时，职业经理人会丢下枪就跑，而企业家会捡起柴刀和野猪拼命。不是你死就是我亡，他说，真正的企业家不是职业培训出来的，而是从内心长出来，并一路披荆斩棘成长起来的。

企业发展到一定阶段，往往都会陷入增长乏力、活力衰减的整体停滞期。很多时候，真的像有一头野猪正冲过来。一头野猪还好说，如果内外部各种不利因素并发，那就像很多头野猪冲过来。企业家忙得过来吗？

而且，往往不需要野猪冲过来，内部的"大企业病"就会要了企业的命。刘永好讲了新乳业的一个故事：新乳业下属雪兰公司有一扇冷库门，进进出出经常关不严，一直说修又一直没修。这事谁管？可以张三管，可以李四管，但反正就是没人管。一次组织外出学习，所有人说就该办公室主任管。于是，办公室主任拿铁锤把门砸了，自己花了1000多元钱重新修了一扇门。他很羞愧，自降一级工资。此事深深触动了管理层，但这往往就是很多企业管理的现实。

在实际管理中，刘永好还发现，企业的工资越开越高，但依然留不住一些人才。他看到互联网时代，员工和老板的界限正在被逐步打破，创业多元化，机会也很多，很多有能力的人做着做着都想自己做老板。对新希望这种庞然大物来说，如果领军者们不同心协力，企业必将问题频发。

这些企业病怎样治？关键的办法，就是培养更多的具有企业家精神的合伙型的经理人。2015年，刘永好在一次企业峰会中指出，"国企改革需要混合所有制来焕发活力，民营企业想要创新变革也要有'混合所有制'"，"过去30年，可能我的作用大一些，但未来更多地要靠年轻人，靠一批合伙人，靠一批高级管理人员，不是靠我了。新希望集团，人家认为我们是个民营企业、私人企业，有家族色彩。但今后，我希望我们是一个合伙制的、利益共享的、活得很精彩的混合所有制体系的企业"。

"民企混合所有制"就是合伙人制。刘永好将此进一步总结为"共识、共创、共享、共担"的"四共"机制，即在投资理念上取得共同认识，在项目上共同投资，在利益上共同分享，在投资风险上共同分担。

对此，新希望集团副董事长王航感同身受。他认为企业发展到一定阶段，内部的贪腐、懈怠、浪费会自然产生。防治大企业病，新希望也有一些招数。

第一，永远保持一个精干的总部。只有脑袋越小，身体才会越灵活，当总部太过庞大的时候，会产生一种现象——人建庙，庙招人，招的人又建复庙。现在，新希望作为一家营收2000多亿元的世界500强企业，总部始终保持在120人左右。

第二，建立红军、蓝军的组织管理机制。一个业务，尤其是一个创新业务推出的时候，建立红军、蓝军，甚至黄军，进行内部竞争。从成本角度看，增加内部竞争会增加一部分成本，但如果内部没有竞争，就会一团和气、缺乏动力，"不竞争才是最大的成本"。

第三，企业要提前关注传承，不能等到最后一天再去想传承的问题。新希望的做法是让年轻人提前上位，缩短管理代际，"一个人最好的职业生涯就是跟着别人干10年，自己挑头干10年，然后再帮着年轻人干10年。这可能是最好的职业生涯设计"。所以在新希望，干部年轻化成为一种文化：师父成了过去徒弟的下属，正常；30多岁的年轻人成为集团核心高管，也正常。提前把舞台给他们，不让他们在成长过程里受到各种干扰，这才是一个新陈代谢的组织的良性状态。反之，企业里缺乏新鲜血液，慢慢就会固化乃至停滞。

第四，通过合伙人机制，把个人的利益和组织的利益绑在一起。

王航自身就是刘永好的第一个"四共"合伙人。2010年，他主动让出集团副董事长的实际管理岗位，随后在刘永好的支持下创立一个专注农业和食品行业投资的厚生基金。2015年，刘永好又与新乳业总裁席刚合伙成立草根知本。

2018年，新希望对内启动"青年企业家合伙人计划"，用两年时间发现和培养一批有市场洞察、创造性思维、变革意识和管理才干的创新创业型企业家合伙人，将其培养成未来新希望新兴业务的领导者；对外则采用"合伙人孵化计划"，在产业链上下游以及10万"新绿领"农民中间发展100个优秀合伙人，给予更多的资金、资源、技术等多方面的扶持与持续帮扶。

2019年，新希望六和合伙人机制结束试点探索，开始先后在河南、广西、川渝、湖北、江苏等区域推广。这一年，刘永好明确指出："新建企业全部为合伙制，现有公司根据情况适当地转为合伙制。"

今天，合伙人公司已经是新希望集团范围内的主流。截至2022年，新希望体系已拥有100多家合伙企业，约500位合伙人。

合伙人体系之外，新希望还不断推出针对管理层或核心骨干员工的股权激励、跟投机制。2022年4月，面对俄乌冲突引发的粮食危机、非洲猪瘟、疫情、猪周期下行这"四头野兽"的冲击，公司首次出现大规模亏损的情况。事实上，2022年上半年，全国养猪户、各大养猪企业全部出现巨大亏损，新希望六和毅然推出大规模股权激励，引发了社会各界的强烈关注：一是因为这次股权激励规模是公司史上最大的，共8274万股，为公司总股本的1.84%，当时市值达12亿元；二是因为激励人数多、覆盖面广，涉及2500多名员工，基本覆盖全部产业链；三是因为按照产业核心价值重要度，重点向猪产业、向一线倾斜，覆盖的2500余名员工当中，有60%是猪产业的优秀骨干，包括一线猪场场长和场助，"让猪倌们也能分享股权激励"。

新希望40年，变的一直是工具、思维，不变的是制造业、实业的基因。从前30年的纯制造到移动互联网时代的"服务型制造""服务+智造",纵然已经是大象般的庞然大物,但刘永好与新希望始终保持着小企业的创业精神,也始终推进小企业式的接地气、灵活性、快速变化能力的提升。通过开放、灵活、互利、共赢的方式,新希望在每一个时代都成为"快半步"的行动者。

尽管在2012—2013年遭遇过短暂的困惑,但刘永好很快就反应过来。他丝毫没有抗拒互联网时代的浪潮,而是看到互联网企业之所以爆发,根本原因是互联网公司的整体理念、模式和组织更适应当下的用户需求。互联网企业的资本结构、合伙人机制、用户思维、小步快跑不断迭代的做法,其意义甚至比某项技术更重要。看到了趋势,他坚定地带领新希望用"互联网+"拥抱新经济、新消费,用"+互联网"将产业命运牢牢把握在自己手上,花了大约5年时间转型,重新走上发展快车道。

在此过程中,刘永好既富有前瞻性,也很讲辩证法。

他提出,新希望必须从传统制造集团转型为科技产业集团。但现实中,新希望十几万员工,尤其是核心的新希望六和员工,大专及以下学历者依然居多,强行推进互联网化和科技化,阻力大、风险高、效率低。然而,如果能在集团体系外另辟蹊径成立新平台,那创新的阻力就会小得多。而且,即便新平台失败了,也不至于影响集团的根基。

沿着这样的思路,新希望用"投资+合伙人"模式布局新赛道,就成为必由之路。2017年,伴随着组织再造与终端改造的成功,新希望终于踏入千亿元门槛,刘永好又开启了新一轮"投资+合伙人"的新征程……

第七章

厚积而新生

时间拨回1997年。一家全球著名的私人飞机公司开拓中国市场，首先就找到"首富"刘永好。他们直接把飞机开到成都，还邀请了刘永好的老朋友四川航空董事长亲自带刘永好试驾，他只好前往。

欢迎仪式很隆重，体验感也很不错。下了机，刘永好随口问了下价钱，每架2000多万美元，合1亿多元人民币。对方的销售总监亲自劝说：私人飞机出行方便，显身份，便于业务交往，尤其是大生意，"你可以把商业伙伴请上飞机，这样大家就有专门的几个小时在一起，没有任何干扰，而且很私密。国外很多大宗生意就是在商务机上谈成的"。

刘永好委婉地谢绝了。后来有买了私人飞机的朋友很不理解："老兄，你的钱花得完吗？你比我们有实力多了，买一架又何妨？"刘永好还是习惯性地"呵呵"一声，说一是真没那么方便，他出差随时买票随时走，私人飞机还得提前两天打申请；二是"我们搞农业的"，显这个身份干什么。再说到谈生意，他从小靠的就是助人助己、坦诚布公，更不需要这个排场。

黄代云在解释为什么加入新希望时，随口说的一句话更像是真正答案："如果刘永好是一个发了财就去买私人飞机、去享受的人，我肯定不会跟着他干。"

经常有人不理解，刘永好这么有钱，为什么对自己、对家人这么节俭？刘永好的回答是：从生活上看，一年赚100万元跟赚100亿元并没有本质差别，吃饭有回锅肉、麻婆豆腐就行，睡觉有张床就行，衣服也不用穿名牌。

那他的钱都花到哪里去了呢？答案是都投到了产业中，放到了社会里。

新希望几十年积累，自己的企业有分红，加上作为民生银行大股东20多年的分红，的确积累了很多财富。他也进行过不少投资，有经验也有教训，慢慢形成了自己的投资理念：投新兴产业，投趋势消费，投优秀的创业者，投可以和中国禀赋形成互补的国外企业。

为了探索新的投资领域，刘永好首先派了个"侦察兵"出去。他把这个侦察兵命名为——"厚生"。

麦田的守望者

中国的创业投资始于1985年。当年11月，国务院批准设立中国新技术创业投资公司（以下简称"中创"）。中创成立第一个月，就收到了200多份"申请投资报告"。时任国家科委主任宋健批示："这是一项具有长远意义的改革试验，也可能是推动高科技发展的一个重要杠杆。"

尽管含着金钥匙出生，但跟20世纪80年代的许多企业一样，中创也得"摸着石头过河"。当时还没有《公司法》和《合伙企业法》，投资的法治环境不成熟，没有资本市场，也找不到退出通道，所以中创相当于孤军奋战。投资额度最初是按投资部门员工的职务高低确定的，职级越高额度越大，带有明显的计划属性。中创的资金大部分为国家科委下拨的专项资金，属于政策性贷款——"短债长投"，因此很快就出现周转问题，不得不转向经营短期贷款、外汇业务、信托投资等。20世纪90年代，中创到海南投资房地产，后又开设证券营业部做经纪业务，1992年炒股赚了4000万元，但1993年马上亏了1亿元，不得不利用金融牌照高息揽储，1998年被央行关闭清算。

1993年，美国IDG集团在中国投入2000万美元做风险投资，踌躇满志，结果前几年也是颗粒无收。直到20世纪90年代末互联网兴起，IDG才找到用武之地，后来收获满满。

1998年，时任民建中央主席的成思危在全国两会上提交了《关于尽快发展我国风险投资事业的提案》，该提案被列为一号提案。1999年，深圳市创新投资集团有限公司（深创投）成立，但时运不济，刚成立就碰上互联网泡沫破裂，举步维艰。整个深圳的创投机构也从2000年的196家减少到2005年的10多家。直到2005年股权分置改革启动，加上2004年中小板开板和IPO（首次公开募股）重启，中国资本市场进入全流通时代，投资的数十家公司陆续进入退出通道，深创投才化险为夷。

2005年，以高瓴资本为代表的一批私募股权和风险投资公司陆续成立，中国的创投市场进入社会资本与国有资本并舞的市场化新时期。伴随着中国资本市场改革、互联网公司迅猛发展、众多民企在境内外上市，创业投资逐渐大显身手。到2021年，中国已有124117只私募股权投资基金，规模近20万亿元。

创业投资基金在中国的发展，极大地推动了互联网、新能源、大数据、虚拟现实、人工智能、生物医疗及新材料等众多创新产业的发展。但也有不少基金热衷于炒作概念、虚估价值、追逐近功速效，偏离了生产性创新的主航道，甚至冲过边界，掉下悬崖。

什么才是好的创业投资？

高瓴资本的创始人兼CEO张磊曾打过一个比方，说美国的退休老人把一部分储蓄交给创投公司，投入药品公司的研发，药品公司研发出新型的治疗高血压的药物，进而治愈了他们的疾病……这个关于信任、投资、创新、为善的循环，才应是资本的正道。

刘永好不是专门的投资家，也不是金融行当出身，但他在资本江湖里却有一个称号——"麦田守望者"，还一度被连续评为"胡润金融富豪榜首富"。

1951年，美国作家塞林格的小说《麦田守望者》出版，书中的主人公霍尔顿说："有那么一群孩子在一大块麦田里玩。几千几万的小孩子，附近没有一个大人，我是说——除了我。我呢，就在那混账的悬崖边。我的职务就是在那儿守望。要是有哪个孩子往悬崖边来，我就把他捉住——我是说孩子们都是在狂奔，也不知道自己是在往哪儿跑。我得从什么地方出来，把他们捉住。我整天就干这样的事，只想做个麦田里的守望者。"

麦田是三农事业的象征，刘永好就是新希望这块麦田里的守望者。从希望集团开始，他就展现出投资并购方面的强大能力。

1993年，希望集团曾在中南地区一周签约并购7家饲料厂，很多老员工对当时的"希望速度"还记忆犹新。当然，这还属于同业并购，资金来源主要还是企业积累加上部分银行贷款，离创业投资还有点距离。

20世纪90年代后期，随着饲料市场逐渐饱和，刘永好意识到从事农牧行业的周期性和风险性。农业的周期波动大，特别是养殖业，在周期低谷时风险很大；农业又是劳动密集型产业和低利产业，一旦遭遇危机，作为民企后援乏力，前途未知。为了规避行业风险、反哺主业，同时也为了搭建更为坚实的产业链，新希望开启了向农业上下游产业延伸的投资和运营。延伸的第一个方向是房地产、化工行业，刘永好将其定义为"通过品牌能力的上下游延伸"；第二个方向是以民生银行、民生保险、联华信托为代表的金融行业。这时的投资，对新希望来说像一个"存钱罐"，不追求高额风险收益，只是希望通过投资帮助主业抵御周期风险，确保主业安全，同时为主业发展打开更宽广的空间和想象。

和刘永好朴素的"存钱罐"想法不同，当时不少民企热衷"资本运作"。这个概念风行一时，最典型的代表是新疆德隆国际实业总公司。

1991年，为了提高认购新股的中签率，德隆总裁唐万新雇了5000人去深圳证券交易所排队认购原始股，由此赚到了第一桶金。1996年，德隆果断出手拿下了新疆屯河、沈阳合金和湘火炬三家上市公司控股权，建立了"德隆系"；此后，陆续通过增发、担保、抵押、质押、信用等方式进行再融资，开展更大的并购。至21世纪初，德隆已控制了1200亿元资产，拥有500多家企业和数十万名员工，号称"中国最大民营企业集团"。但沉迷于资本的唐万新没有意识到，一旦缺乏坚实的主业和投资的边界感，"最大"也意味着"最危"。2004年4月，"德隆系"终于崩塌，短短几个月旗下控股公司的千亿元市值迅速蒸发，40岁的"天才狂人"唐万新也因非法吸收公众存款、操纵证券交易价格、挪用资金而身陷囹圄。

尽管当时的刘永好一直期望寻找第二主业，但更为清醒，一直带着强烈的风险意识，当一名守望者，防止投资越过自己能够驾驭的边界。事实证明，他以实业和品牌为核心的经营方式，使新希望在那段不少民企的冒进岁月规避了风险。

2006年，随着并购山东六和，新希望迎来了"业务归核"，此后围绕养殖、食品，启动了农牧产业链上的提升并购。时至今日，刘永好已经陆续培育了新乳业、华融化学、新希望服务三家上市企业，加上新希望六和，最终形成了一个孕育四家上市公司的大型产业投资集团。

除了前面章节提到的宁波建龙钢铁项目，其间还发生了一件事，让刘永好对"麦田"之外的投资充满警醒。

新希望在桂林市象山区有一家与地方国企合作的饲料厂，是当地饲料的主要供应者，运营状况良好。在市政府领导的几次邀请下，刘永好来到桂林考察，顺便看看这个从来没有去过的工厂。

此前不久，"世界首富"比尔·盖茨到桂林游玩，对桂林山水大加赞赏，现在"中国首富"刘永好又来到桂林，这让地方政府领导十分高兴。市长对刘永好说："新希望在桂林的投资做得非常好，是我们的好朋友。最近我们把旅游建设列为桂林市的主要任务，但我们的基础设施建设和经济发展都还不足，希望你多看看桂林，看看能否在保护桂林山水、建设好的基础设施方面做一点贡献？"

随后，他们安排阳朔县委书记陪同刘永好乘船游漓江。"桂林山水甲天下"，来到漓江的支流遇龙河，刘永好坐在竹筏上，但见水清草绿、河缓如镜，映着两岸的奇峰，听着导游讲述的地方传说故事，心旷神怡。

竹筏漂流到工农桥时，突然出现一片荒废的工地，十分扎眼。县委书记说："这是一个福建房地产老板买下来的，因为这两年房价不太好，他们实力也不够，一直没建，对我们的旅游建设非常不利。如果你能把这块地买下来，我们就去跟他说让他转给你。我们更相信你能够把它做得很好，因为新希望有社会责任、有担当。"

当天晚宴，县委书记正式提出三个希望：第一，希望刘永好能把工农桥旁的地块接过去；第二，希望刘永好利用他的影响力，请一些全国著名的专家，帮助政府搞一个遇龙河的全面的旅游规划；第三，希望政企合作共同出钱做一些基础设施建设，把遇龙河、把桂林建设得更美丽。

对方十分诚恳，刘永好就派公司投资负责人组建团队进行深入调研，后来跟阳朔县政府签订了一个框架性协议。其间，一位曾在阳朔县人大任职，后来下海经商的"女干部"加入这个专门的团队。她之前就做旅游，提出可以帮助新希望熟悉政府、当地情况和旅游市场，结果将这个消息传了出去，被一些媒体炒了起来。类似《将最优美景点纳入帐下，中国首富十亿元包装桂林山水》《刘永好吃定桂林山水》《谁有权"卖"桂林山水》之类的报道和评论大量见诸报端和互联网，社会上还传出"刘永好要花10亿元买下桂林山水"之类的消息，引来建设部和上级政府的关注和询问。

刘永好有些愕然，新希望与阳朔县政府只是签订了框架协议，所涉及的"旅游开发"也主要是基础设施建设和景区之外漓江支流的遇龙河，但由于牵扯到社会敏感神经，在汹涌的社会舆论下，他百口莫辩。

这段经历一方面让刘永好对企业和品牌形象愈加重视，另一方面促使他对投资进行反思，对"麦田"之外、自己不了解也掌控不了的投资领域愈发谨慎，并渐渐形成自己的投资边界感。

上述历程，严格来说都还只是上下游的产业投资，并非创业投资。从中年到白头，刘永好这个"老农人"一直守在麦地边缘，把调皮或者冲动的"孩子"往回赶。这些"孩子"也包括他自己闪过的一些念头——眼看着一个个风口上，你方唱罢我登场，也有不少人短时间赚得盆满钵满，还有一些新生企业在短时间迅速超过自己，人非圣贤，看到这些不可能不心动。但终归，他还是守住了自己。

但"守望者"并不意味着保守，刘永好显然也不是一个保守之人，对于不可逆转的时代大趋势，刘永好的选择就是与时俱进。互联网新经济的冲击，让他意识到供求关系、消费者需求和企业组织的根本变化，也让他意识到新的创业、创新时代的到来。

他也很清醒，对新希望这个偏"农业性"的庞然大物来说，要迅速转向创业、创新是困难的，也是危险的。毕竟企业中大多数人学历还在大中专以下，如果硬推转型，恐将带来巨大风险——这就像一块一直种麦子的麦地，如果陡然改种新的经济作物，总要面临一两年内歉收的风险；更何况对新希望来说，麦地才是基础，不能乱动，毕竟种好粮食才能将饭碗端牢在自己手里，才可能去干别的事情。显然，要种新的经济作物，最好的办法是另外开辟一块土地。

正如民生银行设立之初的设想，刘永好想到，不如在新希望之外成立一个新的体系，集团给予支持，但维护新体系的独立性、灵活性，放手让它去探索、试错，搞得不好也不会影响主体，而一旦搞好，或许就是"新"希望。

在对互联网企业学习的过程中，刘永好也对私募股权基金展开了充分的论证和学习。他将私募股权投资的商业逻辑概述为：第一，由某个组织某些人牵头，制定目标方向，找到基石主投资人，再向社会募集一部分资金；第二，运营基金，先进行少量的前期投资，把投资过程当成研究行业的"侦查"过程，发现行业机会所在，筛选有希望的选手，通过全面赋能，争取让雏鹰变成雄鹰；第三，在行业和被投企业的发展过程中，分享价值。

好像也并不复杂，热衷于新事物的他决定试一试。

老将的新赛道

派谁去试呢？

2010年左右，承担集团实际管理工作的副董事长王航考虑退下来。他是北京大学经济学硕士毕业，曾在中国人民银行工作过，2002年加入新希望后一直受到刘永好的信任与重用。他还兼任民生银行的董事，各项工作都与刘永好搭档良好。39岁的王航正值人生黄金期，刘永好感到不解，多次与他沟通，希望他继续留在新希望的重要管理岗位上。

当时王航的内心其实还有另一层思考，不便明言。他说："很多企业其实是被功臣耽搁了。从刘永好到黄代云，新希望一直有让贤、扶持年轻人的传统。我当时虽然只有40岁左右，但以刘畅、张明贵、李建雄为代表的一批30岁左右的年轻人成长很快，我继续把着核心管理岗位，难免阻碍他们的成长。集团一直讲干部年轻化，但老人占着中层干部的主要岗位，必须有一部分老人先退出，才能引进和培养更多的管理者。我提前把权交出去，站在一边帮助这些年轻人，设一个过渡期，让年轻人上来，他们将来肯定也会同样地信任年轻人，提拔年轻人。这样，牵一发动全身，新希望的年轻化就能真正推进。"

不得不说，干部年轻化，对新希望近10多年来的发展十分重要。正是以刘畅为核心的一批年轻高管迅速成长，再带动中层管理的年轻化，换新人、换脑筋，新希望才能在随后几年完成转型、突破千亿元瓶颈。而在高管新陈代谢的过程中，正如王航、席刚等70后新希望人对黄代云等老一代新希望人非常尊敬，今天80后一代的新希望人，也对王航这一代人充满尊敬。

刘永好想到，那就发挥王航在金融投资方面的知识背景和经验，支持他成立一只产业基金。刘永好对王航说："基金赚不赚钱不重要，但你们要成为新希望转型的侦察兵，去看看外面的机会，去探探新希望升级的新路子。"

刘永好用人所长，王航欣然同意，他们把这只基金命名为——厚生投资（简称"厚生"）。2010年3月，厚生投资正式成立，第一期计划募资10亿元，其中，由王航团队募资5亿元，新希望投资5亿元。

理想很丰满，现实很骨感，厚生的第一个挑战就在于募资。虽然有着新希望的大力支持，但由于完全是新团队进入新领域，缺乏经验和实际案例，社会募资进展缓慢，结果，最后新团队只募集到1亿元。

情况有些尴尬。王航找到刘永好汇报进展，刘永好哈哈一笑："这没什么，你的这些困难，我们当时办民生银行的时候就碰到过。但只要方向是对的，就要全力去做，只要先做起来，就成功了一半。这样，我再把其他的钱补上，你只管按时间去做。"

这样，新希望的投资从5亿元追加到9亿元，才凑满第一只基金，厚生投资才正式起航。

募资还不是最难的，缺乏经验更加要命。一开始，厚生也追过互联网风口，参与过海外收购，但很快发现这些都不是办法。有的投资，看起来是低风险高回报，其实是高风险低回报；有的一直找不到商业模式，纯粹是"击鼓传花"；还有的投资回报率刚刚超过资金成本。好在刘永好这个"守望者"有足够的耐心，有充分的战略定力，也给了王航和厚生充足的信任。

王航也开启了反思，什么样的投资才适合厚生？他反复研究过德隆等案例，用资本整合产业的思路是对的，只不过德隆最后走上了做庄家拉抬股价的道路；也有一些企业和产业资本为了纯粹的财务回报去投资，不考虑主业，反而耗散了企业的精力、增加了财务风险。毕竟在刘永好身边待了10多年，他渐渐想明白了，新希望围绕主业进行产业链投资才是长期可持续的，才是正道，"主业"也才是厚生投资的关键。

王航说，后来他顿悟到"投资不只有诗和远方，还有猪和红薯"，一下就释然了。他想明白了，有效的价值投资不能光盯着"投资"、光想着赚钱，而要考虑价值，要看自己有没有找准行业痛点，能不能为行业带来创新、增量、增收增利节支降耗的价值？

民以食为天。食品是一个民生基础行业，虽不光鲜，但稳定，空间大，产业集中度不高，拥有长期、稳定的发展预期。另一方面，食品行业的相关痛点较多，涉及研发、科技、品牌、供应链等方方面面，光是最基础的食品安全，就有检测、包装、原料开发、减少损耗浪费、稳定交付等问题。只要能更好地解决上述任意一个问题，就能带来巨大的社会价值和市场价值。

王航将这些想法跟刘永好进行了汇报，刘永好感到很欣慰。他们迅速达成共识：第一，厚生应该把投资的重点放到新希望熟悉并有关联性的大消费领域，特别是食品和涉农领域；第二，不追求过高的回报率，而是让投资人建立起合理、稳定的预期。事实上，很多国际化、专业化的投资人并不迷信高收益，反而极为看重稳定性。而说到稳定性，恐怕很少有行业能比得过食品行业，而说到中国的农牧、食品企业，又很少有企业比新希望更有长期的经验。

王航说："从此，厚生的思考出发点是，我不投这个还能投什么？我不投这个谁来投？在哪些方面我是合适的投资者？想明白以后，我们就老老实实告诉投资人，我们的回报不会特别高，但起码不会把投资人带到坑里。如果上来就把投资回报设置得过高，就容易产生失败感。"

通过新希望的强大连接能力，厚生的成功并购日益多了起来，沿着这个思路往上下游推进，结果发现海阔天空、大有可为。后来，他们成功投资了海底捞、飞鹤、新希望乳业、卫龙等一批龙头食品企业，以及美团、顺丰同城等众多新生代相关的明星企业，并且走向海外，控股收购了澳大利亚牛肉企业 Kilcoy Global Foods、真诚爱宠（Real Pet Food Company）、格瑞果汁、多乐之日中国等海外的细分市场龙头企业。同时，他们在投资过程中的专业度、边界感、稳健性也不断受到投资对象的认可，海底捞、美团等投资对象反过来又加入了厚生的投资人队伍。

如同新希望擅长搭建产业链一样，厚生也逐渐建立起自己独特的价值链。

第一，明确两个核心——食品领域和中型市场并购。在食品消费领域，赛道宽、纵深长，供应链复杂且商业模型多样，厚生通过对食品消费的长期专注，获得了良好的风险分散空间和周期抵抗能力。由于中国是全球最大的食品消费市场，同时也是全球最大的食品进口国，所以厚生确立了"全球供应，中国消费"投资理念，通过跨境并购不断打造拥有全球供应链的领先食品企业。

第二，很多投资基金，或多或少都是顺应形势的套利型基金。但厚生和新希望作为产业资本，从刘永好到创始合伙人王航、张天笠，再到核心管理团队，都是做过实业的人，又长期扎根食品领域，一个核心的能力和优势在于"创利"——譬如，在跨境并购进入被投企业后，并不忙于裁人、砍成本、提估值，也不直接代替他们做供应链管理，而是帮助他们提升战略能力，在产业链上寻找合适对象进行并购。这样的做法广受被投企业的欢迎。

第三，随着业务不断推进，厚生的被投企业与LP（有限合伙人）之间往往会彼此关联，甚至互相转化。譬如，厚生投资了美团，又会把自身投的更适合纳入美团生态发展的企业卖给美团，增强美团的核心竞争力；然后，厚生又和美团一起去投资一些优秀的食品供应链企业，放大了美团的生意版图，也使被投企业获得更多资源支持。在此过程中，相关行业里的合作伙伴，无论是推动自身的产业重组，还是展开新的并购，也会把机会留给厚生、新希望。

这样，厚生投资就逐渐建立起了一个俱乐部式的投资生态，其中包括在全球范围内广泛联络产业上下游的领军企业、知名食品消费企业和一流投资机构，搭建健康互利的投资与产业生态圈，这样就可以为被投企业提供全方位资源支持。

厚生投资在全球农牧食品这片汪洋大海中日益如鱼得水。在成立以新希望为主的第一只基金后，2012年，厚生就募集了第一期美元基金，还引入日本三井和新加坡淡马锡作为战略投资人。2017年，厚生第二期美元基金规模增长至4.5亿美元。2021年4月第三期美元基金实现超募，投资人已经扩展至主权财富基金、养老基金、大学捐赠、资产管理公司、家族办公室和母基金等全球顶级机构投资者，这类投资人占比超过80%，其余近20%为战略投资者。

今天的厚生投资，已成为中国食品投资领域的领军机构。截至目前，已管理两只人民币基金、三只美元基金，管理规模超过100亿元人民币。新希望之外，主要投资人包括华西希望、泛海、京东、物美等国内优秀企业,以及世界银行旗下国际金融公司、新加坡淡马锡、美国嘉吉、日本三井等海外机构。而国际化的投资人平台,也不断为厚生投资提供全球化行业资源和一流的国际投融资视角。

厚生投资的运作,以及对新希望的探路作用,都被实践证明是成功的。

而如何定义"成功"?有一次王航与刘永好经过长时间的讨论,得出来的答案很简单——"别人愿意帮你"。

拥抱新消费

2006年,英联邦运动会在澳大利亚墨尔本举行,澳大利亚国民银行广邀全球合作伙伴前往参观,在中国邀请了刘永好夫妇及王航夫妇。

为将各国嘉宾招待好,东道主提供了丰富的活动,包括打高尔夫、骑马、红酒品鉴等。当东道主问中国贵宾想参加什么活动时,刘永好犹豫了,上述活动他都不喜欢,也压根儿不会,便问:能不能安排我们去看农场,看一家养鸡场、一家养猪场、一家养牛场和一家饲料厂?

工作人员一时有点蒙了。确认过后,东道主还是为中国客人安排了行程,不过没有养猪场,就多安排了一家养牛场。

澳大利亚地广人稀,两天四个地方,他们开始了忙碌的异国农场之旅。刘永好每到一个农场,就像他往常的习惯一样,到处看、拍照,还钻到高高的筒仓里看结构。随行的工作人员被惊得一愣一愣的,生怕客人有个什么闪失。王航倒是见怪不怪。

这两天的行程,虽然把澳方陪同人员累得够呛,但刘永好一行也赢得了他们的尊敬,他们完全没想到中国企业家是这样务实和认真。这种精神还多次感染到后来澳大利亚的各个合作方。更重要的是,这次澳大利亚之行,让他产生了一个想法——澳大利亚日后一定会成为中国的大农场、大厨房!

长期的农牧业耕耘，包括看过很多食品投资标的，刘永好和王航都清楚，中国人的饮食结构正在不断升级，对优质牛肉、牛奶消费的需求不断增加，但中国很难出现规模巨大的牛肉企业。而大豆和牛肉等产业是南美、澳大利亚具有比较优势的产业。后来，刘永好还去巴西、阿根廷考察。考虑到运输成本、政治环境和国际供应链稳定，他最终还是将目光聚焦回澳大利亚。

2013 年，厚生联合一些海外资本，打算到澳大利亚收购一家龙头肉鸡企业。这家企业规模较大，澳大利亚市场上每三只鸡就有一只是它提供的，各项报表也不错。双方谈了很久，达成了较强的意向，最后请王航前往澳大利亚定夺。

王航参观完鸡场，觉得也不错，但最后进到终端一看，打起了退堂鼓。为什么？他发现在澳大利亚，几乎 80% 的零售市场由 Woolworths（英国最大的家庭日用品和娱乐商品连锁超市集团）和 Coles（澳大利亚超市品牌）两家企业占有。这种情况好的一面是，要进入澳大利亚市场，跟他们搞好关系就行，比较简单；不好的一面是，他们垄断着终端消费市场，而这家肉鸡企业连品牌都没有，产品也只有基础的包装，很难做出溢价空间，更不用说开拓海外市场了。

本来各方对此次行程都抱有很大期望，包括澳大利亚华人组织看到终于有中国企业收购澳大利亚企业，也表达了热烈欢迎，各家媒体也都等着报道。万事俱备，只等王航的临门一脚，但他还是将这只脚收了回来。

各方都很失望，除了王航自己。他想，同样是收购，鸡场不行，那为什么不能收牛场？不久，厚生俱乐部朋友圈就传来一个好消息，澳大利亚第四大牛肉企业 Kilcoy Pastoral Company 打算出售股权。王航了解清楚情况后，马上找到刘永好，刘永好很高兴，两人立即前往澳大利亚考察。

企业很不错，刘永好和王航都很满意。参照刘永好一贯的本地化、联合式投资风格,厚生此次收购计划联合澳大利亚一家百年家族企业进行。主人为刘永好和王航举行了盛大的招待宴会。同样是做农牧行业,两位中澳企业家迅速达成一致。更令对方惊喜的是,晚宴上刘永好当众宣布向该家族企业公益基金会捐款1万澳元,获得了主人的高度赞赏,收购项目也因此更加顺利。最后,仅用三个月时间就完成全收购过程,这也创造了新希望及厚生投资海外并购的新速度。

此后,新希望联合厚生投资等投资机构,不断加快在澳大利亚的投资布局,帮助新希望建立起"全球供应,中国消费"的格局。越来越多的世界级消费内容正源源不断地进入中国。

2017年,类似的故事再度上演。厚生联合新希望、新加坡淡马锡、京东、中投等机构,以10亿澳元收购澳大利亚本土企业真诚爱宠(Real Pet Food Company)。当时1澳元相当于人民币5.27元,这是一笔规模足够大的交易。单笔投资金额占美元二期基金的近1/5,还留有空间给淡马锡、中投、京东、新希望等LP跟投。京东作为国内宠物食品零售第二大电商平台,其入股也非常有助于真诚爱宠加速电商销售渠道的建设。

2017年12月19日,新希望集团召开发布会正式宣布完成对澳大利亚宠物食品公司——真诚爱宠公司的收购

顺利收购真诚爱宠，体现出厚生投资的综合能力，其中投研能力是基础。出于对中国宠物食品市场每年以 30%~50% 的速度增长的看好，厚生对这个领域做了深入研究，将宠物食品市场按价格带划分为五个细分市场：经济（budget）、大众（mainstream）、高端（premium）、轻奢（super-premium）、极奢（ultra-premium）。由于很少有国产品牌涉足轻奢、极奢两个市场，厚生就将目光投向海外。

在对全球宠物食品企业按规模排序后，以符合"中型市场并购策略"的标的作为优先开发对象，真诚爱宠位列第 20 名，它也是澳大利亚最大、全球领先的冰鲜粮企业，完美契合厚生的"宠物食品高端化"投资主题，即宠物食品实现从干粮到湿粮，从湿粮到冻干粮、冰鲜粮、风干粮的消费升级。

研究只是基础。无论是收购 Kilcoy Pastoral Company 还是收购真诚爱宠，厚生都充分考虑到它们与中国市场的未来关联性，在收购完成后迅速跟进投后管理，发挥中国市场的作用。真诚爱宠在被厚生正式收购后的第 7 个月，就在中国完成了第一笔销售订单。2018 年，其在中国的业务实现盈亏平衡，第二年翻了三番，第三年再翻了一番。

厚生收购的不少企业是家族企业。厚生传递给家族企业企业家的核心信息是：引入厚生这样的 PE（私募股权投资）作为控股股东，他们能够获得财务和经营上的双重资源，从而在整合中获益，而非被颠覆。这也是厚生全球化投资顺利开展的重要经验。

2015 年 1 月 25 日，财经作家吴晓波发表了一篇名为《去日本买只马桶盖》的文章，风靡一时。文章讲述了国人到日本买智能马桶盖的踊跃，日本免税店的营业员带着难掩喜悦的神情用拗口的汉语说："只要有中国游客团来，每天都会买断货。"吴晓波评论说，"中国制造"的明天在于让中产不必越洋去买马桶盖。

不只是智能马桶盖，日本的电饭煲、吹风机、保温杯、电动牙刷、眼药水等等，都成为中国游客追逐的对象。但买回来一看，这些价格远高于国产品牌几倍到十几倍的小商品，很多都是在中国代工的。人们开始反思，中国制造到底怎么了？

"抢马桶盖现象"背后，有一个实打实的数字，2015年中国人均GDP达到7904美元，接近8000美元大关。而纵观各发达国家经济发展历程，人均GDP达到8000美元后，将会出现明显的消费升级趋势，抢马桶盖标志着消费升级已经开启，只不过是跨海到日本去了。

2015年11月，国家相关部委印发《关于加快发展生活性服务业促进消费结构升级的指导意见》，正式提出促进消费升级的指导思想。

我们进一步研究发现，事实上，新希望的企业成长史也几乎就是中国消费升级历史的缩影。不经意间，一直在农牧、食品行业经营的刘永好，成了这次消费升级潮流的领航者之一。

中国的第一次消费升级发生在20世纪80年代初期。随着家庭联产承包责任制的推进，农村生产力迅速得到解放，粮食生产能力迅速恢复，我国完成了"以全世界7%的耕地养活22%人口"的任务。

"衣食住行"为民生之本，从吃饱到吃好的饮食结构升级，以及衣物消费，成为本次消费升级的排头兵。随后的10多年，我国的纺织工业率先爆发，带动了相关产业以及中国的第一轮经济增长。同时，中国人的粮食消费下降、肉食消费上升，从鸡与鹌鹑的养殖到饲料的爆发式增长，希望集团乘势迅速成长。

第二次消费结构升级很快到来。20世纪80年代末90年代初，全民婚嫁"老三件"（自行车、手表、收音机）升级到"新三件"（冰箱、彩电、洗衣机），带动家用电器、耐用消费品快速发展，大屏彩电、冰箱、空调、影碟机、摄像机成为全民消费热点，对电子、钢铁、机械制造业等行业产生了强大的驱动力，带动了第二轮经济增长。

这个过程中，希望集团发展出电子科技板块，大哥刘永言从饲料板块中淡出,将精力集中到滤波器、变频器等电子科技产品的研发,此后逐渐奠定大陆希望集团在机械电气、智能科技领域的技术领先地位。

第三次消费结构升级围绕住与行。在21世纪前十余年内,爆发了轰轰烈烈的房地产"造富运动",以及以汽车和电商为代表的"便捷消费"潮流。IT、汽车以及房地产业也带动中国经济实现了又一轮爆发增长。

与之对应的是,早在20世纪90年代中期,希望集团开发的成都"美好花园"就火爆一时。此后,刘家四兄弟各自都在房地产领域进行过一定布局。与很多民企不同的是,他们都坚守着各自的主业,以及通过房地产反哺主业,没有过度"房地产化"。

这个阶段,中国人的饮食消费从对肉食的"吃好"转向健康,各种生态有机食品、健康饮食、医疗保健逐渐成为城市中产阶层的新追求。随之,中国饲料行业在2013年结束了长期的高增长,产量出现了企业成立以来的首次下降,此后几年尽管恢复增长,但增速放缓至2%~4%,成为一个存量主导的饱和市场。

无独有偶,2012年,中国城镇居民人均家庭猪肉消费量在达到21.2公斤的巅峰后,开始弱势震荡,农村居民家庭猪肉消费量在与城镇居民的差距缩小后也开始趋稳。至2015年,中国家庭猪肉消费量开始了连续5年的小幅下降。

伴随着这一连串数字的是2015年左右开启的第四轮消费升级。国家提出了供给侧结构改革、消费升级,城市中产相继掀起"抢马桶盖热潮",以新能源智能汽车、可穿戴智能设备为代表的智能化消费潮,继而Z世代群体又掀起国潮消费潮……依托数字技术、线上线下融合、社交网络形成的新消费潮正汹涌而来。

落到饮食市场:一是年轻群体对于饮食的要求越来越高,刘永好将之总结为"又要吃得好又要不发胖",还要时尚、便捷,手机点一点就能快速送到家；二是中国家庭对优质蛋白更加重视，牛羊肉消费增加，挤占了猪肉、禽肉消费市场；三是我国人口结构老龄化趋势明显，而老年群体的饮食更偏向清淡、易消化的健康食物。综合来看，我国农牧、食品行业的格局已经发生了根本变化。

"春江水暖鸭先知"，从2013年开始，刘永好就以厚生为先导，在澳大利亚、新西兰等市场陆续收购了牛肉、牛奶、保健食品、宠物食品等头部企业，并联合欧洲知名养猪企业开展"无抗猪"养殖摸索，以及不断投资、探索植物肉、中央厨房、预制菜等新消费领域，都取得了"快半步"式的巨大成功。

走出商业经营，站在中国的高度想问题。他认为，中国农牧业发展有三大主题：一是粮食安全、粮食保障，二是食品安全，三是农业现代化。新的历史时期，需求端体现为新消费升级，供给端则呈现农业劳动力日益短缺、耕地不足的情况。如果不提早面对这些课题，"世界级农牧企业"的目标就无异于一场空谈。

因此刘永好指出，新希望的投资策略核心是围绕农牧产业，"上接资源、下达网络、中间开拓"。

中国国情决定了有些产业只能依靠国外，譬如中国每年需进口大豆1亿吨，主要的产品豆油用作蛋白饲料。这1亿吨大豆，折算成耕地需要4亿~5亿亩，而我国只有17亿~18亿亩耕地，这就相当于要拿1/4左右的耕地去种大豆。显然，中国人要将饭碗端在自己手里，还要维持发展所需，很难以当前效率完全实现大豆自主。

同理，随着居民消费升级，我国已经成为全球第二大牛肉消费国。国家统计局数据显示，2021年我国牛肉需求量达930.02万吨，较上年的884.27万吨增加了约45.8万吨，同比增长5.17%，但当年产量有多少呢？只有698万吨，较上年仅增长3.8%。算下来，中国的牛肉进口依赖度高达25%，而且这个数字只会提升不会降低，所以中国的牛肉消费也将越来越依赖全球供应链。

新希望的"上接资源",指的就是在全球范围内投资有资源、有基地建设的企业,包括在玉米、大豆等这些作物,以及优质牛羊肉、牛奶、奶粉、生鲜等方面具有基地资源、采购资源的企业。所以早在 2006 年,刘永好就开始在全球找牛、找大豆、找玉米。

当时他就算了一笔账,当新希望的年营收迈向 1000 亿元、再迈向 2000 亿元的时候,一定会逐步触碰到行业的天花板,比如新希望的玉米采购,数年间由占中国玉米总产量的 4% 达到超过 9%。当采购量占玉米总产量 10% 的时候,必然会面临很大的外部挑战,所以不得不提前、全面地布局跨国供应链。

"下达网络",指的是投资下游一些有网络渠道的企业,包括农批市场、中央大厨房、终端连锁等。这类投资主要是服务中国市场。

当上下游的两端建设逐渐成形后,新希望就要承担起"中间开拓"的行业任务,如生物科技、农业金融、种养殖智能化、农业品牌塑造等行业难点,这是新希望的使命,也是机会。这些将在之后关于全球化和数字化的章节详细介绍。

厚积而新生,不唯投资,对整个新希望集团来说也是如此。通过投资带动和拥抱新消费,叠加组织年轻化、合伙人机制,2018 年新希望集团营收达到 1300 亿元,一举突破长达五六年的千亿元瓶颈!而且,新希望只在千亿元水平停留了两年,2020 年营收就迅速突破 2000 亿元。

从厚生到厚新

对王航来说,大他 20 岁的刘永好是亦师、亦父、亦友的存在。1995 年 11 月,北京大学研究生院学生会主席王航邀请刘永好到北大演讲,刘永好分享了自己的创业史,尤其当他谈到光彩事业时,学子们的反响最为热烈。王航深受感动,也提出了"大学生投入到光彩事业中来"的倡议。后来,北大与光彩事业的合作一直未断。

研究生毕业后,王航去往中国人民银行任职。2002年,在刘永好的一再邀请下,王航来到新希望担任刘永好的助手。刘永好不吝赞美:"王总非常优秀,我觉得他在不少方面比我强很多。他人际关系沟通能力很强,在某种角度上和我形成互补。"这种信任和欣赏,到今天还一分不减。

新希望没有任何"造神"的传统,在王航看来,刘永好永远不会是"神人",但一直是个"超人"。在厚生的投决会上,成天忙碌个不停的刘永好偶尔会打盹,当大家都以为他睡着的时候,他却时常突然睁开眼,跳出来问几个关键问题,往往把争吵不休的投决会成员问得一愣一愣又醍醐灌顶。

王航感叹着说:刘永好首先拥有超强的CPU性能,能同时开动很多程序,一般人根本撑不住;其次,刘永好拥有超强的操作系统,像一个老工匠一样,善于在细微的参数变化中洞察到事物的本质,比如对于某些成果,他会关注究竟是真的进步了、创造新价值了,还是偶然发生;再次,他对新事物具有强烈的兴趣,又具有很好的学习方法,对问题穷追不舍,善于记笔记、拍照、比对分析,拥有很强的系统升级能力;最后,他具有超级品格,真实、善良、谦逊、成人之心、走正道。这些品格能坚持几十年,非"超人"所不能为。

关于厚生投资,刘永好极力维护它的独立性。一开始,他总是对外解释,厚生不是新希望的投资部门,是王航、张天笠创办的投资基金,他只是投了一点钱。后来随着厚生日益成熟、独立,他参加其投决会的次数也在减少。

2017年,刘永好和王航发掘了厚生团队的两个80后年轻人汤珣、杨建新,他们共同主导发起10亿元规模的厚新健投医疗健康产业基金(简称"厚新")。相比厚生,厚新面向的是医疗健康新产业,合伙人也更年轻、更活跃。刘永好不再参与厚新的投资决策,王航感觉自己一下成为当初刘永好在厚生投资的角色，他也像刘永好当初培养自己一样，将精力花在了培养年轻人上。

王航说，一开始也心急，也会开口骂人、说重话，这时他就会想，假设自己就是刘永好，会怎样做？渐渐地，他的脾气也收敛起来，变得平和、宽广。他甚至渐渐悟到了刘永好风格投资的喜悦——不是关注赚了多少钱，而是发现了多少新事物，悟到了多少，洞察到了什么；原来这事情背后的真实逻辑和本质规律是这么回事……他感觉自己的操作系统开始跟上他了。

新希望一直在做的是什么产业？

答案当然是以农牧、食品为核心的上下游产业，进一步说是为社会高效地提供优质蛋白质的企业，但这还不是最终答案。往更深了说，新希望的底层逻辑是"生命产业"：他们养的猪、鸡鸭、牛羊都是生命，所以新希望一直有一种感恩生命、关爱生命的文化；"吃"是生命的必须，围绕消费的不断升级，新希望进一步让它成为享受，做成"美好事业"，后来还布局了保健食品、生物科技等；当然，生命的关键不只是"吃"，还有后端的医疗、健康等，所以医疗健康与农牧食品一样，都是基础民生产业。

在拥抱新消费的过程中，刘永好还看到我国老龄化的趋势，自己身边也有不少企业家朋友身体健康亮红灯，他对此感同身受，便将目光投向医疗大健康产业。

2013年11月，刘永好与冯仑等企业家一起，成立了医疗健康产业策略联盟（下称"医健联"），定位为医疗健康产业咨询服务平台，由冯仑任主席，刘永好担任名誉主席。刘永好提出借助这个平台加大对医疗和科研的扶持力度，并通过基金投资的方式，找到一些好的医院和管理者，"哪个地方适合办医院，哪个医院管理者需要支持，我们认为合适，就给他投资"。

随着中产新消费升级和老龄化趋势，国家逐渐放开医疗服务。

2015年6月，相关部委印发《关于促进社会办医加快发展的若干政策措施》的通知。一开始，国家政策导向还集中在公立医院和企业医院的改制，与之同步，规范化的民营医疗的大门也逐渐打开。但长期以来，"民营医院"这块牌子被很多功利、短视的商人做坏了，一度成为百度搜索的最大广告主之一，甚至成为生殖医院、整形医院、黑医疗之类的代名词。但放眼全球，私立医院都是医疗产业的重要组成部分。是参与公立改制，还是投资乱糟糟的民营医院？新希望该如何选择？

新希望四川总部总裁杨利回忆起刚加入新希望时的一场医疗投资决策会，这场会议后来奠定了新希望相关领域的投资方向。

当时，刘永好在江苏出差，会见完省领导后，晚上八点回到宾馆参加电话视频投决会。会议从八点一直开到凌晨十二点半，项目团队和参与评审的风控、战略投资等七八个团队都发表了各自的意见，说着说着，围绕投综合性医院还是专业医院发生了激烈的讨论，还把王航等对医疗行业比较了解的相关领导拉进群讨论。杨利清楚地记得，这四个半小时刘永好没有插一句话，当时他就觉得很惊讶，这个老板真坐得住，耐心和涵养也是真的好。

随后，刘永好用了半个小时时间，把大家的观点做了归纳和总结，从医疗格局上来看：第一，大城市医疗服务较好，中小县级以下较差，人民收入增加了，对健康的需求更强了，这是民生的基本需求，现在医疗服务还不足以平衡；第二，一直以来中国医疗以国有投资为主，民营医院发展得较晚，规模较小，而且有些民营医院责任心不足，以营利为目的，行业较乱，但国家支持规范的民营医院发展，民众有需求；第三，新希望要投资医院，一定要以医院的本质——救死扶伤，为人民服务为根本，要选人品好、责任心强，为病人、为社会服务，有医院从业历史，对行业熟悉，有管理能力的人。

对于综合医院和专科医院的差别，事实上他已经跟行业专家和一些企业家做过充分交流。他继续分析：第一，综合医院的优势是容易上量，一旦上规模收入就是几亿元、十几亿元，很容易在营收上形成大规模，而且经营稳定，在形成初步品牌后一般不会往下掉，劣势是综合性医院投资的资产非常重、爬坡期非常长，最重要的是涵盖的学科非常多，管理难度和学科建设难度非常大；第二，高端的专科医院投资相对较轻，学科集中聚焦，管理、形成品牌都要容易一些，缺点是对连锁化管理和机制的要求非常高；第三，对民营企业来说，还是要找准自己的定位，主要提供差异化服务，或者面向消费升级、中产阶层对舒适性的要求来布局，这才是社会资本应该干的事情，普惠性的基础医疗还是应该靠政府。

刘永好有理有据、一锤定音，那就是新希望要投专业化的民营医院。

上海蓝十字脑科医院

2016年，新希望联合厚生投资收购了上海蓝十字脑科医院。这家医院位于上海市闵行区，由我国神经外科学奠基人之一、复旦大学附属华山医院原院长、复旦大学神经病学研究所原所长陈公白教授创办。作为我国相关领域的泰斗人物，陈公白教授在退休后，一直致力于创办一家亚洲最大的现代化脑病专科医院，丰富中国脑科医院的结构，满足老百姓的健康需求。因此蓝十字脑科医院按照上海市三级脑科医院标准创建，管理与医疗核心团队均来自知名三甲公立医院和军队三甲医院，起点很高。

上海蓝十字脑科医院在创建、发展中，面临土地、资金、人才、技术、管理和机制等多方面压力。这也是当时大多数民营医院面临的共性困难与问题：普遍缺乏资金、品牌和人才，令准备大显身手的资本望而却步。

刘永好分析认为，随着人类寿命延长和各种压力的加剧，脑科疾病和心血管疾病已成为威胁人类健康的两大主要疾病。在几次同学聚会中，他就发现好几个同学患上阿尔茨海默病、脑血管病，说话、行动都无法自主。世界卫生组织的数据也显示，全球脑疾病带来的社会经济负担占所有疾病的19%，已经超过心血管病（11%）和癌症（7%）。脑科疾病包括脑卒中、脑肿瘤、脑创伤、癫痫、阿尔茨海默病、抑郁症等。伴随人口老龄化，脑部疾病越来越常见，诊治难点多、痛点多，供需矛盾较突出，诊治市场空间巨大。

医疗科技高度发展、进步神速，攻克了不少难题，但对脑的认识仍有很多未解之谜，对不少脑部疾病仍束手无策，脑科是公认的门槛高、技术高、投资大、挑战大的高端学科。对刘永好和新希望来说，要做就做难而正确的事情，这既是掌握社会资源的大型企业集团的社会责任，也是企业的巨大发展机会。同时，对上海蓝十字脑科医院及管理团队的考察，更坚定了他的选择。

刘永好发现，虽然蓝生脑科公司有一些传统民营医院的发展瓶颈，但有别于一般民营医院，他们拥有先进的理念，核心团队来自著名的三甲医院，有较好的医疗人才积聚，运营团队也不错，在脑科医疗管理运营方面积累了丰富经验。在与创办人之一也是主要管理者的卓立强深入沟通交流后，他不仅全面了解了卓立强在医院管理运营方面的丰富经验和才干，更敏锐地感知到他身上责任担当、追求卓越的企业家精神，当即决定投资蓝生脑科公司。

刘永好投资后的第一个决定就是全面规范管理，重视学科建设和人才引进，靠专业服务能力形成口碑，再靠口碑赢得市场。结合医院创始人陈公白教授的愿望，刘永好提出创建我国最好、最大、最强的脑科医院连锁集团的发展目标。

随着新希望资金、品牌、资源的不断导入，以及团队专业能力的不断提升，蓝生脑科公司实现了跨越式发展。目前，蓝生脑科已建成同济大学附属天佑医院、同济大学附属脑科医院、苏州蓝十字脑科医院、四川蓝生脑科医院、深圳蓝生脑科医院等10家高品质医院。蓝生脑科公司拥有近4000名医护员工，其中，高级职称人员超过400人。

2021年8月，上海蓝十字脑科医院奠基人陈公白教授因病过世，享年88岁。陈公白教授创建亚洲最大的现代化、专业化、国际化脑科医院的理想，在新希望的全面赋能下，正在逐步实现。

投资蓝生脑科之后，厚新团队不负众望，又陆续投资了华熙生物、隆平生物、联影医疗等知名生物、医疗企业，现管理3只成长基金、1只早期基金和2只专项基金，管理规模30亿元人民币。

生命新篇

曾有媒体将刘永好评价为"内地的王永庆"，他们都有一些共同的特质，那就是生活朴素，却都十分热爱家乡，将大量资金用于建设家乡公共事业。

成都是刘永好的家乡，他对家乡充满感情，往往探索出了什么新事物，都想着带回家乡。除了投资、参与乡村振兴、各项公益，他一直在思考着还能为家乡做点什么。

刘永好曾在台湾省考察，参观过台塑董事长王永庆创办的长庚医院。这家医院以王永庆父亲的名字命名，是一家服务民生的非营利性民营医院，共有 7 家分院，平均每 4 个台湾人中就有 1 人曾经接受过长庚医院的医疗服务。除提供高品质医疗服务外，长庚医院还在管理、运营模式上缔造了许多医学界的先例，譬如：取消住院保证金制度，让病人不再因经济因素而延误治疗；大幅降低洗肾费用，让更多慢性肾衰竭病人能够维持生活品质，正常工作和生活；改革主治医师薪酬制度，明令全院禁收红包，以杜绝陋习；等等。其模式也被全球其他医疗机构尊重与学习，被公认为亚洲医疗界的"巨无霸"。

随着蓝生脑科模式的成熟，又有感于像同学亲友一样众多家乡脑疾病患者的需求与不便，刘永好把它带回四川。2020 年底，新希望与四川省人民政府签订协议，先期投资 10 亿元，创建四川蓝生脑科医院。该医院作为省市医疗保险定点机构，集医疗、教学、科研、康复和预防于一体，致力于成为西南地区一流的、以脑科为主的大型综合性医院。

光一家医院还不够。正如长庚医院之于台湾，刘永好希望进行更深的探索，那就是利用大型企业集团的投资和运营能力、民营医院的灵活管理和激励机制，与公立医院的积淀、社会保障力结合，逐步建立一个服务四川人民生命健康的现代化医疗健康体系，这也是"希望，让生活更美好"的初心在老龄化时代新的延展。这比多养一些猪、多投资一些产业更有意义。当然，在我国现有医疗体制下，这需要一点一点地探索、创新。

此前的 2017 年，新希望就与四川省人民医院达成战略合作，共同推进社会办医与医疗服务产业的探索。但是，当时《基本医疗卫生和健康促进法》还没有出台,也就是说,国家只出台了相关引导政策,没有明确规定。怎么合作?关键是要把握准方向。中国民企数十年的经历一再证明,类似的机会一旦没有把握准方向、界限,很可能变成企业难以承受的负担。

刘永好具有很强的底线意识,安排杨利带领团队把近15年中央和地方政府关于支持社会办医,以及如何与公立机构合作的相关文件全部梳理出来。团队发现了一个重要的红线,即从国务院到地方卫健委,支持的是社会资本与公立医疗机构的品牌、管理、技术和学科共建合作,社会资本不能与公立医疗机构建立股权方面的合作关系,不接受合资,所以民营资本与公立综合医院只能进行有限合作。

接下来是选择具体合作方向。

刘永好长期与医学专家交流,深知健康首先要保证经常体检,能够及时发现病兆、及早防治,所以高质量、现代化的全身体检才是医疗健康的第一步。同时,团队调查发现,健康管理正是四川省人民医院最强学科之一,在全国都排名前列,但受到省医院本部场地和投资方面的限制,亟待进一步发展。双方一拍即合,新希望全额投资,建设一个高水平的健康管理中心作为省医院的分部,购入一流的设备,面向社会招聘医护人员,然后交由省医院托管,由省医院派驻院长及管理骨干;同时,帮助省医院承担国家相关部委的重大课题,双方形成管理合作和学科共建。

这样的合作是双赢的。

对省医院来说,如果全部用他们的团队,医院再大也会被"掏空"。现在,他们只需输出部分人才和管理理念,在帮助合作医院建立同质管理的同时,还能跳出体制,用更好的设备、更灵活的方式做更多创新。譬如,分部设备是全省最先进的,很多设备省医院的医生想都没想过,分院管理、质量管控更加市场化,在省医院5个分部评比中连年排名第一。

对经营主体来说，合作医院命名为四川省人民医院（集团）晓康之家健康管理中心，共用省医院品牌、资源，医保也互通。这里设备好、服务好、质量高，包括刘永好在内，新希望很多高管都将体检和健康管理转到晓康之家，甚至北京总部、其他地区管理人员每年也愿意专门飞成都体检，光体检一项，每年客流量就达七八万人。

晓康之家健康管理中心内部实景

2018年，成都市发布《成都医疗美容产业发展规划（2018—2030年）》，定位全球"医美之都"，引发医美界大震动。但中国医美行业尚不规范，成都市政府再次找到新希望和四川省人民医院，希望他们树立一个标杆和标准。

省医院整形外科实力在西南地区属于佼佼者，但本部只有600平方米，发展受到巨大限制。随之，新希望出资，在成都高新区建设了一个高水平的医美医院，采用同样的方式与省医院合作。在升级硬件、加大学科建设的同时，新希望还借助其强大的社会资源，协助省医院组建起搁置数年的"四川省整形外科专科联盟",由新希望医疗投资团队牵头、沟通联盟成员,目前已有28家公立医院加入。此外,由新希望团队牵头,联盟每个月还会搞一次比较有影响力的品牌活动,这也弥补了公立医院市场推广的欠缺。

怀揣长庚医院式的理想,不管是蓝生脑科,还是晓康之家、医美医院,刘永好明确对新希望旗下医院提出三点要求。

第一,必须把品质和服务放在第一位。医院的本质在于救死扶伤、服务百姓,各医院须规范治理,严禁收红包、乱收费等行为,不断提升医疗服务效率。

第二,必须为新希望品牌不断加分。"新希望现在每年的收入有2000多亿元的规模,至于一个医疗机构给集团创造几千万元、1亿元或者几亿元的收入、利润,对集团来讲已经不重要了。但是如果你办好了,对集团的品牌价值有所加分就很好。"

第三,必须把学科建设放在突出位置。譬如晓康之家承担了一部分国家科技部重大研究课题,2021年新希望还投资1亿元与同济大学合作建立中德脑科学临床研究和转化医学中心,同时作为民营医院充分发挥其灵活的激励机制,对科研成果、学术论文、职称晋升进行重奖,力保学科建设先行。这些都广受医生、专家们的欢迎,高端人才也越来越多。

因此,新希望的上述做法受到合作医院、政府和市场的广泛认同。也正是这些成功探索和良好口碑,让新希望在医疗健康大产业的路上越做越大、越走越远。

2019年12月,国家相关法律正式出台,明确规定公立医院不得与社会资本合作创办营利性医疗卫生机构,但社会资本可以先设立营利性或非营利性医疗卫生机构,公立医院再以特许经营、医院托管、技术合作、组建医联体或医院集团的形式与之合作。而这些,新希望早已成功试验了多次。

事实证明,刘永好在医疗健康领域的"快半步"布局,依然是准确且高效的。民营产业资本不只对农牧食品这样的民生事业,还可以对医疗健康这样的社会基础事业起到大力的补充和促进作用,这主要表现在以下几个方面。

第一,推动学科建设。如上所述,社会资本对学科建设的促进作用十分明显。此外,对民营医院来说,新希望的探索也证明了"学科建设–优质服务–信任提升–品牌建设–经济效益"的循环路径才是正道,依托服务信任度、品牌、口碑的传播,广告和营销费用越低,就越能形成效益增长的正向循环。

第二,医疗的核心资产是高水平的医师团队,怎么才能把这些核心资产巩固、发展好?除了物质待遇,根本还在于必须给他们创造一个学科发展的空间和路径。所以搞好学科建设、医患信任、品牌效应,一方面可以提高医生的医疗技术,另一方面又给了他们价值感和发展空间,这些才是留人的根本。

第三,提升医疗服务水平。民营医院主动竞争性强,注重客户满意度,在服务体系、医疗环境、就医效率、绩效考核等各方面都更市场化,与公立医院优势互补,有利于提升社会整体医疗服务水平。

第四,搞好学科建设,推动新科技的应用和品牌建设,给医疗机构的估值增加带来价值。比如中德脑科学临床研究和转化医学中心建立后,许多军队医院改革后的专家纷纷前来,一方面是看到新的体系有领先的理念、很强的学科投入,过来后带来许多新技术,另一方面新的体系越做越强,又不断推动新技术的发现和应用。

目前,蓝生脑科4000多位医生、护理人员中,拥有副高级和正高级以上职称的人员占比10%以上,300多位脑科方面的专家聚集到一个民营医疗集团,这在中国医疗体系内是非常罕见的。未来,在更灵活的市场机制和激励机制下,产生的量变迟早会累积成为新的质变，蓝生脑科将努力实现陈公白教授创办亚洲最大的现代化脑科专业医院的愿望。

40年，新希望何以长青？

这一章的故事或许可以给我们另一种启发：《道德经》中说，"长生久视，节俭积德，厚积薄发，知足知止，可保长久之道"，厚积而新生，厚中有新，以厚育新，厚重发新，生生不息，这恰恰吻合了新希望的基业长青之道。

第八章

从大树到森林

厚积而新生的投资令人欣喜，草根式的白手起家、茁壮成长或许更令人振奋。

2015年前后，中国互联网领域掀起一波又一波的并购大潮，除了传统电商巨头通过投资、并购形成的巨无霸生态，还诞生了团购、打车、旅游、出行等互联网垂直领域的超级霸主，游戏、直播、短视频等细分领域的集中化也更加明显。"用合并来结束战争"，通过并购投资和限制竞争行为控制流量和生态，成为巨头们心照不宣的策略。这一度也被舆论批评为"大树底下，寸草不生"。

作为改革开放后中国最早也是最草根的资深创业者之一，刘永好一直强调创业生态。从早期带动十户、百户农民致富，带动全县鹌鹑产业发展，到建立希望城私营经济聚集区，再到内部创立合伙人机制，开展上下游产业赋能，刘永好和新希望，从来不是独自前行。

以刘畅为核心的新希望年青一代管理者就任后，刘永好就从高高在上的"大王"宝座上下来，做起了他最擅长的"老农民"。这个"老农民"转而为新希望不断发现、开辟水草丰茂之地，继而播种、施肥、翻地、松土……渐渐地，他培育出一片又一片郁郁葱葱的森林。

从"北大荒"到"北大仓"

刘永好两次被评为"中国经济年度人物",第一次给他的评语是"麦田的守望者",第二次给他的评语是"拓荒者和常青树"。他为什么能长青?很重要的一个原因在于刘永好是一个耕耘者,而非投机者。

"耕耘者"对外往往是创造者、奉献者,有益于他人;"耕耘者"对内就是大地上的"匠人",要有足够的经验、智慧和耐心。前30年,他亲手耕耘出新希望这片沃土,2010年又派出厚生投资这队侦察兵,到全球范围内寻找水草丰茂之地,但不论澳大利亚大草原还是南美亚马孙,本质上条件良好,已经是水草丰茂之地,同时厚生投资瞄准的是中型市场并购,做的还是锦上添花之事。在中国农牧业耕耘了几十年,他太知道中国国情、农牧业行情了,这样天然的水草肥美之地太少,不是简单靠投资去侦察、发现就行,他要做一个"老农民"真正应该去做的事情。

譬如中国东北的"北大荒",由于天寒地冻、位置偏僻、交通不便,所以一荒就是几千年。但它本身是黑土地,地质肥沃,以前一直没有人去耕耘,一般人也无法开发。怎么办?只能靠国家大兵团作战!

1958年起,北大荒正式进入大规模开发时期,数万名解放军复员官兵、知识青年和革命干部,怀着保卫边疆、建设边疆的豪情壮志来到北大荒,用兵团的办法解决了投资、开垦、农田水利基础建设、机械化生产、组织安置等问题,北大荒才逐渐由荒地变宝地,最终成为中国最大的粮仓之一!

另一面,刘永好也深知,互联网时代迥异于他早期的创业时代,摘果子的人多,好的摘果子的机会日益稀少。在互联网时代的中国,好的投资人并不缺他刘永好一个,所以他也从未以"投资人"自居,但好的耕耘者、好的"老农人"不多见。所以,时代最需要刘永好、最需要新希望去干什么?肯定不是简单地找到一片树林摘果子,而是让他带领新希望——这个中国农牧业的"大兵团"发现"北大荒",通过大兵团作战进行投资、开垦、建设、工业化大生产和组织安置,让一个个还不为人所知的"北大荒"变成一个个"北大仓"!

仿佛多年前《奔向大海》、打造"世界级农牧企业"的时代召唤,他好像听到新时期的时代召唤——这是改革开放走向纵深发展的时代召唤!这是中国经济迈向转型升级的时代召唤!这也是一个耕耘者和一家社会企业的时代新使命!

千里之行,始于足下。应该怎样去做呢?当然不能是以前的做法了。这应该是一个独立于新希望体系的新事物、新平台。

刘永好的思考是:第一,必须拥抱和融入新经济,拥抱 To C;第二,不能让新希望自己原有的主体公司来干,大象转身已经很难了,还要让它跑得快又敏捷,不符合客观规律,必须成立与新希望产业有关联的,能推动产业链上的企业良性发展的,让创新、投资和运营发展相结合的独立运营的新平台,以建立完整的生态体系;第三,新希望从事的主要还是基础和传统产业,这些产业的上下游已经出现了许多新机会、新格局。比如调味品、中央厨房、冷链物流等,这些正是"北大荒"一样的好产业。显然,用基金以"养猪再卖掉"的办法来投资这些产业是不行的,这次要做的是"养儿子",发现它们、长期陪伴、手把手教、持续赋能,以及共同成长;第四,要将天寒地冻的"北大荒"变成"北大仓",需要更多年轻的耕耘者,激发他们、留住他们、培养他们,必须要用新的合伙人机制、新的兵团作战方法。

2014年底,他正式着手建设这个独立运营的新平台。想来想去,最后找到新希望乳业总裁席刚。

席刚犹豫了,他刚到乳业没几年,刚刚把这个平台做起来,还准备把它做上市，去接手一个新平台，压力大，也不划算。但刘永好看准了席刚，席刚是新希望中生代的优秀代表，而且具有丰富的 To C 创新经验，天马行空、敢想敢干，最适合这样的创新平台。他对席刚说："乳业你接着干，新平台也一起干。"

席刚想了很久，直到 2015 年 4 月才下定决心，接过这项承载新希望重要战略转型的新平台。新平台由刘永好、王航、席刚共同发起，王航将其命名为"草根资本"：一是承袭新希望的草根精神，不忘出身于农牧产业集团，要接地气；二是"北大荒"前路难行，要有草根精神，"野火烧不尽，春风吹又生"。

席刚一想，改了一个字，改为"草根知本"：一是要求团队知根知本，要传承新希望的草根创业精神；二是要求团队以知识为本，知识化、专业化，这样才能更好地投向知识化、科技化的专业领域。

2015 年 7 月 20 日，草根知本正式注册成立，计划先期投资 10 亿元，刘永好率先拿出 3 亿元。他不想让席刚上来就背负太大的心理负担，在明确 To C、"养儿子"、探索新的合伙人机制等核心战略方向后，让席刚轻装上阵、放手去干。席刚只需每两个月向他汇报一次，以及在重要项目上一起投资决策，其余一律由席刚和团队主导。

彼时"大众创业、万众创新"刚刚提出，互联网金融、O2O（线上线下电子商务）、AI（人工智能）、AR（增强现实）等风口此起彼伏、概念纷飞，令人眼花缭乱。未能免俗，草根知本成立第一年，同样瞄准这些行业，把自己定位为一家互联网创业创新公司的投资孵化器。几个月下来，席刚就发现不对劲，传统企业和互联网企业的基因差异实在太大了，草根知本还不太懂得互联网的奥妙，他们往往不能及时洞察互联网公司的价值，而且互联网变化太快，等到团队看清楚、下决心时，标的公司的估值已经水涨船高、追之莫及了。

席刚和团队忙碌又艰难地运行了一年，结果是亏损。席刚闭关两日，开始反思：跟风不是好办法，还是要做自己擅长的事。什么事呢？那就是向刘永好和王航的厚生投资学习,"识人"——从投项目到投人,团队都是干实业、消费品出身的,对看人很有信心。接下来,他们先后投资了一些具有大型国企或外企背景的创业者、互联网领域的连续创业者,以及名校毕业满怀理想的年轻创业者,不料,基本上又都失败了。

到 2016 年底,草根知本投的几家公司都乏善可陈,既没有具备盈利能力,又没能积累大量用户数据。席刚一盘账,刘永好给的第一笔资金 3 亿元已经亏了近 1 亿元。

另一面,当时新希望其他板块都开始突破瓶颈、风生水起:刘畅开始独立执掌新希望六和,不论 To C 转型还是组织再造都成功推进,2016 年还陆续收购了本香农业、嘉和一品中央厨房,并逐渐加大养猪投入,公司利润也大幅提升;新希望地产在张明贵的带领下,明晰了"只做新一线、强二线,区域生根、坚持改善品质"的发展战略,年复合增长率连续多年达 60%,逐步走向爆发的快车道;厚生投资同样独立于新希望体系,在王航的带领下,各种并购尤其是跨境并购成绩显著,厚生俱乐部影响广泛,逐渐成为中国食品、消费投资领域领先的投资机构……好像只有席刚操盘的草根知本陷入了迷茫。

各种议论也多了起来。相比投资公司,农牧主业的薪水要低很多,集团各种质疑的声音陆续冒出来:集团在草根知本投入了这么多财力、物力、人员工资那么高,却迟迟做不出成绩,方向也不明确,是不是有问题?类似的声音陆续传到刘永好耳朵里。他虽然放权,但无时无刻不在关注着草根知本的发展,很多问题他都看在眼里、想在心里。

2017 年初召开的草根知本年度会议上,刘永好问道:"你们到底赔了多少?"

席刚选择了保守算法,回答说:"一年赔三四千万元。"他甚至预想了后果,想着刘永好也许会说,既然两年都亏了,干不好那就算了,你还是回去专心把乳业做好吧。席刚求之不得，消费品才是他和团队最擅长的领域，乳业在他的带领下发展迅速，已跻身中国乳业第二梯队的领军行列，并已开启上市辅导，未来可期。

"你们的方向对吗？你们够努力吗？你们的机制对吗？"不料刘永好压根儿不追究亏损的事，而是一连问了数个问题。

席刚一心想着怎样应对亏损的事，这几个问题倒有点出乎意料。他有点忐忑地回答：我们选择跟集团产业相关的新消费赛道，方向是对的；我们非常努力；我们执行了三级合伙制，机制也是好的。

刘永好继续问："既然你们方向对、够努力、机制也好，那就剩最后一个问题：你们行吗？"

席刚的回答并不太坚决，他说："在一些领域我们都做过了，有做得好的，也有不好的，但我们总体还是行的。"

刘永好继续说："既然你们方向对，又努力，又是行的，那我就认为你们行。既然你们没问题，那就要选好一些赛道，坚持下来。你们不要跟风，要在我们的上下游行业里，选择天花板较高，还没有头部企业或者头部企业还不够强的，再通过我们的组织和技术创新，走到前头！"

他最后才提到钱的事情，同样令席刚感到意外："你们一个搞创新的创业企业，为什么亏个几千万元就垂头丧气？那些搞创新的互联网公司，初期都是几亿元甚至几十亿元地亏。亏点钱不是问题，关键是你们有没有想清楚方向，还有没有草根的创业精神！""'养儿子'哪有不花钱的？你们的任务是创新，找路子，'养儿子'。现在就算赚点钱，对集团也没什么意义，不要怕亏，只要你们方向对了、路子对了，只要你们敢干、认真地干，只要你们敢亏，我就相信你们、支持你们。"

席刚又惊讶又感动。多年后他回忆起来，依然很感慨："我又不是他儿子，也不是他亲戚老表，就是个职业经理人。试问天下有几个老板愿意拿 10 亿元给你创业，要多少钱都给，但是必须做下去。"
"那时我确实打了一段时间退堂鼓，我说干不下去了。我其实最喜欢搞差的公司，因为它已经够差了，稍微搞一搞就能变好。"

席刚说，在新希望集团内，他属于比较有个性、比较活跃、犯错误也多一点的人，比如之前管乳业贸易公司一年就亏了两三亿元，放在一般的民营企业，恐怕早就被老板开了。但刘永好了解清楚情况后并没有责怪，而是继续支持，这才有了后面乳业公司的逆袭。

这次，刘永好依然选择相信席刚，相信席刚就是新希望创新平台最合适的那个人，"犯点错不要紧，只要方向正确。或许不犯错的人也很难创新"。

席刚放下包袱，开始系统梳理。他们仔细研究了巴西 3G 资本、美国丹纳赫资本集团的发展脉络，并复盘了前两年的经验教训，再跟刘永好深入沟通，才想明白了：第一，他们要做的并非市面上单纯的"投资"、赚钱，也不是厚生投资那样的"侦察兵"，这不是刘永好的核心目标；第二，他们是产业资本，不是 VC、PE，不是为了跟在别人后面做个小股东赚点钱，所以草根知本不是孵化器，而是一家产业投资控股平台；第三，团队应该干自己擅长和喜欢的事情，他们最擅长的本来就是消费品，去跟风搞互联网、高科技很难搞得过别人；第四，他们资金并不雄厚，投不了成熟公司，但在经营管理方面有巨大的优势，所以应该选择那些有基础但又管理不善的公司。

这样，草根知本的方向就渐渐明确下来，那就是顺应消费升级大趋势，投资农牧、食品消费领域那些不太为市场所关注、有基础、有问题但还能救的公司。这就相当于养猪行业里的"架子猪"，即长大后尚待育肥的猪，它们相当于处在猪的少年时期，食量大、增重快，看着没那么光亮，而且各自的生长速度、面临的问题和喂饲的方法不一，对技术人员是很大的考验。把它们养好养壮，正是新希望人最擅长的事情。

进一步梳理后，草根知本确立了自己的投资战略。

第一，选择乳制品、冷链物流、调味品、营养保健、休闲零食、宠物食品这六大"非主流"且看上去并不太性感的赛道。

第二，在收购形式方面，标的公司年营收应该在 2 亿~10 亿元，且愿意交出控股权。

第三，在内部孵化方式上，在新希望上下游体系内，选择上述赛道，对外并购、扩张，快速做大。

刘永好表示赞同。他还指出，草根知本做的不是传统收购，此前从互联网公司学习来的 1.0 版本的合伙人机制还不够，在新希望、厚生和草根知本的投资中，他就发现一些被投企业在被收购后，原来的核心团队选择套现离场，或另起炉灶。这就不是自己"养儿子"，而是花钱帮别人"养儿子"。所以，草根知本还需要摸索更适合"养儿子"的机制。

经过摸索和多次探讨，草根知本提出了一套新的合伙人模式：不是直接收购企业，而是与被投企业重新注册成立合伙人公司，草根知本注资、注入资源和投后管理；原创始团队也须根据注册资金，按比例掏出真金白银投入合伙人公司；大家优势互补、再次创业、一起劳动，将新平台不断做大……

条件看着有些苛刻，被投企业会愿意吗？

"养猪人"的新玩法

这套新做法，刘永好将其概述为"共识、共建、共担、共享"：首先要和管理者、合伙人形成共识，然后共同建设，共同承担风险和压力，共同分享价值。

这对一些急于变现甚至是套现、继续创业动力不足的企业主来说，可能并不划算，但对一些真正想创业、想把事业做大的年轻创业者来说,却具有很强的吸引力。无形中,这套机制也帮助新希望和草根知本筛选了一遍合伙人!

2009年,中央电视台"青年创业计划"节目中,刚刚大学毕业的四川乐山小镇创业青年唐磊,给创业导师刘永好写了封信,详细介绍了他的"川娃子"串串香连锁加盟品牌模式。虽然他没有最终入围,但刘永好看到他的信,回成都后还是找了个机会去了解和鼓励,那是两人的首次接触。那时的唐磊没有想到,几年后他能加入新希望的大家庭。

2013年,唐磊将触角延伸到串串香上游的调味品,建了一个调味品工厂,由于深耕相关行业多年,当年营收就达到六七千万元。但作为初创企业,管理难免比较粗放,他们在网上招了一个财务总监,经常做错账,没到年底,唐磊的父亲性子急,就把他开掉了,结果反被其举报财务不合规。2014年春节刚过,唐磊前脚刚到公司上班,税务局后脚就过来,把公司的电脑都给搬走了。

渡过这一关后,唐磊更加注重规范运营,企业进入了稳健发展期,2016年盈利就达数千万元。但当时对于下一步向何处去,他也没有明确方向。这时圈子里的一些朋友鼓励他上市,也帮他联络了一些投资机构,包括涪陵榨菜等上市企业,但都没有达成合作。

谈起当时的状态,唐磊说:"我就是一个开着大货车的司机,在黎明的道路上,在乡村、在省道线前进,也不知道到底要到北京还是要到美国。"他在等一个能带他上高速的人。

2016年,草根知本在明确了调味品赛道和"四共"机制后,也在寻找合适的标的企业。其中,刘永好与海底捞创始人张勇等川籍餐饮企业老板相熟。他认识到麻、辣口味正成为全国餐饮、食品行业的一大趋势,尤为关注这方面的调味品企业。

四川是麻、辣的发源地,类似的调味品企业有不少,但营收多在两三千万元、三四千万元规模,并不符合草根知本的要求。而满足规模要求的企业，企业主又往往比较传统，不愿意交出控股权，或者不愿意跟别人"再创业"。草根知本也在寻找"好司机"。

2017年，草根知本和这个"好司机"终于遇上了，刘永好和唐磊再续前缘。虽然之前有过接触，但对80后唐磊来说，刘永好是父辈那代人的偶像，还是有些距离感。

唐磊清楚地记得，那是一个雨天，刘永好和助理两个人来到川娃子调味品厂。当时工厂正在扩建，车开不进去，刘永好和助理就脱了鞋赤着脚，踩着泥泞路走到厂里参观。他看了工厂生产情况，还看了工程进度，对唐磊说："小伙子，你工厂的环境就像我当年创业一样，但是你已经创业这么多年，我在你这个年龄时才刚刚创业，你未来还有很大的希望。"

唐磊听了很激动，但更激动的是唐磊的父亲。他觉得把儿子交给"偶像"，还有新希望这么一个好平台，"也算是把自己的希望交给了新希望"。

左：川娃子创始人唐磊；右：新希望集团董事长刘永好

双方的合作态度都很开放，看对眼了，年底就把协议签了。直到2018年5月交割，这期间，刘永好只去了川娃子一次，更多的合作决策主要是在草根知本团队的调研和推动下确定的。

中间还有一个小插曲。草根知本起初希望唐磊把川娃子的餐饮板块剥离出去，只留调味品板块，双方还经历过一段时间的博弈。刘永好见过唐磊之后，和席刚一致认为还是不要剥离，合在一起投，因为他们投的是人，跟川娃子如果只合作一半，那唐磊的精力也就只能投入一半。正是刘永好和席刚的这种格局，造就了更完整、更好的川娃子。

刘永好把唐磊带上了"高速公路"，给了他新的梦想和方向，即成为一家代表中国食品新味道，小到调味品、大到食品都能覆盖的头部企业。而新希望则明确将川娃子定位为旗下调味品板块未来上市的唯一平台公司。

川娃子为此制定了"一酱一料"的产品战略和To B+To C"双轮驱动"的战略。其中，"一酱"指的是以其王牌产品烧椒酱为核心的鲜椒酱赛道，将其打造为"前有老干妈后有川娃子"的、非油炸的"新鲜一代"的选择；"一料"指的是火锅底料，围绕火锅的细分场景去做，餐饮端、家庭端、红锅、白锅、鸳鸯锅，不断丰富产品品类。

不久后，新希望集团开启数字化战略，川娃子即成为集团七大"数字化灯塔项目"之一，更迎来了企业发展的质变。

比如配料上，以前是一岗一职，要让配料的人去研究数据，他就会说这个事情超出了他的能力，因而阻力很大。数字化改造后，长期经验形成了丰富的数据基座和分析能力，完全可以替代人力上的缺失和精准度。几千个配方数据，可以根据不同C端市场和不同B端企业的个性化需求，根据不同画像迅速推出定制产品。

生产端，以前投料依赖于人，难免受到投料员经验、情绪、状态的影响，现在投料都是靠ATV自动投料机，一旦投多了就会报警、锁定，水、电、气也实现了智能化管理，节能减耗效果非常明显。

管理上，过去的生产是无序的，生产什么品种、生产多少只能依靠经验，经常导致要么销量好来不及补货，要么产生大量库存。开启数字化转型后，一者通过数字化中台系统，尤其是新希望的财务中台系统介入后，可以更加精准地预测订单、库存；二者可以根据往年的原料价格波动、天气变化数据，错峰收购原料并安排生产，比如在鲜椒价格低谷时，组织大量的采购和生产，利润空间就非常大。

数字化促使企业从僵化到固化到优化，让企业进可攻退可守，川娃子也一跃成为业内在精准管控、智能预测方面领先的数字化工厂。

更大的质变还在于产业链的塑造。收购时，草根知本只派遣了财务团队。渐渐地，在刘永好和席刚的支持下，川娃子传承新希望体系做法，建立了一个自己的投资部。唐磊在行业耕耘多年，借助新希望的平台，开始向上下游产业链拓展。

首先是上游原料供应，一是保证原料的食品来源安全，二是确保在遇到行情大波动时，可以提前锁定原料。例如，将上游的供应商变成合伙人，控股花椒的精选公司、精油生产公司，再联合进行技术创新。比如：研发无籽的太空花椒等新产品；通过超临界二氧化碳萃取法，将精油和有效含量萃取出来，并将麻度精确为15个。有人不想吃花椒，就可以直接用精油，或调配的花椒油。通过对花椒产业标准化，以及新希望的资源嫁接，川娃子陆续成为海底捞、麦当劳、肯德基、美国纽利味等国际性企业的标准化供应商。

其次，做深产业协同效应。川娃子还与新希望、草根知本一起投资预制菜。做预制菜时会产生肉类的边角料，通常这些碎肉会被廉价处理掉，但对川娃子的肉酱生产而言，这些边角料正好有用，还省去了中间将肉剁碎的加工成本，这就通过产业协同实现循环经济。所以换个角度去看，到处都有不为人所关注的"北大荒"。

然后是向下游。譬如花椒产业，川娃子已经像新希望一样，具有了将农业上下游细分品类进行产业标准化的能力——它也越来越像一个"小新希望""小草根知本"。它将这种能力复制到很多行业，比如串串香。

2017年，在刘永好去川娃子工厂考察之前，席刚就曾带着唐磊到北京给刘永好汇报项目。当时本来说汇报一个小时，结果汇报到中午，刘永好就说一起吃个午饭。席刚提议去望京吃串串香，因为除了调味品，串串香和相关供应链是唐磊的另一项事业。刘永好随口问了句："串串香在北京也受欢迎？"

串串香是一种从火锅里分出来的平民化小吃，最早起源于20世纪80年代中期。当时一些城镇待业人员为了生计，在成都一些商场、影剧院、录像厅等场所附近摆摊经营"串串香"，用竹签串豆干、兔腰、肉类等，在卤锅中烫熟，蘸上麻辣调料，以方便人们边走边吃。所以它最初的卖点就是方便，是"移动的火锅"。后来，这种小吃遍布四川的大街小巷，特色各异。但由于本身是码头文化、平民文化的一种，很难标准化，难登上大雅之堂。

进到串串店，唐磊就把串串香这个产业在新时期的发展脉络和思路讲了一遍。刘永好很快就接受了，当时就对唐磊说："要不我们再给你投两三亿元，你在北京再开100家串串香店？把它做成串串香中的海底捞。"唐磊说还是先缓一缓，川娃子的资源、要素等还不够。

不过，刘永好自此就把串串放在了心上。

对唐磊来说，自己家以前就是开串串香店的，后来还做起了培训、加盟、食材标准化供应，即便后面川娃子调味品生意越做越大，他也始终没有放弃串串香。但这时他的串串香店已经退为个人情怀与爱好，将串串香标准化、产业化的梦想，他更倾向于寻找合伙人去实现。这样，他的下游底料和调味品客户之一，成都二当家串串香创始人刘启杨就进入了他的"四共计划"。

二当家串串香成立于2014年，目前在全球有800多家店，已进入迪拜、首尔、缅甸孟波、柬埔寨西哈努克等城市。2020年11月，川娃子对其进行了投资，算起来，二当家是新希望的"重孙公司"。

传承新希望和草根知本的做法，投资二当家后，唐磊只派驻了财务总监，进行资源导入和参与重大决策，并不介入具体管理。对二当家来说，跟新希望、川娃子合作后，格局、战略和具体行为都发生了巨大改变。

第一是战略更加明确，即做中国串串香第一品牌，做"串串香中的海底捞"，引领串串香行业的发展。

第二是商业思维的革新，用火锅的思维"降维打击"做串串，用串串的模式抓火锅消费群，这一独特定位已被市场验证。

第三是做行业标准化，从选店、食材供应链、配送、门店服务等方面建立行业标准，譬如肉类，全部由自己的工厂标准化生产，各地门店只需在当地购买一些新鲜蔬菜即可。

第四是做行业创新，在川娃子的赋能下，行业数字化管理、创新研发、柔性定制等逐渐建立起高标准。比如虎皮凤爪，原本只是广式小吃，二当家经过改良用到串串里，发现效果不错，此后成为很多串串店、火锅店的标配。

和刘永好之前的记忆一样，许多人对串串香的印象，一般就是街边小店、夫妻档，味道不错、热闹，但环境脏乱差、拥挤、不入流。我们来到二当家的3.0门店，发现它已经像海底捞改变火锅业一样，彻底颠覆了串串香行业。

只见它门店宽敞，面积在五六百平方米，热闹、服务好、"江湖气"浓郁，但并不嘈杂，令人舒心；厨房与选菜区连在一起，像高端寿司店，现卤现串，全透明操作，消费者可以实时看到菜品是怎样从厨师的手中做出来，再放到保鲜的选菜区的；菜品新鲜又极其丰富，从0.66元一串的蔬菜到3.3元一串的招牌牛肉，再到9.9元一串的鲍鱼，全国统一标准（价格随不同城市有所变化）；调料、酱料品种丰富，很多还是特色酱料，令人味蕾大动……当然，要把想吃的食物、味道都试一遍，需要去好几次。

相对平民的价位，热闹又轻松自在的消费环境，新鲜、完全可以信任的食材标准供应，丰富的口味，二当家确实已经将杂乱、"街边小店"式的串串香店做成了一个高品质、标准化的产业。

二当家创始人刘启杨也是草根创业者，对刘永好充满敬仰。有一年，刘永好参加草根知本年会，由于成员企业太多，他又事务繁忙，讲完演说、祝词后匆匆吃了几口菜就要离开。唐磊眼疾手快，上前拉住他，请他跟川娃子旗下企业合伙人合个影、说几句，刘永好愉快地答应了。

就这样，刘启杨算是跟刘永好打过交道。他说："董事长的企业太多了，他没有到过我们的店里，我们算是草根里面刚刚发芽的小草根。新希望更像一棵大树，对于我们这个小草根来说，就像精神领袖。对二当家来说，现在要考虑的是如何聚焦在自己的品类里茁壮成长，是我们眼下的最大课题。"

从新希望到草根知本，从川娃子到二当家，刘永好所珍视的"草根精神"一直在延续和扩散。社会也因无数这样的"草根"而充满勃勃生机。

"农牧+"新想象

草根知本目前最有出息的"儿子"，还是自己孵化出的鲜生活冷链物流。

2011—2012年，刘永好提出过一个"高端动物蛋白战略"，需要企业同时具备生产能力和终端送达能力。生产是新希望擅长的，但冷链物流是中国农牧、食品行业的短板。中国以个体司机、中小企业为主的冷链车结构，让这个行业很难做到标准化，而新希望以生产肉、奶、食品为主，在原料和产品运输过程中需要严格的、标准化的冷冻或保鲜程序。冷链物流不稳定，消费者的体验就会大大低于预期。

为此，新希望六和、新乳业旗下一些公司都自建了冷链车队，但自有车队和冷库固定资产投入、运营、维护成本都非常高。拥有100辆冷链车辆就可以称为"大企业"。随着新乳业、新希望六和越做越大，冷链物流就成为它们不得不面对的一大关键课题。

2016年，刘永好经过长期跟踪、分析，认定冷链物流就是新希望下一个重点开垦的"北大荒"。冷链是新希望发展必须解决的痛点，而且这个行业每年有2500亿元销售额，发展很快，预计10年后将达万亿元规模，潜力巨大。同时，该行业没有明显头部企业，大家都在起步。于是他想到，能不能用"四共"合伙人新机制＋新科技＋新希望集团赋能来整合资源，打造一个头部企业，打破行业现有格局？

随即，他和刘畅、席刚一起推动，将新希望六和、新乳业一些工厂的物流部整合起来，成立了鲜生活冷链物流有限公司（下称"鲜生活"），由2002年毕业就加入新希望的孙晓宇出任总裁。

优秀的传统制造企业有很多能力可以溢出，譬如：把工厂拿出来做OEM（原始设备制造商），这是生产能力的溢出；一些企业的财务管理、营销管理能力强，就可以将财务管理或营销能力进行溢出，成立新的体系，在服务自身的同时也服务外部企业。新希望40年发展过程中，也有许多能力可以对外输出，比如冷链运输的订单管理和服务能力。

但是冷链订单管理和服务能力受到车辆数量的制约，而继续买车、搞固定资产投资显然不是办法。外部力量也十分分散，当时冷链物流100强企业市场占有率加起来还不到9%，整个行业内没有一家企业能够服务全网，多是中间商拿着订单到处找小物流公司、个体司机来回拼车，冷库的标准化也不够。

孙晓宇认为，当时的冷链物流跟快递行业相比起码落后10年，"滴滴打车起码还有个起步价和一公里多少钱。冷链物流就是货主告诉司机把货送到哪里，至于送的是一块肉还是一袋饺子，要冷鲜运输还是冷冻运输，要什么样的温度，都没人管。连什么是'一单'的概念都没有，快递、外卖、滴滴这些互联网做法在这个行业都使不上劲。想来想去，还是只能自己想办法"。

鲜生活冷链的 1.0 做法，是用"四共"机制去并购一些区域较强的冷链物流企业。这方面鲜生活的优势颇大：第一，鲜生活背靠的新希望体系属于甲方，有大量的冷链物流订单；第二，新希望体系有较强的资金实力和金融工具，而一般物流企业普遍存在较长的账期，资金压力通常都比较大；第三，新希望有很好的品牌，商誉高；第四，鲜生活有极强的管理能力。正如新希望的成长是从饲料产销里一点一点抠出来的，鲜生活冷链物流也是从一单一单的冷链物流管理中成长起来的，辅以新希望的"四共文化"，三四年时间，鲜生活冷链就在全国各地建立了 50 多家合伙企业。

这个全国性网络的形成，帮助鲜生活冷链匹配更多全国性客户，比如星巴克全国 2/3 的门店、绝味鸭脖的上万家门店、海底捞黄河以北的所有门店，都是由鲜生活提供食材配送服务。2018 年，鲜生活冷链营收达到 7.63 亿元，开始赢利。

此后，随着终端服务能力日益提升，孙晓宇又发现了两个问题：一是对数字化能力的要求越来越强，从全国性的服务网络到遍布全国的终端门店，通过数字化、移动互联网技术可以再次优化；二是车还是不够用。

2019 年 4 月，鲜生活成立开放的数字化冷链物流平台——运荔枝。一开始，运荔枝相当于"淘宝"，一端连接客户，一端连接物流服务商或个体司机，做撮合服务。积攒到一定数据后，鲜生活团队就发现这种简单的撮合业务并不适合这个行业，比如：很多服务还是不到位，存在一些"假货"，中间的沟通、服务质量等问题还是比较严重；更致命的是冷链对温度要求严格，对中途频繁开关门、反复失温、出现货损等情况难以管控，往往运费没多少钱，而货物的价格很高，出现问题司机大不了赔个运费，由此带来不少纠纷和货主的不信任。

随后，鲜生活升级了商业模式。

在客户端，他们采取了"合同物流"的传统方式，即将客户全部变成平台的供应商，由运荔枝团队统一去承运和服务，这样一是出现问题可以找平台赔付，二是经过大数据算法可以提高综合配送效率。

在司机端，他们实行严格的数据采集，还在车上统一安装了温控传感器和GPS（全球定位系统），方便货主实时查看货物信息。订单经过大数据分析后，自动匹配物流企业或司机，首先通过画像，比如车况、国产还是进口、独立冷机还是非独立冷机、合作年限、以往有没有投诉等等，确定范围后，符合条件的司机就可以看到真实的单子，就可以自己报一个价格，系统在相应价格区间内择优选定。而且平台不收取司机的入网费、注册费之类的任何费用，司机按照承运标准把货物安全送达后，系统马上就会进行运费结算，一般T+1天或T+2天就能收到钱。这在账期普遍较长的物流行业十分难得——比如，平台的上游账期平均还有60天左右。

如此，鲜生活解决了"货主不放心"和"车主担心货源是否稳定、钱是否拿得到"两端的痛点，又通过手机便捷操作+过程监控+线上云仓的方式，实现了配送效率和平台开放性的结合。

当然，中间还需不断考验团队，从仓储、排单、路径、满载、调度以及时间窗等环节，不断进行数字化沉淀和能力优化。毕竟，对客户和司机两端让出利润后，才是企业利润的关键来源。跟养鸡养鸭一样，每优化一条路线，每优化一次配送，就是一分利润。目前，鲜生活建立起一支近300人的IT与数字化技术团队，不算社保，光这个团队每年的工资就近1亿元。

经过四年多的数字化沉淀，鲜生活冷链每年可形成3000万张订单，其中90%以上都是外部订单，然后不断细化、规范每张订单的口径，提高匹配和运输效率。目前，鲜生活在全国已拥有1000多万平方米冷仓、十几万辆冷链车的介入平台，2800余家行业客户，

40多万个服务网点，配送2000万吨食材，覆盖5亿人群，2022年营收预计超过120亿元，四年间增长近20倍，成为中国单体冷链物流服务领域的头部企业。

新希望体系内专业出色、营收上百亿元的企业有不少，如果停留于冷链物流，鲜生活冷链还不足以称为"最有出息"的一个。

物流的背后是商流。客户需要的是车吗？不是，他们需要的是商品，只是需要你用车把商品送过去而已。从物流上升到商流，是鲜生活一大质的飞跃。

将货物送到门店后，物流配送工作完成，但鲜生活的数字化只完成了一半。在这大量的订单中，鲜生活渐渐掌握了核心商流，譬如哪个网点要用到多少肉，这些肉是哪个工厂生产的，在哪个冷库保存，要运到哪些门店……这样，鲜生活就可以进入更深的订单管理，包括食材供应商、食品加工企业、中央厨房、冷链仓储等，利用鲜生活和整个新希望体系的信息流和资源，帮助客户更好地做产地仓、销地仓的仓储管理和库存管理，连同物流配送管理，形成包括云商品库、跨租户集单、代采购、仓储、物流、供应在内一整套的生鲜食材供应链服务。鲜生活将其命名为"集鲜平台"。

这跟新希望养猪其实是一脉相承的。新希望从"一袋饲料"到"一块肉"，在这块肉被消费者消费之前，都是商流，都是成本消耗，都是生产资源。从买来玉米加工成饲料到喂饲、育肥，到屠宰、加工，再到仓储、冷链物流，中间全部是资金占用环节。如果饲料BU觉得买来玉米变成饲料就行，屠宰部门觉得把猪拉进来屠宰、分割、送出去就完成了工作，冷链物流觉得接到货送到点位就可以，终端门店觉得收进来多少肉卖掉多少就是利润……那么，新希望就一定无法成为新时代领军的农牧企业。

所有的价值，只有在消费者把这块肉消费掉的瞬间才真正完成。所以，不管是互联网化、数字化、组织变革、年轻化，还是投资驱动、相关多元化，新希望近十余年的变革就是围绕 C 端"一块肉"，由此倒推，重组过去逐渐固化的企业行为。这对很多传统民企和制造企业而言，可谓是一面非常好的镜子。

新希望到底是一家什么公司？这是一家战略清晰又"多面"的公司，取决于你用什么样的思维去看待。生产饲料的公司、养猪养鸭的公司、卖肉的公司、做食品的公司、投资公司乃至科技型农业企业……如果还在用这样的思维，那已经远远不够了。只有通过供应链、生态、数字化等思维来看，我们才会明白刘永好强调的新希望"新生态"的竞争力何在。

在全球化和信息化社会，企业与企业的竞争越来越表现为供应链与供应链的竞争，如供应商的稳定性、成本竞争力、持续供应能力、快递响应能力等。新希望几十年来，沿着"饲料－养殖－屠宰－食品－存储－运输－终端"的价值闭环，持续地打造卓越供应链，不断地减少损耗、降低成本、提高效率、满足客户的柔性化需求、发现新需求，"快半步"倒推改革，从而建立起强大的供应链优势和生态优势。

随着新希望不断加码养猪业，以及养猪场日益智能化、现代化，刘永好提出了一个问题：养猪场，到底是"场"还是"厂"？

从上述川娃子、二当家串串香、鲜生活冷链的故事中，我们不难发现，新希望擅长的是产业赋能。新希望利用其丰富的农业产业化经验、科技和资本运作等手段，将原本散乱、规律性不强、看天吃饭的传统农牧、食品行业进行标准化、产业化。

养猪场无疑还是传统养殖业，依靠的还是人力、养殖户的经验。而养猪厂，则代表着规模化、标准化，意味着告别传统农业的"看天吃饭"，意味着更稳定、安全的生产。在后面数字化章节，我们将详细介绍传统养猪模式的大转型。

长期以来，人们崇尚"互联网＋先进制造"，普遍认为传统农牧、食品行业太传统，缺乏想象空间。新希望的事实证明，农牧、食品产业，+互联网、+数字化、+标准化、+物流……都将产生巨大的市场机会和想象空间。只要像草一样深深扎根，农牧、食品上下游行业依然还有巨大的发展空间。

越努力耕耘，越有收获。近年来，在经济下行和资本寒冬的局面下，草根知本却和集团一样，迎来了逆势发展：2021年底，川娃子迎来高榕资本领投、厦门建发等相关机构跟投的3亿元融资，估值达到37.5亿元；2022年3月，鲜生活冷链迎来中信建投资本、贵阳创投等机构的联合投资，估值达到100亿元；截至目前，草根知本平台已经实现一家公司上市，培育了两个百亿元估值、两个超30亿元估值的公司，还有10个估值在1亿~10亿元的公司。刘永好终于把一棵小草根培育成了一个新的"北大仓"。

草根知本的事实证明，中国大量的农牧、食品、餐饮等传统产业，还有大量的"北大荒"，通过消费升级、数字化升级、供应链升级等等，完全可以变成"北大仓"，变成"性感"的新兴产业。只要像草一样，向下扎根、顽强生长、创新思维、创新价值，广阔天地从来大有可为！

养什么都不如养企业家

从"麦田的守望者"到"常青树"，刘永好深知，投资最重要的还是投人。不管是从内部培养、提拔，还是在外部建立合伙人公司，"选错人就是最大的风险"。所以刘永好，以及王航、席刚最重要的工作之一就是选好领军人。在他们看来，合伙人的人品、综合能力、价值观，比企业规模、发展、是否赢利更重要。

对标的企业，草根知本通常会收购其51%~85%的股份，或至少成为单一大股东。如果是新创公司，则会留出15%的股份给管理层。合伙人必须按照比例出资，管理层也不例外，他们最少要出一半的现金，如果还是不够，可以向集团借款。如果公司没做成功，出借部分资金就转化为集团的沉没成本；如果公司发展良好，借款人只需还清借款并按银行利率补足利息即可兑现另一半股份。可见，新希望对合伙人的培养成本之巨。

刘永好对此看得很清楚。在中国搞创业投资、搞合伙人，可能百分之七八十的企业两三年内就没有了，这都是巨大的成本。新希望不追热点，专心搞"北大荒"，又通过"四共"机制层层筛选，加上企业赋能，最后成功率能达到百分之六七十。集中财力、人力对这百分之六七十的人多花一些成本、精力，总比撒向无效的百分之七八十要划算。

现在，新希望恐怕是中国传统企业中拥有合伙人最多的企业之一，目前已孵化出100多家企业，有接近500名合伙人在多条赛道上快速发展。相比之下，作为一家拥有13万人的大型集团总部，在集团常务副总裁兼首席运营官李建雄的带领下只有120人，只占总员工人数的万分之九，堪称同等规模企业中最精干的总部。

对收购企业，草根知本秉承新希望投资一贯的做法，即基本不改变企业原管理架构，也不干预企业的经营管理。比如二当家串串香，每年都要消耗大量的肉类，但草根知本并不要求他们使用新希望六和的肉品，完全采取市场化采购。二当家刘启杨介绍："投资人跟我们说，我们的投资不是要给你们的翅膀拴上一根绳子，你们还是要自由飞翔，然后我们才能够飞得更高。"

对此感受最深的，首先是席刚，作为新乳业和草根知本的合伙人，他也向集团借了一部分钱投资。他发自内心地感激刘永好点将让他做草根知本，否则他现在还会在新乳业里"猫"着。那样的话，新乳业今天的规模、股价、市值可能会提高一点点，但估计也很有限，而他也依然是一个高级职业经理人，认知、思维、能力也很难有质的飞跃。做了草根知本之后，他的视野更加开阔，更像一个企业家和投资家的融合体了。

川娃子唐磊也发生了类似变化，也表达过类似的观点。显然，刘永好通过草根知本探索出的"产业链新生态"做法是成功的。

当然,要做产业链新生态,并非只是找人、投人这么简单。2012—2017年企业转型升级期间,整个新希望的组织体系也在不断升级。

2013年,围绕互联网变革,刘永好提出"四化",但很快意识到互联网基因与传统制造基因的不同,在完成To C和企业组织年轻化后就不再强调;2016年,围绕新平台、新生态打造,他又提出"四共"合伙人机制,渐渐摸索出适合传统产业、传统企业再造的新生产关系。2017年,他在"四共"基础上提出"五新"理念,即转换新机制、重仓新青年、探索新科技、布局新赛道、担当新责任,这也标志着新希望在新时期,匹配生产力发展的生产关系正式成形。

新机制,指的就是"四共"合伙人制。科层制、职业经理人制是现代企业管理的重要组成部分,但在全球化创新时代,人才、知识技能、企业家精神等人力和知识资本,取代传统物质资本成为创新发展的驱动力,就事论事、部门主义的传统管理、激励办法显然已经跟不上新经济的要求。通过共识、共创、共享、共担,将内外部的高级人才转化为合伙人、企业家,这是第一步。

新青年,指的是企业管理的年轻化。代际之间的思维差距是巨大的,新经济背景下,做创新、做数字化和组织转型,年轻人显然更适合。从2010年开始,新希望就坚持年轻化,坚持了十余年。到今天,新希望的2000多名中层以上管理者,平均年龄不到35岁,比很多IT企业还要年轻。而事实也证明,给年轻人平台、让他们放手去做,效果令人惊喜。

从实际操作来看,作为一家大型企业集团,人才年轻化显然要靠组合拳。

第一,靠招聘。企业"制造"不出那么多年轻人,所以新希望就广泛与大学合作。

第二,靠培养。在新希望有一种大型民企中非常少见的现象,很多人大学毕业到新希望，从未换过公司，甚至还有不少像鲜生活冷链总裁孙晓宇这样的"新希望二代"。新希望通过"百千万人才工程"和完整的培训体系计划等，不断花重资培训、培养他们。同时，新希望盘子大、产业多，通过轮岗、不同板块历练，让年轻人不断进步。所以，新希望各板块的年轻高管，"空降兵"很少，大多都是新希望体系内自己培养出来的。

第三，靠导师。新希望有系统的培养制度、措施和方法，还有自建的新希望商学院、各种实战训练营。比如管理培训生，采用集团高管＋部门领导2对1、手把手培养，很多板块总裁不管多忙，一般半年或一个季度都会对体系内管理培训生进行一对一访谈。所以，新希望管理培训生离职率很低、成材率很高。其中，以张明贵为代表的一些管理培训生，往往经过8~10年时间，在35岁左右就可以做到年收百亿元级板块的总裁，做到集团、上市公司财务、法务等核心职能部门总监的更是大有人在。

新科技，则是以生物科技和数字科技为核心。新希望陆续成立了13个数字科技公司，涵盖数字化养猪、工程、金融、智慧城乡、智慧水务处理等。

譬如，从猪芯片开始，新希望建立育种基因工程，并在美国波士顿设立生物工程研究院，除了育种，还进行非洲猪瘟防治等课题；5S智慧猪场、无人养猪、1头猪1个数字化档案、智能温控，都已经实现了；在猪粪清理上，采用机器人清粪，粪尿分离，智能化处理，最终转化为有机肥还田再利用……养猪早已脱离脏乱差的传统养殖模式，成为一门综合科学。

新赛道，即围绕农牧及食品产业链、生命健康不断细化。前文介绍的澳大利亚牛肉、调味品、串串香、冷链物流的产业化、现代化只是缩影，休闲食品、保健食品、宠物食品、专业医疗，都是千亿元乃至万亿元级市场。这些市场空间大，又相对传统，创新、再造的空间巨大，换一个思维、换一种方式去推动，就都是新产业。

新责任，指的是新希望做的是以农牧、食品为主的民生产业，目标是成为世界级农牧企业，尤其需要有担当、有责任。刘永好反复强调，新希望要做时代、国家需要的事，新希望人做事要对得起自己的家庭、社会、企业、国家。譬如，新希望一直参与扶贫事业、光彩事业，并要求中层以上管理者必须参与，公益活动早已成为新希望一种自然而然的企业文化。

刘永好强调，新机制、新青年、新科技、新赛道和新责任是立体的，缺一不可、互为因果。2020年，在原有文化基础上，新希望总结出"新希望文化金字塔"，并持续宣贯，标志着新时期的企业文化体系也正式成形。

刘永好一直强调，新希望所做产业，无论农牧食品还是健康医疗，以及近年布局的生物科技、生命科学，本质都是围绕人的生命；企业组织也是如此，人是第一位的，统一人心，统一形成理念、价值观，是企业稳定发展的核心；对外投资亦然，投什么不如投人，养什么不如养企业家……我们从饲料、猪、蛋白质、投资、科技，到看见刘永好写下的"人"这个大字，才真正理解了新希望穿越时代发展的精神所在。

结果就是证明。5年转型升级，2017年，新希望在成功解决了与人有关的生产关系、组织变革、年轻化、文化再造后，果然迅速恢复增长，一举突破千亿元瓶颈。后经3年数字化＋生物科技创新、探索，新希望在2021年首次入选世界500强（第390位），终于再次站上时代潮头！

"不做大王做生态"

作为新希望中生代企业家的代表，王航曾做过这样一段表述："我们每一代经理人面对的市场环境是不一样的，我们去处理的主要矛盾和姿态也是不一样的。管理 100 人的时候，要走在这 100 人的前头来干；领导 1000 人的时候，要站在这 1000 个人中间一起干；领导 10000 人的时候，要站在这 10000 人身后深深鞠躬，感谢他们的辛勤劳动。"

"永好董事长也提到，从股东的角度讲，过去他是手把手管理的提供者；当有了一批帮手后，他就成了策略的提供者；现在，他是平台的提供者，新希望是一个为大家施展才华、抱负而创设的阳光、正向、规范的事业平台。他有这样的想法，既是股东的胸怀，也说明他把握到了企业永续发展的方向和规律。"

作为十几万名员工的"总领导"，刘永好的站位至关重要。他早已走过了"站在前头""站在中间""站在身后"的过程，今天他的站位又在哪里？

很多新希望的高管说，刘永好现在的站位是一个"发现者"，特别是人才的发展者。

2010 年左右，新希望就已是一家 10 万人级别的大型跨国企业了。在刘畅的带动下，他从"大王"的宝座上走下来，跟年轻小将们站在一起，跟他们一样用新奇、创新的眼光审视世界。

刘畅经常带父亲参加年轻人的聚会，包括 80 后互联网企业家的聚会。这些 80 后企业家特别羡慕刘畅的家庭氛围，父女俩站在一起，一起玩、一起学习进步、一起面对问题、一起创新，互相依赖。而刘永好也在跟年轻企业家们的交流中不断抹去代际隔阂，变得更加新潮、开阔。

在公司内部，新希望人在沟通中一般简称刘永好为"L（刘）D（董）"，很少用"老板"这个词，刘永好也不喜欢别人叫他"老板"。中国很多民营企业，都强调"虎狼之师""统帅"的距离感乃至把企业家塑造成神话，新希望从来不如此。刘永好管理干部也从来不是让他们怕自己，相反，是让干部愿意亲近自己。在汇报工作中，总是耐心倾听，还会做好笔记，哪怕他心里觉得不对，也认为他们一定会说出正确的事情、有用的信息，听完后还会一件一件地沟通、讨论。

在与外界信息的衔接中，他也无时不在"发现"。张明贵曾经做过刘永好的秘书和办公室主任。他回忆，有一次从机场接刘永好回公司。车刚开出机场，刘永好突然问：刚才墙上有一个电话，你记下来了吗？张明贵有些蒙：什么电话？刘永好说：刚才墙上有一个房地产广告，电话我记下来了，你打过去问问。张明贵以为刘永好要买房，按照他的要求打过去问了很多详细的问题，结果问完才知道他只是想了解一下北京的房地产市场。

车在等红灯时，往往会碰到很多人发传单，一般人都赶紧把车窗摇上去，刘永好却每次都让司机赶紧把车窗摇下来，别人没发给他，他还主动要传单。看完地产、装修、餐饮等各种传单，他还要打电话问各种信息。通过这些随机的调查，他对不同行业、区域的"温度"，有了直接的感知。

有一些社交活动本来价值不大，但他也总有新收获。有一次，某地方国企建了一家超高层的顶级酒店，邀请刘永好去参加开业活动。活动结束后，离吃饭还有一段时间，东道主提议看看酒店。刘永好欣然同意，于是从一层大堂爬楼梯到最高一层，一边爬楼梯一边看一边拍照，最后爬了一个多小时，把陪同的国企领导累得够呛。参观完，他马上把照片发到新希望地产高管群，指出哪些地方值得学习借鉴……新希望高管对此习以为常，经常收到他的"学习资料"。

刘永好很少批评别人、对他人评头论足，总是设身处地地站在别人的角度思考，并谦虚地认为别人这么做总有其道理。"君子成人之美"，待人以诚、容人以宽，不仅是他一向待人接物的风格，更是因为他发自内心地认为"三人行，必有我师焉"。他随时对外部打开自己，从不放弃从别人那里了解他们看到的世界，并从中发现一些新鲜之事、可为之机、可用之人。所以，更多的机会和人才也不知不觉向他涌来。最终，就形成了一个资源、机会、人才聚合的生态。

今天，新希望除了自己的几个核心板块，已经积累起一个完整的、独特的生态系统，刘永好把它归纳为"鸡凤、牛头、独角兽"。

所谓"鸡凤"，是指小而美、专精特新的企业。厚新健投投资的环特生物就是一个代表。这是一家成立于2010年的高新技术企业，以斑马鱼技术为核心（培育斑马鱼，替代人类对食品药品早期安全性和毒理学进行评价或研究），对食品、药品、化妆品等进行安全监控检测，其技术有效弥补了传统理化检测方法时间长、成本高、不广谱、有漏点的不足，从而成为中国许多重要的食品、保健品、乳业、药品、化妆品等企业的合作方，并发展成为全球领先的创新检测企业。

所谓"牛头"，是指估值在数十亿元的产业链整合型企业。譬如川娃子，已围绕调味品及餐饮供应链建立起一个标准化生态，估值超过30亿元，而且还在快速发展。

所谓"独角兽"，是指鲜生活冷链物流这样的企业，不仅销售和估值双双突破百亿元，更直逼行业龙头。

"鸡凤"做小而专的事；"牛头"是中型体量，做产业链整合，做产业中坚；"独角兽"做大，做行业龙头。每个板块、每个层次都拥有若干企业，这些企业相互关联、支持，从而形成一片一片的小树林。从农牧、食品、地产、化工、环保，到厚生、厚新、草根知本、医疗，再到后面成立的智能化投资平台，它们都各自成长为一片一片的小树林。刘永好再通过空气流通、修渠修路、集团赋能把它们连在一起，就成了一片郁郁葱葱的大森林！

刘永好说："过去，有人说我们是'鹌鹑大王''饲料大王''养猪大王'。现在我常说，我这10年做得最对的事情就是从'大王'的宝座上走下来，去成就千千万万的奋斗者，不做'大王'建平台，这是新希望正在做的事。"

对年轻奋斗者的扶持,不止步于新希望。

川商是中国企业家群体中的一个重要群体。川商历史悠久,早在北宋时期,就发明了全球第一张纸币"交子",并创建了中国最繁华的盐都,被誉为古代"三大商帮"之一。抗日战争时期,川军、以卢作孚先生为代表的川商又为中国抗战胜利做出了巨大贡献。改革开放后,"川工"又成为一大品牌,无数四川人民奔赴东部、沿海地区务工。他们勤奋、踏实、聪明、能干、吃苦耐劳,哪怕工资高一点,很多企业也愿意用。

40多年来,就有不少在外川人从普通打工者变成管理者、创业者和民营企业家,比如万达集团董事长王健林、海底捞创办人张勇、哔哩哔哩董事会主席陈睿等。近年来,以思灵机器人创始人陈兆芃、腾盾科技董事长聂海涛、科道芯国智能技术董事长朱琳琳为代表的新一代川籍企业家也不断崭露头角。

如何联系、团结这些在外的川籍企业家呢?传统的工商联组织主要按区域划分,难以承担这个使命,必须成立一个新的组织。2016年2月,在四川省委省政府的大力支持下,四川省川商总会成立,推举刘永好为会长。这也是继浙商总会后,全国成立的第二家商会总会。

川商总会以"成就川商,繁荣家乡"为宗旨,成为联系、组织全球川商,保护权益、协调资源、提升能力以及鼓励返乡创业为重点的优秀商会组织。刘永好不仅为商会提供办公场所,展示、交流等硬件基础,更动用其资源帮助商会打造"天府论坛""天府商学院"等交流和资源对接平台,以及开展与浙商、楚商、深商等商业群体的交流、协作。

刘永好尤其关注年轻创业者,他还将"四共""五新"的生态赋能方法引入商会,发掘、扶持年轻创业者的"未来大会""未来之星""领航计划"又成为川商创业的一片生态"小森林"。

2022年的"未来之星"榜单评选已经是第三届了，全国川籍报名企业超过1000家，以创新型企业、专精特新企业为主，最终有328家入围参选。根据"经济社会价值评估、核心创始团队背景、硬核技术创新能力、行业发展前景"4个指标维度、13项具体综合打分体系，经过"材料审核、指标打分、问卷调查、实地走访、综合评议"等多轮次、多角度、全方位的考察筛选，又初评出100家企业，复评入围60家企业，二次复评30家企业，现场再综合复核评出"未来之星TOP 20榜单"。

榜单出来后，川商总会将对它们进行宣传和资源、资本对接。据统计，2021年TOP 20榜单的20家企业已有2家成功上市、1家上市申请被受理，一年来累计融资70多亿元，企业估值平均增长1倍以上。

刘畅作为新一代企业家的代表，担任了"未来大会"的主席。她坦言，回想起早期创业时期，很多人对四川人的印象还是厨师多、保姆多、小生意人多，而现在，新一代青年川商在大数据、区块链、电商直播等领域涌现出了一批行业领军人物，"我们新一代青年川商不仅聚集了一批科技型人才，还创办了一批独角兽企业"。

鸡凤、牛头、独角兽，不仅是新希望的"森林"，如果有更多企业家去赋能、支持、推动，也可以成为全社会创业者的"生态森林"！

那么，在新希望和合作者的眼中，刘永好现在是一个什么样的人？各种管理者、合伙人或合作者在回答这个问题时，答案出奇地相似。

孙晓宇说："昨天我们草根知本开会，说自己是乱七八糟、一片繁荣。乱七八糟是因为赛道太多，啥都有，干宠物的、干饲料的、干食品的、干火锅的、卖猫粮的、卖酱油的，还有卖豆瓣酱的、卖花椒的、卖豆干的，看起来很乱。一片繁荣的意思是'乱'中充满活力，挡都挡不住。"

如同经济学家埃德蒙德·菲尔普斯所言，"这种注重个人主义和活力主义，保护和激发个性、想象力、理解力和自我实现的文化，能够促进一个国家的自主创新"。新希望就是这样的促进自主创新的样板。

孙晓宇继续说："LD像一个翻土、浇水的老农民。新希望长了很多赛道出来，各有特色，都不一样。干To B的、干To C的、做金融服务的、做投资的，反正各产业板块都是在这样的土地里长出来。新希望一直根植大地，整个新希望生态现在有1000多家企业，就像有1000多株植物，这些植物中有灌木，有多年生的草本植物，有参天大树，还有的可能是草根。但不论哪一种，最初都是LD在松土、施肥、浇水。"

第九章

一直游到海水变蓝

新希望集团的官方网站共有8个一级目录，前3个分别是实体产业、财务稳健、全球新希望，之后是"新闻动态""关于我们"一类。前面3个介绍了新希望在做什么，从目录名称就看得一清二楚，就是产、融、全球化。

在中国，把全球化放到如此之高位置的民企并不多。显然，新希望的自我定位就是一家全球化企业。

按照官网介绍，全球新希望分布在大洋洲、亚洲、非洲、欧洲、北美洲，在全球30多个国家和地区都有布局和投入，分为新希望六和海外运营中心和新希望集团国际事业部两大板块。其中，新希望六和海外运营中心总部设在新加坡，负责海外尤其是东南亚工厂的管理，由集团的粮食贸易、资金、套保、船运等实体产业支持；国际事业部总部设在澳大利亚，以投资为驱动，以"五新"为模式，以产业互补为根本，致力于整合全球资源，服务中国、当地及部分国际市场。

从1996年发出《奔向大海》的宣言到1999年首次走出国门，在越南投资建设第一家海外企业——胡志明市新希望饲料公司，到2006年确立"世界级农牧企业"的愿景，再到2013年再度加速国际化，刘永好带领新希望在全球化的大海中遨游了 26 年，从附近的"浅海"游到遥远的"深海"。

中国是全球化的参与者、推动者和受益者。新希望是中国企业全球化的探路者、整合者和建设者。

风雨无阻

中国 2001 年加入世界贸易组织，当时中国的货物进口、出口总量在世界贸易中的占比分别为 3.8% 和 4.3%，而到了 2020 年，这两个数字已经分别增长至 11.5% 和 14.7%。中国国内与出口相关联的产业带动了 2 亿左右的就业人口。

从中国企业"走出去"的角度看，大致经历了三个阶段。

在第一阶段，中国企业实际上是"被全球化"。外资通过资本供给、技术转让、订单外包等方式，把中国企业纳入其全球分工，主要是在加工制造环节。

在第二阶段，本土企业开始自主地走出去。有的是利用自身的性价比优势开拓国外市场，如新希望在亚非国家建设饲料工厂，中国的智能手机厂商走向世界；有的是根据跨国公司客户的需要，贴近其全球布局，就近提供配套产品，如浙江万向、福耀玻璃；有的是通过并购做大主业，如海尔收购三洋家电；有的是规避"双反"（反倾销、反补贴）的高额关税，或到成本优势更加明显的地方进行布局。

在第三阶段，中国企业开始建立全球化架构，打造具有全球竞争力和灵活性的新价值链。这不仅是为了对冲各种单边主义和单一市场的影响，更是为了将全球资源（如原材料资源、生产资源、市场资源、政策资源）为我所用，成为真正全球化的企业。

作为一家出身于四川的企业，新希望和东南沿海一些企业一出生就通过"三来一补"（来料加工、来件装配、来样加工，补偿贸易）

进入国际市场不同。新希望是立足于本地、资源在本地、服务对象在本地的农牧、食品企业，其对国际化的最初了解是通过和正大集团这样的跨国企业在本土市场竞争而获得的，在自己形成较强的竞争能力后，直接对外投资建厂，用自有品牌开拓国外市场。

2020年，新希望六和董事长刘畅和贝恩公司大中华区总裁韩微文，以及《财富》中文版执行主编章劢闻在一次对话中说，新希望是一家根植于大地的企业，无论是在国内，还是位于"一带一路"上的其他国家，始终立足所在地的需求，促进产业链发展，形成了"本国采购、本国生产、本国销售"的商业模式。新希望六和致力于在全球范围内寻找优质蛋白质，把澳大利亚最好的牛肉和海鲜资源、来自美国的谷物——送上消费者餐桌。凭借丰富的经验和先进的制造加工一体化体系，新希望不仅被目的地市场纷纷接受，而且有幸成为许多国家的行业标杆，颇受认可。

经过25年的全球化洗礼，今天的新希望尽管已发展为全球化的世界500强企业，跻身全球领先的农牧、食品企业行列，但对刘永好来说，国际化的发展和格局依然时常让他感到紧迫。中国制造企业的全球化进程、影响力已毋庸置疑，但如果要问中国与世界差距最大的行业是什么？答案恐怕还是农业。他清楚地看到欧美的农业产业化，科技、金融、社会服务对农业的支持已发展到何等境地，看到中国的农业现代化还有很多事要做，看到新希望虽然已经是世界500强企业，但离"世界级农牧企业"还有较大的距离……而这些事，需要一代一代的新希望人把它们踏踏实实地做下去，也需要新希望不断向全球化的深水区迈进。

近年来，由于单边主义潮流和"逆全球化"抬头，世界经济蒙上了"慢球化"（slowbalisation）、碎片化、分化、裂化等阴影。融入世界经济是历史大方向，中国经济要发展，就要敢于到世界市场的汪洋大海中去游泳，如果永远不敢到大海中去经风雨、见世面，总有一天会在大海中溺水而亡。"在这个过程中，我们呛过水，遇到过旋涡，遇到过风浪，但我们在游泳中学会了游泳。这是正确的战略抉择。"

尽管已经有20多年的出海经历，但在"逆全球化"的风浪中，新希望也不时会遭遇始料未及的考验。

2021年，新希望收购、控股了澳大利亚一家生产散养鸡蛋的头部企业。这家企业位于悉尼与阳光海岸之间，去海滩步行仅需十多分钟，拥有几万亩的自有山坡、农地，母鸡们在这样的环境中散养，所生产的鸡蛋完全符合生态环保标准，因而广受澳大利亚消费者喜爱。考虑到国际环境的复杂性，参与各方都很低调，没有对外公布消息。但项目交割后，消息却意外地被曝光，引发舆论关注，相关方都很惊讶。调查下来，原来是中间的律师事务所出了纰漏。一位合伙人律师的秘书看到相关材料，给澳大利亚鸡蛋行业协会写了一封邮件，说她用该品牌的鸡蛋已经20多年，忽然得知这家企业被一家中国企业收购，她不再信任这个品牌了，请行业协会推荐其他品牌。事情就这样被故意泄露出去。

虽然此人由于违反相关保密条款被开除，但作为一个普通民众所反映出的文化偏见，以及对被中国企业收购的心理排斥，还是可见一斑。

类似的情况还发生在上海一家民企到新西兰收购农场，引起新西兰媒体的非议。他们所做的民意调查显示，绝大部分新西兰人希望政府终止将农场卖给中国买家。新西兰海外投资办公室负责人对中国媒体表示："有关新西兰农场的交易一直是一个敏感的、容易激发新西兰人情绪的话题。只有当投资有益于新西兰，并且不与新西兰的投资法案相抵触，才可能获得批准。"

如何破解这种困局？新希望的做法是不卑不亢、平静平和，用实实在在的行动证明自己的价值，进而赢得被收购企业和当地社会的认可。

事情的转机来自新希望对澳大利亚的这家养殖场所做的管理升级。新希望将国内成熟的食品溯源体系复制到养殖场，安装了很多摄像头，并在每一枚鸡蛋上印上二维码，消费者扫一扫可以实时看到鸡的生活环境和一举一动。疫情期间，大家在家里和办公室待得时间比较长，有一位主妇就真的打开链接，从早上10点一直看到下午，然后把这段"趣事"发到TikTok（字节跳动旗下短视频平台）上。澳大利亚人觉得很有趣，以前养殖场是靠行业监督，现在每一个人都能监督了，结果一天就收获35万点击量，一个星期点击量超过200万。

澳大利亚四面环海，自然资源丰富，是世界上天然草原面积最大的国家。澳大利亚的农牧业用地占国土面积的60%以上，其中畜牧业用地占55%，是世界上最大的羊毛和牛肉出口国，也是世界上第三大乳制品和小麦出口国。因此，中国有不少国有企业也在澳大利亚进行了布局，进入婴幼儿奶粉、乳品、牛肉、海鲜等食品行业。但总体来看，真正做得好的不多。譬如某企业收购澳大利亚一家知名乳品企业后，将本地管理层全部换掉，然后按照国内的要求和风格进行管理，很快因水土不服陷入困境。

作为一家民企，新希望很早就注意到，在农业、食品这样的传统行业，澳大利亚除了资源优势明显，还有一个重要特点就是有很多治理很成熟的百年家族企业，家族企业行事作风稳健，对契约精神和信任非常看重，也有很好的国际合作精神。新希望在澳大利亚的收购项目，很多都是和家族企业合作，而且在合作中注重信用、合规、履行承诺、利益相关方关系。这样即使有些风浪，也总能安全穿越。

2019年，新希望集团入选全球化智库（CCG）评选的"2019年中国企业全球化十大榜单"企业。在介绍经验时，刘永好指出，农业是投入大、周期长的产业，要走出去在当地长期扎根经营，不可避免会受到当地自然条件、气候条件、金融市场、政府政策及全球局势变化等的影响，国际化人才的获取也是一个制约。新希望之所以能在全球化之路上走得比较畅顺，很重要的一个心得是坚持共享、共赢理念，与海外市场、海外企业和海外消费者共享发展之道。

首先是共享发展红利。新希望在印度尼西亚、越南、埃及等亚非发展中国家，通过投资设厂，利用先进的技术和管理经验，帮助当地的农业加工发展。

其次是共享优质资源，建立优质产业带。比如在澳大利亚和新西兰，依托当地最大的牧场和公司，向全球供应优质的动物蛋白产品，同时实现双方在营业基础设施建设、农产品和食品安全合作上的互利共赢。

最后是共享先进经验。新希望在发达国家通过投资并购获得先进的资源、技术专利、品牌，在美国波士顿设立生物农业研究机构，和法国、英国、荷兰、以色列科研机构和民营企业合作，开展生物食品安全方面的研究，通过这些方式实现在农业先进技术、经验和管理信息等方面的共享。

只要找对了路，就不怕路远。新希望不仅走了出去，而且走得越来越广、越来越深、越来越好。

从全球化1.0到全球化2.0

新希望出海的经历，首先是以饲料为核心的规模扩张。刘永好把它概述为"过黄河、跨长江、走南洋、闯中东"的扩张战略。这一战略一直持续到2013年左右，是新希望的全球化1.0阶段。

新希望白手起家、靠胼手胝足创业，但四兄弟都是读书人出身，所以眼界开阔、知识丰富，很早就注意学习国际上的先进经验。在20世纪90年代中后期，新希望就与美国嘉吉、日本三井、世界银行等有过深度合作，互利共赢。

1996年，在发表《奔向大海》的宣言后，刘永好就在新希望成立了一个"世界贸易组织战略研究小组"。

第一个研究课题是中国入世后农业会不会受影响？经过研究，他们的答案是种植业会受影响，因为我们土地资源少，产业化能力不足，但是养殖业会得到发展，因为进口粮食价格低，养殖成本会降低，养殖企业会更有国际竞争力。同时，肉食品出口限制下降，可以批量出口。这进一步坚定了新希望做农牧业的信心。

第二个研究课题是国家垄断产业开放带来的机会。中国政府对外有相应的产业开放时间表，这也意味着对内资也将同样开放。经过研究，他们发现一些原本因为管制被压缩得比较厉害的产业，在放开后会有一个快速爆发的"膨胀效应"，系数是3~5倍——跟刘永好年轻时卖的爆米花差不多。他们看准了金融领域开放的机会，随后在民生银行的发展中不断加码，并积极参股民生人寿保险，2002年还与福建省政府联合成立联华信托等等。

第三个研究课题就是入世后的海外布局。经过大量出国考察和研究，刘永好首先圈定了东南亚和中东。

新希望进入东南亚的历程前面已经讲过，这里再细致讲一下进入埃及的故事，以便大家了解新希望的出海之路。

2011年新希望在埃及成立分公司。选择埃及，首先，因为埃及人口基数大，但每年人均肉食消费量仅为14公斤，肉食品消费潜力巨大；其次，当时埃及养殖业的料肉比（耗料/产肉）普遍在2.0左右，新希望有明显技术优势；最后，埃及是"一带一路"沿线重要的非洲国家，和中国建立了全面战略伙伴关系，两国有良好的往来。

之前在多个国家都有文化融合的经验，加之埃及社会对华普遍友好，新希望与埃及的文化、宗教融合不是问题。问题在于生活环境。

埃及的城市化起步于20世纪70年代，发展迅速，为了减少对大城市的人口压力，政府从2000年开始陆续建设了10座新兴城市，新希望埃及工厂所在的萨达特城就是其中之一。这是一座被荒漠包围的城市，基础设施不足，天气炎热，建设缓慢，加之埃及的政权波动较大，所以虽然2011年埃及分公司就已成立，但直到2013年5月才正式揭牌投产。

萨达特工业区离城区还有10多公里，虽说是国家级工业园区，但除了一栋栋低矮的厂房，里面基本没有生活配套设施，显得异常安静。走得再远，条件再艰苦，也要创建美好生活。远在埃及的新希望人在荒漠里开垦出一块菜地，专门从四川请来厨师，饭菜也少不了回锅肉和腊肉。他们还克服沙漠缺水的困难，将做好食堂、澡堂、宿舍建设的"两堂一舍"文化带到埃及。这样，外派到埃及的员工也有了家的感觉。

公司生产慢慢步入正轨，但销售依然是个问题。调研发现，埃及农村还处于较贫穷的阶段，由于饲养成本高，普通养鸡户都赚不到什么钱，因此有迫切改变现状的愿望。新希望发扬走村串户的传统，一面广泛开拓销路，一面思考如何帮助养殖户提高收益。

他们将国内30余年的发展经验逐步引入埃及：第一，不断研究饲料配方，并直接从中国引进优质品种，提高白羽鸡出栏率；第二，引进"公司＋农户"模式，提供鸡苗并回收成鸡，提高养殖户的养殖水平；第三，成立养殖服务公司，建立动保平台，为养殖户提供免费服务；第四，与萨达特大学联合培养、培训养鸡户，以解决养殖人才缺乏的问题。经过努力，销售状况也一点一点好转。

此后，新希望在埃及陆续建立了三家饲料厂和一个种禽场。在此过程中，企业直接创造就业岗位1500个，间接创造就业岗位3万余个，带动养殖量8500万羽/年，直接提高了农民收入。新希望也顺理成章地成为埃及饲料第一品牌。

新希望埃及公司

更重要的是，经过新希望的努力，当地养鸡料肉比从 2.0 下降到 1.5，降幅达 25%，促进了埃及养殖业水平大幅提升。这不仅意味着养殖成本的下降，也直接带动了白羽鸡价格的下降，而白羽鸡是埃及普通家庭蛋白质的主要来源，价格每下降一点，普通民众就多一分实惠。

新希望在埃及发展的十余年，不少埃及员工也得到了很大的锻炼和成长。

阿斯玛·赛义德是一位女性，2018 年 7 月加入公司，目前担任养殖服务部副经理。她定期带领技术人员到各个养殖场提供上门服务，实施养殖解剖和检测工作，帮助养殖户尽早发现问题，提高效益。刚开始，很多养殖户信不过女性技术员，但一段时间后，他们对她就有了信任，随时给她打电话沟通养殖问题。"感谢'新希望'给我这个机会。"阿斯玛·赛义德说。

在埃及，新希望不仅成为饲料的生产商，也成为政府与军队各界公认的"粮食保障商"。新希望大量的粮食贸易和存储，可确保当地社会在极端情况下的粮食保障。因此，尽管当地政局出现过数次动荡，但从来没有人去破坏新希望的运转。

埃及之外，菲律宾、斯里兰卡、孟加拉国等地也都曾发生过政局动荡。每次发生社会冲突甚至危机，都是本地工厂的管理层和工人自发组织起来，冒着危险保护工厂。他们对前来"找事"的人说：这是我们的工厂，工人都是我们的人，管理层是我们的人，服务的也是我们的农民，不能在这里闹事。

全球化充满挑战，但只要能够为所在地的利益相关方创造价值、带来福祉，就能被接受，并赢得尊重、受到欢迎。

上述出海埃及的故事，代表着新希望全球化1.0的特点，主要由新希望六和股份有限公司主导，即在发展中国家做饲料、养殖业老本行，并派驻高级管理团队管理。接下来的全球化2.0时代，则是进入以澳、新、美为代表的农业资源丰富的发达国家，以投资为驱动，以投后为抓手，建立全球化的供应链、产业链。

在国内寻找、开拓"北大荒"的同时，刘永好也同步在全球寻找"水草丰茂的地方"。刘永好回忆，他年轻时市场上鸡肉最贵，猪肉其次，羊肉、牛肉反而便宜。现在中国的鸡肉、猪肉供应已经不是问题，牛羊肉则相对稀缺，而且人们的消费理念也在发生变化，不管是火锅还是卤菜或者烧肉，都逐渐热衷牛羊肉，所以牛羊肉最贵，其次是猪肉，鸡肉最便宜。

而要大规模养殖牛羊，饲料只是补充，重要的还是草，归根结底还是土地、阳光、水这三要素。中国地少人多，环保压力大，大规模草原、草场养殖不现实，加上中国乳品行业也需要从国外进口良种奶牛，所以要适应中国肉蛋奶消费市场的升级，就必须进行全球化供应链整合。这也是中国农牧业发展必须补的一课。

经过对南美、澳大利亚等地的考察，刘永好最后将目光聚焦到澳大利亚。这里自然环境优越，人少地多，养殖历史悠久，有很多成熟企业。牛出生后，可以在拥有自然的阳光、丰茂的水草的环境中生长，长到一定时候再用精饲料进行 100 日或 60 日精育肥，这样产出的牛肉叫作百日谷饲牛或 60 日谷饲牛，口感好、营养价值高。而且这里的牛主要在草场上生长，不需要喂太多的粮食、饲料，成本低，身体健康，气味也好，所以澳大利亚牛在全球享有盛誉。

前文提到，2013 年，新希望以厚生投资基金为先导，收购了澳大利亚第四大牛肉养殖、加工厂 Kilcoy Pastoral Company。新希望将其成熟的产业链模式复制过来，一方面与上游数千家大型牧场建立长期合作关系，加大屠宰、加工规模，发展食品端，另一方面将其整合进全球产业链，除了供应澳大利亚本地市场，一部分运到山东加工，再销往中国、日本、韩国等亚洲市场。

经过几年发展和一系列叠加并购，新希望将 Kilcoy Pastoral Company 整合成为 Kilcoy Global Foods（KGF）集团，一跃成为澳大利亚最大的高级牛肉供应企业。目前，集团已拥有每年 60 万头肉牛、250 万只肉羊的养殖及屠宰、加工能力，年营收约为 16 亿美元。

2015 年 7 月，新希望乳业与澳大利亚著名乳企 Moxey 家族、Perich 集团及澳大利亚自由食品集团合资成立了"澳大利亚鲜奶控股有限公司"，打入澳高端乳制品市场。2016 年，集团旗下草根知本全资收购澳大利亚知名保健品企业 Australian Natural Care（ANC），2017 年底又通过厚生投资联合新加坡淡马锡、京东、中投等机构以 10 亿澳元收购澳大利亚宠物食品企业真诚爱宠，新希望逐步加快在澳布局。

2016 年，新希望澳新区域总部在悉尼成立，2019 年又升级为国际事业部，以协调、优化澳新、东南亚及其他海外区域发展平台。新希望扎根澳大利亚，在本土化基础上推动企业全球化的一系列做法，逐渐受到当地工商界的肯定。

新希望在欧美的布局也同步展开。在欧洲，除了在土耳其、波兰等国家开办工厂、购买先进技术或品牌，2018年6月，刘永好跟随国家"一带一路"访问团来到法国，在两国总理的见证下，与法国科普利信集团（Cooperl Arc Atlantique）签署战略合作协议，新希望将引入欧洲成熟的产业链一体化经营模式，以及"无抗猪肉"、未来智能猪场的设计建设等产业链核心技术。

在美国，2014年，新希望通过厚生投资收购知名中高端食品深加工企业Ruprecht。2018年，新希望与美国大陆谷物公司等全球老牌农牧企业合作成立投资基金，主要面向全世界最前沿的农业、食品、生物科技等领域，同时成立全球农业投资俱乐部，协调对接、资源互补、互相带动。

新希望在北美生物科技、基金投资、农业贸易等领域的投资，引起了许多优秀华人的关注。1999年，成都外国语中学的刘亦婷被美国四所顶尖大学"哄抢"，最后选择了哈佛大学，一度引发全国轰动，她的父母趁热打铁出版的《哈佛女孩刘亦婷》《刘亦婷的学习方法和培养细节》等图书，创出260万册的销售纪录。"哈佛女孩"刘亦婷毕业后进入著名的波士顿咨询公司工作，2018年加入新希望在北美设立的基金公司，并成为新希望海外的"四共"合伙人。

在全球科技的前沿地带，新希望的投资基金大显身手，除了农业科技，近年来还深入数字经济、ESG（environmental、social、governance，即环境、社会、治理）等领域。随着儿子天天逐渐长大，刘永好开始让他参与其中一些项目的投决，包括项目的考察和研判、资源对接、决策、交割，以及退出全流程。

在2021年的元宇宙热潮中，一家位于香港的移动游戏开发公司Animoca Brands大放异彩，获得了包括Coinbase Ventures（知名加密货币交易所）、红杉中国、Blue Pool（蓝池资本）在内的明星资本的投资。天天在元宇宙和虚拟游戏领域已经是有一定经验积累的投资人了。他及时捕捉到机会，迅速跟投，收益巨大。其间，刘永好几乎没有参与，只是让集团投资团队看了一下，这也让刘永好赞叹儿子对新事物的敏感度和判断力。

当然，全球化过程不可能一帆风顺。作为世界最大用粮企业之一，刘永好一直期望进入全球粮食核心供应链，但 ABCD 四大粮商布局太广，难以找到进入的突破口，即便能够进入话语权也不高。2015 年，终于有一个机会到来：嘉吉公司分出来一个团队，加入美国蓝星贸易集团——该公司是美国特拉华州一家独立的大宗商品贸易企业，成立于 1922 年，是北美地区居区域性领导地位的粮食及大宗商品贸易商。经过调研，2015 年 10 月，新希望投资了该公司，占股 20% 并成为第二大股东，以期补上自身的全球原料采购的薄弱环节。

可后来的发展并没有按照预期进行。中美文化差异不比中澳小，加之股权不足、话语权较弱，行业周期波动也大，蓝星贸易集团后期被并入其他美国上市企业，新希望的话语权被进一步削弱，只能无奈退出。结果，该笔投资以亏损收尾，也没有起到预期作用。此后，刘永好、刘畅选择在新加坡组建贸易公司，为新希望全球化原料供应链做一些补充。

瑕不掩瑜，新希望全球化 2.0 版本总体是非常成功的，主要特点有以下几点。

首先，以海外联合并购为主。并购成功后，仅派总经理、财务总监。譬如，澳新区域有当地员工 3000 余人，但偌大的总部只有国际事业部总裁刘围等少数几位中国高管。刘畅也提出，新希望六和的海外工厂"顶多留一桌麻将的中国人"——四个核心人员，剩下的员工尽量本地化，这项工作一直都在持续推进。他们在当地推行本土化，长期耕耘，帮助解决就业，提供税收，受到当地欢迎。

其次，将新希望阳光、正道的企业文化在海外一以贯之。规范运营，同时符合中国及标的国双重标准。坚守农牧民生、长期主义的集团策略，坚持低调、踏实的风格，有效促进了企业与全球文化的融合。

在这两大基础之上，新希望还将自身的成熟经验、模式融入收购企业，帮助其融入全球化产业链，打破文化、政治隔阂，最终实现多方利益的共赢。

当然，大环境的挑战依然巨大且具体。譬如政治上，近年来中国科技企业广受限制，导致整个民企在全球范围内都面临收缩，投资所在地财务、税务、法律之类的各种"合理"检查、审查依然频繁。文化上，西方往往比发展中国家更敏感。比如在跟员工相处的过程中，不管是谈话还是发电子邮件，一旦企业有任何"不合适"的表达，如在适当的商业环境中讲中文，都有可能被认为是"不友好"的行为。在管理上，欧美对所谓的"现代奴隶制度""强迫劳动"十分敏感，中国背景的"外资企业"有任何"迫使""诱导"员工加班的现象，只要他们超时间工作，就可能被无限放大。在沟通或营销方面，中国企业习惯使用的飞书、微信等即时沟通软件从技术上已经走在前面，但西方的商业沟通还比较传统，依然普遍依赖邮件，这往往需要中国企业"慢下来"去适应。

文化之外，中国民企还面临着全球化信息不对称、抗风险能力相对薄弱、国际化人才缺乏等现实短板，都没有得到根本解决。尤其新希望所在的农牧业，不像工业、科技可以弯道超车、快速裂变，只能通过"资本先导+人力长期主义"缓慢推进。

以刘畅和天天为代表的新希望新一代，都具有良好的国际化背景、视野和经验积累，无疑让新希望下一个40年的全球化之路更具"新"希望。但面对这些现实短板，新希望还必须向更深的深水区迈进，刘永好也开始了对新希望全球化3.0的思考。

"走出去"与"引进来"

尽管以新希望为代表的中国农牧企业一直在努力追赶，但中国养殖业与欧美的差距依然巨大。如果说养牛、养羊与澳大利亚的差距是先天水土决定的，那么作为全球第一大生猪养殖和消费国，中国在猪产业上与欧洲的差距则是后天积累所致。

上文提到的法国科普利信集团是欧洲第四大肉类企业，成立于1966年，起初是由20多个农户组成的养殖合作社。1990年左右，欧洲掀起绿色环境运动，各项环保法规趋严，其中一项就明确规定了养猪数量与猪粪抛洒土地面积的比例，即农户养猪数量取决于他拥有的土地面积。这时，科普利信集团建设了一个猪粪便焚烧厂，通过焚烧消化猪粪，这样养殖户就不再需要抛洒，一下就解决了养殖瓶颈问题，于是越来越多的养殖户加入，合作社随之蓬勃发展。

随着规模的扩大，猪的统一动保、饲料配方、育种都出现巨大需求，科普利信进而逐渐摸索出一条全产业解决方案，发展到今天，已拥有每年600万头猪的出栏和屠宰规模，并建有自己的饲料厂。当然，相比新希望等中国猪企年出栏千万头的规模，这个规模并不算大，科普利信的"猪芯片"基因库、无抗养殖、智能化养殖才是其看家法宝。

以无抗养殖为例。今天的人类，没有抗生素恐怕已无法生存，它存在于环境、疫苗、食品、药品等各种环节中，几乎无法避免。猪也是如此，要做到无抗养殖，就需从猪场水土改造、养殖环境、母猪分娩、疫苗、饲料、动保、屠宰、质保等全程环节杜绝抗生素，难度巨大。从2013年起，科普利信开始践行无抗生猪养殖，经过数年探索与技术积累，已形成借助畜牧学、卫生、猪舍建设以及药物健康等技术的一整套的健全体系，并为社员提供无抗养殖立体解决方案。目前，科普利信已在全球建立无抗养猪场774个，无抗猪的产量约占其全年生猪出栏量的50%。

除了养殖，科普利信的食品生产技术也十分先进。为了将世界一流的食品加工技术引进中国，2018年，新希望与科普利信联合成立北京美好美得灵食品有限公司。该公司于2019年开始建设，由于疫情影响，至 2021 年 1 月正式投产。工厂主要生产"布瑞林""乐凡希"两个品牌的火腿、培根、香肠等产品。其中，"布瑞林"从品牌、用肉到配方、生产线完全承袭法国原品牌；"乐凡希"为新品牌，按照中国消费者口感做了一些调整，产品更脆嫩。

这个工厂的特别之处，首先是合资方式，新希望与科普利信各占 50% 的股权，董事会成员也是 3 对 3，大家平等商量。按照双方约定：前三年法方拥有一票否决权，以防止建设期、生产初期因省成本、求效率而脱离欧洲标准；后三年中方拥有一票否决权，以防止企业墨守成规，无法有效融入中国市场。如此，双方地位平等，发挥各自优势，才能确保将最先进的技术、管理经验与最大市场、先进营销技术融合。

这个合资工厂建在新希望北京平谷美好食品园区，利用的是园区自有土地和厂房。在科普利信的主导下，光厂房改造就耗资 9000 多万元，加上设备耗资 9000 多万元，总成本近 5 亿元，是国内同等规模工厂的 2.5~3 倍。但建成投产后，中方管理人员一上手就觉得非常值得。事实上，做好一块优质火腿并没有人们想象的那样简单。

北京美好美得灵食品有限公司生产线内景

首先是采用法国进口的无抗猪 5D 后腿肉，解冻后将盐水注射入肉中，由内而外地腌制；然后进入滚揉环节，法国人的浪漫就体现出来，"你怎样对肉，肉就怎样对你"，滚揉时长达 18 小时，每滚揉一次相当于按摩一次。滚揉机控制相应的参数，要是肉干一点、肌肉纹理更清楚一点就滚少一些圈数，要想更符合中国人口味，更嫩、更滑，就要多滚一些圈数。

滚揉结束后是装模，把猪后腿的 5 块肉分别整理，再按结构摆回去。其中有一个关键是，如何将分离的 5 块肉再粘回去，使之成为一个整体。常见的手法是用外源性可食用胶体，而这家工厂的秘诀是将猪肉分割过程中取出的筋膜再加回去，滚揉完毕后是用猪肉本身的胶原蛋白把猪肉重新黏住。全程不用胶或者外部原料，保证了肉的完整、健康和原汁原味，这也是肉食行业里做高端火腿的难点。此外，还牵涉到温度和人员掌控等工艺细节。

下一个环节是抽真空压模具，之后蒸煮 6~10 个小时，生区的产品环节就完成了。这个工厂还有一大特点，就是公开、透明，除了内部监控，所有环节都可以隔着玻璃看见。国内一般的食品生产企业很难做到这一点。

接下来是熟区。车间分制造区和包装区：制造区保持 10 万级的洁净度，达到制药级别；包装成品区则达到万级的洁净度，与手术室同等级别。食品车间不像药品灌装和手术室，人多事杂，要做到这点，就要严格考验细节和管理。

首先要保证地面干燥，因为环境一潮湿就容易滋生细菌。工厂全部采用德国进口材料，防滑、抗菌、防裂，并根据生熟区不同采用从 R11~13 级的防滑砂。

然后是织物风袋，空气流通通过风散射，空气吹进来后，会经过旁边不锈钢管道再抽回去，反复过滤，每小时要换 25 次气以上，以此保证空气的洁净度——这还只是生区，很多企业的熟区才能达到这种洁净度。

然后是建筑细节。仔细去看，车间的天花板和地面都有点倾斜，为何？原来是主动做出倾斜角度，以使天花板防止冷凝水，地面防止积水。

车间每晚都有专门的清洗班组清洗，全场布设了40多个洗消分站，清洗时自动喷出高压热水、消毒液，再加上人工，确保洁净。

管理上，车间分红黄蓝区，黄色区域为制造区（生区），红色区域为熟制品切片包装区，蓝色区域则为生制品切片包装区，各区管理级别不同。从黄区进，再经专门的门和通道从红区出，但穿红色衣服的工作人员不能进入黄区……

诸如此类细节，都是欧洲食品制造业多年的结晶，在国内罕有人注意。

肉从生区出来后进入熟区的烟熏蒸煮环节，完成后再进入脱模间，把肉从模具里取出来，再放到模具架晾制，就可以进入切片区。

切片区常年温度保持在0~4摄氏度。其中，光自动切片包装线就花了1800万元，工厂负责人雷雨自豪地说："这台机器的价钱，在很多地方都可以盖一个工厂。毫无疑问，这是目前世界上最先进的切片机，连'之一'都没有。"切片机内含一个扫描仪，通过4个高清摄像头+红外扫描待切火腿，扫描过程中同时建模，向切片机详细"描述"这块火腿的构造、重量分布、各部位的形状，随后发出如何下刀、定重、效率最大化的指令。待火腿从切片机出来并同步包装，一块合格的火腿才算完成。

上述生产过程还有一个非常先进的地方，即整个生产流程和工厂运作全部通过ERP（企业资源计划）智能控制。每一道流程结束后，产品都要依次进入分布在全场的43个ERP柜。柜子中有扫码枪，扫描后数据实时导入电脑，验证合格就会贴上标签，然后进入下一步操作环节。不合格怎么办？比如腌制环节只需要加10公斤水，但扫码枪发现重量多了，或者煮熟的环节温度没达标，系统就会自动把产品锁住，标签就打不出来或者扫不到下一个标签，这时候工人就要去联系质管人员，来现场帮助处理问题，或者系统直接评判产品有问题，无须再往下做。

当然，ERP 是国内企业常见的管理工具，但专门在食品行业为西式低温肉品车间开发的 ERP 管理工具，目前国内还基本没有，这同样凝聚了欧洲几十年的先进制造和管理经验。虽然钱多花了一些，但新希望通过一个工厂就将欧洲几十年的先进技术和经验引进和学习过来，非常有价值。雷雨开玩笑说，他们还顺便培养了建工厂的设计院、供应链和建筑商，帮助他们也提升了一个层级。

2022 年 8 月，北京美好美得灵食品有限公司收到北京冬奥组委和综合保障组授予的荣誉牌匾和感谢信，在北京冬奥会结束 6 个多月、坚守保密协议将近一年后，美好美得灵终于官宣：我们是北京冬奥会及冬残奥会供应保障单位！冬奥会期间，冬奥村机器人餐厅供应了一款大众美食——汉堡，其中夹着的牛肉饼就是美好美得灵专门为此量身定做的。为了让牛肉饼和机器人相匹配，美好美得灵不断调整牛肉饼的软硬度和大小规格，最终做出适合机械手抓握、不易散落、厚度适中的最佳方案，这也成为冬奥村机器人餐厅的一大亮点。

中国制造的规模已经傲然于世，但在很多工具、工艺和工业软件与自动化、智能方面，和世界一流水平相比还有不小差距，需要漫长的时间潜心消化、追赶。防止自大、自满、自我封闭的心态，以开放心态、开阔胸怀，一点一滴继续把世界级的技术、经验、管理、人才引进中国，是今天中国推行全球化、往外走的过程中必须重视的一点。

有更开阔的胸怀才能学到更多知识，学到更多知识才能更好地帮助自己打开胸怀。而刘永好的胸怀，再一次帮助新希望和中国相关产业提升到世界级水平。事实上，新希望的很多全球化合作项目都采用了北京美好美得灵公司的合作模式，即各占50%的股权结构，平等协商、优势互补。这也为全球化合作中经常出现的"控股权"之争提供了一个很好的解决思路。

除了在先进技术方面还有短板，中国在高端动物蛋白产业链上也有一些无法回避的供给短板。针对这些问题，新希望致力于整合全球供应链，将全球范围内的优质农牧产品"引进来"。

2015年，新希望成立"云优选"跨境电商公司。2016年1月，新希望旗下跨境电商平台"咚次哒次"上线。它依托新希望全球产业链，采用"全球甄选+产地直供+国内销售+优选商城"的全渠道经营，致力于为中国消费者带来更质优价廉的全球购物体验。

全球化3.0时代的新希望

新希望的全球化进程与自身的农牧业发展进程是高度相关的。1.0阶段紧紧围绕饲料，2.0阶段围绕食品、全球优质蛋白产业链及相关投资。那么，这是否就是"世界级农牧企业"的尽头？

显然不是。

近几年，全球农业竞争的焦点已经转移到生物技术产业。2021年，国家首次提出攻关种子芯片，提出"做强种子芯片，端牢中国饭碗"的理念，一时间"种子芯片""猪芯片"引起各界关注。

冥冥之中，刘永好和新希望又快了半步。在长期的农牧食品探索，以及对生物医疗的投资中，刘永好认识到农牧食品和医疗健康的根源都是生物，无论是为了把动物养好，把食品做好、让人吃好，还是让人们变得更健康，都是以生物为根本。因此新希望未来发展最重要的支撑，其实是建立与生物相关的底层科技逻辑。

全球生物科技的制高地在美国波士顿。波士顿汇聚了哈佛大学、麻省理工学院、波士顿学院、波士顿大学等众多世界名校，它还是全球生物科技领域的"硅谷",拥有2000多家来自全球生命科学领域的科研机构和企业(如阿斯利康、赛默飞、诺华、辉瑞等),以及上万家生物科技公司,被誉为"基因城"。

作为新希望国际化的带头人,刘畅每年都要去欧美优秀企业和高校交流。在美国,她进入常青藤大学进行宣讲,总会吸引很多留学生。刘畅的留学经历很容易让她与同学们之间建立共情,除了介绍公司和产业,她还时常跟那些远渡重洋的孩子交流家乡的变化。而且是从企业的角度,我们中国的企业变成了什么样,现在是怎么想的、怎么做的。在来自全球各地的同学面前,中国留学生由衷地感到骄傲。

刘畅也从中收获着力量和更广阔的认知。中国留学生普遍学业良好,很多还是教授们的得意弟子,在与他们打交道的过程中,她顺藤摸瓜,又逐渐认识了他们的教授,对波士顿地区的生物科技、中部地区五大高校的农业经济学有了深刻认知。

2017年9月,受刘永好和刘畅的委托,新希望六和首席科学家曹宏博士回到美国波士顿地区进行生物科技的专项调研。经过一年多的调研、准备,刘永好和新希望高层更深刻地认识到集团的所有产业集群,最终都要依赖基底层面的生物研究。从基因工程到细胞学到组织学,再到整体健康、群体健康,生物科技是未来产业竞争的关键。而且波士顿地区"遍地是黄金",人和动物在很多病理、治疗逻辑、环境处理方面的方式都是相似的,波士顿地区在人的医药和生物科技领域所做的研究,对动物也同样适用。

2018年6月,刘永好决定成立新希望波士顿研究院,希望波士顿研究院承担像厚生投资那样的瞭望哨、侦察兵任务,为集团下一个10年的发展起到技术前瞻和领航的作用,并成为一个全球化的产学研对接和落地机构。

在异国他乡,进入一个以前没有接触过的领域,资源缺乏,注定是一个摸着石头过河的探索过程。刘永好坦言:"许多世界一流的生物科研人才目前还是愿意在美国发展,那我们只好在波士顿这样的地方建一个基地。只要能为企业、产业服务,在哪里都是一样,关键是能不能站住最前沿,瞄准最高端。"

首先还是要"入乡随俗"。在波士顿,新希望采用了与著名高校合作的方式,即由新希望出资支持相关研究,由波士顿研究院协调、协助推进,双方共享研究成果。这也是美国市场化科研的主流办法。

美国农业科研体系的核心是"农户-高校"体系。美国农牧业通常都有相应协会,它们是农民自发成立的民间组织。比如全美养猪协会规模就很大,在各州都有分会,除了与政府沟通,敦促政府解决相应的问题,这个组织还规定,农民每卖一头猪或每卖100磅猪需缴纳几十美分到一美元不等的科研经费。协会把这些钱集合起来,再申请一部分政府资金,随后找到大学研究机构、大学教授,教授们则拿着资金做"命题作文",比如如何预防非洲猪瘟,在全球气候越来越热的情况下怎么更好地养猪,怎么研发饲料配方以治疗某种疾病,等等。教授们找出解决方案后,再由养猪协会免费培训农民。

如此,一方面直接、高效地实现了科研-应用的闭环,并确保美国农民可以及时、平等地获取世界第一流的科研信息和技术;另一方面,全美养猪协会每年贡献的科研经费就可达10亿美元,加上政府补贴、公益机构的支持,"集中力量办大事",完全可以推动许多重大的基础科研项目,并提前解决问题,而不是等问题来了再临时抱佛脚。

相比之下,中国的农业科研往往是科研-应用两层皮,科研对相关部门而非对农户、对市场负责,而且往往是补救型科研,即出了问题再找解决方案,而非提前预防。这方面,中国农牧业科研的思维还存在很大提升空间。

其次,只有发挥企业家精神的主导力量,才能打开局面。

在波士顿研究院成立前,刘畅带着刘永好专程前往美国考察学习。他们先是到芝加哥大学拜访了著名华人化学家、生物学家何川教授及芝加哥大学校长。在参观何教授实验室的过程中，刘永好又回到了兴奋的学习状态，就仪器设备、生物芯片等问题问了个遍。随后，刘永好赶往波士顿，相继拜访了麻省理工学院、哈佛大学和一些生物科技初创企业，像1991年初次来美国一样，发现新大陆的感觉又一次油然而生。

企业家擅长将科技与应用结合起来，他在了解了一种理论和新知识之后，总是能与研究型人才擦出热烈的火花。在参观美国最大的生物合成学公司的过程中，刘永好经过一个多小时的参观学习，迅速理解了合成生物学的应用，尤其是在食品领域的应用方向。在随后的交流中，他将之转化为自己的理解，对合成生物学的意义、在未来农业食品产业中的应用做了精准的界定和描述。其公司创始人特别激动，仿佛遇到了知音，认为刘永好的理解开拓了他的新视野，也有助于他厘清一些未来的事业发展方向。

后来，这些大学教授有一些成为新希望波士顿研究院的合作伙伴。他们对刘永好的访问和交流念念不忘，并且一直记得刘永好对他们事业的深刻理解和期望。丰富、稳定而深入的专家网络，也直接帮助曹宏博士在后期合作中协调、推进工作。

还有一点也很重要，那就是将科研作为"一把手工程"。

波士顿研究院作为新希望对标全球的生物科研前哨站，一项基础任务就是要至少每半年向集团领导小组汇报一次世界生物科技前沿动态和进展。每次汇报长达4~5个小时，这也是近年来新希望高层开的最久的固定会议之一。70多岁的刘永好，对猪芯片、人造肉、生物合成学之类的新鲜事物依然保持着旺盛的学习心态。在几个小时的了解、思考之后，他提出来的问题常常令曹宏博士团队都感到很意外，他们发现自己的理解和准备的深度往往还赶不上刘永好，所以会后通常还要再次报告。再次汇报时，听众往往只有刘永好、刘畅。刘永好依然是新希望在全球化创新时代的核心驱动力。

生物科技也是刘永好儿子天天近年的主要学习领域。他在美国留学，学的是社会学，刘永好也认为，一个管理者走向优秀的过程，其实就是对社会、对人性、对心态逐渐把握的过程。此外，他还根据自己的兴趣选修了生物学，刘永好就安排他跟随知名的华裔生物化学教授孔正学习，并跟随波士顿研究院、相关并购基金参与最新的生物技术研究或投资。天天每次都是周一到周五完成繁忙的学业后，再利用周末休息时间赶往相关地点学习、考察，或参与投决会议。

天天还自己选择了一个新的农业技术领域——垂直种植：怎样利用狭小空间，怎样利用较少的能源，怎样不受气候的影响，怎样实现水肥一体，怎样用机器人提升效率，用什么样的光谱、能源来控制？这是全球农业一大新趋势。就像许多科幻电影中描绘的未来城市，城市向空中发展，农场、农作物种植区也建在城市中，跟着城市一起向上发展。在以色列这样的农业技术强国，这样的情景已经初步实现，而中国目前还处于城乡二元发展的阶段。不得不说，我们的农业发展还有非常巨大的追赶空间。

时不我待。新希望在中国类似垂直种植、"未来城市"探索这样的重任，也许要交到天天这一代"新"新希望人的手中了。

新希望在波士顿设立的这个前哨站，不只针对新希望提供服务，而是面向中国的农牧、食品、医疗产业及相关投资机构开放。除了为集团投资、决策提供科研依据，如为草根知本投资植物肉企业，为新希望并购澳大利亚营养保健品企业澳恩禧（ANC）等提供相关知识和咨询支持，波士顿研究院还为武汉新华扬生物、宁夏伊品生物、青岛诺安百特生物、湖南先伟实业等国内企业，提供相应的专家网络、专项科研、技术提升及培训、海外研发代管等服务。

新希望的种子，向来是丢到哪里都能自己生长。今天，波士顿研究院团队自我加压、自我发展，已初步形成独立运营能力，其中约50%的服务面向集团提供，50%面向外部市场提供。服务产生的盈利可以初步支撑研究院的基本运作，不久的将来就可以为集团贡献利润。更重要的是，它为中国食品、健康、生物等相关产业在全球最前沿建立了一个市场化的阵地，助力中国企业在世界级的人才、科研、高校的核心竞争中，能够做到不脱节。

尽管现代科技已经很发达，但农牧业依然是一个周期波动大、高风险的产业，要求企业家有极强的危机意识、前瞻性。譬如2019年席卷全国的非洲猪瘟，猪一经感染，致死率几乎达100%，且无药可治，只能扑杀。

从1921年在非洲肯尼亚发现第一例起，非洲猪瘟在全球已有上百年历史。它1957年开始侵袭欧洲，2007年开始侵袭东欧和亚洲。它2018年8月进入中国，2019年开始大暴发，给中国猪产业带来重创。其中，从2018年8月到2020年初全国扑杀生猪120万头，2020年扑杀1.4万头，2021年扑杀0.45万头。

由于掌握不了非洲猪瘟的生成机制和内在因果关系，面对冲击，企业基本上束手无策，只能采取严防死守的办法，把自家大门看牢。要解决根本的防治问题，只能依靠龙头企业。中国解决不了，那就到全球范围内去寻找解决之道。2018年8月，波士顿研究院刚刚成立，刘永好就指示研究院将非洲猪瘟列为核心课题，并在全球范围内寻找疫苗及药物治疗方案。

与以往的应用型研究不同，这是一次要从基础做起的攻关型研究。由于美国还未遭受非洲猪瘟影响，也没有成熟的研究，波士顿研究院也只能"白手起家"。有一次，曹宏博士团队在与麻省理工学院生物学教授陈建柱的交流中获悉，困扰人类的登革热病毒与非洲猪瘟病毒有很多相似之处，研究登革热疫苗的经验或有助于非洲猪瘟疫苗的研究，而且陈教授团队已经研发出登革热疫苗并投产。团队十分兴奋，仿佛在黑暗中看到曙光。

专项汇报后，2019年11月，刘畅代表新希望访问麻省理工学院并达成合作意向。不料年底新冠肺炎疫情暴发，有所耽搁。至2021年10月全球疫情好转，双方迅速达成协议，首笔研究经费迅速到账，双方联合的非洲猪瘟疫苗研发项目正式启动。不久的将来，这个困扰全球百年的历史难题，或许会有迎来解决方案的那一天。

蓦然回首，波士顿研究院无形中成了刘永好新时期"快半步"的重要布局。2018年起，中美贸易争端愈演愈烈，美国对中国科技产业的打压不断加码，2020年疫情发生后又在客观上造成了两国的交流阻碍。所以在今天的政治、产业政策环境、人才交流条件、国际旅行条件下，国内企业再想成立类似的全球化科研互动平台非常困难。而刘永好已经布下的全球化生物研发"科技链"，或许将对新希望下一个10年、20年产生根本且深远的影响。

如何定义世界级？

2022年，新希望以营收超2500亿元的规模跻身世界500强企业第356位。榜单中，新希望在中国食品领域的规模仅次于华润和中粮；放到全球食品领域，规模超过可口可乐公司，位居第7。新希望还是全球最大规模的饲料企业，全球排名第5的禽类屠宰加工企业，全球排名第6的养猪企业，等等。

"新希望'世界级农牧企业'的目标实现了吗？"

从刘永好到高管到普通员工，大家的答案比较统一，也比较清醒：规模上算是了，但还有一定的距离。

如何定义"世界级企业"？

1995年，美国管理学会前主席威廉·纽曼教授在中国举办了一个企业战略研讨班，提出"中国需要在竞争性行业发展自己的世界级企业"。同年,《财富》杂志首次发布将制造业和服务业合并在一起的世界 500 强榜单。在中国,从政府到企业和媒体,从此把中国企业在世界 500 强中的数量看作经济复兴的重要标志。

2006 年,新希望提出"世界级农牧企业"的目标。刘永好认为,实现这一目标首先应当具备世界级的规模。

虽然规模大不一定代表强,但规模不大很难称得上强。规模做得大,不仅能降低成本,也能让消费者和利益相关方增添信心。管理一家规模很大、复杂度很高的集团化企业,这本身就对管理、组织、文化提出了很高的要求,倒逼企业在管理上不断创新,提升效率和竞争力。

新希望的发展一直围绕主业,通过内生发展和外生并购、合作,主业规模越做越大,在产业生态中形成了世界级的影响力。与之相反,中国有一些民企走向了通过不相关多元化做大规模的道路。企业在形成积累后,在全球四处买写字楼、买"地标"酒店、买球队、买文娱项目、买体育俱乐部,资产规模是上去了,但价值标的模糊,且与核心业务无关。最终,"规模"并没有带来规模效应,反而让企业距离"世界级"越来越远。

全球化企业一定是开放型企业。那些市场封闭型、行政保护型、创新驱动力弱的企业,尽管规模足够,也不可能成为"世界级企业"。

刘永好认为,只有把世界级的规模和世界级的竞争力、创新力、科技力相结合,才能成就真正的世界级企业。

其次,世界级的企业应当具备世界级的商誉。

狭义来讲,商誉主要发生在并购、估值时,指超出有形资产之外的无形价值。但广义来说,商誉代表了赢得信任、带来口碑和品牌溢价的一切因素。

可口可乐公司前董事长罗伯特·士普·伍德鲁夫曾有一句众所周知的宣言:"假如有一天可口可乐公司在一场大火中化为灰烬,第二天全球新闻媒体的头条消息一定是各大银行争着向可口可乐公司贷款。"这就是世界级企业的卓越品牌价值、商誉的价值。

2021年，刘永好在北大国发院暨南南合作与发展学院2021届毕业典礼上发表演讲，他送给同学们的最后一个锦囊是：在这一生请尽最大可能保持诚实。既要对他人诚实，同时也要对自己诚实，对社会诚实。

他说，在新希望的文化中，阳光正向、善良守信、简单直接、坦诚透明是基本准则。我们相信坚守这些准则能帮我们走得更远、更长久。新商业文明不仅呼唤诚信，也在奖赏诚信。那些好的产品、对用户诚实的企业，会被肯定。对个人来说，一个诚实、专业、厚道的人，是当今社会最吃香的人。特别是一些同学，可能走向创业，走向政府部门、公益岗位，他更希望他们保持初心，坚守诚实，永远对弱势群体保持同情心，对规则保持敬畏，对社会保持回馈心。

这是一个70多岁的企业家的心里话，也折射出新希望的价值底色。在刘永好心目中，可持续发展意义上的"做久"、对利益相关者负责意义上的"做好"、技术创新意义上的"做强"，应该放到更加突出的位置。同时，随着中国企业更多地走向世界，应该更加关注如何成为一家受人信任、尊重和喜爱的企业，而不只是世界规模的企业。现在，"产品卓越、品牌卓著、创新领先、治理现代"，也日益成为大家公认的世界一流企业的标准。

从1000元白手起家，到今天的世界500强民企，刘永好和新希望人正朝着世界一流企业的目标迈进。早在小小的新津饲料厂时期，他们就有一种与世界级大企业一较高下、不能输给它们的决心、勇气和实干精神。而今天，他们距离成就"世界级农牧企业"的目标，越来越近了。

第十章

数智之旅

2022年3月下旬，上海突遭疫情袭击，城市进入静态管理，两千多万市民的生活物资供应出现困难。

一次，市政府领导在调研一些社区的保供情况时，惊讶地发现，路边正在运送的保供牛奶是新希望旗下的朝日唯品。特殊时期的供应能力是对新希望生产体系和供应体系的考验，平日的"练功"也在关键时刻发挥了重要作用。

朝日唯品原本是日本品牌，2017年新乳业将其收购，并保持了原品牌、产地和运营团队，加上新希望的支持和资源导入，其在上海高端牛奶市场表现稳定。疫情期间，团队没有躺平，而是抓住社区团购机会，发展了240个团长，做了5个平台，将产品配送到1200个小区。在二季度封控期间，销售反而同比增长93%，实现了规模和品牌口碑的同步提升。

朝日唯品的稳定配送只是结果，新希望旗下鲜生活冷链更是"幕后"英雄。鲜生活在上海、杭州建有两大仓库，疫情期间迅速升级为保供仓。它在上海还拥有匀鲜供应链、东启物流、鲜禾晨晖供应链等5家子公司，拥有覆盖全城的食材供应及配送能力。4月初，上海保供体系建立。只用了2天时间，鲜生活即完成保供资质申办，并获得 200 余张冷链车通行证。集鲜上海保供系统只用了 24 小时就上线，并组建起 300 多人的保供服务团队，只用 48 小时就完成了货源调配，随后开启了覆盖全城的社区保供配送。

集鲜上海保供系统由团长通过平台下单，通过订单数字化系统，仓储迅速进行货单管理、分拣、分发，24 小时送达。除了时效性，鲜生活还有两大优势：一是均衡的食品配比，推出 7 天礼包，确保一家三口 7 天的营养均衡；二是凭借其数字化配送优化能力，实行"一单起送"……又快又精准，讲科学又讲人性，对封控中的市民来说，并不多见。接下来的数月内，集鲜保供系统为上海超过 1 万个社区配送了逾 120 万份食品。

2022 年 6 月 9 日，上海市商务委员会向新希望集团颁发感谢信，感谢新希望在上海疫情期间的保供贡献。这份沉甸甸的感谢背后，正是新希望数年的供应链和数字化管理、交付能力的积累。

与我们理解中的传统农牧企业不同，新希望事实上早已蜕变为一家科技型的产业集团。这种蜕变，对一家拥有十几万员工且大部分人的学历处于大中专以下的传统企业来说，无异于一场"革命"。这期间，发生了许多故事……

农牧企业的数字化理解

农业未必不能"性感"。2009 年，网易 CEO 丁磊宣布开启养猪计划，就一度引起社会轰动，网民们见惯了互联网巨头意气风发、高谈时代潮流，乍见他们俯首甘为养猪人，一时哗然，甚至引发网络群嘲。

"敲键盘的，未必能将猪养好"，正如网友的调侃，网易养猪的过程并不顺利。2011 年 3 月，网易首个养猪基地才正式落户浙江安吉，但也仅仅处于试错阶段。没两年，曾经备受关注的网易"养猪三人组"

突然散伙，事业部总经理、副总经理相继离职，"网易猪"一度受到媒体群嘲。直到 2016 年，网易的第一个自有猪场——网易味央（安吉）现代农业产业园开始正式投产，并宣布"将 5G+ 互联网思维贯穿整个养殖产业链"，才真正步入了养猪正途。

在网易养猪被广泛质疑的时候，刘永好却在全国两会期间公开表示看好："以前人家都觉得养猪土，搞互联网的人都很时尚洋气。现在，最时尚的人都去养猪了，说明畜牧行业是有潜力、有前途的。"当时，刘永好就考虑用最新的技术去养猪，但当时的互联网对制造企业来说更像一种营销方式，显然还不够。

2015 年，各大互联网巨头风向一变，开始推进产业互联网，数字化、云技术、智能化等新科技纷纷与制造业深度融合，一场新的制造业革命由此开启。

丁磊不再孤军奋战。2018 年，京东发布"京东农牧智能养殖解决方案"，提出利用人工智能、物联网、大数据等技术实现猪场精细化管理和科学自主智能化决策，让农牧业实现万物互联。京东还开发了养殖巡检机器人、饲喂机器人、3D 农业级摄像头等设备。

除了网易、京东，阿里、华为等公司也开始布局养猪领域，一度被媒体戏称为"炒猪团"。2021 年，华为推出"华为智慧养猪解决方案"，进军猪脸识别赛道。但华为负责人表示，华为不养猪，只赋能企业用 AI 养猪。

尽管互联网公司对很多行业的入场，往往是"雷声大雨点小"，但不可否认，高科技养猪正在成为趋势。

与此同时，中国的养猪龙头企业也纷纷把希望寄托于数字化、智能化。

牧原集团开辟了"新型智能猪舍"，有效阻断病毒传播，支撑生猪稳产保供，还研发了环控器、智能养猪专家、板下清粪机器人、自动清洗机器、消毒弥雾机等智能化设备。唐人神集团捆绑金蝶软件，提出了"物联网+大数据+智慧猪场"的养殖模式。天邦股份2022年6月定向增发募资28亿元,重点布局"数智化猪场升级项目"。

一位从IT转行到新希望六和的高管感慨:"如果一个人在2002年左右加入了IT行业,2008年左右加入了互联网行业,2018年后加入了农牧行业,那这一生堪称人生赢家。"为何?因为他看到最传统的农牧产业给了互联网、数字化最宽广的施展空间。在新希望,不仅饲料生产、物流供应链开启了数字化、无人化,猪场管理也开始实现无人化或少人化,还建立了智能机器人研发队伍,开发了"慧养猪""秀杰和普"等系列养殖和育种软件。新希望已经成为一家智慧养殖方面的软硬件与系统协同共进的科技型农牧公司。

时间来到2020年11月,作为亚布力中国企业家论坛轮值主席,刘永好在开幕致辞中这样描述制造业企业家的心声:"最近这几年,我们很多实体企业都感到很彷徨,一方面是因为互联网企业迅猛扩展。有人说互联网企业会颠覆制造型企业,但几年过去了,我们惊喜地发现传统制造型企业也不是那么容易就能被颠覆的,它的产供销体系、人才体系及市场建设体系都有相当好的韧性……"

而到2022年,作为传统制造业转型升级代表的新希望,即入选当年《财富》最受赞赏中国公司。《财富》的评价是:"2022年,新希望全面提速数字化转型,除了加大在数字化工厂、智能养殖上的投入,还提出了数字化转型的'灯塔项目',从而让企业效能获得提升,实现穿越周期的增长。"从2013年左右提出的互联网化到2018年发力的数字化,新希望持续引领农牧传统产业转型升级。

刘永好言简意赅地说:"数字化就是工业化新时期的标准化。"即通过数字而非人的标准再次打通现代工业的生产、销售、管理、文化差异等环节,从而实现数字化时代的新商业文明。

刘永好这个"老农人"对数字化投入了巨大的热情。他说,农业是最古老的产业,每时每刻的温度、湿度都不一样,环境异常复杂,而且基础产业管理落后，直到他们那代人，还是靠老农民传授经验，差异大，难以标准化。

在科技时代，养鸡、养鸭、养猪这样的传统农牧业如何与时俱进、更有效率？他提出了三点考虑：第一，把农业的事情用工业的思维来做；第二，随着农村人口大规模进城，如何让中老年农民拥有成熟的科技工具，事关他们的劳动效率和收益；第三，小鸡、小鸭、小猪都是活的生命，养殖是"有生命的产业"，不是冷冰冰的，要更好地爱它们，让它们更好地成长。

另一方面，他清楚地知道，"老农人"的经验又是一笔巨大的财富。有了数字化，就可以将他们最好的经验进行解剖，形成案例，以此来指导设备的智能化设计，然后通过信号收集、设备检测、自动调节、形成算法……建立一套规范化、标准化的养殖体系。只有让所有设备都能收集数据，并通过人工智能处理数据，给出每个环节的最优解，农业现代化才能真正实现。

2018年初，刘永好在布局波士顿研究院的同时，就提出生物科技的"6936战略"和信息科技的"146N数字化战略"，正式推动新希望向现代科技产业集团转型升级。

这一年也是新希望发展史上浓墨重彩的年头之一。集团年营收正式突破千亿元大关，达到1300亿元，此后势如破竹，仅用两年时间便突破2000亿元，2021年新希望正式跻身世界500强，位列第390名，2022年又进一步攀升到第356位。

不仅是量的突破，更有质的提升。随着波士顿研究院、产业数字化改造相继启动，新希望的发展路径更加明确。其中，数字化转型成为刘畅和新希望集团常务副总裁李建雄的主抓事项。

刘畅在企业各种场合强调："对新希望来说，数字化绕不过，只有数字化才可能让企业腾出手来做进步的事。没有数字化，就很难有进步。"在她看来，新希望40年已经形成肉、蛋、奶产业链发展的格局,从上游的饲料生产到养殖、屠宰、加工、运输和 C 端消费,每个环节都对企业综合能力提出越来越多的考验。通过数字化打通各环节并细化管理就是当务之急。

一个典型的例子是上文提到的朝日唯品,它于 2008 年在三聚氰胺事件的背景下进入中国市场。朝日唯品将生态循环农业和超巴氏杀菌乳的超前理念带入中国,在山东莱阳市的大海边兴建起自营的生态循环牧场,坚持完全生态循环 + 全日本标准管理。其作为中国唯一奶源全部来自自有牧场的品牌,一举引爆一线城市高端市场,并成为售价最高的牛奶,在高端市场独树一帜。

对朝日唯品而言,包括农场生产的猪肉、鸡、瓜果蔬菜,都是原生态优质产品,但产量低、各项成本都非常高,更致命的是没有跟上互联网消费时代发展,销售渠道存在较大问题,显示出对中国市场不熟悉,因而长期亏损。2017 年,朝日集团找到新希望寻求全资收购。同为全球化的农牧、食品企业,双方有过长期合作,知根知底。新希望经过研判,答应了收购请求。

完成收购后,新希望不改变其生产体系和运营团队,只在管理、财务、数字化和营销等关键岗位派驻优秀干部,一方面通过数字化、精细化管理降本增效,另一方面发挥新希望强大的渠道及销售能力,大量开拓商超,进入高端咖啡市场,并建立互联网数字化销售渠道。朝日唯品在收购的当年就成功止亏,第二年就赢利 1000 万元,第三年达 2000 万元,继而在上海抗疫中大放异彩。朝日唯品 +24 小时铂金全优乳,也成为新希望高端牛奶的并蒂双花。

原有运营团队十分感慨,牛还是这些牛,地还是这些地,耕作也还是采用这些方式,为什么交给新希望就能赢利?除了对市场的熟稔,更在于新希望把握住了从互联网到数字化的时代大潮。

我们再把目光放到更广阔的农业领域,养殖业之外,种植业的数字化也在整个中国隆隆推进。

著名的北大荒已被称为"北大仓",生产了黑龙江1/4的粮食。中国人端的饭碗,每9碗就有1碗来自黑龙江。如今,"北大仓"又在向"北大网"转型。

这里试验的无人化水田的筑埂、搅浆、插秧、旱直播、飞防、秋翻地、旋地,以及无人化旱田的灭茬、翻、耙、起垄、播种、喷药等20多项无人农机作业,涵盖了水稻、玉米、大豆三大农作物的耕、种(插)、管、收、运的全过程。

譬如下辖的七星农场,铺设了数百公里的通信光纤,在田间建设了200个视频摄像监测点、20个小型气象站、20套地下水位监测装置,覆盖全场122万亩耕地。结合运用高分一号光学遥感卫星高分辨率对地观测系统,构建了天空地一体布局、人机物全面互联的现代农业发展格局……

中国东北、华北平原地区国有大农场的规模化种植已不是新鲜事,但养殖业的规模化、工业化时间不过才十多年,直到今天的数字化、智能化,正是有了新希望这样的大型民企集团进入,才在短时间内发生了翻天覆地的变化。就种植业而言,不论是美国私有大农场还是中国国有大农场的科技作业,其实都已经较为成熟,但全球养殖业的规模化、数字化、智能化,"这方面,全中国、全球还没有哪家做得很好,新希望有可能扮演引领性的角色,这是一个令人兴奋的前景",刘永好仿佛又发现了一个新大陆。

从养猪开始的数字化

新希望的智慧猪场,流传着三句话。

第一句话是刘畅说的,"数字化母猪繁育场的环境应该与我坐月子相当"。这不是玩笑话,而是刘永好、刘畅对新希望新一代养猪场的要求,而且已开始逐步实现。新希望5S智慧猪场不像猪场倒像是酒店，小猪们住的是楼房，坐电梯上下楼，享受中央空调，冬暖夏凉，新风系统，"户户"都如此。

在这里，通风管道通到猪鼻子底下，猪舍采用滤网＋微生物喷淋的除臭工艺，饲料、水一键自动投喂，温度、湿度、风速智能调控，清粪机器人定期出动。

猪的生活条件好了，自然就能少得病、少打针、少灌药，应激反应也少，成本也随之降低，猪更健康，生产也更平稳。

猪舍内景

第二句话是新希望人经常挂在嘴边的，"想见猪比见刘永好还难"。

为防范非洲猪瘟等生猪疫病，新希望的猪场，包括合作猪场全部实行全密闭管理，"全进全出"生产。猪场员工进厂需先经过72小时外部隔离，随身衣物全部留在场外，进入过程中需三次更换衣物，两遍消毒，再洗一次澡。外部人员要进入，需提前隔离5天。这些都是为了杜绝各种外界污染和干扰。

第三句话也是句大实话，"猪过得比人健康"。

新希望的猪舍配备国际领先的空气过滤系统，可隔绝PM10以上的大颗粒扬尘，将大多数通过空气传播的细菌和病毒阻挡在猪舍之外，祖代场更是达到 PM2.5 级防护。通过新希望开发的"慧养猪"系统，每一头猪都建有档案，母猪何时配种、孕检，猪只何时保健，扫码即知。将来还可以像新乳业的牛奶产品一样，对接消费端的溯源系统，消费者买的肉来自哪个猪场、哪头猪、猪吃的是什么、生活状况怎样，都可以一目了然。

在这里，繁育期母猪有专门定制的"月子餐"，小猪们吃的饲料则经过动物营养学家和技术人员反复调配，营养全面均衡，杜绝任何有害物质。所以，如果中国人的餐桌上，越来越多的猪肉都来自这样的智慧养殖，国人吃上放心肉的朴素愿望就会被完全满足。

新希望猪场的另一大升级是现代环保养殖及其"种养结合"模式。

在新希望猪场，环境良好的另一大原因是猪场产生的粪便、废气都已被工业化处理，变废为宝，"哪还能浪费在外面"。

首先是污染物的"源头减量"。猪舍采用智慧水务系统，智能把控用水量，降低污水排放。猪舍内采用干清粪工艺，实现粪尿分离，比传统水泡粪工艺节水 30%，而且缩短猪粪舍内停留时间，减少恶臭气体排放。同时，新希望开发的清粪机器人也陆续投入使用。

其次是"过程控制"。猪场污水处理采用"预处理+UASB 厌氧罐+A/O 池"主体工艺，污水首先通过机械格栅初步过滤，去除大悬浮物后进入调节池暂存，完成调节后提升至固液分离机进行分离；之后污水进入预沉池，通过预沉池进一步混合均衡水质后，通过水泵提升进入 UASB 反应器；UASB 反应器产生的沼气经气水分离、脱硫净化后存于储气柜，作为猪场生活燃料，污水进一步经充分厌氧反应，去除其中的 COD（化学需氧量）、BOD（生化需氧量）、悬浮物等污染物后，进入两级 A/O 生物反应池进行生化好氧处理，之后再进入缓冲池经臭氧消毒处理，排入生物氧化塘进一步深度处理……一系列工业化处理后，污水变净水，最终满足排放及农田灌溉标准，用于农田灌溉。

固废处理则采用高温好氧发酵工艺，干清粪通过机械收集进入立式发酵罐，在密闭罐体内，自动控温系统使猪粪在高温阶段维持5~7天，经过高温好氧发酵，好氧微生物迅速增殖，有机物被分解，水分降低，病原菌及杂草种子被杀灭，最终达到有机肥处理标准。同时这项技术还可以用于病死猪处理，实现猪场固废的无害化与资源化。

然后是"末端利用"，打通种养结合的最后一公里。猪场配套种植，采用自动化喷灌设备，配合沼液车将处理后的污水与有机肥还田利用，实现种养一体化。猪场还与周边农户合作，建设有机蔬菜生产基地，帮助农户改善种植条件，发展种养结合模式，有效提升当地种植技术水平。同时，新希望六和还与相关企业及高校合作，在智慧水务、种植技术、菌种优化等多领域合作，推进循环农业，推广现代化"种养结合"模式。

在自身产业升级的同时，为了带动养殖户发展、精准扶贫，新希望还通过"公司＋家庭农场／养殖合作社"模式，与养殖专业户或养殖合作社合作。他们提供建场指导，使更多的"养猪场"升级到"养猪厂"，复制标准化、工厂化生产。同时，统一提供猪苗、饲料、疫苗，相关标准流程由新希望的畜牧专家到一线指导。为此，新希望开发了两个数字化系统：一个是"云端放养系统"的标准化技术指导，猪只何时打疫苗、保健、出栏，养殖户都可以提前获知；一个是"聚宝猪在线生猪交易平台"，利用大数据、互联网技术，帮助养殖户卖好猪。

山东夏津县东李官屯镇养殖户臧国新说："以前在外面打工，赚不了多少钱，一年到头还回不了两次家，很想家。"两年前，他加入新希望的养殖体系，由于各种环节都已经数字化，定期还有技术人员前来指导，因此他和妻子两个人就可以轻轻松松养殖1500头猪，现在年出栏可达3000头。这在以往是不可想象的，以前中国农民的传统养殖方式，夫妻档能养个几十头、一百多头，恐怕就到顶了。新希望的数字化真正改变了农民的生产、生活。

今天，新希望已拥有自己的种养殖管理系统，还在养殖场、种植区实施无人机和机器人24小时巡检，传统农牧逐渐告别"土里土气"，变得越来越酷炫。未来，新希望还将围绕终端每一张订单，全面倒推每一项环节，实现从交付、营销到管理、生产的全面数字化打通。

农牧工厂化、数字化不仅影响深远，还进一步改变了产业人才结构和产业链科技结构。今天，农牧业已经不再是"农民"的象征，猪场负责照料小猪的是兽医和动物保护专业毕业的大学生。养猪过程中的大数据、物联网、冷链物流等技术也完全是高科技。实现数字化的现代农牧业，彻底改变了中国农业"看天吃饭"的宿命，也带动着相关环节、工种的全面现代化。

把工业化和数字化、智能化相结合，中国农牧领域的"新工业革命"正在如火如荼地进行。从刘永好、刘畅到李建雄、张明贵，再到各板块的管理层，新希望人正大步走在这场"新工业革命"的潮头，举全集团之力，加紧推进数字化探索与转型。

2019年，新希望发布5S智慧猪场，孵化出"我行我数"消费者大数据合伙人公司，旗下供应链金融、房地产数字化运营平台落地。同时，集团层面从财务一体化、统一管理等角度建立起数字化平台。

2020年，新希望数科集团成立，开启对内、对外产业赋能；新希望推出数字乡村解决方案，以助力上下游合作伙伴及地方政府赋能；联手腾讯创立的智慧城乡数字平台——新腾数致，迅速在抗疫中大显身手；农业供应链金融公司——上海厚沃成立，专注为中小微企业服务，致力于成为泛农业供应链金融科技服务提供商……传统农牧产业领域，有着越来越多的数字化新模式、新生态。

2021年，新希望饲料数字化工厂完成试点，全面推进。6月，与哈佛商学院合作的"新希望·哈佛数字化转型战略加速项目"启动，8月正式举行开营仪式，240位新希望核心管理干部、后备干部和管理培训生，线上线下结合，展开了为期4个月的集中学习。10月，集团开启"数字化粮仓"建设，与民生电商合作，建立供应链数字化综合服务平台"民农云仓"，对新希望粮仓中150万吨玉米、大豆、水稻等粮食，从温度、湿度、气体浓度、虫害、水分等参数全面进行智能监管及资产数字化服务。

2022年3月，新希望启动数字化转型"灯塔项目"，在总部管理、核心板块优选7大项目先期探索、建设数字化全体系。

在干中学，在学中不断积累、优化，本就是新希望文化的传统。随着合作、学习、探索的不断深入，他们又渐渐发现，西方标准化产品的逻辑并不都适合自身，有些数字化方法或模块也已经过时。对此，刘永好、刘畅再次带队，向国内一批优秀的数字原生企业学习。同时，刘畅亲自主抓的数字化实战营开营，结合实践探索，逐渐积累和梳理了自身的数字化实战案例库和知识体系，以利于在更多的范围内推广应用。

企业要推进数字化，顶层设计是第一位。在新希望，数字化是全体系的"一把手工程"，从董事长到板块总裁，为第一责任人。李建雄的要求很有代表性，他说："凡牵涉到数字化的事项，可做可不做的，一定要做！"一把手自己带动，"一定要做"，这是新希望数字化体系的第一个特点。

第二个特点，是"自主造车"能力。数字化是企业的核心能力，需谨防"能外包就外包"的思想，核心能力必须长在自己身上。在2022年的年中总经理大会上，刘永好强调，新希望搞数字化，"必须警惕请一些公司过来做设计、脱离自身的业务流程生搬硬套的老办法。应该是业务决定数字化，而不能是数字化的'屁股'决定业务的'脑袋'。这样做看似简单，套进来一个什么体系、方案，但一两年下来发现和自身的体质不适配,什么都做不下去,反而成本很高。""数字化和养猪一样,其实并不复杂,关键是不能偷懒。""请数字化优秀人才,就是为了在现有环境中创造新格局,就要给人家不一样的考核标准,就要给人创造机会。"

第三个特点,是自下而上,从业务端的实际需求出发进行再造,回到数字化的原点——要么解决成本问题,要么解决效率问题。否则,很可能沦为传统、科技、互联网三不像的企业。

作为一个实干型企业家,刘永好谈数字化转型,首要关注的就是减员增效、产销协同。采访中,我们请他介绍数字化的优秀应用,他却随口从总部办公室的复印机说起。

新希望体系庞大、部门多,对打印、复印的日常需求非常大。从十年前开始,总部的复印机都是租的,租的是市场上最好的,速度快,服务好,比自己买更节约成本。但行政部门要进行成本控制、精确核算依然很难。启动数字战略后,行政部门通过数字化手段管理,将打印、复印精确到每个部门、每台电脑,并运用数字化记录,最后超编部分要求相应部门承担费用。这样,通过"好的硬件+好的数字化管理",集团办公就实现了"高效+节约"的结合。这是最简单的数字化应用案例,但充分说明了企业数字化的源点。

还有一大源点,来自刘永好向来视为立身之基的阳光、透明、公平的组织机制和企业文化。新希望农牧体系庞大,采取分区管理,一线产销信息基本上还是掌握在一线管理者手上。尽管新希望一直秉承不做两本账并严格遵守审计制度,但各种成本、产销数据依然存在不少人为干扰的空间,甚至掌握在个别人手上。一方面,这导致各种细微的垄断、不透明、贪腐行为难以杜绝;另一方面,数据不打通,大幅增加了管理、决策风险。人为干扰的节点越多,企业健康发展的困难就越大。

如何贯彻阳光、透明、公平?光靠管理和机制肯定还不够,这些毕竟也是人为制定的。但加上数字化，这些问题就能迎刃而解。通过数字化打通，通过各项产、供、销数据自动采集、一本账拉通、统一指令，企业经营的负面效应就能得到根本控制，正面效应就能不断加分。

董事长、总部树立了这样的"标杆"，各板块、各条线就更加清楚数字化的切入口和发力点，那就是要将数字化融入当下的业务、组织、管理。以此类推，新希望体系的数字化一下子就找到了抓手，快速、高效地运转起来。

但正如上文所述，传统的、人为的，乃至人性的阻碍力量依然不容小觑，尤其对新希望这样一个庞大、以农牧业为基础的较为传统的企业来说。同时，企业应用场景过于丰富且细微，不止成千上万，数字化的开发、应用、调试、升级、整合，压力也十分巨大。因此，在启动之初，就算管理层中也有不少人认为，"随便搞搞就行了"。可想而知，数字化改造并没有想象中的那么简单。

著名咨询公司麦肯锡的一份研究报告显示，全球企业数字化转型的成功率仅为20%，失败率高达80%。即便精通数字技术的行业，例如高科技、媒体和电信，其数字化转型的成功率也不超过26%，而石油、天然气、汽车、基础设施和制药等较为传统的行业，数字化转型更为艰难，它们的成功率仅在4%至11%之间。报告还指出，相比人们普遍认为的规划和技术，组织文化才是企业数字化转型的绊脚石。

随着数字化改造逐渐进入深水区，刘永好意识到，对新希望来说，数字化就是一场"革命"。革命的阻力当然巨大，但如果不自我"革命"，迟早有一天就会被别人"革命"。所以数字化远不止一项工具、一种思维，还是一种新的企业基因。不搞则已，要搞就必须彻彻底底。

用数字化改造企业基因

在面对数字化这个时代新课题时，新希望面临的挑战一是产业和企业仍较传统、员工结构复杂，二是跨度太大、链条太长，三是形态多样、场景十分复杂。光农牧板块就有猪、禽、饲料、食品、上游添加剂等不同分类，有分公司或子公司1154家，其中饲料基地244个、养猪场329个、禽屠宰基地36个、猪屠宰基地5个、食品厂12个，覆盖除台湾以外的全部省份、全球十几个国家，从城市到偏远山村都有新希望的业务；农牧之外，还有金融、乳业、化工、地产、医疗健康、生物科技等行业、板块。在不同行业、板块、区域，各层级的特点和需求都不尽相同。可以说，每天都不断冒出新的问题。

所以，数字化既是打通各行业、板块、事业部的出路，也是一项艰巨的"革命"。而新的改革难免触碰一些群体的既得利益，这就更需要改革的毅力和坚定信念。

以新希望化工为例。以往场内物流调控很难，本质上是销售与仓库的博弈：销售为了及时出货，会让货车打提前量，能早到尽量早到；而仓库每天就干那么些活，货车早到了也没有用，那就等着。如此，经常造成厂区货车堵成一片、乱成一团的情况。过去，这件事情也没个客观标准，很难杜绝。

工厂推行数字化后，将销售、仓库、生产各环节全面数字化，车什么时候到、什么时候装卸，完全由系统说了算。以此为核心，再进行销售流程、组织、操作和工艺变革。不出意料，改革在业务端引起了不小反响，销售和仓库都不满意，说"你改了我的流程、工艺、操作规程，影响了正常的节奏和安排"。出现这种情况是因为数字化把他们调配的权力、人为操作的空间以及一些岗位大幅压缩。改革面临的阻力很大。

这时，化工板块总裁邵军站出来，说数字化是有道理的，是集团战略，必须这么干。既然跟基层管理者和员工很难解释，那只有一手硬、一手软，两手同时抓。在强力推动的同时，调整考核绩效，让整体绩效得到优化，基层人员还能获得额外奖金。这样，数字化工厂改造才得以推进。

新希望饲料BU尤甚。以往，各种物资采购和客户信息主要掌握在业务员手上，这一方面给了他们灵活操作、更好地做业务的空间，另一方面也给了一些人徇私舞弊、贪污腐败的可能性。在刘畅和张明贵的推动下，新希望六和光流程数字化就打造了研发、精益生产、供应链三大中台数字化系统，其中精益生产包括安全生产、品质管理、精益制造三大分项。这意味着数字化将涵盖企业运营的方方面面，效率得到彻底提升。

但对基层管理人员和业务员来说，这些意味的是业务灵活操作和徇私空间的同时丧失，以及团队优化，其中一部分人面临转岗，比如销售员转型为技术服务员，还有一部分人则面临下岗。这自然要引起很大反响。

管理层也有抗性，比如在数字化的成本问题上。新希望六和的智慧猪场推行后，在部分区域推进困难，关键是改造成本的问题：一个大型猪场全面改造下来需要两三千万元，但它只是生产、管理流程的优化，并不能带来市场规模的增加，收益也难以做到立竿见影的提升，因而受到的阻力较大。

此时，"局部"就对"整体"形成巨大干扰：改造的猪场数量不够，就会增加集中采购成本；采购成本降不下去，又将压制各地猪场改造的积极性。这就导致数字化推进出现局部卡壳，同样需要集团层面将策略强力推行。

这当中还有人员思维的卡壳。很多业务管理者依然拥有IT思维惯性，数字化改造计划出来后，业务端往往追问："你到底是要什么样的平台，什么样的系统？它有什么样的功能、数据、流程、界面？你只需要明白地告诉我，我来实现就行了，这样更省钱。"这种想法还是基于成本的考虑。

刘永好总结说，数字化不能只是一项工具、方法，而必须是一个原生的系统，包括产品业务数字化、运营管理数字化和系统研发数字化。很多企业数字化转型之所以失败，是因为它们常常是请一些人在产品业务或管理环节做数字化，但体系不变。如果还是原体系的那些人，就会跟你顶着干，因为数字化要打通、透明化的正是他们的业务能力、看家本领，所以他们会跳出来反对。

比如，一个业务经理按照自己的逻辑，会提出来市场环境、行业特点是历史原因形成的，数字化系统并不好用；一个好的工厂管理者一般都是能人，在劳动密集型的传统行业，难免带一些亲戚、老乡进厂，时间久了难免"占山为王"。他们往往是传统模式的利益获得者，改变的动能不足，对数字化等新事物存在抗性。通过管理调动，比如经理互调、派驻财务人员直管，也不能从根本上解决问题，因为"县官不如现管"，派驻人员也容易被"现管"搞定。同时，管理者还会通过资源或手段，与总部领导搞好关系，最终形成一张复杂的、难以破解的人际关系与利益网……企业越大、越传统，这些问题就越突出。传统企业转型难，确是历史及人性所致。

所以企业的数字化转型，绝不能停留于产品与业务层面，关键还要解决人的问题。首先要解决企业中的"老同志"问题，考核体系、福利待遇、工作强度安排上优先考虑"老同志"，鼓励他们把位置让出来；接下来是管理干部年轻化，让年轻人顶上去，通过考核、激励机制调动他们的积极性；然后才是用数字化打通、改造管理环节，实现管理和组织的数字化。"为什么很多以前的大企业，这些年都掉了下来，而新上去的大多数都是新企业？因为新企业本身就是一个新的组织。没有前些年的组织变革，也就难有今天新希望的数字化"，刘永好的看法一针见血。

产品业务和运营管理数字化的背后，是系统研发的数字化"底座"支撑。系统研发如果不以业务和降本增效的管理为核心，必将陷入空谈，为组织所弃；反之，业务和管理如果没有强大的系统研发能力，就难以解决现实中层出不穷、快速变化的各种问题，也将导致业务和管理端将数字化束之高阁。因此，要搞数字化，就必须将产品业务+管理运营+系统研发一体推进，缺一不可。

上述种种，无异于一场上上下下、里里外外的革命。而革命的成败，首要在于革命的引领者。所以数字化必须成为企业的核心战略和"一把手工程"。如果不这样做，核心管理层没有高度的思想共识，没有足够的管理经验、"斗争"经验，那数字化就真的只能"随便搞搞"，企业就只能加入麦肯锡报告中所说的那80%的失败队伍行列。

问题纷繁复杂，这就要考验"革命者"的智慧了。如何对数字化复杂问题"快刀斩乱麻"呢？刘永好的智慧是，善用现有工具、以点带面——先用一个统一的数字化工具统一全集团的交流方式、工作习惯。

经过分析比对、讨论，刘永好选择了飞书。对比其他互联网企业的数字化办公平台，飞书作为后来者，有着超越前者的决心和动力，不仅派专人服务，还与新希望一起做了大量个性化的联合开发，这些个性化的开发让新希望的数字化下沉更高效、更顺畅。

新希望集团首席数字官、新希望数科集团CEO李旭昶回忆，他的第一次面试就与刘永好讨论了选择哪个工具的问题。他当时觉得，自己干了20多年的信息化、数字化，无疑十分专业。他俩聊着聊着，就飞书和市场上三四个主流的数字化工具争辩起来。他们各执己见争了半天，也没有定论。但刘永好作为一位70多岁的企业家，对数字化的重视、研究、理解的深度完全震撼了他。

利用飞书这个数字化工具，新希望迅速统一了十几万员工的作业和交流方式。让我们通过一组数据来认识这一点。

2022年前三季度，新希望在飞书上的日活用户（登录、使用）平均为55590人，创建消息1.16亿条，建立了26.5万个文档，召开了79.5万场会议（折算时长约378.5年），创建日常安排23.63万个，自建应用562个，创立知识库61个，相关知识页面1.06万个，有效订阅号发送文章2380篇……在这样一个庞大、多元、员工结构复杂的大型跨国企业集团，没有这样一个统一的作业、管理和赋能的数字化平台，要做到各种协同、数据打通、保存，几乎是不可能的。

道理讲一万遍，不如让所有人亲身试一遍。通过飞书持续的日常"教育"，新希望数字化转型的群众基础就充分建立起来。刘永好的目的达到了。

站在集团层面，从系统培训、统一认识到明确战略、建立一把手工程，再到统一工具和作业习惯之外，还需要建立统一的组织体系。为统筹、推进数字化，新希望在集团层面已陆续成立数科集团和多个数字化公司，数字化科研工作者、工程师人数已超5000人。刘永好说，"这离我们的目标人数还有差距，远远不够。未来三年，我们希望企业数字化工程师、技术人员达到1万人"。

李建雄继而提出"科技驱动，卓越运营，组织再造"的集团数字化经营策略：科技驱动是登高、筑实、致远，卓越运营是品牌、财经、风控，组织再造是人效、敏捷的组织和机制。

李旭昶则进一步阐述数科工作思路，新希望集团和各板块数字化有一个特点，即"721原则"：企业70%要解决的问题是各个产业共通的，集中在上述12字经营方针里；有20%是板块之间的侧重点和差异化的问题，这需要数科集团深入各个板块，提供领先的产业解决方案；另外10%的问题是对同一赛道里的分（子）公司来说的，是指具体业务的差异，这又要求数科集团的服务遵循业务化的原则，用数字化的方法去帮助每一家分（子）公司梳理业务全流程，从业务角度降本增效，建立核心竞争优势。

企业的数字化基因再造，注定是一个漫长的过程。

集团率先打通。大型企业的集团管理普遍是线条化的，财务就搞财务，行政就搞行政，营销就盯着营销，各职能部门是隔离的。而在新希望，各职能部门建立了统一的数据共享平台，不管职能分析、展示还是数字创新，全部放到同一个平台上做，大家互相学习、借鉴、比照、共同进步。

食品安全是新希望的发展命脉。以往分散在各业务板块，集团以新乳业和鲜生活冷链为试点，探索食品安全的全链路追溯。接下来，新希望还将通过数字化科技探索内部各食品板块，以及与外部相关方（政府监管部门、媒体）的联通。

以数字化为工具，财务条线由财务职能向业财一体化的财经运营转型，围绕"开源、节流、降本、提质、增效"的"两控三提升"，建立起库存周转、应收应付、合同管理、绩效考核等数字化财经运营平台，深入业务管理。以往合并报表对新希望这个庞大体系来说要用较长的时间，通过数字化创新、系统直连，6个月就实现了效率质的飞跃，合并时间从8小时缩短到15~20分钟，大大提高了集团与板块、分（子）公司、业务端的联通效率。这场新的组织和管理数字化革命正在进行。

对于各业务板块来说，数字化转型更为具体。

今天，消费者购买新乳业的澳特兰有机纯牛奶、部分地区的黄金24小时鲜牛乳等，扫码就能清楚地获悉这盒牛奶的产地、牛种、生产过程、牧场情况、检验报告等相关信息；同时，还能在线互动、反馈意见、预订送货上门等。此外，消费者还可以通过云牧场，线上参观牧场、乳品厂。截至2022年6月30日，共有1600万人通过线上方式参观了新乳业，新乳业全域数字化用户数量突破1100万人，企业微信私域用户接近70万人。

这只是新乳业数字化"用户价值"端探索的缩影。2022年，新乳业重点打造了"鲜活源"质量管理平台，打破信息系统间的壁垒，实现多切入点的全程正反向追溯，以实现全链路食品安全智能化管理。同时，继续倒逼数字工厂生产变革，有望在集团体系内率先实现数字化转型。

在新希望地产的云社区，购房者可以在线看房、线下预约、与销售员交流，购房、推荐客户、参加活动等还能获得积分，还可以在线兑换商品、秒杀、团购等。这里还是业主的生活服务平台，他们可以在线了解项目进展、社区活动，还可以在线停车缴费、报修、投诉等。

同样，以C端倒推，新希望地产打通地产建设、销售、物业服务及新希望云商城等环节，并倒逼项目从预算、采购、施工、监管、交付、物业服务等全流程的数字化。

对新希望农牧的养殖户来说，不仅有"云端放养""聚宝猪"的数字化养殖、销售工具，当需要资金周转时，只要在线申请，新希望金服就能匹配到"好养贷"等信贷产品。由于养殖户的养殖信息、交易数据、财务数据、信用赊销数据、工商财税信息等都储存在系统内，完全可以线上无接触、精准快速地获得贷款。

对川娃子来说，过去主要靠烧椒酱等几款产品打天下，通过数字化改造，完全可以做到快速个性化研发、生产。比如上海市场，消费者烧菜时偏爱葱油，C端获得信息后，快速反馈到企业研发端，研发系统中拥有几千个定制的配方，根据市场需求特点进行数字化调配后，很快就开发出葱油酱、拌面酱等产品，生产出"老上海味道"。这在以往，恐怕至少需要半年的时间……

今天的新希望，业务端与集团已经形成基本的数字化互动，数字化基因逐渐融入企业全体系、全流程。最忙碌的当属数科部门，对李旭昶来说，不但要肩负70%的全集团的共性问题，还常常被各个板块的 20% 的问题，被鲜生活冷链、川娃子这些分（子）公司的 10% 的问题"逼"到一线。他带领的数科团队要时时下沉到业务终端，从实际场景的问题、痛点中寻找解题的答案。

"失败是失败者的墓志铭"，面对数字化转型高企的失败概率，一些"迷路"的企业说，"不搞数字化是等死，搞数字化是找死"。还有一些企业则似是而非地认为，"数字化并不难，我们的 ERP、数据库就做得很不错"。显然，如果仅停留在数字化"工具"层面，没有很强的数据团队、分布式创新和扁平化管理意识，没有云的思维，没有触动"生产－营销－管理"的组织和流程变革，没有改变企业的基因，就几乎可以断定，这还是一家传统企业。

2022 年，新希望集团制定"六大数字化灯塔工程"，并由集团领导小组直接负责，包括：新希望六和的智慧猪场、新乳业的"'鲜活 GO'＋食品安全＋数字工厂"项目、川娃子的智慧供应链、鲜生活冷链的数智化产品矩阵、化工板块的数字化运营体系，以及新希望地产的"项目管理＋全面预算＋数字品质"项目。

目前这些数字化灯塔项目进展良好，它们不仅是新希望自身的灯塔，也是中国农牧业乃至传统产业的数字化转型的灯塔。

数智生态

2022 年 8 月底，成都疫情突然暴发，城市进入封控状态。新希望在上海保供期间积累的经验和能力再一次发挥了巨大作用。

在得到封控通知后，新希望六和美好食品迅速行动，第一时间召开应对会议，联合鲜生活冷链开展保供工作。从 9 月 1 日到 14 日，新津美好食品厂总共生产 2700 吨民生食品，在成都主城区范围内，配送了 1000 吨近 22 万件保供食品，还完成了红旗、永辉、伊藤、沃尔玛、欧尚、舞东风、叮咚买菜、多多买菜、淘菜菜等 113 个社区连锁超市终端、社区团购平台、线下直供超市、渠道合作伙伴的所有保供渠道食品保障支持；另外，还涵盖新都、温江、崇州、郫县、彭州、双流、新津等成都周边区域范围内的农贸市场、社区商超等。在保障成都的同时，二级市场外围也重点保障西昌、泸州、达州、南充等疫情静态管理城市的民生需求。

其间，新希望还坚持产品质量不降、价格不涨、供应不断的承诺，也履行了一家本土大型企业的责任和担当。新希望服务、连通城乡，打造"智慧城乡"生态的数字化科技能力，在一次次严峻的考验面前，得到了充分验证。

作为一家广泛连接社会各层次、各领域、各区域的大型民生企业，新希望发展至今，已渐渐超出一家农牧、制造企业的范畴，成为一种基于新农业文明+新工业文明+新商业文明的，推动社会健康发展的独特社会生态。这或许就是新时期社会企业的典型代表。

刘永好一直强调社会赋能。过去是赋能养殖业上下游，后来是赋能农牧、食品产业链，之后是依托大树、培养草根形成"森林"，今天则是依托企业和农牧业数字化、智能化转型对外进行赋能。

2020年4月，国家发改委创新和高技术发展司发起"数字化转型伙伴行动"，共同搭建"中央部委－地方政府－平台企业－行业龙头企业－行业协会－服务机构－中小微企业"的联合推进机制，在更大范围内、更深程度地带动中小微企业数字化转型。新希望数科集团成为首批成员企业之一。

作为数字化转型伙伴，新希望的数字化转型之所以得到政府和业界认可，既是因为它围绕着"智"推动，即产业化、科技化、数字化、智能化，更是因为它始终围绕着"惠"展开，即根植大地、惠及城乡，带动农户、合作社、产业链上的中小微企业和数字化创新企业发展。

新希望还从"饲料－养殖－屠宰－食品加工－冷链物流"的全产业链中，针对农户和小业主的实际难点，打造了"六好"的"希望云"数字农业平台：买好（"料你富"饲料交易平台）– 养好（"慧养猪"App）– 卖好（"聚宝猪"生猪交易平台）– 融好（"沃厚云"供应链金融平台）– 运好（"运荔枝"物流平台）– 追溯好（食品溯源平台），让农户"买得放心、养得容易、卖得顺畅"，让消费者"吃得放心、吃得健康"。这一整体性的农牧产业数字化解决方案，还在不断进化中。

刘永好提出："乡村振兴的号角已经吹响，不仅需要产业振兴，更要金融反哺。"在全国政协大会上，刘永好做过多次的乡村金融提案。他认为，金融支持不足，是制约农村发展、拉大城乡差距的重要因素之一。

中国的国有大行，可以保障粮食收储、基础设施建设、大中型的国家重点项目，但对于分散的个体小农、家庭农场、小微涉农企业的支持较弱，这是因为他们基数大、规模小、缺乏数据、征信和抵押物，难以开展真正的普惠金融。随之，国家建设了大量农商、农信、村镇银行、邮储等面向三农的基层银行，同样难以解决这些问题。结果，这些银行往往成为"存款大户、贷款小户"，因为它们吸收了大量农民存款，而农民想贷款却往往很困难。

另一方面，对这些基层银行来说，"放贷难"也是一个老大难问题，农民之外，广大涉农小微企业也很少有合格财务报表和抵押品，放出去难，风控管理更难。这就导致这些银行普遍存在前端"放贷难"、中间"风控难"，以及"农户、个体贷款难"的系统性难题。"资金东南飞"，或被不断输送至城市，不断累加之下，基层银行成了一个"抽风口"，事与愿违，反而不断拉大城乡发展差距。

因此，尽管国家一再要求，银行自己也想主动扩大业务，但由于缺乏好的系统和工具，迟迟难以实质性推进。为了解决金融普惠的问题，国家曾一度允许互联网+金融，即P2P的方式。这一下激发了数万亿元的巨大市场，但互联网金融平台游离于监管之外，专业化、规范化和透明化不足，催生了巨大的金融风险，在几轮整治后退出市场。但其事实证明，中国的确存在几万亿元的普惠金融需求，这些需求国有大行难以满足、覆盖，怎么办？

从民生银行到三农普惠金融的诸多探索，再到新网银行，刘永好十分清楚，根本办法还在于在遵循银行业的规范监管的前提下，依托科技的力量，帮助基层银行建立起面向三农、小微、个体的数字化获客、审核及风控、管理能力！

接下来又不断出现新问题。中国一共有4000多家银行，大多数还是以农商银行、信用社、村镇银行、城商银行为代表的地方中小银行，都要做数字化金融体系的话涉及两个问题：一是能力问题，比如机房建设的硬件费用，往往起步就达亿元，软件更加复杂，许多大型城商行的数字化研发、维护、运营和升级团队往往就有一两千人，这对多数中小银行来说都是难以承受之重；第二个是重复建设问题，如果全国4000多家银行都自建机房、团队，无疑是一个超级巨大的重复建设和资源浪费，大家都各搞一套，将来的融合、统一的标准化更是无比巨大的成本。

为了从根源上解决这些问题，2018年6月，新希望金融科技有限公司（简称"新希望金科"）成立。当时，市场上做金融科技的企业也有一些，以一些互联网巨头的金融科技板块为代表，但它们往往容易陷入"流量""助贷"这样的简单中介行为，远远谈不上真正的数字化金融科技。因此，新希望金科从诞生起，就明确不触碰资金、不面向客户做助贷提高终端成本，也不进入市场"抢蛋糕"的原则，而是致力于成为"中国银行业数字化转型首选技术服务商"，尤其向中小银行进行数字化赋能。

新希望金科的做法主要包括：一是模式赋能。正如前文所述传统企业的数字化"革命"阻力，大多数银行由于体制、作业习惯和利害关系更为复杂，数字化变革的内部阻力尤甚，使得银行在数字化转型大潮中一慢再慢。如同草根知本之于新希望，新希望金科的办法是帮助每家银行新成立一家"草根知本"，不影响传统业务和部门，独立、创新发展，一点一点带动银行整体转型，降低其转型风险。

二是技术赋能，利用丰富的 AI、数字技术及其普惠金融经验，低成本地帮助银行迅速建立从业务到风控、管理的整套数字化能力。

此前，全国具备全客群、全实时风控零售业务的银行数量仅为个位数。截至目前，新希望金科 200 余人的数字化团队，已服务 370 多家银行，帮助它们全部建立起全客群、全实时风控零售业务。以往，银行开发这样一套系统需要数年，新希望的全套模块化解决方案，可帮助它们将这一周期缩短至 30 天，其中，常熟农商银行个人信贷系统只用了 19 天就上线了。

银行只需支付几十万元的开发费用，就可以实现 300 多个银行小程序的开发，这个开发团队仅有 8 位员工，负责 600 多款金融产品测试的开发，测试团队仅有 30 余人。在新希望金科的助力下，合作银行单人服务效能提升 700%，以前一个银行客户经理最多管理 200 个客户，现在可以管理 2000 人；2022 年疫情期间，某村镇银行接上级要求迅速上线相关贷款系统，但疫情防控下难以实现，新希望金科接到客户通知，模块化配置只用了 30 分钟就完成"开发"、上线，以往从了解客户需求到个性化开发，再到测试、调整，起码需要以月为单位的时间……这些都有效地降低了社会成本。

三是大数据赋能，正如特斯拉与车主的关系，以及其大数据公司本质。展业中，新希望金科不碰资金、不碰客户、不碰产权和控制权，作为开放的大数据平台存在，随着服务客户越来越多，处理的错综复杂的问题越来越多，这些沉淀的经验、能力和数据面向每一家服务银行开放，帮助它们建立起基于大数据的快速审核、风控能力，这是单个银行无法想象的。

目前，新希望金科已沉淀相关经验和案例达 2PB 级（PB 级即可称为数据化企业），帮助服务银行精准投放资金3500多亿元。其中，由农村进入城市的新市民、新青年占比达36%，家庭农场、种养大户等三农主体占比32.66%，涉农小微企业占比15.5%，三者相加达到84.16%，实现了真正的普惠金融。其中，银行审核成本大幅降低至每单6元，而不良率仅为0.925%，远低于全国银行平均不良率数据，新希望金科俨然成为又一片生态"北大仓"！

在推进智慧猪场、环保猪场建设的过程中，新希望还发掘并提升了一批技术服务公司。昊沧水务是新希望控股的一家子公司，成立于2005年，是一家以城镇供排水、官网泵站、城市防汛、固废处理为主营业务的环保企业，为新希望提供猪场污水、固废处理等服务。

在中国的广大城镇，自来水网密布且多埋藏于地下，检修主要靠人工，十分困难，而且动辄大面积停水，影响市民生活。昊沧水务通过预埋数字化监控设备，对水厂、泵站、管网进行统一的数据采集和监控，所有数据汇集到生产数据中心，和实验室管理系统、设备管理系统、GIS（地理信息系统）实现无缝对接。这样，异常的运行状况就可以被及时发现，并且点位精准，大大减轻了调度中心人员、检修人员的工作压力。昊沧水务服务的深圳某水厂，将原来35个人的运营团队直接降到2人。

在数字化大潮中，昊沧水务也成为一家智慧水务解决方案的提供商。刘永好还给了它一个新使命，即成为集团和环保行业数字化转型的先锋，新希望也将赋予昊沧水务更广泛的应用场景。

新希望养殖、冷链、固废处理等数字化应用，未来还将与批发市场、城乡数字化管理体系连接，形成"智慧城乡"。新希望旗下数科集团的一个使命，就是努力朝这个方向提供各种解决方案，最后形成服务网络和生态。数科集团因此也自定义为"智慧城乡的耕耘者"。

在四川，新希望数科集团旗下的新腾数致，协同新希望上市公司、新希望地产，已投身于四川数字经济创新发展试验区的建设，并帮助四川省建设了工程建设项目审批管理系统（2.0版）。新腾数致仅用55天，就将项目审批系统搭建完成。这些都是四川省数字政府建设的重要项目。

大国智造，数字化与智能化是孪生的一体两面，两者都走在了世界前列。刘永好在各地的交流学习中，深刻地看到中国手机、汽车等产业链带动了我国机器人产业的迅猛发展。近几年，也是智能机器人成长最快的时期，许多小公司都开始迅猛成长，以50%、100%甚至更快的速度成长。那么，农牧是否也可以搞智能化呢？

另一方面是企业经营的现实所迫。对制造企业来说，如果说数字化偏软件、系统，那么智能化就主要偏设备、硬件，毕竟制造业企业不是软件公司，关键还得通过设备去实现。两者缺一不可，否则就不是一个完整的现代制造的生态。

在推进数字化的过程中，刘畅就同步发现，智能化也是企业转型升级无法回避的巨大课题。三年前，刘畅看到旗下很多屠宰、加工厂招工越来越难，比如鸡翅、鸡腿这样的精细化分割、深加工的岗位，基本以50岁左右的中年女性为主，这个劳动力群体正逐渐退出市场。加之工作环境比较潮湿、相对枯燥，尽管厂区搞得很好，企业文化做得足够到位，依然只见人退出少见人加入。

类似问题大量存在于生猪、肉鸭的各大屠宰、加工厂，走进去一看，上万平方米的工厂依然还有几百、几千人，依然是劳动密集型作业。它们最核心的岗位是分割岗，行业流传着这么一句话："企业赚不赚钱就看老师傅如何下刀。"一刀下去，肉多一点还是骨头多一点，肥肉多一点还是瘦肉多一点，一是由市场行情决定，比如是排骨价格上涨还是肉价上涨，是精肉价格上涨还是五花肉价格上涨；二是由老师傅下刀的经验决定。这样的老师傅越来越少，年轻人越来越不愿做，也耐不住性子谈"工匠精神"。

还有"美好小酥肉",也完全靠人工将肉切成小块,再裹上浆送到油锅炸、起锅,工作并不复杂,但效率比较低下。此外,在养殖环节,大量工种,比如粪污清运、消杀管理、智能巡视、农业种植、饲料生产等领域,都或多或少存在劳动力退出、招工难、效率亟待提升之类的问题……如何解决?根本还得靠数字化与智能化结合。

但是,市场上的机器人公司主要面向的还是标准化作业的制造企业,比如工业化的机械手,或者流程化的软件公司:一者它们成本非常高,单从成本来说,并不适用于农牧业微利型企业;二者它们还是太"硬",干不了精细化分割、深加工这类的细活。

在参观过大量机械制造、医药等行业的智能化工厂后,刘畅在服装制造企业找到了信心和灵感。中国有大量介于作坊和大型工厂之间的中小型服装厂,它们同样面临劳动力替代的问题,否则只能向东南亚转移。其中有一些企业的数字化、智能化就非常高效,但细究下来,一点都不"高大上",就是把摄像头、二维码、MES(制造执行系统)这一套都做得非常接地气。只有老板最清楚自己要什么样的数字化、智能化,这些完全是他们带着团队一点一点摸索、升级出来的。

通常来说,电视、网络等各种媒体上展现的智能化都是高大上的,仿佛是高科技企业的专属。但事实上,只要你拥有数字化与智能化的思维、解决问题的决心,智能化并不一定就要高大上!刘畅豁然开朗,笃信农牧业的智能化必须、也完全可以在自己的产业环境中生长出来。她感到,父亲交代给她的"智能化之问"好像也并不难。

刘畅继而找到互联网、投资圈的朋友,四处寻找优秀的柔性机器人公司。从跟投开始,刘畅顺藤摸瓜,找到一些具有强大柔性研发、数字化运算能力的创业企业,给它们投资,为它们提供广阔的农牧、食品等产业场景,以及庞大的数据积累。

这些科技公司最缺的是什么?除了发展资金,正是应用场景、数据积累和快速升级的机制——科技必须以实业、实体制造为根基。只有在具体的场景、一个一个解决实际问题的过程中才能迭代升级！此外，刘畅将"四共""五新"机制引入智能化领域，与这些企业成立新的合伙人公司，共同在农牧、食品制造智能化这条新的细分赛道上发展。

智能制造的阀门一打开，就会发现传统行业要去升级的地方实在太多了。围绕生命主题，刘畅带领的投资团队还在对专业医疗领域的机器人进行研究探索。目前，她已主导投资了6家不同机器人制造公司，智能化投资平台也正成为新希望继农牧食品、厚生厚新投资、草根知本之后的第四大投资平台，对农牧、食品这样的行业来说，这无疑又是一个"快半步"的举动。

刘畅继而将新希望现阶段的整体转型归纳为"业数一体、三全四化"的新生态："业数一体"是业务与数据一体；"三全四化"则是指，全业务场景数据化、全数据在线功能化、全过程管理主动化及关键设备智能化。

什么才是好的制造生态？新希望通过实业和丰富的、开放的应用场景，带动数字化、智能化科技发展，反过来数字化、智能化科技的提升又进一步反哺实业发展，最终形成内在的、良性的互动，就给了我们一个好答案。

我们欣喜地看到，新希望这片郁郁葱葱的森林，不仅有草根、灌木、大树、鸡凤、牛头、独角兽，还来了无数珍禽异兽。森林因此更美好，周围的村庄、城市因此更美好！刘永好"希望，让生活更美好"的初心，也因此熠熠生辉！

沧海横流，更显英雄本色。从2018年开始，中美贸易争端、非洲猪瘟、猪周期、新冠肺炎疫情、俄乌冲突导致的全球粮食危机接踵而至，对新希望进行着一轮又一轮的大考。经过组织、文化再造和生物科技、数智驱动的新希望，一次次厚积薄发，一次次沉着应对，交出了一份较完美的答卷。

这份答卷不仅对企业，对全社会也是一张模范答卷。

2020年的全国两会，因为疫情推迟至5月下旬。习近平总书记看望了参加全国政协十三届三次会议的经济界委员，并参加联组会，听取意见和建议。

会上，全国政协委员刘永好围绕民企化危为机主题进行了发言，说"民企有三难——产销难、投资难、兑现难"，建议"一要发放就业券，稳住就业底盘；二要加大'三农'投资，夯实民生之本；三要放宽民间投资限制，强化改革力度"。他还表态，"今年新希望将新增两万人就业，主要为现代农业发展招募人才；同时，还将新增300亿元投资，带动一批产业链伙伴加快数字化转型，为国家的'六稳''六保'做出贡献"。

在听到刘永好说将新增两万人就业后，习近平总书记问道："两万人的就业方向都是什么？"[1]

刘永好答道："养猪、食品加工和物流。今年5月前新招了1万人，打算再招1万人。"

听完刘永好的回答，总书记环视现场的经济界委员们，缓缓说道："今天的民营企业生长在中国希望的田野上，但一开始面临的却是一片荒芜。他们在夹缝中求生存，筚路蓝缕闯出一条路来，这个过程何其艰难。发展到今天的规模、作出今天的贡献，非常了不起。"[2]

总书记话锋一转："民营企业进一步发展仍然会在'难'中进行。在哲学意义上，'难'是在任何领域前进道路上永恒的命题。当前，面对世界百年未有之大变局，在实现'两个一百年'奋斗目标征程

---

[1] 人民网，十三届全国人大三次会议专题，两会"十问"读懂总书记牵挂之《五问：两万人的就业方向都是什么？》，参见：http://lianghui.people.com.cn/2020npc/GB/n1/2020/0530/c431623-31729744.html。——编者注

[2]《从人民中汲取磅礴力量——习近平总书记同出席2020年全国两会人大代表、政协委员共商国是纪实》，参见：http://www.gov.cn/xinwen/2020-05/29/content_5515809.htm。——编者注

中,'难'在方方面面都存在。只有不断探索、不断奋斗,才能不断克服前进中的困难,走上新的发展道路。"①

总书记还和委员们一起回忆起当年一段难忘的对话。"我当了六七年农民,那个时候我饿着肚子问周围的老百姓,你们觉得过什么样的日子最好,具体目标是什么?"②

老百姓给出了"三步走"的目标:"第一个目标是希望不再要饭,能吃饱肚子。别管吃什么,半年糠菜半年粮也没关系。再进一步,当地的土话叫吃'净颗子',就是能吃上纯高粱米、玉米面。第三个目标,他们认为那就高不可攀了,'想吃细粮就吃细粮,还能经常吃肉',说是'天堂的标准了',是'下辈子的愿望'。"

笑声里,刘永好与很多委员一样思绪万千,他们年少时的记忆也随着总书记的讲述静静流淌。

"我说,你们再努一把力,大胆想想还有什么更高的境界。"习近平总书记回忆道,"他们的回答是——将来上山干活就挑着金扁担呐!"③

会场又是一阵笑声。

"我想,实际上这个目标也在实现中。这个'金扁担',我就理解为农业现代化。"④他指出,新形势下要着力解决农业发展中存在的深层次矛盾和问题,重点从农产品结构、抗风险能力、农业现代化水平上发力。⑤

对中国农业、传统制造业、民营企业家群体来说,这样的"代表",应该再多一些。

---

① 《从人民中汲取磅礴力量——习近平总书记同出席 2020 年全国两会人大代表、政协委员共商国是纪实》,参见:http://www.gov.cn/xinwen/2020-05/29/content_5515809.htm。——编者注
② 同上。——编者注
③ 同上。——编者注
④ 同上。——编者注
⑤ 参见人民网相关报道:http://cpc.people.com.cn/n1/2020/0524/c64094-31720895.html。——编者注

第十一章

正青春

仓廪实，天下安。悠悠万事，吃饭为大。

藏粮于地，藏粮于技，端牢中国饭碗，走中国特色粮食安全之路。中国对农业重要性的理解正在被提升到新的高度。

千百年来，中国农业发展都是看天吃饭。以前这个"天"主要指自然环境，农民面对旱灾、洪涝这样的自然灾害，几乎没有抵抗之力。现代社会，农业抵御自然灾害的能力有所增强，但并不意味着就此可以告别"看天吃饭"的命运，相反，除了自然气候的影响，还有市场周期、猪瘟、鸡瘟等不确定性的影响，挑战更多，也更加复杂。

刘永好常说："农业从几千年前起就是这么古老和传统的产业，基础管理非常落后，跟发达国家比也很滞后。要真正改变'看天吃饭'的局面，只能抱着珍惜资源、善待资源的心，依靠科技走内涵式发展道路。只有这样，才能抵御风险，将命运掌握在自己手上。"

一粒种子可以改变世界，一项技术能够创造奇迹，一家企业也能够带动一个行业。农业虽然相对传统，但同样处于时代的不断变化中。40年已经过去，下一个40年已经开始。农牧业永远是新希望的主业、战场和爱。

万岁产业

随着城镇化的推进,古家村早已融入新津县城。20世纪90年代这里建起了希望城私营经济区,希望饲料厂门口的希望路逐渐发展为城市主干道,成都地铁10号线也于2019年修到这里,从五津站走到希望饲料厂不过五六百米。

60年前,刘家兄弟的母亲郑康致在这里教书。50年前,刘永好在这里插队,那时的古家村没水没电、缺医少药,连一条完整的公路都没有,老乡们都认为这里是一个"鸟都不拉屎"的地方。40年前,刘家四兄弟在这里开始创业,建立了对三农直接的认知和感情,也迅速带动了周边发展,古家村成为四川省首批亿元村。刘永好在这里度过了他的青壮年时光,那个曾经渴望"有肉吃、有鞋穿"的少年,从这里出四川、走全国、拓世界。

"新希望几十年最大的价值就是从来没有离开过农村,没有离开过我们的主业",刘畅曾在一次采访中这样说。2022年新希望集团的年中会议,刘畅再次回到了家乡。她说:"从我小时候开始,父亲就经常提到四个字——'农民朋友'。他们几个兄弟作为那个年代的大学毕业生回到农村创业,是希望通过做养殖、做饲料帮到农民兄弟。父亲常跟我说,我们要学会'穿着皮鞋走田坎'。走田坎,脚被泥巴打湿了,皮鞋就不像样了。但我们是读了书的,是读了大学的,是有知识的,要用知识来武装农村,把知识灌溉进农村,同时还要和农民朋友持续地对话。"

尽管很多像古家村这样的农村已经城市化,尽管新希望人早已穿上了"皮鞋",但刘永好一直以"老农人"自称,新希望人也自称"农业领域里的工匠"。

"我们希望做离农民、农业、农村最近的民营企业,做最懂农民和农村的民营企业。我们希望永远保持一种敏感,那就是最知道农民需要什么、产业的发展需要什么。也因此,我们对新希望以农业为主业的发展充满信心,对带动农牧业向前发展责无旁贷。"刘永好说。

"为什么我的眼里常含泪水,因为我对这土地爱得深沉。"

20世纪30年代,中国大地上就曾兴起过一股乡村建设运动(以下简称"乡建运动")。与今天乡村建设主要借助市场手段和政府推动不同,当时的乡建运动以知识分子为主导,晏阳初、梁漱溟、陶行知、黄炎培等知识分子,深感中国的"贫愚弱私"。他们认为,要改造中国,必须从乡村开始。他们放弃城市生活,走向田间地头,开启了中国百年乡建的序幕。他们或开办乡村平民学校、乡农学校,或组织乡村自治、农村协进会,或建立农民合作社、信用社,从产、运、销、金融方面全面组织农业经济……这场轰轰烈烈的乡村建设运动一度让世人看到希望,可惜被日本侵华战争所打断。

1931年至1937年,梁漱溟在山东邹平创建了山东乡村建设研究院,其对当地社会进行改造的方法,基本围绕技术和组织这"两缺"展开。具体实施有两个核心:一是成立"乡农学校",开展乡村教育、文化教化、技术培训,并通过学校制定乡约,组织学员(村民)议事,以及召集地方领袖,组建校董会,推举建立乡公所;二是通过"乡农学校"引进科学技术,包括品种改良、病虫害防治,组织水利工程、农业合作社等建设乡村经济,这一"邹平模式"曾风行一时。

梁漱溟这样的知识分子已远去,当代中国乡村振兴主要是靠政府和市场。像新希望这样的农牧企业就是重要的市场主体。但回顾新希望40年的发展,同样可以清晰地看到梁漱溟所总结的"技术+组织"的农业现代化双路径。

所谓"技术",并不简单指农业生产技术,还包括管理技术、营销技术、金融技术、科技研发等综合技术。破解中国农业的"看天吃饭",首先体现在生产环节。比如,新希望将"养猪场"升级为"养猪厂",通过规模化、流程化、智能化,就可以有效抵御猪瘟、大量病死淘汰、养殖人员技术不均等生产风险。管理上，通过数字化打通各项环节，降本增效，并让养殖户直接了解、参与市场，防止严重供给失衡。营销上，从 To B 到 To C 转型，大力发展食品消费端。金融上，内部发展产融一体化，外部推进普惠金融。研发上，推进育种、防疫、生物基因工程。只有进行全体系技术升级，才能保证有足够的能力对"看天吃饭"说"不"。

所谓"组织"，并不简单指农民合作社之类的机构，更重要的"组织"其实是市场和产业。早在育新良种场时期，刘家兄弟就通过养殖场带动了周边农户就业、发展，并使鹌鹑成为地方特色产业；20 世纪 90 年代饲料集团化运作，不断降低各地养殖成本、提升农民养殖技术，推动养殖业的发展；后来又通过"公司＋农户"的组织体系，提升上下游产业协同、种养一体，改变农民的生产、生活方式；近十年来，又通过农牧、食品相关投资、合伙人机制，不断将标准化、产业化的能力应用到上下游传统行业，从而更广泛、深入地建设现代农业……

长期以来，谈及乡村振兴，一些专家的主要焦点是土地、产权、城镇化、户籍制度之类问题。在这个过程中，市场化的乡建路径较少被谈及。以刘永好为代表的实业家，以新希望为代表的广大农牧企业，一直在用市场化的方式践行乡村振兴。

知难行易。始终跟上时代变化，一直保持"快半步"，这样的认知才难。对于农业产业的时代变化，刘永好有着清晰的思考。

他回忆说："我上学时每月不到 30 斤粮票，怎么都不够吃，饿得不行。但现在作为一个普通城市人，一个月可能平均 15 斤粮食都吃不了。为什么？因为肉、蛋、奶等各种产品越来越丰富了，它们的营养价值更高了。"

所以，当下农业第一大转变就是粮食消费结构的变化。以前人们以吃粮为主，后来肉蛋奶的占比加大，今天是既想好吃又想减肥，对优质蛋白的需求越来越高。这并不意味着对粮食本身的需要减少了，而是粮食在不断转化为肉、蛋、奶，转化为更优质的蛋白。针对这一趋势，新希望必须不断提升转化的效率。

第二是生产方式的改变。一方面是在联产承包、土地集中流转之下，种养大户逐渐取代传统小农作业。譬如以前养鸡靠一家一户5只、10只地养，现在没个几万只，恐怕都不叫养鸡。规模化种养殖是必然趋势，但相应地，在土地获取、环境保护等方面也有不少问题与挑战，倒逼企业的管理、技术和环保能力不断提升。

另一方面是农业生产逐步机械化。早在20世纪90年代初，刘永好就看到美国农场主全程机械化耕种。中国的机械化水平也不断提升，但主要靠专业化企业或个体经营者来推动。2021年中国农作物耕种收综合机械化率已达72.03%，未来还将逐步提升。然而，在养殖业方面，机械化水平十分滞后，这也是新希望未来发展的一个重点。

第三是市场环境的复杂化。譬如，传统猪周期大概每四年一轮。2018年，非洲猪瘟使得能繁母猪减少了40%，从而导致猪价暴涨。国家随之出台鼓励生产政策，许多省市行政一把手还签订了养猪责任状，企业也积极投资，此后数年生猪保有量持续提升，猪周期迅速逆转，于2021年末触底，导致中国所有猪企、养殖户全面亏损。祸不单行，后来的俄乌冲突导致全球粮食危机、粮价飞涨、养猪成本剧增，亏损加剧。新希望在乌克兰订购了很多粮食，根本运不进来。

困难接踵而至，刘永好却始终平和，因为他经历过许多猪瘟鸡瘟、周期起伏。最让他感到激动的，依然是时代的大发展。

2021年7月1日，刘永好以"改革先锋"身份受邀参加庆祝中国共产党成立100周年大会。刘永好说："我是1951年出生的，深刻体会了祖国发生的翻天覆地的变化。过去，我经历过吃不饱饭、穿不上鞋；今天，我们不仅解决了吃饱穿暖的问题，更在乡村振兴和全面小康道路上快速发展。"

在参与和推动了中国人民的"吃饱穿暖"问题后,近年来,新希望将把精力放到助力乡村振兴和全面建设小康社会的时代新征程上。除了继续做大做深农牧、食品产业链,新希望还提出了乡村振兴的"五五工程":5年内投资500亿元,振兴乡村产业;新增5万就业岗位,带动大学生、农民等农业从业者就业;公益培训5万绿领新农人,助力乡村人才振兴;服务5万涉农主体,通过技术、咨询、金融、数字科技等各项服务,帮扶农户及中小微企业成长;建设5个乡村振兴示范基地。

2022年3月,为响应国家节约粮食、保障粮食安全的号召,刘永好又提出新希望"节粮专项行动",并向全国两会提交专项提案。

2021年,新希望已成为全球最大的饲料生产企业。2022年产量进一步提高,约3000万吨,其粮食消耗占全国粮食总产量的4.5%,对应耕地面积约为7000万亩,约占全国耕地的4.4%,相当于1.7个北大荒。新希望计划通过多种措施,每年节约粮食1%,连续坚持5年,相当于每年可节约耕地70万亩,5年共节约三四百万亩耕地。

具体措施有三个:一是通过育种工程,优化猪只品种,减少粮食消耗,完成节约目标的1/3;二是不断优化饲料配方,完成节约目标的1/3;三是通过数字化优化养殖方式,减少饲料的使用,完成节约目标的1/3。这个专项计划,不仅可以节约粮食使用,为国家保障粮食安全、坚守18亿亩耕地红线做贡献,同时也将倒逼企业朝着低碳、环保、科技化生产的方向迈上一大步,践行双碳发展理念。

俗话说,女怕嫁错郎,男怕入错行。农业是不是一个好行业,见仁见智。但在刘永好和新希望人看来,农业虽然利润薄又辛苦,还总要对抗"看天吃饭"的命运,但一直是一项关乎国计民生的产业,从长远看,稳定性远超一般产业。以一个"世界级农牧企业"的格局来看,俄乌冲突造成的全球粮食危机是巨大挑战,但也让农业再次回到全球战略的焦点——全球农业正迎来产业价值的回归，农业依然是重要且前景光明的朝阳产业。

变化是时代发展永恒的主题。因变而变，容易陷入赶潮流、追风口的路径，对做实业的人来说，短期或有收获，长期往往得不偿失。长期以来，我们在分析企业家精神与行为的过程中，往往注重其创新精神、目标驱动，但忽略其坐标锚点意义，只顾星辰大海、阔步前行，回首不见初心，缺乏内在定力，不定何时翻船。

这方面，刘永好与新希望又是一个很好的例子。拥抱时代变化，更坚守对三农、实业不变的初心、感情与立场，才能铸就一个穿越时代变幻又永葆青春、始终"快半步"的传奇。

走过世界，回到自己

刘畅的成长历程，是80后一代人"走过世界，回到自己"的典型代表。

她并不是含着金汤匙出生的，而是和新希望一起长大的。小时候，她见证了父辈的艰苦创业，一直在简朴的生活中长大，又在父母亲的高标准要求中成长，"我母亲本来就是一个非常优秀的学霸，我父亲对我的要求也是觉得方方面面都要做得好，可能跟他的名字'刘永好'有关系"，刘畅笑言。而父母亲的压力，曾一度让她想要"逃离"。

高中时刘畅出国，奠定了她国际化的视野和表达能力。后来她选择回国继续学业，进入北大国发院EMBA（高级管理人员工商管理硕士）学习，接受林毅夫、周其仁等经济学家的指导，取得硕士文凭。后来她又进入清华大学五道口金融学院学习，成为第一届学员。她热爱新鲜事物，从学生时期就开始创业，从小店主到开广告公司，想着越走越远，最后又在亲情的感召下回归家族事业。

她隐姓埋名，从普通的基层员工做起，策划、办公室职员……踏实、勤勉、冲劲十足。尽管她并不喜欢酒桌文化、无意义的社交，但当时的同事回忆起来，都觉得很有意思，"作为一个优秀的销售，她总是拧着酒瓶子第一个冲上去，看起来酒量很好的样子，结果往往把客户'吓'得缩回去"。后来，她还负责过新希望海外运营中心，长期负责新希望在海外的发展。

刘畅曾在美国留学，而她管理的海外运营中心，旗下工厂多分布在越南、菲律宾、斯里兰卡、印度、孟加拉国等国。从2010年到2013年，三年间她逐个走遍了这些工厂。为提升效率，每次出国，她都要走三个以上国家。因为新希望的工厂普遍设在农村地区，这些国家的交通也不太方便，每个国家就要待上五天或一个星期。

班加罗尔算是印度比较好的城市，但出了核心城区的交通状况依然很差，最后花了6个小时才到新希望工厂。这还不算，路上最困扰她的问题是上厕所，当地男人一般都在路边解手，女性则十分不便。工厂位于农村地区，经营良好，门口拉饲料的车排了很长的队伍，她油然而生一种时光穿梭之感，仿佛回到儿时的古家村饲料厂。

在孟加拉国，当时的中国企业还很少。当地人知道的中国大企业只有两家，一个是华为，另一个就是新希望。华为属于高端制造业，虽然聘用当地的工人，产品却不在那里销售，没有形成商业闭环。新希望采购本地原料，产品卖给本地人，用的是本地工人和管理层，提高了本地的养殖技术和老百姓的生活质量，因而他们很喜爱新希望……

这些"国际化"，跟她以往在欧美、新加坡认识到的国际化完全不同。在发达国家，她和那里的主流人群一样，吃西餐、读《圣经》、谈论很成形的经济学应用，但他们对"中国故事"并不那么感兴趣。而去往这些较为落后的第三世界国家，她有一种穿梭回去、倒回去看自身产业的感觉，清楚地看到新希望如何在这样条件简陋的地方开展生意，看到异国面孔的新希望人如何成长，看到新希望如何改变着当地人的生产生活,也看到当地人对新希望的喜爱,以及对"中国故事"的信任和接受。

走过世界,回到自己。站在那些地方,刘畅清晰地看到了新希望的过去、当下和未来,加深了对父辈们创业历程的理解,也认识到了自己对世界认知的不足。

曾经,她像很多80后一样,喜欢文艺、时尚,崇尚个性、自由,追寻新鲜的事物,还梦想过"做歌星";她性格直爽、真实,善于学习,沟通能力强,情商高,从初中开始,走到哪里就是一个"小头目";她也像很多80后一样,在十字路口迷茫、徘徊过,直到2013年选择回归农牧。

要做就要做好,她沉下心来,扎根那广袤而深沉的体系,学会了怎样跟这个庞大的组织和不同的人合作,互相尊重、建立共情,并且培养自己的决断力,带领大家一同前行。

"我觉得这些年来的成熟,最大的方面还是更包容了。这也是企业家这个角色的重要内涵。"她说。

回首往事,往往容易云淡风轻,但个中漫长的磨砺,绝非易事。

她的回忆从2013年开始。刘畅的思维很国际化,在接手新希望六和后,她就想着把一些国际标准的管理方法引进企业,邀请了某全球著名咨询机构帮助企业做战略咨询。这家机构来到成都做汇报,在刘畅看来,这套方案花了很多工夫,逻辑自洽且条理清晰,符合她的预期。汇报团队离开后,高管们留下来继续讨论,结果好几个人有不同看法。争论中,一位高管跟刘畅呛了几句,赌气地说了一句:"老板不相信我们。"团队认为她不相信他们的经验,而宁愿相信外部的咨询机构,她一下就觉得委屈又无助。

开始那几年,类似的事情并不少。她一开始并没有把接班、回归农牧看得那么复杂,结果进来一看,发现这些事情非常难,农牧产业的宽度、难度又把她的奋斗欲望调动了起来。她说："我觉得一下就被拴住了，一拴就是十几年。而这个事业本身的浩瀚，也让我改变了很多。"

她的思想转折，一是认识到企业交接是一群人共同的行为，而不只是家族之间的传承，是一个漫长的过程，而不是像接力赛一样有一个霎那间的"交接班"。

她反思道："当时我对自己要求高，同时对别人要求也高，就显得不够包容，老觉得别人怎么做不到自己的标准。这是我痛得时间最长的一件事情。多次痛苦和反思后，我明白了，我们是一个以十万人为单位的大组织，不能用自己的价值观、世界观去要求每一个人。因为企业是一群人在一起达成的一个认知。很多时候，绝对的对与错、好与坏，其实并不在同一个刻度上。"

她意识到自己作为企业家的职责，是"更好地服务一个组织，让更多人能够被惠及到，他们自己也能够有所提升，这才是一个真正的领导人应该做的。不是说光自己做得好，而是能够让更多的人做得好"。

二是开始去欣赏企业丰富的多元性。新希望多样化的人才结构带给刘畅许多碰撞，也渐渐给了她更开阔的认知。比如一些核心高管，从小是做学生干部出来的，天然有领导力，沟通起来比较强势；而一些科研型的同事，是学者式的沟通方式；还有一些务实型的业务骨干，并不善言辞，但仔细去看，却能很清晰地看到闪光点……作为一个巨大组织的管理者，好的一面是能接触到不同的人、不同的情绪和诉求。

对刘畅来说，这是一个"见天地""见众生"，然后反过来"见自己"、告诉自己该怎样去做的过程。"在这个不停照镜子、感受别人、见天地又见自己的过程中，就会发现自己渐渐变得包容、平和了"。这是她内在的第一个变化。

第二个变化,是"见"之后的"行",她开始走出自己,沉淀自己。"一个企业家,不是像过去的自己一样,强调个性、擅长,只练一样或几样功,而是方方面面不应该有太短的短板。这是一件难而正确的事情,需要自己在岁月中去沉淀。"她终于深刻理解了父亲的"永好"。

她的第三个内在转变,是不再想着做花木兰,像父亲一样去成就他人。

刘永好有一个用人之道,"老产业用新人,新产业用老人"。像新希望六和这种成熟、庞大的体系,需要的是活力,就必须让年轻人上来;像厚生投资、草根知本这样的新产业平台,重要的反而是战略、定力、格局、信任,不能由着年轻人瞎折腾,所以他派了王航、席刚去坐镇、开拓。

对新希望六和来说,刘家父女要做的,是给年轻人提供一个挑战的平台和氛围,站在"山顶"做放哨者、战略制定者、资源储备者。"就是谁要上来了,或者是风雨要来了,你要做好准备,为他们提供条件,或遮风挡雨。""而不是自己动不动就跑下山,狩个猎。"

刘畅私下经常说,自己是父亲带出来的徒弟。而刘永好则私下常说,最近十年来是女儿带着他去学习,去接触新生代企业家,去感受新鲜事物。父女俩的交流依然带着中国传统文化的慈孝、矜持,依然羞于直接表达爱意,但这种亦父、亦师、亦友,互相学习、促进、成就的关系,早已超出家族与企业传承的关系,这也让国内的民营企业家羡慕不已。

在漫长的磨砺中,像父亲一样,刘畅也越来越包容、平和、智慧。多年间,刘永好屡获"年度经济人物""安永企业家奖"等企业家荣誉,刘畅也像父亲一样,逐渐获得了属于自己的企业家荣誉。

2016年,新希望集团作为一家传统企业荣登"年度中国最佳雇主"百强第二名,仅次于腾讯,而她也获得"十大经济年度人物提名奖"；第二年她获得"2017中国十大优秀青年企业家"称号；2019年继父亲之后，她也获得了"安永企业家奖"。跟父亲一样，她也热衷社会公益事业，担任国际组织APEC（亚太经济合作组织）中国青年企业家委员会委员、国际组织CGF（消费品论坛）中国董事会联席主席、全国工商联青年企业家委员会副主任、川商总会"未来大会"主席等社会公益职务。

回望十年，刘畅从来不谈苦和累，但成长终究是漫长而艰难的。

刚接手的时候，刘畅因为缺少经验而背负着巨大的压力。想着签个字几亿元就出去了，她甚至怀疑自己有没有这个能力，晚上经常睡不着。她曾以为那是她最难熬的时期。2016年陈春花离职后，她开始独立执掌企业，要突破瓶颈必须进行全产业链转型升级，但是发现并没有成功经验可借鉴，此时的挑战又比3年前接手企业时更难。

好不容易企业转型步入正轨，2020年时任新希望六和总裁跳槽，一并带走20多位高管，给企业运营造成巨大冲击，更让刘畅体会到什么才是真正的孤独无助。

这位总裁出身于新希望基层草根，没有任何特殊背景，从办公室职员做起，在新希望公平、公正的体系下，一步步做到股份公司人力资源部负责人、山东经营特区总裁、公司副总裁直至总裁，一向备受刘永好器重。2020年，他突然离职，还一下带走众多核心高管，对刘永好和刘畅来说是一个不小的打击。当时有舆论传言，是他不满薪资待遇，找刘永好提待遇被拒愤而离职，传言并不属实。当时他光年薪和奖励就近千万元，此外还有高额的股权激励，收入远高于同行和一般上市企业管理人员，他的离开原因更多与当时特殊的行业背景有关。

2020年正值猪周期的高峰年，2月第3周生猪价格更攀升到59.64元/公斤的峰值，大量互联网、房地产等企业纷纷杀入养猪业，中小猪企则纷纷大举扩张。一时间，高级管理和技术人才成为香饽饽，待遇连番上涨，作为农牧业"黄埔军校"的新希望再次成为被挖墙脚的对象。9月，某养猪企业为这位总裁开出高额薪酬和股权激励，同时，创始人试图退居二线，让其做合伙人并担任董事长负责具体操盘，还承诺重用他带过去的团队，他这才动了心。

他的行为，尤其是将核心团队带走、直接投奔竞争对手，无异于釜底抽薪，也有违职业操守，短期内对企业和刘畅都带来了巨大困扰。但周期疯狂、人性如此，刘永好和刘畅最终选择了理解，肯定了他前期的贡献，也没有公开发表评论。40年来，刘永好从未说过任何离任的同事不好，离职而去的人也几乎没人说过刘永好和新希望的不是。纵然离开，大家也依然是朋友、同行，依然保持着密切联系。

可惜好景不长。进入2021年后，养猪业盛极而衰，猪周期开始下行，潮水退去裸泳者现。不久，这位总裁熬白了头发，依然无法力挽狂澜。7月底，不到一年，他就无奈离职，他带过去的高管团队也陆续离去，令人感叹。

许多曾经的同事也很唏嘘，他失去了伴随一家企业成为世界500强的机会，也脱离了一个强有力的、不断进化的组织。

好在新希望的年轻人队伍、管理梯队成长迅速，这位总裁离开后，刘永好把张明贵从新希望地产调过来辅佐刘畅。对张明贵来说，虽然在集团层面有所观察，但对这个庞大、极其复杂的农牧体系依然陌生，"相当于从猴子变成人，重新学习一遍"。在他看来，"我们是一起成长起来的嘛，而且我俩都属于那种比较直接、果断的风格。刘畅工作起来很拼命，人很直爽，做起事来却比较简单。她进入农牧的经验，帮我很快地进入状态"。

两个80后配合默契，就像希望集团时期的刘永行和刘永好：张明贵负责内部，大多数时间泡在一线，捋顺、整顿、提升企业内部；刘畅主要负责外部，不断去看新东西，引入新资源盘活、改变企业，并继续探索"快半步"的新方法，企业经营因而迅速稳定。

来不及喘口气，新冠肺炎疫情、非洲猪瘟、猪周期、俄乌冲突导致的全球粮食供应紧张的"豺狼虎豹"又呼啸而来，导致当年业绩出现巨大亏损。至今，张明贵都压力巨大，虽然巨亏是行业大环境所致，对比许多同行新希望的状况也要好得多，但想到自己到新希望六和两年时间，给刘永好交付的一个最大结果就是亏了几十亿元，时常备感自责。

刘畅的内心反而比较平静。她经历过两轮周期，像父亲一样，愈发成熟，也愈发豁达。一旦将眼光望向前方，望着这个还要继续做下一个40年、100年的"万岁产业"，短期困难虽然艰巨，但也并没有那么可怕。

这些，或许才是做农牧、做企业的人的真实一面——永远都在盼望"好日子"，但可能"好日子"永远都在明天。什么是"希望"？把一件一件事情做好，就是希望！

年轻时的刘畅，是一个好奇心强、富有创意、对新事物充满热情又善良、有爱的姑娘。刚接手新希望六和时，面对这么一个传统的庞大企业，她也曾困惑过，"就像段誉，有很多内功，但自己并不知道该怎么使。使出来的招，也时灵时不灵"。她纠结过要不要为了企业家的新身份改变自己，直到把自己沉入企业，和新希望真正地交融到一起，才发现冲突并没有想象的那样大。

如父亲期望和预想的那样，她将自己的好奇心、创新热情和爱意注入到新希望。她与美团创始人王兴、字节跳动创始人张一鸣等新生代创业者是好友，对数字化、智能化发展趋势十分敏感，亲自主抓集团的数字化和生物科技转型，还引入哈佛商学院数字化训练营，但还觉得不解渴，干脆自己办数字化实战营。她瞄准下一个产业升级方向，正在组建智能化投资平台，探索机器人、智能化解决方案……她真正代表了企业热情洋溢、新意满满的"新"希望。

尽管不再需要做"花木兰",但她依然保持着自己的习惯,喜欢去一线,去看、去摸、去感受,去热情地表达喜爱。"今天,依然很少有人真正了解这个产业。去到一线,我才真正了解了占中国绝大多数土地面积的农村市场、大家的生活环境、所处的生活状态。这些是我以前在学校或者'知识堆积'的过程中所得不到的认知。这在很大程度上丰富了我的生命,我觉得自己能跟更多的人去连接了。这就是以前父亲说的,'穿着皮鞋走田坎'的另外一层含义吧。"

走进一线的刘畅,喜欢下厨房,为猪场、工厂的员工们做顿饭。她说自己特别喜欢那种纯粹、热闹、开心的氛围,而基层员工们对她这个大小姐也特别亲近。刘畅不是去玩票的,会钻到猪场围栏底下,检查粪沟是不是洗干净了,看底下的结构有没有问题。十年如一日,她把下基层、去一线当作对自己的基本要求。去猪场的次数多了,灵感也多了,2022年她还亲自为新希望六和设计了一个招聘广告,广告语是:不进大厂,进猪场。

走过世界,终究要回到自己。就像20世纪90年代末到2006年间的新希望,曾经试图寻找第二曲线,最后还是选择"业务归核",坚定农牧并树立"世界级农牧企业"的航向;就像突破千亿元瓶颈后的新希望,将数字化、智能化、生物科技等新科技、新方法统统砸向农牧业,坚信"万岁产业"正青春;就像刘畅在"从中到西",又在"从西向中"的过程中不断发现、完善自己。此后,在十年磨砺中她从未放弃那个真实的自己,见别人、见天地、见自己,最终与企业互相融合,携手取得新的成就、迈向新的40年。

在一次企业家论坛上,刘永好和刘畅先后上台演讲,台下坐着许多知名企业家和公众人物。刘畅演讲完毕,原银监会主席刘明康激动地跟刘永好说:"恭喜你啊!刘畅比你还优秀,新希望的未来更有希望了!"那一瞬间,刘永好作为父亲觉得欣慰又自豪……而对刘畅这样的夸奖,近些年经常出现在各种场景。

这是新希望的故事、刘畅的故事，或许也是依然在执着前行的，许多民营企业家的故事。

养猪人之歌

接下来，我们要讲一个具体的养猪人的故事。

奥诗小波，彝族，生于1994年，老家在凉山州冕宁县。上小学时，奶奶用新希望的饲料袋子给他缝了个书包，他就开始了背着"新希望"牌书包上学的时光。这在他们那儿其实很普遍。还有许多同学连这样的"书包"都没有，直接拿一本语文或数学课本就去上学。那时，几乎每家每户都买新希望猪饲料养猪，几乎每个上学的孩子都有"新希望"书包，"新希望"是"奥诗小波们"共同的记忆。

小波家住在山区，离县城坐车还得四五个小时。山区贫穷，虽然养猪，但一年只有彝族火把节和过年的时候才能吃上猪肉，其他时间就得盼着家里来亲戚。一日三餐基本都是洋芋（土豆）——从炒洋芋到煮洋芋到炸洋芋，变着法儿地吃洋芋，好一点的时候能吃上点荞麦。所以，小波父母的愿望，就是孩子长大后可以不用养猪就吃上猪肉。

后来，小波家搬到了山下，离县城更近。高中时，他"随大流"地辍学了，跟着亲戚去了绵阳，在铁路上拉电缆线，后来又去了东莞，先在电子厂上班，后来做了劳务中介。拼命干活，好的时候一个月能拿四五千元，干活慢一点或活少点的时候，一般在三千多到四千元之间。

其实小波读书时成绩还可以，内心也渴望读书。刚开始出去时，他还相信当时互联网流行的心灵鸡汤，觉得不读书也可以通过努力去实现理想。但当他在大城市做打工仔、农村进城务工人员，没日没夜地干活，却看到同龄的孩子在大学里读书，强烈的落差感深深地刺激了他。他终于明白，对绝大多数人来说，要真真正正去做成一些事情，最可靠的路还是读书。

2015年,小波21岁,回到老家读职业技术学校,从高二开始插班,学畜牧兽医。两年后通过对口高职考上了四川农大,读的是食品科学与工程专业。他们学校雅安本部的一栋教学楼就叫育新楼,他们经常在里面上课,由此更多地了解到新希望。大二时,他的哥哥在老家养猪,他自告奋勇地帮忙,但哥俩技术不到位,猪有异常都观察不出来,出了问题靠百度搜索找答案,结果13头猪死了3头,养亏了。此后他更加努力学习现代饲养方法和技术,对新希望的了解也越来越深。

2021年7月,小波毕业,通过校招直接进了新希望。新希望校招后会有一个新人训练营,为期15天,以岗前培训为主,然后分派到一线工作。小波被分到新希望广元的一家母猪繁育场,先跟着师傅学习。

这家猪场有能繁母猪12000多头,属于半机械化、半人工猪场,因为对母猪繁育技术要求更高,所以员工有100多人。他的工作是从喂猪开始,母猪、孕期母猪、小猪喂的饲料都不同,他开始学各种智能化设备,学得差不多后,要开始关注猪只的异常情况,学习保健和治疗,也要学习一些管理和生产计划的知识。

他们的生活很规律,每天早上6:30-7:00起来吃早餐,洗澡后进入猪舍;大概8:00开始打料喂猪、调试设备;然后是检查,对弱猪进行治疗、护理;有时还有一些防疫、免疫操作。基本上每天的工作就是这些。由于猪场的智能化、数字化程度逐步提高,没有特别情况的话,下午4:30左右就可以下班了。偶尔碰到天气炎热时,白天转运仔猪容易造成应激死亡,就要等晚上装车,这时才需要加一点班。

由于猪场一般远离人口密集的地方,下班后通常会比较无聊。同时,为了预防非洲猪瘟,猪场管理严格,每两个月才能出去一趟,回来还得隔离五天,这也会"吓退"一些年轻人。但猪场生活配套设施并不少，一般都会配备篮球、桌球、活动室之类的设施，年轻人之间会打游戏、看电影等。有些年轻人就喜欢这样简单的生活，工作并不累。

小波也不觉得苦或者无聊，因为他热爱这份工作。他的回答很实在：在这里能赚到钱、攒下钱，近万元的月收入，社保足额缴纳，包吃包住，还能就近照顾家人，这让他感到很满意。2022年5月，小波结婚了，这份工作让他足以撑起自己的小家庭，还能给父母打一点钱、买点东西。他说，农村长大的孩子很多有一种朴素的想法，当他养一种动物或者种点粮食，然后真真切切看着劳动果实成长起来、去赚钱，哪怕苦一点，也会觉得特别踏实。小波的现状，或许就是新一代"新农人"的未来。

小波还特别喜欢新希望的工作氛围，简单、朴素、温暖。新希望的领导没有架子，会跟他一起赶猪，大家穿的衣服也是一样的，陌生人到访根本不知道谁是领导。有一回小波上早班，看到猪圈里一个人在铲猪粪铲得特别快，他还以为又来新员工了，定睛一看原来是厂长。

新希望集团这个庞大系统还给他提供了踏实感和进步感，他越扎进去，就越觉得有趣。大学时期，他就在老家为孩子们搞过培训，用自己的亲身经历告诉孩子们，只有教育才能改变普通人家孩子的命运。现在，他的想法是快点积累，然后去到新希望培训体系，比如去"绿领计划"当老师，回凉山地区，给哥哥那样的养猪户和越来越多的00后畜牧兽医传授更加体系化的知识，带着他们一起养猪致富。

小波是在参加集团组织的训练营时被发掘的。当时，他报名了"战地记者"，然后把自己的故事投稿给了集团。没想到集团不但用了他的稿子，还找到他一起实现他从小就有的公益梦。他说，小时候他们那儿就有许多爱心人士去做公益，小孩子们就特别羡慕，"原来人的皮肤可以这么白，可以穿这么好看的衣服，还有这么拉风的车"。他感恩新希望给了他一个平台，可以为家乡的孩子提供一点帮助。

他做的第一件事情，就是开着车去买了很多书包，再装上一些书，送到家乡的小学。看着孩子们欢快的样子，一瞬间，他觉得自己也当了一把小时候特别想当的那种人——孩子们管他们叫"英雄"和"偶像"。

尽管新希望科技化在加速，尽管越来越多的科研型人才、高级管理人才在加入，但无数一线的"小波"才是新希望的大多数。也正是无数这样挨得住寂寞、扎得下根、朴素而努力地改变自己生活的普通员工，才是新希望、才是这个社会的根基和底色。这也是刘永好一直强调的企业基础。

2022年，结合刘永好一直强调的人才观，新希望集团常务副总裁兼首席运营官李建雄明确提出"四类经验、五大特质、六项要求"的干部观，作为新希望选择、选拔干部的标准。

一家企业的用人，最能体现它的价值观和文化。新希望就把他们需要的人才描述为——"做美好事业的平凡英雄"。

农业硬核科技

中国是世界最大的肉鸭生产国和消费国，约占世界的70%。但可能很多国人都不知道，以前我们吃的鸭子品种，绝大多数是来自英国的樱桃谷鸭。为了获得纯正的祖代种，需要付出高昂的代价。新希望六和作为全国最大的肉鸭养殖和屠宰企业，引进一只1日龄祖代种鸭的引种费为500元，公司每年引种320~480单元（1单元为140只）的祖代种鸭，就需要向樱桃谷公司支付引种费1760万~2640万元。这还不是最重要的，他们每年还要给合资方支付盈利的50%。

除了要承受高额的引种费，樱桃谷鸭是按照西方人口味培育的，不太适合中国人的口味，其皮脂率高，不适宜加工成如咸水鸭、酱鸭、板鸭、卤鸭等中国传统美食，抗应激和抗病力弱、死亡率也比较高。

中国不仅在集成电路方面备受"缺芯"之痛，养殖业的"芯片"也掌握在外国人手中。

2012年，新希望六和与中国农科院北京畜牧兽医研究所签署《北京鸭遗传资源转让与肉鸭联合育种协议》，开启中国人自己的肉鸭育种之路。2018年，具有自主知识产权的"中新白羽肉鸭配套系"新品种终于培育成功。全新的"中新鸭"具有体型大、胸肌发达、皮脂率低、适口性好、肌肉弹性等特点，而且料肉比比引进品种低0.01，成活率高0.33%，养殖户每只利润提高0.1~0.2元。综合测算下来，中新鸭全面推广后，全国可节约饲料1.23亿公斤，不仅有效节约我国的粮食资源，还能增加经济效益10亿元以上。预计到2024年，中新鸭的国内市场占有率能达到30%，初步实现对进口品种的替代。

相比众所瞩目的高科技创新，农牧业科技也许依然不算性感。但在中新鸭育种过程中，研发团队实现了肉鸭育种技术的一系列重大自主创新。比如，测定肉鸭胸肌、皮脂厚度的超声波技术，用于准确估测鸭胸肌率、皮脂率的多元回归模型估测技术，间接选择饲料转化率、胸肌率、腿肌率、皮脂率的肉鸭剩余饲料采食量（RFI）技术，对每只鸭子的信息精准收集、分析的种鸭二维码数据收集系统等，这些创新技术都已走在世界前沿。此外，研发团队还发现了导致北京鸭体格变大的主效基因等多个超级基因，为探索和应用基因编辑等现代分子育种技术迈出了重要一步。

无独有偶，中国是全球猪肉养殖和消费第一大国。但由于生物育种周期长、起步晚、投入大、见效慢，所以长期以来，中国企业更倾向于直接进口生长周期短、饲料转化率和瘦肉率更高的国外品种，养猪引入种猪后，公司的育种能力和种猪自有繁殖性逐步退化，从而形成"引进－退化－引进"的恶性循环。

目前我国每年生猪出栏量在7亿头左右，其中有90%都是外国血统。2021年，我国从国外引进种猪24462头，同比增加60%，其中37%是美国杜洛克猪，33.2%为丹麦长白猪，25.6%是法国大白猪，业内俗称"杜长大"。这些种猪每头价格在1万元左右，只此一项中国猪企每年花费成本就超过2.4亿元。而且，国外种猪企业不会将最好的种猪资源卖给我们，长期发展下去，将导致中国猪产业发展质量受限，特殊情况下甚至还可能被"卡脖子"。

不光粮食安全，猪肉安全也是国人的当务之急。早在2007年，新希望就与全球知名育种企业加拿大海波尔（Hypor B.V）育种公司合作，成立江油新希望海波尔种猪育种有限公司、山东海波尔六和种猪育种有限公司；2014年，又与世界最大育种公司PIC合作，在山东区域建立起以夏津聚落祖代场为中心的PIC种猪生产繁育体系。

2018年新希望波士顿研究院建成后，迅速聚合全球高端人才，"快半步"进入跨国的"猪芯片"、生物安全、非瘟等防疫研发。目前，仅新希望六和育种一个事业部就拥有科技人员近500人，其中博士9人、硕士71人。近年来，团队还开发了"秀杰"育种软件系统、基因组育种技术等，例如通过猪脸识别就可以迅速判断该育种猪的父母代和曾祖代。

2021年，刘永好又宣布，继续投入30亿元进行育种研发。2022年5月，投资2.2亿元建设的新希望"新津智能养殖猪场"正式投用，该智能养殖猪场是新希望"猪芯片"的重要一环，通过大数据分析各环节价值，开展平衡育种、综合选择种猪，最终形成"核心育种场－扩繁场－商品场"为一体的生产模式。

"未来当我们每年有几千万头生猪产量时，如果'猪芯片'还是捏在老外手里，我们同样会被'卡脖子'。新希望在这方面已经努力了五六年，破局之日已经不太远了。"刘畅说。

类似于"中新鸭""猪芯片"这种突破性科技往往更容易引起社会各界关注，但事实上，渐进型科技才是企业创新的常态。

新希望饲料的科技创新同样具有代表性。新希望有着40年的饲料研发积累，覆盖畜、禽、鱼全品类，拥有数千名配方专家和科技人员。目前，新希望承担国家级科研项目30余项，累计荣获国家科技进步二等奖7项，省级以上科技奖励40余项，拥有有效专利2000余项，其中发明专利400余项。

饲料是农牧领域中工业化最早，竞争也最激烈的行业。与许多传统制造业一样，近十年来也面临产能过剩、产品同质化、利润空间越来越小、优质原料短缺、环境污染、药物和饲料添加剂滥用等问题。同时，饲料中的氮、磷、铜、锌等营养元素一般无法全部被动物吸收利用，会随着动物粪便排出，导致过量的磷、铜、锌等重金属排放到土壤和水体中，我国每年产生近40亿吨的畜禽粪污，如果不加以改造、利用，会对环境造成巨大污染。因此，行业要可持续发展，就必须走高品质、高效的双碳环保之路。

新希望饲料研究院的发酵饲料配方技术就是一个重要路径：一是利用乳酸菌、酵母菌、芽孢杆菌等有益菌种对农业副产物进行厌氧固态发酵处理，生成湿基发酵原料直接用于饲料产品生产，可有效提高营养物质消化吸收利用率、改善动物肠道菌群结构；二是通过理想氨基酸模型减少蛋白原料的投入，解决蛋白原料生产资源短缺的问题；三是通过建立精准营养数据库，根据饲喂生物发酵饲料动物的回肠表观消化率的数据，分析确定有效磷和微量元素的最佳添加量，从而降低磷、重金属等排放；四是通过异味物理吸附技术吸附粪便中产生的异味气体，改善养殖环境的空气质量。由于大幅度解决了降本增效、环保问题，该技术荣获了国家科技进步二等奖。

新希望饲料一手抓生物发酵配方技术，一手抓数字化配方技术。

2020年新冠肺炎疫情期间，新希望饲料研究院、饲料BU集中精力研发数字化营养配方系统。

此前，国内饲料企业研发配方还需要依靠国外数据库，而新希望有着几十年的场景、配方、原料供应等数据沉淀，优势明显。经过两年的梳理、系统研发，2022年6月，新希望正式关闭国外系统，全面上线了自主开发的"鸿瞳·NHF"配方系统。该系统一端积累着新希望40年各种养殖和饲料生产的宝贵数据，可以通过数字化算法快速精准地设计出符合不同场景、生长周期、发育状况的饲料配方；另一端可以将配方数据传输到各个工厂和相应的养殖户、饲料厂，指导饲料生产和具体养殖。新希望也因此成为国内目前唯一拥有自主配方系统、并实现工厂全覆盖的大型饲料企业。

通过采取"生物发酵技术+数字化配方"技术，今天新希望的猪，吃的可能是全世界营养最丰富、最均衡的饲料。这样的科技创新的价值，并不亚于那些"大国重器"，因为它们直接关系着亿万国人的安全与健康。

除了数字化配方，新希望饲料BU正在实现数字化采购、数字化工厂、数字化营销的全系数字化研发应用。比如数字化采购，以前原料采购掌握在采购员手上，效率低、人为干扰高，还给腐败提供了温床，新的数字化采购系统可以根据配方需求，快速拉出工厂周边200公里以内的原料供应情况，比如合作的中粮、中储粮等企业的网点在哪里？库存情况怎么样？价格变动怎么样？什么时候买效率最高？这些都可以通过大数据分析自动形成采购方案。

数字化工厂方面，以前投料、扛包、码包等岗位非常依赖人工，但劳动力红利正在消失，招工的难度越来越大。目前，在新希望饲料厂，这些工种以及车辆入厂、过磅等过程全部实现了自动化和无人化。

在数字化营销方面，新希望已上线"料你富"营销系统。养殖人员、养殖户可以在线对自己的养殖水平进行评估，结合实际情况，需要多少饲料、什么类型的饲料、什么样的报价，都可以通过平台了解得清清楚楚。此时，大量业务员就可以转型去做更深层次的技术服务。

近年来，包括互联网、房地产企业在内的很多制造业企业纷纷进入养猪行业。除了重投资，养猪、农牧业门槛其实并没有大家想象的那么低，相反，这是一个需要硬科技实力、精细化运营，监管也日趋严格的民生产业。

尽管新希望已经建立起育种－防疫－饲料研发－数字化运营－固废环保处置－种养一体的闭环农业科技体系，但仍有大量空间需要改进、提升。走向"世界级农牧企业"，超越无止境，任重而道远。

有新希望的地方，就有新的希望

对中国人来说，走得再远，也要回家。家在哪里？有根的地方就是家。现代人为何容易迷茫？因为走得太急、太赶、太远，忘了回家的路。

乡愁是中国人最悠远也最具代表性的文化之一，"三农"问题则是关系国计民生的根本性问题。

1978年，改革开放从乡村开始，但改着改着，乡村就被很多人遗忘了。广袤乡村，能够为社会做出贡献的仿佛只剩下"农民工"。乡村把她的土地、资源、劳动力前赴后继地献给城市，就像逐渐年老的母亲，依然博大、慷慨，但日益黯淡、认命、无力。

2017年，中国正式提出乡村振兴战略，2018年《国家乡村振兴战略规划（2018—2022年）》发布。乡村兴则国家兴，乡村衰则国家衰。全社会日益形成乡村振兴的共识，把乡村振兴视为建设现代化经济体系、建设美丽中国、传承优秀传统文化、健全社会治理格局、实现共同富裕的必由之路。

十年来,"绿水青山就是金山银山""记住乡愁""农业是有奔头的产业,农民是有吸引力的职业,农村是安居乐业的美丽家园"等宣言,人们耳熟能详。加强基础设施建设,新型农村社会保险全面覆盖,扶贫攻坚大决战,产业、人才、文化、生态、组织振兴同步推进……一项项战役稳步推进。作为一个"老农人",刘永好由衷感到高兴和振奋。

刘永好这样的"老农人",还需要肩负更多的时代使命。客观来说,新时代需要的不是传统思维和作业方式的老农人,而是新农人。但最需要的,还是刘永好这样的"新老农人"——农业是古老的行业,需要在传统的基础上创新。农民依然是基数最庞大的人群,需要在帮扶的基础上一点一点进步;261万个村庄是中国最基础的社会组织,需要在了解和理解的基础上一点一点改变。此时,刘永好这样的"新老农人"的经验和新探索就显得十分重要。

乡村振兴,产业为先。要将传统的"看天吃饭"、小农式生产和组织方式,升级为现代化农业产业,就必须通过技术和组织的全面改造。产业振兴不能光靠政府投资,更加可持续发展的力量必然是市场化力量、产业升级的力量。

40年来,从产业链发展,带动农民就业、技能提升、种养模式转型,到针对贫困山区的"光彩事业"产业扶贫,新希望始终以工业化、市场化、产业链赋能的形式,帮助中国农民、农业和农村克服先天禀赋的不足,缩短城乡发展差距和中外发展差距。

在这个过程中,刘永好又清晰地看到农村社会服务,尤其是金融服务的巨大短板,新希望从自己做普惠金融到开办新网银行,再到新希望金科探索出赋能基层银行数字化转型的方式,推动以三农为核心的普惠金融发展,并组建一些基金投资农业消费领域,日益造福千万农户及涉农小微企业。

乡村振兴,希望在人。除了创造出生生不息的事业,刘永好几十年来一直不断为民营企业鼓与呼,为乡村、为农民鼓与呼。乡村需要什么样的声音?曾经的乡村公益受助者、今天的小小参与者奥诗小波说:"我希望人们接受帮助的姿态不是躺着的,而是自己站起来。"

作为扎根三农的企业家,刘永好更深谙这一点。

1993年,他从捡煤渣的小男孩身上看到自己,"扶贫先扶志",联合有同样认知的企业家发起"产业扶贫"的"光彩事业",以及万企兴万村等。到贫困地区办企业、带动产业和就业发展的方式,无疑比简单的慈善捐赠更可持续。

2016年,新希望响应国家扶贫攻坚计划,启动"新希望1+1精准扶贫计划",发动全集团2000多名中层干部,以产业扶贫为引领,一对一深入乡村扶贫。截至2018年,新希望集团在全国各地开设产业扶贫点超过150个,帮扶贫困户超过10万人,投资超过50亿元,各项捐资超过10亿元,刘永好也因此和其他33位知名民营企业家一起,获得"全国脱贫攻坚奉献奖"。

2021年2月,随着扶贫攻坚的决战胜利,中国历史上第一次实现了对绝对贫困的伟大决胜,接下来,是全面建成小康社会和共同富裕的新征程。"老农人"该怎样做?刘永好早已有了清晰的答案,那就是帮助乡村解决人才的问题,结合国家需求与企业所长,大力推进新时期"人才振兴"计划。

几十年来,新希望一直在通过免费技术培训、公司+农户、提供科技平台、发展平台等方式,帮助千千万万农民自我提升,实现进步。2020年,新希望率先启动实施乡村振兴"五五工程",以直接投资和帮扶,帮助大学生、农民等农业从业者,以及农户、中小微企业成长。2021年,刘永好又与9位民营企业家一起,发起"万企兴万村"倡议,动员民营企业投身乡村振兴,为乡村投资、补强教育、修桥铺路等。

刘永好对乡村人才振兴的一大创新举措,在于创新性地提出"绿领"概念,并发起"10万绿领新农民培训计划"。他认为,正如城市发展需要金领、白领，农村发展必须靠新型职业农民群体——绿领，他们有新技术、新思维，是当下和未来乡村振兴的主力，是光荣的群体。这项计划发起于 2018 年，截至 2021 年底，新希望已经建设了 9 个培训基地，线下培训 7.48 万人，线上绿领公益大讲堂则触达 1200 万人次。

"10 万绿领新农民培训计划"正对农户进行技能培训

光有数量还不行，乡村要振兴还必须有好的带头人，"'村长'强则农村强"！2021 年 9 月，新希望联合北京大学国家发展研究院共同策划、举办乡村振兴"村长班"，组织全国知名教授学者、企业家、优秀的乡村实践者，面向全国基层"村长"（村支书、村主任）进行集中培训。第一期 50 人，来自全国 18 个省（自治区、直辖市），刘永好还亲自讲授了第一课。第二期 100 人，于 2022 年 11 月 6 日在新希望"初心地"新津开班，这项人才振兴计划也将持续地开展下去。

从就业到技术，从投资到金融，从组织到人才……除了这些系统的乡村振兴举措，刘永好更认识到，乡村未来的希望更在于孩子。今天，新希望旗下每个板块都有针对乡村孩子的公益活动，很多活动细微又用心，且低调，并不为外人所知。

新希望人认为，让相对落后山区的孩子见到、感受到希望，远比捐款捐物重要。2020年新希望地产联合"永好公益慈善基金会"发起"希苗计划"游学公益项目，他们带着大山里的孩子走出大山，来到大城市开拓眼界、增长见识。第一年他们组织了40名凉山中小学生到成都公益游学，2021年又组织了巴中革命老区的70名优秀高中生和8名乡村教师到成都开展游学。

2021年，"永好公益慈善基金会"发起"新希望·四川鹰翔计划"，针对的是一个特殊群体——英烈子女。对这些人生陷入被动的孩子来说，让他们重新看到希望的光亮十分重要，而相关的政策无法做到细致、持续，这就需要社会力量的补充。

2020年，刘永好专门请来一位四川省人社厅退休下来的副厅长担任"永好公益慈善基金"顾问，主抓这些社会公益、保障行动。这位离任副厅长，对社会保险和保障工作很熟悉，她专门组建了一个团队，为这些英烈的孩子提供0~22岁的长期教育关怀与成长陪伴。新希望的陪伴很细致，包括由新乳业每天送鲜奶，联合四川大学给每个孩子配备一个陪伴孩子成长的志愿者，定期外出游学，提供奖学金和多种保险，联合川商总会进行实习或就业安排……虽然这个项目跟新希望的产业没有任何关系，也几乎没有什么品牌宣传作用，但刘永好带着家人、高管出席启动仪式，并且持续关注项目进展。他说："和平年代牺牲最多的就是这些英烈，这个时代不能不崇尚、敬仰英雄，否则社会的希望在哪儿？"

新希望是一家企业，是一条产业发展路径，也是用市场化方式推动社会改良、前进的一种方案。这样的企业更多一些，中国的未来就更有希望。

怀揣希望，四十不惑。对一家跟随国家改革开放成长起来的民营企业来说，对一家走向"世界级"的农牧企业来说，对一家"万岁产业"中的创新企业来说，40岁，其实，正青春！

第十二章

与时代同行

2018年12月18日，北京人民大会堂，庆祝改革开放40周年大会隆重举行。作为中国民营企业的优秀代表、中国农牧产业的优秀代表，刘永好精神抖擞地走上台，从国家领导人手中接过改革先锋称号的奖章和证书。

"通过奋斗可以实现的梦，就是希望。我们兄弟这几十年，都是追梦的过程。"希望四兄弟的老大刘永言，这样回顾四兄弟走过的路。他出生于1945年。

刘永好和新希望的40年，是与改革开放、民企发展、农业现代化和中国崛起同行的征程，每一步，都凝炼着时代的召唤。在这个过程中，从20世纪80年代凭借不甘寂寞的勇气、摸着石头过河，到20世纪90年代市场经济体制确定、填补农牧畜牧领域的供给不足，到21世纪的第一个十年"与狼共舞"、学习追赶，到21世纪10年代转型升级，再到最近几年以科技创新和数字化转型做新做优，刘永好"终日乾乾，与时偕行"，致力于让新希望成为对企业、对社会、对国家都有好处的"百年老店"。

四十年水大鱼大，四十年风雨兼程，刘永好说得最多的不是成功、成就，而是"初心""坚守""感恩""顺势"……这种发自内心的热爱、向善、创新，推动着也护佑着这群平凡的人、平凡的企业，闪耀着不平凡的光芒。

刘永好的三句话

第一句："初心。"

新希望大致与改革开放同龄。改革开放、自我变革在某种程度上可以理解为国家层面的一次"再创业"。

一个国家如此，一家企业也是如此。

"重走希望路"后三个月，刘永好又将第二期"村长班"带回家乡举办。继2021年在北京大学举办的第一期"村长班"之后，这次，他选择带领大家回到田野中上课。

2022年11月6日，新希望联合中国光彩事业基金会、四川省农业农村厅举办的第二期"村长班"在新津农博园开班。刘永好作为东道主本应率先致辞，但他选择了40年前的老师身份，跟村长们一样身着统一班服，在开班仪式后上台讲授第一课，并与村长们交流。

面对全国17个省、直辖市的120名村支书、村委会主任，他们中最小的23岁，最大的59岁，71岁的"老农民"刘永好心潮澎湃。他回顾了自己在家乡的创业历程和初心，并言简意赅地分享了本书所述的新希望40年发展、转型升级经验，勉励村长们投身新时代乡村振兴、坚守初心，并通过村长班、新希望社会资源、光彩事业基金会等为村长们搭建信息和资源交互平台。

最后，他走到村长中间，面对面为大家答疑解惑，与大家交流经验，并嘱咐集团相关负责人跟进村长们提出的需求和意见。那一刻，他仿佛回到40年前，亦师、亦农、亦创业者。

刘永好一直强调，新希望的初心是"希望，让生活更美好"，是"智慧城乡的耕耘者、美好生活的创造者"。事实上，1982年刘家四兄弟创业时,全国的创业热土是广东,是沿海地区,很多踌躇满志的年轻人都选择南下。曾有记者问刘永好为什么不南下而选择留在家乡创业?

刘永好说,一是当时几乎还没有私营企业,外出务工还不是潮流;二是自己有很浓的家乡情结,新津是他的家乡,在古家村,人熟、地也熟;三是当时创业的初心就是改变家人和周边人的生活,带动村民发展,让大家的生活变得更好一些,并没有想到那么远的地方去。

从新津县古家村出发,怀着"让生活更美好"的初心,40年来,刘家兄弟带动的"周边人"、农民朋友越来越多,在为别人创造美好生活的过程中,新希望也成为一家美好企业。试想,如果当初刘永好真去了广东创业,或许也能创立一家电子企业或者房地产大公司,但无疑,日后中国将少一家世界级的农牧企业、民生企业。

"风口"轮流转,10年后,时代风口转到海南房地产。1993年,刘永好的一位好友随着潮流到海南做房地产生意,在他的鼓动下,刘永好也在海南买了一栋别墅,注册了一家房地产公司。公司管理人员打报告,催促刘永好投钱,为了说明海南房地产的热度,还给他讲了一个故事:"有人在一栋大楼里,从上往下走了一层楼时,买到一块地,卖地的人赚了10万元。再往下走一层楼,把地出手给另外一个人,也赚了10万元……"

故事很诱人。但刘永好听完的第一反应却是:"这么多钱从哪里来的?""这件事情的价值是什么?"他很快明白了,这不过是一个"击鼓传花"的游戏,赚点钱可以,但不能产生价值,根本不能长久。他更不想当接盘的"倒霉蛋",于是卖掉别墅、注销公司、打道回府。后来的故事人们已经耳熟能详,1993年下半年开始,海南房地产泡沫迅速破裂,房价从上半年顶峰的每平方米7500元下跌到1991年的水平,跌幅达85%,海口1.3万家房地产公司倒闭了95%。哀鸿遍野中,及时抽身的刘永好成为幸运者。

进入21世纪后,互联网、多元化、房地产、互联网金融等各种潮流、风口陆续袭来，刘永好也不是没有动心过，也涉足了一些，但最终都坚守住了自己的初心。怀抱"让生活更美好""智慧城乡耕耘者"的初心，40年来，他一点一点地往上加分（而非耗散、减分），最终怀抱的是一棵许多企业家都由衷认可的参天大树！

刘永好"初心"的另一层含义，是永葆草根精神、创业之心，坚持"用小企业的精神办大企业的事"。

从"养鸡大王""鹌鹑大王"到"饲料大王"，刘家兄弟是20世纪八九十年代"连续创业者"的代表。他们不停留于现有成功，不让既得利益束缚住自己的手脚，果断从养鸡事业中抽离，几百万元的鹌鹑说处理就处理，再杀入猪饲料领域、挑战正大，不断突破自己，连续创业，而不是安于小范围内做"大王"，才能一步一步进入更广阔的事业。

20世纪90年代中期，希望集团已经是中国最大的民营企业，刘家兄弟依然不安于守成，而是继续追寻各自的"初心"，分头创业。刘永好选择坚守饲料、农牧，此外，组建民营银行，探索民企上市，率先走出去搞国际化……每一步都是一次意义重大的"再创业"。

2011年，新希望成为中国最大农牧企业，刘永好又敏感地洞察到自身的大企业病，继而果断开启自我变革：强调小企业精神，系统启用年轻人，大刀阔斧地进行组织变革；重拾草根精神，建设创新"四共"合伙人机制；打破企业固化思维，拥抱数字化、智能化、生物科技……企业随之重新焕发创业、创新活力，并实现营收2018年破千亿元瓶颈，2020年破2000亿元，2021年跻身世界500强的连续跨越。

正是这种创造美好、连续创业、自我变革的初心，帮助新希望在不同发展阶段渡过了许多难关，也让今天的新希望永葆青春。

刘永好的"初心"，给了我们一个重要启示。

第二句："顺大势，快半步，走正道。"

回望40年，刘永好时常感慨，与新希望一起成长的很多企业，大多数都不在了，各领风骚三五年，超过10年的就更少了。

新希望为何能够穿越时代变幻，基业长青？或许可以用"顺大势、快半步、走正道"，这句新希望人众所周知的"秘诀"来解释。

也许是源自父亲刘大墉的影响。20世纪60年代，刘大墉即便被关牛棚，也能清晰地指出"中国应该利用劳动力优势，走来料加工发展经济"的时代趋势。那时，十几岁的刘家兄弟还不能完全理解，但父亲那种无论何时、身处如何艰难的环境都始终面向时代格局的精神，深深地影响了他们。

后来，刘家兄弟都提出了类似的"时代发展观"。刘永好提出"顺大势、快半步、走正道"，刘永行提出"顺势（顺势而不随流）、明道（明道而非常路）、习术（习术要善修正）"的企业哲学，陈育新在华西希望提出"不跟风、不赶潮、不树敌"的产业经营理念，大哥刘永言也提出"不跟风、不赶潮、脚踏实地做好自己的企业"的观点。

那么何谓"势"？四兄弟给出的答案很相似，也很"理工男"，那就是——"时代发展背后的客观规律"。

回顾新希望发展，大致每十年一次变化，对应的正是时代变化规律。

创业前10年，社会物资贫乏，很多领域都一片空白，大胆创业，做的是从无到有。

第二个10年，社会在各种争论中迎来大开放、大融合，区域、行业、公私属性等壁垒逐渐打破，老百姓需求大爆发，企业发展的关键在于抓住机会做大。

第三个10年，中国制造进入黄金时代，产能逐渐饱和，内部竞争加剧、对外走向世界，企业必须迎上前去、与狼共舞，从做大到做强。

第四个10年，市场供求发生根本变化，国家提出供给侧改革、转型升级经济方针，市场上新技术、新思维、新方法层出不穷，企业要生存发展，必须自我变革，做优、创新……

所以，洞悉时代规律，顺势而为，企业就能事半功倍。此其一。

判明大势后，要"快半步"发展。刘永好的秘诀是，"宁愿走快半步，不要走快一步。任何时候，不是冲到最前列，因为快一步往往重心不稳就掉下去了。快半步，踩实了可以比别人更快，不行的话退回来重新开始"，对新希望这种传统行业的"大象"来说，尤其如此。

所以从创办民生银行到创立厚生投资、草根知本，再到数字化、智能化变革，刘永好都践行着这个理念。此其二。

刘永好的第三个"秘诀"，在于控制风险，"走正道"。

他总结说，企业经营的第一重风险是周期风险、市场需求判断的风险。"打个比方，有人以前很会做草鞋、钉凉鞋，如果一直坚持做，结局就会很惨，因为现在无人穿草鞋了。不能适应时代变化的'坚持'，就是最大的战略风险。"

第二重风险是游走在灰色边缘的风险，政商关系出了问题。前些年，四川省和成都市出现过一些反腐大案，许多企业因牵连其中而消失，但新希望作为四川省最大的民营企业，没有受到任何牵连。

这一点，不光刘永好，刘家其他兄弟也都坚持亲清的新型政商关系。和政府领导保持互动，但又坚持走正道，从未受到任何政商关系的牵连。比如，虽然几兄弟或多或少地都涉足了房地产，但宁愿选择不发展、保守投资，也不愿卷入靠政商关系寻租或寻求优惠政策的是是非非。

第三重风险是财务风险。因为投资激进、乱加杠杆、债务危机、偷税漏税导致的企业经营失败很常见。新希望很早就建立了财务直管制度，以及不偷税漏税、不做两本账、不违法违纪的"三不原则"。同时，刘永好更清楚地知道，财务风险往往是伴随着投资而产生的，所以建立了"服从规律而不是服从领导"的投资决策流程，刘永好因此自我限权——他没有一票通过权,以此防范决策个人化,但拥有一票否决权,以此发挥自身经验优势,防止重大决策风险。

第四重风险是管理风险。有些企业好不容易培养出几个高管,结果他们一转身就离开,另立门户与老东家竞争,甚至检举揭发老东家。新希望坚持阳光、正道,善待员工,基本没有发生过员工离职后产生恩怨的事情。

第五重风险对农牧食品企业来说也极其重要,那就是食品安全的底线风险。几十年间,违背这一底线而消失的企业有不少。

民营企业发展,就是与风险同行并克服它们的过程。要克服风险,确保不被击垮,靠管理、靠机制都还不够,根本还在于"走正道",将命运牢牢掌握在自己手中。

客观来看,"顺大势、快半步、走正道",这是新希望40年发展的"秘诀"所在,也是40年来中国民企大浪淘沙的缩影。许多红极一时的民营企业,除了企业家身体或传承出了问题,主要也是犯了这三种错误:要么是判断错了"势",或执拗于个人见解"逆势而为";要么是太激进走快了,或太保守走慢了,导致被淘汰;要么是偏离了正道,犯了不该犯的原则性错误……刘永好的这个"秘诀",也是一面很好的镜子。

第三句话:"感恩的心,离成功最近。"

企业家是时代的产物。最近几年,疫情、外部摩擦、经济调整……对中国企业家群体来说,是剧烈的变幻,是令人困惑乃至颓唐的年头。新希望面临的困难只多不少,面对"四重天"叠加影响,刘永好和新希望却心态平和,还能不断取得一些新的成就。原因何在?

除了"初心""顺大势、快半步、走正道",刘永好的第三个回答是,"感恩的心,离成功最近"。

他曾在与年轻人的交流中回顾:"我年轻的时候国家很穷,20岁之前没有穿过像样的鞋子。十几岁下乡当知青,晚上肚子饿得咕咕叫,那时候的经历让我深深地了解贫穷带来的压力和痛苦……今天我能取得这样的成功,必须感恩这个时代,感恩社会,感恩政府,更要感恩全国消费者,感恩人民群众,感恩我们的员工,是大家给了我们机会和信任,让我们有做企业的条件和机会,让企业不断取得进步……当年轻人拥有一颗感恩的心,面对暂时的压力和委屈,就会少一些抱怨,多一些理解。当你真的做到这一点的时候,就会更靠近成功。"

的确,每个时代都有当期的巨大困难,而时代就是在解决一个一个的困难中前进的,每个人也终将从时代发展中获益。

十几岁时,刘永好下到农村当知青,劳动强度大,饿得吐酸水,生活艰苦。他感受到的却是村民们对他的关照,他同情、感恩村民,选择了第一次创业——卖爆米花。这些对三农的理解和感情,奠定了他日后事业成功的基础。

二十多岁时,他进入德阳机器制造学校念书,班主任段英杰、实习师父何国根待他如亲人,刘永好感怀一生,成功后婉拒国内外许多高校的名誉博士学位或客座教授职位,却对母校、师长关怀备至。

三十多岁时,他回到古家村创业,从"带动十户村民发展"开始,到带动全县产业发展,带动四川省私营经济发展,始终视农牧、新津为"初心"。不论当时的县委书记钟光林、历任地方主政官员,还是家乡老百姓,也始终支持着刘家兄弟和他们的企业。

四十多岁时,他受到经叔平、孙孚凌等老一辈民族工商业者的知遇之恩,尽心尽力地辅佐他们,并尽心竭力地推动中国民营经济相关事业的发展,在他们退休后依然充满尊敬、提供力所能及的照料。他被信任着、鼓舞着,也从中不断提升着自身格局,收获着人生和事业的巨大成长。

他公开称最大竞争对手正大为"老师",视嘉吉、康地等竞争对手为友,五十多岁时,陆续收到竞争对手们的支持,譬如与竞争对手们的联合投资,进军海外过程中的各种合作。2006年,他还收获了同行的巨大支持，100天收购山东六和，新希望正式迈向"世界级农牧企业"。

六十多岁时，他选择从"大王"的宝座上下来，将精力放到扶持年轻小将、培养年轻创业一代。小将们的表现没有让他失望，年轻化的新希望终于重新焕发生机，实现了老新希望人一直心心念念的世界500强梦想……

感恩－付出－回报，这是一个好人的正向循环，也是一家好企业的正向价值循环。

这种"感恩文化"，深深印入新希望的企业发展中，我们以新希望内部著名的"两堂一舍"文化为例。

新希望总部每年要到各子公司、工厂检查，其中重要的一项是员工食堂、澡堂、宿舍，合称"两堂一舍"——因为基层工作又苦又累，除了薪资待遇，感恩普通劳动者，让他们吃好、住好、生活好，就是感恩文化的一个体现。

检查的标准主要有：第一，食堂一定要建设和运行好，一要让大家吃饱、吃好，二要不浪费、不剩饭，总经理一定要带好头。有一回，总部到北京通州饲料分公司检查，发现桌上有没吃完的大半块馒头被丢弃。总经理问谁干的，然后拿来自己吃了，员工们很受触动，从此再也没有发生过类似现象。第二，澡堂、宿舍的环境要建设好。十多年来，新希望的自动化程度有了极大提升，往往一家工厂只有100多人，但工厂再小，澡堂一定要有，宿舍也必须装空调。第三，工厂再小，也必须有健身器材、理发店、小卖部，这些都免费"承包"给员工家属经营。第四，安全是硬道理。从环境卫生到生产安全，高度重视，切实保障员工的身心健康。

尽管新希望在全球30多个国家和地区已拥有600多家分（子）公司，工厂逾2000家，但这样的检查每年都有一到两次。此后，集团会根据综合成绩评定"星级工厂""美好工厂"，这是新希望内部莫大的荣誉。如果一家工厂只是业绩突出，却不感恩员工，关心他们的福利与健康，所谓"只要业绩，不爱兄弟"，工厂负责人也会被处理。有一年饲料BU某工厂总经理的业绩名列前三甲，但综合打分是倒数，就被直接免职。在新希望，这样的管理者也没有人愿意跟随。

所以，在新希望有一个中国民营企业中还很少见的现象，除了前文讲述过的江妈、朱妈等对企业充满感情、"退而不休"的老一代新希望人，还有越来越多的新希望人一直做到退休，并随之出现大量的"新二代""新三代"现象——孩子与父母甚至祖父母同在新希望工作，譬如冷链物流板块总裁孙晓宇就是"新二代"。

中国的城市发展日新月异，市民生活得到巨大改善，但我们也要看到，尤其在欠发达地区或中小城市，在饲料、养猪、屠宰、冷链这样的基础行业，有一份稳定可靠的职业，不仅关系到家庭生计，也关系到人的精神面貌。这既是新希望肩上沉甸甸的责任，也是一种国企改革后我们已经比较陌生的"企业归属感"。这种归属感发生在一家民营企业身上，令人感动，也代表着民营企业的时代进步。

刘永好说，感恩之心意味着理解、奉献与责任，收获的是越来越多的信任与支持。有了广泛的信任和支持，一家企业想不成功都难。新希望这样对员工，也这样对上下游产业链上的合作商。对消费者、对政府、对社会、对时代，也同样如此。

2022年，刘永好已经71岁。2022年上半年，新希望六和继续亏损40多亿元，在此情况下，在当年10月，新希望依然面向普通管理者和一线员工，完成了一笔10.7亿元的股权激励；2020年，在企业经营面临巨大困难和挑战的情况下，他还郑重承诺新增就业2万人，并不断加大乡村振兴投入，培养10万绿领新农人，举办"村长班"培养乡村振兴带头人……感恩之心，发自内心的行动，一如既往。

不忘创业初心，"顺大势、快半步、走正道"，常怀感恩之心，这就是新希望成功的秘诀所在。

企业家精神的三个维度

长期以来，社会对"企业家"的评判都存在一定误解，企业家不能简单粗暴地与社会财富、地位等画等号，也不是所有做企业的人都能被称为企业家。

企业家是以企业为家和经营企业的专家，同时也是承担社会责任的良家，还是提升公司治理水平的专家。企业家精神更多地是一种精神状态，在这种状态下的企业家，能够不断地创新，不断地承担风险，并不断地为社会创造价值，只有符合这种状态，才能称之为企业家。

第一个维度：坚守实业，长期主义的胜利。

谈到长期主义，很多人第一时间想到的就是"长期坚持做一件事""为了长期目标或结果而做决定"，事实不止于此。

美国霍尼韦尔公司前董事长、CEO高德威在《长期主义》一书中说，在充满挑战的时代，真正的长期主义者会在关注短期业绩的同时，努力投资长期增长，从而实现个人和公司的可持续发展。长期主义的关键行为准则包括：聚焦客户和增长、有效领导、结果导向、成就他人、拥护变革、促进团队合作和多样性、具备全球思维、明智地冒险、拥有自我认知、有效沟通、整体思考、成为技术或职能专家等。

在真正的长期主义者看来，"长期"其实是多个周期叠加、有繁荣也有萧条的波动过程，而不只是时间的长短，时间长度只是看起来的样子。因此，长期主义者的特质并不只是坚持，而是善于识别周期，尽快地做好准备和响应，并争取每天、每个环节都有哪怕是百分之一、千分之一、万分之一的改善和进步。这样长期汇总，以40年为尺度，就是沧海桑田般的变化。

新希望在农牧领域的长期主义无须赘述，我们再从新希望地产的角度去观察，或许会有更深刻的理解。

新希望很早就涉足房地产行业。1997年，新希望首次试水房地产，第一个项目"锦官新城"就成为成都品质和价格标杆，大获成功。1998年国家停止福利分房，推动房地产市场化，伴随城市化大发展，房地产逐渐进入爆发期。

正当人们以为新希望将在房地产领域大展拳脚时，刘永好却选择了"小打小闹"。新希望的房地产发展，基本都是利用自身猪场、饲料厂土地"被城市化"进行的开发——随着城市扩张进入城市规划范畴，政府提出土地置换或转变土地性质。新希望因此开发了一部分房地产，也基本没出成都。至2013年，新希望十多年间只在公开市场上拿过两块地，年销售额仅有19.8亿元，不要说全国，在成都市场上都排不上号。

事实上，地不是问题，有不少商人、中小开发商提出出地、出钱，找新希望合作，都被刘永好拒绝了；钱也不是问题，新希望农牧的积累和民生银行的投资收获颇丰，新希望在银行的信誉良好，如果真的要贷款，从民生银行贷也水到渠成，但也都被刘永好拒绝了。

究其原因，一是新希望的主要精力在农牧行业，房地产赚的钱也投到了农业里，没有拿去做滚动开发；另一方面，房地产暴利背后存在风险，比如动辄数十亿元、数百亿元的拿地风险、政商关系风险等，都让处事谨慎、重视新希望品牌的刘永好有所提防。

时间来到2013年，全国楼市陷入动荡，连万科的郁亮都站出来说"房地产进入白银时代"。此时，刘永好却开始出击。他认为，在"衣食住行"中，住和食一样，都是民生产业，都值得长期做，只是此前地产处于疯狂发展期，房子严重超出了居住价值，累加了太多不必要的风险，而当它开始去除风险、回归本来价值之时，才是新希望地产开始发力的时候。

彼时，市场形势最严峻的城市当属温州，房价腰斩，市场冰封，举国震惊。在行业最低谷、最惨的地方，一块偏僻的滩涂地，冯仑带着他的"立体城市"理想,找到了刘永好。虽然连冯仑自己的万通公司都不想进入,但刘永好看准了里面的机会和政府的诚意,毅然出手。后来,这个项目大获成功。

2014年初,这块地刚刚开工,新希望原地产总裁离职。刘永好想来想去,找来了年仅32岁的集团办公室主任张明贵。张明贵蒙了,他2008年进入新希望,先后担任刘永好秘书、集团团委书记、办公室主任,一直颇为顺利,但对房地产,他连图纸都看不懂,哪儿敢接。刘永好耐心地分析了地产行业特点和张明贵的性格特征,认为他很合适,而且,"对你的经历来说,一直在集团不落地,要完善自己,要建功立业,也应当去产业、去一线"。

张明贵被说服了。作为刘永好手把手带出来的弟子之一,他没有"新官上任三把火",而是花了整整一年调研、学习,与刘永好反复汇报、沟通,整整一年没买一块地。到年底,他们渐渐明晰了发展战略。

一是聚焦核心城市,只做新一线城市、强二线城市。在一线城市,能力不够的话,容易把企业拖死,而三四线城市穿越不了周期,长期风险很大。新一线、强二线虽然竞争激烈,盈利弱一点,但没关系,因为新希望集团就是在激烈竞争、微利中成长起来的。

二是重仓华东,进入苏州、杭州、宁波、南京等竞争惨烈的城市,整个华东市场占新希望地产销售规模的70%。与许多大房企动辄布局五六十个城市、每个城市销售额一二十亿元不同,新希望至今只耕耘了十多个城市,但每个城市销售额可达七八十亿元,单产高、做深耕。当时虽然困难,但结果证明,困难的事情往往才是正确的事情。

三是区域生根。所在城市中,重点在高潜区域发展,譬如苏州吴中区、杭州萧山区、宁波鄞州区。这样,政府资源、企业口碑、团队管理都趋向集中。优质的合作资源也越来越多,运营效率迅速提升。

四是只做品质改善。当时市场低迷,行业主流是做刚需,有人甚至认为"做改善都得死"。但新希望看好消费升级、中产崛起的大周期，而且他们在成本上不可能降得太低——在刘永好看来，新希望盖的楼，做得好就是企业的丰碑，做得不好就是他的耻辱柱，要立在那里被老百姓骂70年。所以他们坚定做"改善"，起码也得是"刚改"（刚需改善）。这个策略在随后几年的居住升级周期中大放异彩。

五是自己培养团队。地产行业是人才流动最快的行业之一。很多开发商新进一个城市或区域，捷径就是高薪挖人，这也导致行业内干部和业务骨干走马灯似的更换，腐败现象亦屡见不鲜。张明贵认识到，"总经理是房地产行业最大的风险。总经理往往急于建功立业、买地，导致地没买好或买亏了，他们大不了拍屁股走人，留下一个烂摊子给企业，就成了企业的负担。很多企业都死在这上面"。所以新希望地产几乎没在外挖过一个总经理。其次是大力招聘、培养管理培训生，重点是找那些在大企业干过两三年的、还没当过干部的年轻人，用新希望的文化潜心培养。

解决了战略的问题、人的问题、产品的问题，新希望地产迅速发展，2015年销售额达73.66亿元。2016年新希望地产销售额突破百亿元，达到145.3亿元，此后连年翻番。2018年，新希望联手滨江、华润、华侨城等开发商，斥资101亿元拿下杭州奥体地块。刘永好早已放权，基于对城市的了解和对团队的信任，在拍地前10分钟，张明贵跟他通了个电话做了下简要汇报，他就同意了。

2018年后，中国房地产经过20年迅猛发展后，正式进入价值调整和回归周期。新希望却逆势上扬，至2020年全口径算销售额突破千亿元，达到1031亿元，按合并权益法算也达到约540亿元，震惊业内。

2020年8月，央行、银保监会等机构联合设立房地产"三道红线"，大量民营房企陆续暴雷，而新希望向来注重风险管控，成为少数三道红线"绿档"的大型民营开发商之一。

今天，在房地产行业困难重重、局部区域风声鹤唳的时期，新希望对房地产发展信心反而更加坚定。在刘永好看来，"衣食住行"为民生之本，地产与农业类似，都是千年产业：第一，从美国经验来看，100多年来房价年平均增长率为3%，高于通胀率，房地产的需求是长期稳定的；第二，中国城市化浪潮还在继续，就算没有新增只算存量，按45平方米的人均居住面积、改善居住每平方米1万元的价格、年折旧2%保守估算（即50年淘汰、置换一套房子），中国房地产也是一个10万亿元级（即$45m^2 \times 14亿人 \times 2\% \times 1万元/m^2=12.6万亿元$）的产业，依然是一个巨大的支柱产业；第三，放到整个改革开放进程中看，从家电到汽车，都经历过类似房地产行业的周期，但今天剩下来的企业依然活得很好，只不过房地产行业的周期更猛烈一些。

只有经历过周期，一家企业才会成熟，一个行业也是如此。所以我们看到，在2015年后的最近一波房地产高潮中，几乎很难看到早早杀入内地市场的香港房企的身影，因为它们经历过周期，有过惨痛教训，更成熟，也更坚持长期主义，反而近年内地房地产进入价值回归周期，它们才开始陆续回归。

对刘永好和新希望来说，类似的周期已经十分熟悉，农业特别是养猪业周期波动比地产行业大得多，而且常常是冰火两重天。周期考验的是战略力、管理力、团队力、资金力等，而每一次下行周期过后，新希望的发展总能再上一个新台阶。同时，刘永好研究发现，房地产与农业这两个业态的周期往往是岔开的，甚至还具有互补属性，所以做好地产，不仅是企业经营的需要，也是关涉农牧主业生存发展的战略产业。

2021年，万科郁亮发出"房地产利润回归普通制造业"的预警。对新希望来说，这已无关紧要，因为他们早已把房地产当农业在做。王石就曾跟刘永好笑言，20世纪80年代他刚去深圳创业时就是做饲料及其原料贸易的，如果继续做饲料，也许今天的"饲料大王"就是他了。很多人不知道王石还有下半句,如果刘永好不做饲料而改做房地产,凭借他在不赚钱的行业里培养起来的赚钱能力,"我们就没饭吃了"。

所以,对品质、服务和成本控制得更好的地产企业来说,只要能够活下来,经过这段行业下行和洗牌周期,一定会迎来新的春天。

40年,意味着许多个不同类型的周期。风流总被雨打风吹去,能永葆风流者,唯长期主义者!

第二个维度,创新,无止之境。

企业家是什么?其最初的原义,是指"冒险事业的经营者或组织者"。经济学家熊比特提出"企业家是创新的灵魂",企业家要"建立一种新的生产函数",把一种关于生产要素和生产条件的"新组合"引入生产体系,"只要他们实际上在从事'新的综合',他们就是企业家,而一旦功成名就,他们就不再是企业家了"。

由此可见:第一,企业家的本质不是身家,也不是一种"董事长、总经理"之类的身份,而是一种精神特征,一旦缺少了拼搏超越创新的精神,不再努力了,就不是企业家了;第二,创新是一种不断求新、实践、改善的状态,不是说只有新经济领域才能创新,相反,传统产业创新的空间更大。

熟悉刘永好的人都说他有两个特点,一个是"好",还有一个就是"新"。新希望毕竟是一家以农牧、食品为主的传统企业,刘永好的创新与人们常见的科技、互联网企业的科技创新不同,有两个很大的特点。

第一个特点是强大的学习力,不分行业、不分阶层、不分身份的学习、谦卑、包容,奠定了企业带着浓郁草根精神的创新文化。

新希望地产现总裁姜孟军回忆,多年前他陪同刘永好到他下辖的南宁大商汇项目考察。刘永好考察项目有一个特点,就是不喜欢开会,喜欢到处看。他来到大商汇地下室,进到一个几百平方米的小超市,看了一下,觉得货物摆放整齐,环境不错,超市人流也不错。刘永好就觉得这个老板可能经营得很好,便说想见一下。老板刚好在,他就跟老板整整聊了一个半小时,把超市怎么管理、怎么进货、怎么摆放商品问得仔仔细细,还拿本子一一记下。后面超市的大老板来了,他认识新希望的人,这才知道了刘永好的身份。超市小老板大为感慨,说天天在电视上看到的大企业家,居然就这样向他学习了一个多小时。

然后是给刘永好订酒店。他坐在车上问姜孟军:"酒店你们现在怎么订?"姜孟军说通知行政订一下。刘永好就说:"你这样不行,现在刚出了某App,又好用又便宜。"姜孟军没听说过什么App,怎么订?刘永好就把姜孟军的手机要过去,帮他下了一个App……

这样的小故事,新希望的高管每个人都有一箩筐。刘永好旺盛的求知欲、学习力和创新力是发自本能的,一方面源自他对新事物和规律的探索欲,"这个事情原来是这样的""背后的规律原来是这样",这种喜悦感往往超越了商业和价值投资的功利趣味,变得草根又鲜活,经常在关键时刻发挥巨大作用;另一方面源自他跟上时代前沿的压力感,新希望的体系十分庞大,自己和企业要持续"快半步",就要向各种行业、企业,各种企业家、普通人学习,不仅学科技,也要学组织、管理和激励、商业模式等等,这又促使自身更加包容、开放。

第二个特点是实业家式的,带有强烈工匠精神的体系化创新。

实业家对创新的理解往往很实在,就是"降本增效"。比如,成本思维看起来有些传统,却是企业创新的强大原动力。无论创业初期的鹌鹑市场发展,还是20世纪90年代硬扛正大时的精准成本控制,无论围绕降低饲料"料肉比"的生物、养殖、生产技术全流程的持续创新,还是转型期间的产销协同、产业链协同,抑或当下的数字化、智能化大变革,新希望创新的一大根本动力正在于不断降低成本,提高市场竞争力,让老百姓得到更多实惠。这些例子前文已详细介绍过。

谈到这个问题，刘永好举起了二哥刘永行的例子。相比刘永好，二哥永行更内向，也更传统，但兄弟之间经常互相学习、比照，也成为彼此创新、进步的一大动力。

2021年，刘永好与二哥一起去新疆参观东方希望的"六谷丰登"产业园。刘永好看到，这个产业园建设在荒凉的准噶尔戈壁上。在一片原本毫无生气的戈壁滩上，建立了自主、高效循环的产业集群。

这一循环经济体的开端首先是煤。煤从戈壁滩上的煤矿挖出来后，直接通过一条26公里长的全封闭传送带送到发电厂，这就省去了巨额的运费；东方希望在这里建设了中国最大的火力发电厂之一，几百亿度电发出来，如果输送到东部地区，各种建设、并网、损耗、维护等成本巨大，而且利益难以留在当地。东方希望的做法是就地使用，将其用于生产电解铝和半导体硅——硅的原料就是石头，沙漠、河滩上到处都是，生产电解铝和硅料，电都是主要成本。所以，由于一体化布局，东方希望的铝和硅都极具价格优势。

这还只是创新的一部分。在此过程中，东方希望还通过大量的科技创新解决了沙漠节水问题，同时还在探索用煤代替进口石油生产乙烯、丙烯塑料；利用中间产品甲醇加上废物硫化氢，生产国家急需的氨基酸-DL蛋氨酸；蛋氨酸是重要的饲料原料，他们计划收购周边农区生产的大量玉米、棉花籽粕、葵花粕等，通过四重生物利用（三次微生物，一次大生物养殖）生产发酵生态饲料，并发动员工家属开办现代化养猪场，生产沙漠绿色肉食品，而猪粪也能用发酵法生产甲烷气用于化工生产……

这样，在一个原本毫无成本优势和开发价值的戈壁滩上，刘永行按照高效节约、综合利用资源的"减量化、再利用、资源化"的循环经济理念，搭建起"资源-产品-废弃物-资源"的闭合循环，规划建设了"煤谷""电谷""铝谷""硅谷""化工谷""生物谷"六谷相连、相融相生的循环产业经济链。这样，一个将矿业-重工业-农牧业打通，从产业到商业再到科技全方位创新的现代产业园，就在戈壁滩上海市蜃楼般的真实呈现了！

在刘家兄弟看来，企业家、实业家搞创新，就应该把精力集中在内部技术、设计、工艺和管理上，像一个老匠人一样，用几十年时间，点滴、系统地推进。这样搞出来的创新，才是能够穿越时代潮流的根本创新。

第三个维度，社会责任与时代使命。

企业家是时代的产物。那么，什么样的企业家是时代、社会需要和尊重的企业家？

刘永好认为，企业家的首要职责是生存与发展，同时也需要通过企业来创造社会价值。

"第一，在商言商，企业家要讲利润，要懂管理，要按照商业规则办事；第二，企业是社会的一部分，企业家理所当然也要讲责任，担当义务，国家有需要、社会有需要时，应当做出应有的贡献；第三，企业和企业家是国家实现经济复兴的基础细胞之一，要努力满足人们对美好生活的需要。所以新希望将企业愿景概述为'智慧城乡的耕耘者'和'美好生活的创造者'。"

越是艰难的行业，越是艰难的时期，就越需要正向的社会价值观。没有这种价值观，在辛辛苦苦养鸡、养猪，卖一只鸡赚一两毛钱甚至几分钱，卖一头猪时常亏本的情况下，势必很难长久坚持。但这些事情终究要有人去做，而且要做好。所以，企业家必须坚持做难而正确的事情，树立正向的社会价值观，这是企业家的第一个社会责任。

第二个责任，是实打实的，即创造和带动就业。

就业是民生之本、安国之策。新希望现有员工13万人，绝大部分都在中国。这相当于几乎每1万个中国人中就有一个在新希望就业，这还不包含那些没有控股的合伙人的企业。同时，由于新希望做的是基础民生产业，直接带动的上下游就业更可达百万级。近几年，在四重危机压顶的困难时期，还通过"五五工程"完成了5万人新增就业，受到社会各界的肯定。

第三个责任，是为社会、为老百姓不断创造价值。总结新希望的企业发展历程，大致是一个不断降低民生成本，带动上下游中小企业、养殖户发展，内部不断升级、外部不断赋能的过程。这个成长过程，就是不断为社会创建美好生活的过程。

第四个责任，是拥有当国家和社会有需要时的奉献精神。

20世纪90年代国家发起"八七扶贫攻坚"计划，刘永好不遗余力地发起、组织、推动"光彩事业"，受到国家、民营企业家和社会的广泛支持，还担任了光彩事业促进会副会长，被评为"中国十大扶贫状元"之一。

2015年，国家打响"脱贫攻坚战"，刘永好除了发挥集团在养殖、饲料、屠宰等领域的优势，深耕产业扶贫，还直接组织集团2000名中层以上干部参与扶贫，通过对贫困户建档立卡，与公司养殖基地的利益联结，以及就业、土地流转、资产收益等帮助农民创收。因此，在2018年全国脱贫攻坚奖表彰大会上，刘永好被国务院扶贫开发领导小组授予"全国脱贫攻坚奉献奖"。

"那天我特别激动，也感到身上的责任更重了。"刘永好说，从"光彩事业"到精准扶贫，项目的名字跟随时代在变，但是自己的理念和行动没有变过，那就是以产业扶贫为基础，以众多民营企业家的实际行动，锻造出"义利兼顾"的中华企业价值观。

时间来到2021年，随着国家庄严宣告"扶贫攻坚战"胜利，刘永好带领新希望提前转入乡村振兴的事业中，先后建立乡村振兴五五工程、十万绿领新农人计划，开设"村长班"等。

另一件有代表性的事情，是武汉疫情结束后的2020年8月，刘永好与全国工商联一起，组织全国200多位知名民营企业家来到武汉，为湖北疫后重振献出力量。

2020年8月,刘永好作为全国工商联知名企业委员会主席,参加全国工商联助力疫后重振脱贫攻坚湖北行活动

当时,新希望旗下的很多企业都还没有从疫情中缓过劲来,但刘永好率先宣布:三年时间内,新希望将在湖北投资超200亿元,新增4000个就业岗位,将在湖北建设华中区域的总部基地,推动农、牧、渔的产业发展,把冷链物流、食品加工城乡结合的现代农业发展项目落地在湖北及参与武汉的城市建设,"大家共同拉湖北的经济一把"……

民间常言,"能力越大责任越大"。企业家无疑是社会上的有能力者,当企业家的能力跳脱个人、企业,走向社会,我们的社会才能变得越来越美好。

新时期的三个思考

思考一:士农工商综合型企业家人格

管仲,中国古代最早的经济学家,最早提出"士农工商"的社会分工,后来演化为封建社会阶层划分、社会治理的基本框架。

管仲出身贫寒,青年时经商,后入仕,为齐国经营工商业,使边远的齐国国富民强，一跃成为春秋强国。他为商为仕，却能超越职业和立场，站在更高的社会维度，用"市场经济"的方法调和社会，故而被称为"商业之神"。

今天，社会大融合背景下，士农工商的职业界限已经没有那么清晰，但士农工商的思维定式依然存在。只讲农，容易陷入保护主义思维的封闭区；只讲工，容易以生产为导向，偏离市场不断变化的需求；只讲商，容易陷入唯利是图和短期行为；只讲士，又容易"唯书不唯实"，脱离群众，脱离实际。

今天，我们倡导和谐社会、共同富裕，企业家就要倡导和践行"融合"，反对割裂、对立。虽然企业家离"商"更近，在商言商也是当然，但如果只掉到"商"里，只见"计量财用的工具"，不见其余，恐怕离真正的企业家还有些距离。如管仲那样，用市场经济的方法优化社会资源配置，并调和社会关系、促进社会融合，这也是优秀企业家群体应当注意的社会价值。

回顾刘永好的人生经历与事业架构，我们就可以理解他独特的"士农工商"的综合社会型企业家人格所在。

刘永好生于知识分子家庭，父母亲都是20世纪30年代的知识分子。中华人民共和国成立后父亲为官一方，坚持独立知识分子人格，职务虽然越来越小，但格局却很大，母亲做了乡村基层教师，为农民为学生无私奉献，深受一方爱戴。

20世纪70年代末期，刘永好开启了十年教书生涯，正式成为知识分子中的一员。事实上，刘永好"好老师"的身份被企业家光环所掩盖。他教书时不落俗套，注重实习、实践，深受学生喜爱。十多年来，他从"大王"的宝座上下来，又手把手带出了以刘畅、张明贵、李建雄等为代表的一批优秀学生，就可知教书育人与企业管理也有着相通之处——事实上，教师出身的成功企业家数不胜数。

90年代，刘永好作为民营企业家代表被推举担任全国政协委员、人大代表、全国工商联副主席等职务。他一直尽心尽力，不断为民营企业、农牧业发展、乡村建设鼓与呼，多年来累积提交了187份提案议案。同时，他参与组建民生银行，组织各种社会活动尤其是光彩扶贫事业，用实际行动履行着一个知识分子的责任和义务，体现着中国文化中特殊又珍贵的"士人精神"。

"农"更是刘永好的感情和事业的根基所在。青年时期的刘永好，作为知识青年下乡4年9个月，在人生成长最重要的阶段，虽然物质贫乏，精神上却很富足，他也在农村收获了强大的精神力量、创业动力和丰富的经验。

之后，刘家四兄弟共同从农业领域创业，大哥、二哥后来渐渐转向科技、工业，只有三哥陈育新和刘永好一直紧咬农业不放松，他们共同的农民背景和农村生活经历，无疑是很重要的支撑力量。后来，在新希望长期的发展中，刘永好始终坚定农牧初心和主业，成为国内外公认的农牧企业家代表。

"工"则是刘永好的思维特点和根本方法。刘永好学的是工科，刘家四兄弟除了陈育新学农，也基本都是妥妥的理工男。他们最早组装收音机、电视机，后来自己组装音箱，没有工科技术基础是办不到的。后来，刘家兄弟创办养鸡场、鹌鹑场，也是自己设计、建造厂房和机器，刘永好还凭记忆画出了正大康地饲料厂的全套流程和设备。

新希望成立后，根本的思维就是用工业化、标准化、机械化思维改造农牧业，取得了巨大成功。今天，新希望继续通过数字化、智能化再造，持续推动农牧、食品传统产业转型升级。可见，工科思维一直是刘永好事业做大做强的根本。

当然，刘永好天生的商业敏锐度和快速应变力更不应被忽视。小时候，他遇到渡河的困难、没钱买车票的困难，就懂得了通过平等交换而非依赖他人的同情去解决问题。创业后，这种商业、投资的敏锐度，对成本、风险的控制力，更是让新希望始终保持强大竞争力的关键所在。

相比传统农业文明基本是依赖型经济条件下的、互助的封闭小团体文化，现代商业精神的根源则在于发现机会、平等交换、自我负责，所以商业文明是独立自主、创新求变的现代文明。2021年，刘永好在数字化、组织变革、五新理念基础上，提出了新希望自己的"新商业文明"。

他认为，新希望的"新商业文明"是指传统企业即有的人、财、物、产、供、销、研发的整个体系，建立在现代化的格局基础上、承载社会责任的，通过数字化转型＋组织再造＋文化再造的新商业体系，这本身也是一种大融合。

现代市场经济强调分工，但我们也要看到分工、融合正在同步发生。分工不等于分化，融合才是社会发展的希望所在。刘永好独特的士农工商综合型的社会企业家人格，也在不知不觉中造就了新希望包容、开放、平和、稳定的企业气质。

思考二：修身、齐家、治企

刘永好曾形象地总结过中国民营企业发展中的四道坎儿：第一道是创业初期，没钱、缺资源，关键是选准一个行业，敢干敢闯，不怕吃苦；第二道是企业走上正轨后，要有企业文化，产权要清晰，要处理好政商关系；第三道是当企业进入经济转型期，要做好创新和变革；第四道则是事业的传承，中国第一代民营企业家大多已经五六十岁了，必须做好传承，而传承不单单指一个人或家族内部的接续，而是一个体系、两代人之间的传承，这点做不好，企业往往容易由盛转衰。

企业如何才能基业长青、走向百年？在刘永好看来，个人修身、传家之道、传承之道、长青之道，往往是相通的、相辅相成的。

20世纪四五十年代，刘大墉陆续将四个儿子取名为"言、行、美、好"，同时寄托了他的希望和祝愿。往后的70年，刘家四兄弟也的确践行和丰富着父亲取名时的深意，他们言行举止文明、没有不良嗜好、与人为善、从不树敌、坚持正道、品行合一，深受周边人的信任和赞誉，故而事业都很成功。

刘家四兄弟的生活方式也像是一个模子塑造出来的。个个都很俭朴，穿着打扮非常普通，没有一个人抽烟，也不喝酒，更没有人进夜总会唱歌跳舞。实在推不开的场合，喝酒也只是端起酒杯沾沾嘴而已。

"四乖"刘永好更是优秀代表。他没有不良嗜好，注重修身养性，生活习惯也很健康，故而身体健康、精神旺盛。70多岁的年纪，依然每顿要吃两碗饭，睡得香，几乎倒头就睡，从不失眠，走得快，一般年轻人都跟不上他，现在流行的很多城市病、富贵病，与他基本无缘，这让周围的年轻人都十分羡慕。

继而，他把这种修身养性注入到企业经营中，企业的"性格"、文化与他如出一辙，专业、钻研、勤勉、简朴、好学、创新、阳光、正向，充满着健康、稳定、积极向上的美好气质。四兄弟的企业中都有着这种相似风格。

事实上，刘家四兄弟的这种"言行美好"的状态，首先深刻影响的是各自的家庭和整个大家庭。

这些年，很多企业家碰到刘永好，第一句话往往不谈事业，而是说"我见过刘畅，能不能让我的孩子认识一下她，让她带带"。刘永好家庭教育有方，成为企业家们羡慕的对象。他的传家之道，如"夫人不参政""孩子要独立，从小培养处世之道和商业知识，要吃苦""全家都要有善心、公德心"，持之以恒，也让全家的精神世界分外"言行美好"。

与刘永好一样，全家人都没有不良嗜好或生活习惯，而且格局开阔、积极为善。今天，除了刘永好的"永好公益基金会"、新希望集团和各板块的公益体系，刘家人全员都热心社会公益，践行社会责任。

李巍女士长期致力于支持和领导生命教育、儿童教育培训，成立了"李巍教育专项基金",还是"中国下一代教育基金会理事"、云南省妇联执委。在上海,李巍联合一些爱心人士创办了"上海爱心树生命教育组织",编写生命教育教材,中心有200多个义工老师,很多是"全职妈妈",没有工资报酬,却把生命教育的祝福带进家庭、社区和学校,李巍也因此被评为"上海浦东十大好人"之一。

2011年,刘畅在北大国发院念书时,就与同学发起了一个"光明行"行动,每年都要去四川甘孜、阿坝、凉山以及甘肃等地,为白内障患者提供治疗和帮助。这项活动延续至今,足迹已遍布全国11个省的17个县市,成功帮助2700名白内障患者通过免费手术重见光明,帮助逾2万名眼疾患者得到免费诊治。担任新希望六和董事长后,她还个人出资300万元设立了"新希望六和儿童食品安全教育基金"。

小儿子天天也从小热爱公益,他牵头发起了一个"金种子"公益活动,联合小朋友,把过年的红包积攒起来,帮四川的贫困农民买鲜花种子、种金灿花,通过种花带来收入,帮农村小朋友上学……

刘家的大家庭也是如此。每年春节、清明节等节假日,不管多忙,刘家总要聚会。主角还是刘永好四兄弟。在刘畅眼中,场景特别好玩:父亲和几个伯伯都是技术男,坐在一起就开始"比赛"。刘永言说我最近在用什么技术做植物的培育,这个技术如果做成会怎样怎样;二伯刘永行出来挑战,说这事的难点是什么什么;父亲刘永好不甘落后,也站出来掺和,说这事我知道,我做过调研,是这么这么回事;只有三伯陈育新脾气好,经常站出来总结,你们说得都对……

刘家四兄弟对求知、新技术是打心眼里热爱。跟小时候一样,他们坐在一起,从来不比财富,也不谈享受,而是比学习,要是谁知道另外三个人不知道的事,或有什么想法、建议,就会拿出来讨论,后面还要继续通过电话交流感受和新看法。兄弟间几乎每周都会用电话沟通、交流,有时候交流长达两三个小时。这种求知、比照、共同进步,也许正是他们四兄弟创新、做事业的一个重要的原生驱动力。

除了求知、创新，他们还组合在一起互相带动锻炼身体。刘永行以前是研究动物营养的，对怎么保持身体健康、控制体重、怎么运动，了解得最多。他就给其他三位兄弟开"健康生活讲座"，动员全家人都动起来。讲完，由刘永行带头每天走1万步以上，刘永好跟上，后来一天都没落下；陈育新也坚持了三四年，从未间断；大哥刘永言已经77岁，身体差一些，也要每天坚持走六七千步，结果瘦了10斤。他们在用企业家精神管理着自己的身体健康。经常晚上8点到9点，几兄弟一边走一边彼此打电话，继续讨论或"争论"，话题很多，但最多的是讨论科技、创新和经营管理。他们说要彼此带动着，一起活到100岁。

"言行美好"一代的气质，不断地感染着刘家的下一代。近年来，新希望、大陆希望、东方希望、华西希望都已经或者正在推进二代接班，现在看来没有一个在接班、传承和大的管理方面出现大的问题，而且都越做越好。

刘家已经成为一个"学习共同体"。除了兄弟之间，刘永好与刘畅父女之间也互相学习。刘畅爱看书、看电影、爱文艺，比如她看完《人类简史》，非常激动，就拉着父亲刘永好一起学习。父亲平常走路时有听书的习惯，有时刘畅早上吃饭时也给他读半小时。刘永好坐在沙发上，往往一边拿着馒头一边听，有时吃完了，刘畅再继续念个十几分钟和讨论几分钟。

与四兄弟一样，刘畅与刘永好之间，一旦有新鲜的、有趣的事情，就迫不及待地互相分享。有时刘畅看到一部好电影，会刻意拉着父亲去看，看完后还要互相讨论。有一次，刘畅跟一个朋友交流一个项目，听了5分钟，她觉得特别有趣，就说把父亲叫过来一起听。刘永好的秘书说他已安排了其他事，刘畅就说："不行，你一定要将时间调整，把他拉过来。"就这样，愣是把刘永好叫了过去。结果刘永好一听，也觉得很有意思，结果真把项目促成了。其实刘畅并不是为了"项目"，而是单纯觉得父亲听了会觉得特别高兴、特别好。

这种"修身齐家"的正能量，也传导到整个企业中。刘畅跟同事之间也是如此，有一点获得或者有一点有意义的事，就恨不得快点跟团队分享，然后拉着大家一起聊。近年来，刘永好不常在公司，但喜欢用手机的阅读功能，听文章、听有关技术创新和管理提升的内容，发现有好文章，或对相关部门、人员有帮助的文章，立即下载，发给相关负责人，并组织讨论；或者在外出考察、学习的过程中，走到哪儿学到哪儿、拍到哪儿，然后立马发给相关同事。

刘畅说："什么是人与人之间好的关系？就是特别想去成全对方，让对方变成更好的自己。"她和父亲之间如此，父亲几位兄弟之间如此，同事之间亦如此。而当爱与善意互相传染，修身、齐家、治企，其实就是一回事。

思维三：东方智慧，融通世界

传统与创新是不是一种矛盾？也许很多人会认为是。所以，很多人只讲"新"不念"旧"，凡是过去的、旧的事物就一顿批判，凡是从事"新"工作就志得意满，看不起从事传统行业、基层工作的人；有些人又只守旧不创新，陷于往日成就或回忆，故步自封，在新事物冲击下自怨自艾。

长此以往，新旧对立，阶层分化，社会割裂，于己于人于社会，都是无益。

刘家四兄弟都比较传统，有人评价，他们是"用传统美德做传统产业"。他们勤劳、质朴、节俭，做的多是传统产业，经营理念也充满传统智慧。但与此同时，他们又对新事物充满学习的热情，并不断在传统的基础上竭力推动创新。

当他们打破了传统与创新的界限，将它们融为一体，既产生一种浑厚的内力，有着绵绵不绝、新招频出之感，又给世人一种深层次的"old school"（老派）的时尚感。

在新希望，无论"初心""顺大势、快半步、走正道"还是"感恩之心"，都代表着对传统产业、文化的"道"的坚持，保证了企业大方向不出现偏差，大致把握住每十年一次的消费升级规律、市场变化的总趋势；另一面，新希望在"术"上从不自我封闭，而是果断拥抱新技术、新模式，从互联网化、产融一体化，到今天的数字化、智能化、生物科技，始终能引领行业快半步而变。守正出新，传统与创新不但不矛盾，反而自然融为一体。

其中一个极具代表性的融合，就是新希望的"现代师徒制"。

中国的知识分子和工匠，最重师徒关系。一方面，对中国人来说，父母给的是生命，而师父给的是手艺、谋生的能力和信誉，从某种角度上不亚于父母的价值，所以都很尊重师父，"天地君亲师"是中华传统文化中的重要组成部分。另一方面，当今的市场竞争环境下，企业往往会出现管理层不稳定、人才流失快、人员流动率大等特点，企业与员工尤其是人才的关系很脆弱，往往打乱企业发展节奏，限制企业的进一步发展。

那么，传统师徒制能否与现代企业管理制度结合？

早在德阳二重实习时，师父何国根就对刘永好倾心倾力，不仅教他技术、经验，还教他管理，待他如家人一般。两人的这份师徒之情，延续了一辈子。

后来，刘永好还在海底捞创始人张勇那里感受到了很多师徒制的优势。火锅谁都会做，开个店只要老板认真聪明、勤快一点，成功的可能性很大，开到三五个也不难。但要开到 10 个就很难，因为要靠组织体系了。好的管理者很容易流失，要么被挖走，要么门槛不高，干脆自己去干了。

海底捞之所以能快速裂变，其中一个很重要的经验就是采用并改造了中国传统的师徒制。传统来说，一个师父可以带几个徒弟，但不会带多，为什么？因为"教会徒弟饿死师父"，但海底捞通过制度改变，让传统的师徒情义和现代利益分配方式进行捆绑，就很好地解决了这个问题。

师父往往是优秀的店长：第一，他要管好自己的老店，才能具备开分店的能力和资格，所以在管自己的老店时，就要注重选拔和培养徒弟，培养他们的管理能力；第二，师父带出徒弟，如果徒弟出去开新店，奖励分配方案大致是第一年师父占三徒弟得一，第二年师父占二徒弟得一，第三年一样，第四年以后就是徒弟得的更多。所以，师带徒一般是3~5年，享受分配也是3~5年。这既鼓励了师父多培养徒弟，也可以防止师父过于"压榨"徒弟，导致徒弟创业积极性减退。

通过这样的组织裂变，加上餐饮标准化和优秀的服务，海底捞迅速成长起来，成为全国最大的火锅连锁品牌。2017年刘永好通过草根知本搞合伙人制，也从中吸取了灵感。

多年来，刘永好陆续收了一些徒弟，有些是社会上的草根创业者，但更多的"徒弟"还是在企业里。譬如张明贵、李建雄、刘围等，基本都是从毕业后加入新希望做到现在，并成长为集团核心领导小组成员，不少还成为企业的合伙人。当传统情义与现代生产关系结合，这些弟子别人恐怕很难挖走。

这种师徒关系，还延伸到企业人才培养的方方面面，譬如管理培训生体系。新希望的管理培训生是大型企业里流失率最低的，譬如张明贵在新希望地产时带出来的总经理基本没有被挖走过，譬如奥诗小波这样的一线员工进猪场也得先有师父带……这种无形的体系，帮助企业建立起更好、更稳定的文化和人才传承。

当下的中国日益强调文化自信，传统并不意味着落后，创新也不应脱离传统。相反，像新希望这样，将创新思维和技术应用于广阔的传统领域，将传统文化精髓融入现代企业发展进程，"东方智慧，融通世界"，这才造就了一家兼具本土化与国际化、开阔、自信、成熟的现代企业集团。

好人，好的企业，好的社会

1994年，刘永好兄弟莫名其妙地被评为"首富"后，有好事者给上面写举报信，甚至还有一位领导在省部级干部参加的经济工作会议上说：我们一个政协委员，四川的、做饲料的，还是工商联副主席，他变成首富了，在海外买了三套别墅，开了私人飞机，开支很大，极其享受，但又不交税。

关于私人飞机的事情，刘永好只是碍于私人飞机公司邀约的盛情，去看了一看。平时出差，他一直坐的是经济舱。海外别墅更是莫须有。关于税收，上面派人来查税，结果查来查去没有发现任何问题。

一轮检查之后，很多人都知道了刘永好经得起查，完全没有问题。他的事业也发展得更好了，因为心里有底，做事更有底气，大家相信他，更愿意和他合作。

刘永好没有在意打小报告者，而是自己反思：是不是自己的工资定得太低，收入太少？他觉得有些不对，就开始给股东分红，分了几亿元，光分红税就交了将近1亿元。有人提议做一些采访报道，刘永好谢绝了。他说，这是企业家应该做的，没这个必要。此后，他的心里真正平衡起来。

10多年后的"民生银行风波"中，刘永好身为第一大股东和副董事长，却被暗流卷出董事会。尽管他非常生气，但没有选择去宣泄、报复，挖幕后指挥者，而是同样选择了反躬自省、宽以待人。他以德报怨的做法，令民生银行的董事会成员感叹和敬佩。

刘永好经常说："凡事往好处想、好处做，就会有好结果。"他的这种"好"，非大隐忍、大智慧、大境界，很难做到。按理说，刘永好身处的环境责任大、压力大、树"敌"多，各种糟心事、难以把握的事情很多。但让年轻人都羡慕的是，几十年创业，刘永好从来都吃得香、睡得香，身体一点毛病没有，平时健步如飞。

我们问刘畅:"父亲毕竟是 70 多岁的人了,作为子女,有没有那么一瞬间感觉父亲'老了'?"刘畅想了想:"还真没有。我的理想就是到他那个年纪时,还能有他那样的状态。"

现在,刘永好最开心的是,他已经培养出一支有战斗力的年轻人队伍,培育出了以新希望这棵大树为依托,涵盖许多专精特新、"鸡凤""牛头""独角兽"的繁茂生态链。一家或几家企业好不是真的好,只有整个生态好了,才是生生不息真的好。

"永好"方能永续。刘永好的"好",是一种健康、全面的好。从他个人的好身体、好心态到好家庭,到好企业、好团队,再到与利益相关方的友好关系,这种"好"是一种由内而外、和谐、令人永远能看到希望的"美好"。

也正因为这种"好",新希望在发展过程中遭遇困难时,总有人站出来帮助。从早期的新津县委书记钟光林到后来的经叔平,从中间加盟的黄代云到新希望内部主动退让、做转型前哨的王航,在乳业领域力挽狂澜又建立起草根知本的席刚,全力以赴改变新希望地产面貌的张明贵,以及孙晓宇等新一代合伙人。刘永好成人达己,得道多助,因善而行,善做善成。

新希望是一家十分低调、务实的企业,包括家乡的成都人在内,可能不少人对新希望的印象还停留在传统农牧、饲料、养猪、养鸭……这些词汇上。但在这段时间的调研中,我们清楚地看到他们的不断蜕变,不只是规模的扩大、产业的延伸、创新的推进,更是一种无形的,从个人到企业,再到社会价值的焕新。这种精、气、神的焕新,才是新希望未来发展的信心所在。

万物中,最美的是成长的过程;自然中,最新的永远是萌生的希望。新希望的下一个四十年、百年,相信也会追求"永好"。

"希望,让生活更美好",这个"永好"的创造过程,属于新希望,也属于每一个不放弃梦想和努力的中国人。

附录一

新希望40年，问道刘永好

秦朔

多年来，在我对企业家精神与商业文明的研究中，刘永好一直是令我难忘的一个人，虽然我们见面的次数并不多。

2007年前后，我到成都第一次访问他。他讲的内容充满了泥土气息、乡土味道，但普通话说得很标准，加上仪表堂堂，脸上棱角分明，颇有正派演员的英武之气。印象最深的是他办公室的小套间有一张简易单人床，他说平时加班开会太晚时，就在这里睡一觉。

2018年改革开放40周年之际，我到北京访问他。这一次，印象最深的是他复盘了民生银行历史上的一些波折。他是民生银行第一大股东、副董事长，但在2006年董事会改选时，竟然落选董事会成员。虽然很愤怒，但他坚持到选举结束才离场。此后民生银行增发股份，他依然积极参与、表示支持。2009年3月，民生银行董事会改选提前半年进行，他重新被选为副董事长。

这中间的过程，刘永好向我详细介绍过。我说，这是典型的"算计""劣币驱逐良币"。他却说："我自己也反省了一下，觉得对别人是不是苛刻了一些。"在董事会改选时，他主动讲新希望当初经营状况比较好,不用向民生银行贷款,但别的股东有经营需求,有不少贷款,产生了一些关联交易,这也不一定就是错。他说自己"应该设身处地替别人想一想"。

刘永好的厚道和胸怀,我非常敬重。当时写了一篇文章,记录了这些过程,但凡涉及某个人的地方,刘永好都建议删掉。他说:"别人还在做企业,还要在社会上立足,笔下要留有余地。"

如果让我用一个词概括刘永好,我会选择"仁商"。

古人讲"仁义礼智信",以"仁"为首。《论语》里有100多次谈到"仁"。在孔子那里,"仁"是全德之称,代表所有的德行。中国哲学家陈来先生指出,"仁"有多种多样的表现形式:在伦理上是友好、博爱、慈惠;在情感上是恻隐、不忍、同情;在价值上是关怀、宽容、和谐;在行为上是和平、共生、互助。"仁"不仅包含了对弱势群体的关爱,还有珍爱生命、善待万物的含义。

"仁"还是一种与人相处的实践智慧,主要表现为"己所不欲,勿施于人"的"恕"和"己欲立而立人,己欲达而达人"的"忠"。

新希望40年行稳致远,归根结底靠的是在市场上有竞争力的产品与服务,但与刘永好"忠恕待人,养德远祸"的仁道是分不开的。

企业和人一样,也是"一切社会关系的总和"。要在不断变化又非常复杂的环境里,以最小的摩擦系数向前走,如果不能善处利益相关方关系,一定会掉到意想不到的各种沟里。

刘永好以仁立身,又善处关系,在中国企业家群体里有口皆碑。以仁立身,仁是本体;善处关系,善是方法。他把本体论和方法论很好地融合在一起。

2022年10月中旬,我再次访问刘永好,请他从"关系"的角度谈谈新希望与我们所处的时代。以下为访谈记录。

个人成长与家庭的关系

秦　朔：你们四兄弟1982年创业，到今天每个人的成长和企业的发展都很健康和良性，与你们的家庭教育应该很有关系。从"孟母三迁"到曾国藩的家书，中国一直很注重家庭教育。民营企业家代表卢作孚先生当年说过："我没有给我的儿女准备任何财产，我留给儿女的是做事的本领。"请问，父母留给你们的究竟是什么？

刘永好：我们兄弟一块创业40年，尽管每个人的性格、爱好以及从事的产业有所不同，但每个人都还比较成功。我们在事业上有合有分，新津最早的希望饲料厂还是大家的，是合的。分家以后，各自做的都有自己的特色。

今天很多民营企业"各领风骚三五年"，为什么我们几个兄弟的企业都还健在，做得还不错？有的做成了世界500强，有的可能要进入世界500强。有这种格局，我觉得与我们所受的家庭教育是相关的。

我父亲家里很穷，为了生存从小就爱劳动，上不起好的学校，就通过当助教的方式获取上学资格。我母亲也肯学习。父亲得癌症的时候，在病床上还在看经济、社会方面的书，还看英文书。这对我们是很有影响力的言传身教。所以，我们几个兄弟都特别肯学习。

大哥永言知识面最广；二哥永行动手能力特别强，喜欢研究、创新；三哥陈育新在学习上也不甘落后；我也积极学习，向书本学习，向"过去时"学习，更向实践学习，向样本企业学习，向"现在进行时"学习。最近这10年，我每年都要深度走访一些优秀企业，基本上一个月就要去一家企业，看生产线，和创始人交流。而且通常都是我们的团队和他们的团队交流，包括董事长、总经理，以及研发、人力、财务、市场、销售、IT、数字化等方面的负责人。学习是为了让自己不落后。而这种长期的学习欲、学习力，我们觉得是父母传给我们的。

最近这几年，我们几个兄弟交流的频次大大增加了，现在基本上每周我们通过音频、视频、电话交流的时间，可能是两三个小时。有时一次就要谈 3 个小时。通常都在晚饭后，我们有时候一边走路一边电话交流。我戴了一个华为智能眼镜 Eyewear II，兼具蓝牙耳机功能，通过蓝牙播放，效果非常好，又不影响别人。

我们的交流内容，有科技的进展，有管理的体会，有准备投资的方向，有行业情况的分析，比如养猪业的现状、趋势、猪周期的变化、非洲猪瘟的防范等等。

永言是一个科学家式的人物，有很多专利，应用在化工、机械、电子、生物科技等领域。永言的工业变频器做得非常好，全国乃至全球领先。永行的工厂要用大量的工业变频器，就向他采购。

永行长于管理，善于做 To B 的、生产资料领域的产业，其核心是做大规模、降低成本和进行技术创新。这方面我们讨论了很多。他也请我和几个兄弟去参观过他在新疆准噶尔盆地附近的五彩湾建设的煤、电、电解铝、从工业硅到多晶硅再到单晶硅的生产基地。他们刚去的时候那个地方就是一片沙漠，今天已经成为以他们为首，包括很多配套企业的大型现代化产业基地。周围形成了一个新型城市。2021 年他们给县里交的税就有 40 亿元。这样的实地学习和交流，大家都很受益。

我是全国工商联知名企业委员会的创始主席，有机会向很多优秀企业学习。我也是川商总会会长，经常向川籍优秀企业学习。我也带队组织大家到全国去拜访优秀的企业家，向他们学习。

我们不仅一生爱学习，也一直都很能吃苦、拼搏、不服输、敢于创新和变革。这也是受到父亲的影响。他当年非常勤奋，一边当老师，一边做义工，一边当工人，一边上学，还积极参加抗日救亡运动，充满正义感，在学生时期就参加地下党。他一直在做正义的事，做应该做的事，做光明磊落的事。这种精神和品行对我们有着长期的影响。

父亲留给我们的还有一点特别重要，就是在最困难的时候也要保持信心。父亲曾经被打成"叛徒""特务""走私派"，戴着"高帽子"游行，被关到山上放羊、放牛，工资砍了一半，饭都吃不饱，晚上睡觉天天要和蚊子做斗争。但在这样的时候，他仍然要求我们好好学习、不要放弃。他认为社会是会会变的，相信国家今后是会成长的。在病床上病得非常严重的时候，他还讲，他看了很多资料，觉得中国的劳动力很便宜、人口众多，这是劣势，但又是优势，今后可以做来料加工。他跟我们讲，要坚忍坚持、不怕困难，要我们有准备、敢于吃苦。

我母亲是一个很有爱心的人，爱员工，爱周边的人，爱家庭，爱每个儿女，对我们的影响也特别大。母亲对弱势群体很关照。我们创业成功后，给了她一些钱，她把很多钱都分发给村里面的穷人，或公司里条件比较差、需要帮助的人，所以她人缘特别好。父亲母亲的一生，周围的人对他们都非常认同、尊敬，他们没有仇人。

我们几兄弟创业后，延续了父亲的正义感、遵纪守法、不做假账，也延续了父亲的善良和爱心，善待合作伙伴，善待上下游客户，善待消费者。我们对竞争对手也不出恶言。尽管竞争到白热化程度，会打价格战，但竞争手段都控制在市场范畴之内，不延伸到市场之外。所以我们和最大的竞争对手正大集团一直有正常的沟通关系，我和正大集团董事长谢国民先生也保持着很好的关系。我在任何场合都说，正大是我们的老师，在它身上我们学了不少东西。

秦　朔： 父母有没有对你们提出什么是不准做的？

刘永好： 确实有的。父亲自己抽烟，也喝酒，是刚踏入工作岗位时开始的，那时没有人提醒他。他最后患上肺癌。所以，他一直叫我们不要抽烟喝酒。我们几兄弟到现在几乎从来不抽烟也不喝酒。有人觉得很奇怪，企业家要四处交流、推销产品、搞关系，"无酒不成事"，不抽烟不喝酒怎能办成事呢？而且四川又是名酒之乡。但我们确实不抽不喝办成了事。不管白酒、红酒、啤酒，我们几兄妹全都不喝。我们也从来不抽烟。偶尔有时候要应付场面，别人送的烟，拿着点燃，其实没有抽，或者佯装抽一下。

　　此外，父母希望我们千万不要去赌博。虽然四川流行打麻将，不是什么大赌，但父母从来不打麻将、打牌，更不要说去赌。他们连麻将牌都不一定认识。现在我们几兄弟也不打麻将、不赌博，从小就是这样。而且这种习惯延伸到投资发展时，我们也从不炒股票，投资决策时非常注重研究分析，决不用赌的心态做投资。

民企创始人和企业制度建设的关系

秦　朔： 卢作孚曾说，中国人才可以分为三类：第一类人才能从无钱、无人、无事的局面中，创造出有钱、有人、有事的局面；第二类人才能将有钱、有人、有事的局面经营好；第三类人才能在有钱、有人、有事的局面里，成为一个好人。他认为，"现在亟须培养出第一类人才，这样才能不断产生第二、第三类人才，从而增强我们国家的实力"。第一类人才是创业者、企业家。但企业要长治久安，只靠"第一类人才"是不够的，从根本上要靠什么？

刘永好： 无钱、无人、无事的初创阶段，只有靠自己。那时没钱，请不起人，靠的是勤奋吃苦，在市场上找饭吃，同时也靠政策给了我们空间。

但在初创阶段，也有有利因素。虽然"无人无事"，但当时市场上一切都短缺，肉蛋奶都短缺，产多少销多少，这是巨大的市场机会，是时代的机遇。从供不应求到全面小康，我们赶上这个时代。在这个大时代，只要勤奋拼搏、吃苦努力、自律节俭，就能很快进步。市场很大，我们只要努力就好了。

当然，虽然市场机会摆在那里，但当时很多人是不敢"下海"的。我在学校当老师，很稳定，大家很尊重我，那为什么要创业？也有很多人不理解，甚至被别人瞧不起。敢为人先，能看到"先"是一种认知能力，"敢"去做才是最重要的。

随着企业发展越来越大、人越来越多，像我们已经有10多万人了，作为创始人必须自觉地改变。企业人少的时候，两眼看得见、两耳听得见、距离够得着的时候，既做决策者、管理者又做操作工，有可能效率最高。因为你把战略、执行，以及自己的意愿、利益都紧密地挂钩。

但现在的情况是，新希望集团分布在全球各地的公司，我有一半从来没去过，很多公司的总经理我都不认识，他们下面的人我更不认识。这时要靠什么？靠制度，靠文化，靠规则。企业越大，文化价值观越重要。文化是什么？就是形成统一的认识。有人说三观相同、志趣相投，就是这个意思。

我们要勤奋努力，要一视同仁，要多劳多得、合理取酬，要坚持"希望，让生活更美好"的初心，要尊重老员工、培育新员工，这都是文化的范畴。文化是总的引领，是一个纲，具体的规章制度是按照企业发展实际和行业属性，按照文化总要求制定。

没有文化只有制度和没有制度只有文化，都是不行的。我们提出了"新10年，新10条"企业文化的准则，把它挂在墙上，更把它记在脑子里，落实在行动上，体现在具体业绩上。

秦　朔： 直截了当问一句，您本人遵守集团所制定的各项制度吗？

刘永好： 我本人在执行公司制度方面，是不是最好不一定，但一定是一个优秀者。在工资、报销、选人、育人、用人、投资、分配这些方面，我都认真履行公司的要求。

我们在全国各地有很多公司。我去了，就会有人来接我，通常是总经理，以前会带一批人来。他们这样做也不是没有理由，因为他们在一个地方可能有几个甚至十几个工厂、公司。后来，我们定了制度，一个地方只允许一个总经理或办公室主任来接，在车上给我汇报一下情况，效率更高。人太多，一个车也装不下，更多是讲排场，我们坚决不要。

有一次我坐飞机到某个地方去考察，出机场时，来接我的就是一个司机和一个总经理。他们旁边站着很多人，这些人在接和我同机的另一家民企的企业家，有一辆大的面包车，后边还跟了好几辆小汽车，这形成了鲜明的对比。我不能说人家就有问题，可能人家就是这种文化，但我们应该实事求是、追求实效。在车上的时间不长，利用这个时间，总经理或办公室主任给我讲一讲现状、困难、问题，需要我解决什么，跟政府有什么沟通。然后到现场，参观考察，再把主要的骨干干部招在一起开个会。

在报销方面，我在各个公司从来不报销，哪怕是我控股的公司。在不少民企，往往人人都有监督，就是老板没有监督，老板不该在公司报销的也报销了，这样就有很多漏洞。所以我们从制度上加以保证，不但我这样做，其他所有的干部下去都一样。

60岁以前，我出差坐飞机几乎全部坐经济舱。现在年龄大了，腰腿没有以前好，集团建议我坐商务舱，偶尔坐经济舱。

我们集团请客吃饭，要求不能上酒，不能点太多的菜。如果请的就是一两个人，大概就是三菜一汤、四菜一汤。报销的标准相对也比较低，原则上不能超过在工厂食堂里吃饭的标准。这不仅是成本问题，也是希望集团的干部到下面的时候，尽量到食堂吃饭，利用这个时间看看食堂，也看看宿舍，和基层员工做一些交流。

在选人方面，我和我夫人的亲戚、同学，几乎没有在集团上班的，而是在市场上选。当你给予身边的家属特别照顾的时候，就剥夺了其他更优秀的人的权利。所以坚决不能任人唯亲，一切按规则去做。

说到工资问题，早期确实我们也有过教训。20多年前，有一段时间，我每年几乎没领工资或者领很少的工资，吃饭等支出也在公司报销。最后发现不对。一是这种做法缺乏制度约束，比如你在公司报销多少为宜，没有标准；二是你没领工资，就没交税。领的工资低，交的税也低。这都是不规范的做法。所以我们逐步把工资提高到跟市场差不多的水平，现在我一年是 300 多万元。我们也正常分红，分红也要交税。当初有一次，集中把积存的利润分了一部分，我分了几亿元的现金，交了 1 亿元的税。我要求绝对不准宣传报道，因为这就是按规则去做，该领的工资领，该分配的分配，该交税的交税。

最后，关于上下班。最近这 5 年，我上班去得晚了一些。我在家通过网络看看文件，工作的弹性增加了，实际坐班比以前减少了很多。我们的年轻人成长进步了，他们担起了主要的管理职责。我今年 71 岁，显然可以退休了。我觉得我仍然可以发挥一些余热，通过网络，通过柔性的上班方式来参与，更多让年轻人走到更前线。60 岁之前我在集团上下班，都是去得早走得晚。

总之，在制度执行这方面，我觉得自己做得是比较好的。

聚焦主业与把握新机会的关系

秦　朔： 国外的商学院和咨询公司一般主张企业的战略应该聚焦主业，走专业化而不是多元化的道路。我和很多中国企业家交流时，他们提出了两点疑虑。一是受益于改革开放红利，中国市场的新机会不断出现，面对繁多的机会却被告知应该聚焦，往往困惑。他们也看到许多华商如李嘉诚等多元化经营非常成功。二是技术的变化往往对产业有根本性影响，如果原地坚守，往往会被新的时代甩开。您是怎么处理这些问题的？

刘永好：西方管理学确实强调聚焦主业，这样的话精力不分散，大思路是对的。但确实也有根据实际情况与时俱进的问题。今天是移动互联网、电商、物联网、云、人工智能、"双碳"文明、生物科技的时代，我们必须通过数字化转型来改造传统企业，实现升级。

我们的初心是"希望，让生活更美好"。怎么让生活更美好呢？我们养鸡、猪、鱼、鸭，成本低、质量好、品种多，这是一方面的贡献。但随着时代的变化，年轻人开始引领消费，手机上点一下屏幕，10多分钟外卖就送上门来。这种新的消费形式，要求前期的餐饮制作、分布式配送点、中央厨房、冷链物流都必须有保证，事实是整个产业链发生了改变。那我们就要考虑在产业链上进行布局，所以成立了草根知本，草根知本又把冷链物流作为主要发展方向之一，冷链物流现在做到了全国前列。这算是聚焦还是多元化呢？我认为是聚焦，同时也是为了服务主业而必须推动的多元化。

还有现在火锅越来越受欢迎，麻辣口味成为年轻人的选择。以前北方不吃麻辣，现在北方好多年轻人都喜欢麻辣口味，麻辣不再只是四川人、湖南人的标签。那我们能否把麻辣口味、火锅、串串香、连锁餐饮以及它们的供应链体系做得更好？我们孵化了"川娃子"调味品，直接 To C 卖得非常好，同时又直接对接超过10万家的火锅、串串香和餐饮企业，为它们提供适应不同菜品的调味品。我们为此建设了现代化的大工厂。

接下来还要建设规模化、高效率、保证质量的中央厨房。再往上走，就需要肉、蛋、奶，需要屠宰、分割、加工。我们有好多肉食品加工厂、屠宰场。而加工的上游是养殖，所以我们深度参与了养鸡、养鸭、养猪、养牛的体系。养殖对育种工作有需求，那么我们又参与了猪、鸡、鱼、鸭的育种工作，其中"北京鸭"已经大面积推广，效果非常好。我们不仅自己养，还要帮助农民养，为农民提供技术服务，我们有上万名技术服务人员在广大农村地区工作。

再往上就是饲料业，饲料业是我们的主业，我们有几百个遍布在中国和全球的饲料企业，2022年的产量会达到3000万吨。为了发展饲料，我们也是世界第一大玉米和大豆的用粮企业。我们提出每年节约1%，就能节约30万吨粮食，相当于70多万亩土地的产量。

怎样在玉米、大豆方面满足我们的需求？这又涉及商业采购、贸易、期货等等。对于定点采购地区，我们正在做生物科技工程方面的投入，包括生物育种、玉米和大豆育种、高氨基酸高蛋白方面的动植物育种等等，让蛋白含量更高、病害更少。所以我们在波士顿建立了研究院，以利用当地的生物科技优势。我们也在生物科技领域成立了一些公司，进行科技攻关。

这样一个庞大的体系，有冷链物流、加工厂、分销体系建设，线上线下销售，有种植业、农业、饲料业、养殖业、生物工程，包括基因测序、转基因、基因编辑等等。实际上，我们是通过产业链的打造，实现让生活更美好的目标。我们组建的草根知本、厚生产业资本，也都是为了做好产业链的布局。

我认为我们的做法是符合国情也符合时代变化的。我们围绕初心，通过集团的资源与能力，包括财力、管理力、数字化能力、文化力、政府资源、社会资源、品牌资源等，帮助、孵化那些在产业链上和我们的定位相关的创业企业。对于这些企业，我们有的控股，有的非控股。打个比方，我们是选择一些水草丰茂的宝地，除草生根、建路修桥、施肥，把它变成一个个的树林，多个树林结合在一起，就变成生态，变成森林。

在这个过程中，我们的机制也在变化，即围绕产业链上游下游，以合伙人机制来孵化项目，带动产业发展。

总的来说，我们的初心没有变，大的主业方向没有变，但不是传统意义的产品专业化，而是整个产业链的深化和生态化。

大企业与小企业的关系

秦　朔： 做企业，大有大的优势，如信用、品牌、资源等；大也有大的难处，如大企业病。通用电气的传奇 CEO 杰克·韦尔奇曾说，他希望企业有大企业的架构，但保持小企业的灵魂，就像一个杂货铺，始终看得见消费者的表情。新希望在从小到大的过程中，是如何在规模提升的同时，还能保持小企业的那种贴近市场、快速反应能力的？

刘永好： 经过 40 年发展，新希望已经成为一个大企业，体现在规模大、产值高、用人多、机会多、品牌好、信用强。大企业的缺点是"船大难掉头"，对于新生事物，最高决策者不可能看得那么多，不敏捷、反应慢。企业大了，一个决定层层传达，也一定有失真，甚至最后落实的时候已经变了味道。现在数字科技和生物科技迅猛发展，变化特别快，必须非常敏捷地去发现机会、捕捉机会、迅猛布局、抢抓人才、抢抓市场，而这一点往往是大企业的劣势。

大概 10 年前，我们发现集团开始有大企业病了。怎么克服呢？

要避免反应慢、层级多等弊端，必须靠更加敏捷的组织。小企业往往最敏捷，初创型企业的创始人最有动力和活力。特别是今天，很多初创型企业既敢做事，能认真做事，又有很高的专业知识，其成员好多都是硕士、博士，还有一些留洋回来的。要吸引这样的人才是很难的，因为他们的要求比较高，所以我们必须从整套体系上加以变革。

我们集团本身比较大了，不可能大破大立，否则原有的大企业管理模式改变，新的东西没有跟上，一切就乱了，那是损失不起的。所以对原有的体系、框架，采取渐进式改革，以适应新时代的要求。但大的格局不能变，比如不能把10多万人的新希望集团下面的企业全都变成合伙人企业，进行股权或利益再分配。这方面的做法是找一些试点，逐步实施。

但我们也不能都是渐进式改革。所以我们选择一些水草丰茂的宝地，选一些新赛道，一开始就用新的创新创业型机制来孵化。这里没有历史的负担，没有层层汇报的制度和体系，完全按照一个敏捷性的组织进行设置，引进优秀人才，让他们成为合伙人，成为企业共同的创造人。这就是我们的解决之道。过去10年我们一直在这么做，现在我们有100多个合伙人企业和差不多500位合伙人，这些合伙人既是管理者又是企业家，避免了所谓"职业经理人拿多少钱做多少事"的局限，而是以企业家精神全力以赴去创造价值。

在赛道选择上，一是延伸性赛道，如冷链物流、生物育种、调味品、医疗健康等；二是我们能够做得有特色的，比如食品领域我们就做出了不少网红产品，乳业也很有特色；三是政策支持的赛道，如养殖业；四是市场有巨大需求，还不能很好地满足，还有很多痛点有待攻克的。我们找到相应的领头人、牵头人，就可以进入。

好的、适合的赛道，合伙的机制，加上集团的综合赋能，三者结合，创业成功率就会大大提高。通常的创业企业，成功率不会超过10%，而我们这个体系孵化的成功率大过50%，甚至有60%。其原因就是它既具有小微企业、创新创业的优势，又有大企业、大品牌的赋能和支持。

近几年我们已经开辟了多条新赛道。新赛道就是一片片树林，连接起来就是新的生态。我们初步形成了把大企业的架构、资源和小企业的灵魂、活力结合在一起的组织模式。我这10年一直在推动新的生态体系的建设，培育了一些"鸡凤、牛头、独角兽"。估值超过10亿美元的企业，在我们孵化出的合伙人企业里已经有好几个，并且有一些通过资本市场实现了IPO，这是新希望一个很大的变化。它不只是一个集团，而是一个生生不息的体系。

产业和金融的关系

秦　朔：产业是经济的基础。金融是经济的心脏，为产业发展提供血液。如果金融脱离产业自我发展、虚拟膨胀，也会造成危机。只有金融与产业相互融合、互动发展，才能创造真实价值。新希望在产业和金融的关系方面有何探索和思考？

刘永好：金融必须面向实体经济、服务实体经济，才是准确的定位。我是民生银行的倡导者、发起人和大股东之一。民生银行是中国第一家民营金融机构，到现在已经有20多年历史了。当初筹备民生银行，是因为很多民营企业反映贷不到款，为了支持民营企业更好地获得金融支持，推动金融业改革创新，国家批准成立民生银行。

而后来有一些这个"系"、那个"系"的所谓"金融大鳄",他们盲目扩充、四处出击,变成"为金融而金融",觉得金融是天底下最好赚钱的生意。而金融有很强的外部性,一出问题会影响全局,所以国家开始强监管。我觉得是很有必要的。

金融的健康发展,要与产业紧密联系。现在很多创新创业、小微企业普遍感觉到贷款难、贷款贵,这不仅是中国的现状,世界各国也都是这样。因为企业小,没有历史记录,按照银行的风险管控要求,希望给一些更有资质、更信得过的企业发放资金。这是一个矛盾。

怎样化解这个矛盾?各国都在探索。比如,我们是从事农业的,我们广大的养鸡户、种粮户对信贷的需求是普遍的,但对这些小户,现在的金融系统很难了解他们分散的、具体的情况。我们集团在农业领域40年,联系的农村市场主体多,可能有数十万户。另外我们的产业链长,比如我们生产饲料,饲料卖给养鸡户、养猪户、养鱼户,他们养的情况怎么样?历史上信誉怎么样?我们是清楚的。如果帮助他们融资买饲料、买鱼苗鸡苗,这种信贷他们需要,国家也鼓励支持。

因此我们就成立了惠农的科技公司,把我们的销售数据和服务农民的渠道拿出来,与银行合作,帮助银行向他们发放一些贷款,由我们的产业链体系来提供一些支持,这样这些农户更容易得到银行的贷款,也帮助我们的产业发展。

我们更多的是帮助中小银行、村镇银行、城市商行和农村农商行。它们身处农村、身处基层,有存款,但放款给小微企业和农户时,它们风控能力相对比较弱。于是我们又成立一个新希望的软件公司,专门为这些金融机构服务。经过四五年的努力,我们专门为农村金融机构提供技术服务的软件公司已经做得非常棒，2022 年帮助农民获得的贷款余额会超过 1000 亿元。我们不是金融机构，是软件公司，用大数据、云计算等技术，帮助农村小微群体和进城务工的农民获得金融服务。这些技术不断迭代、不断优化，正在形成体系，包括防欺诈体系、服务便利化体系等。我们已经服务了超过 380 家小型银行，为它们开展普惠金融提供技术服务，提供软件，提供全套解决方案。我们有几百个数字化方面的工程师和团队专门在做这事。

传统产业和科技创新的关系

秦　朔：2020 年 1 月，我到拉斯维加斯参加消费电子展，看到著名农机设备公司约翰·迪尔（John Deere）推出的新型四履带拖拉机。它的两只长臂上的感应器可以根据风速、气压、气温等参数自动调整喷洒农药和灌溉的最佳方案，帮助农作物除草、抵御病虫害，被誉为"履带上的高科技办公室"。现在新希望在某种程度上也是一家面对三农、服务三农的软件公司、数据公司、科技公司。您在这方面是怎么布局的？

刘永好：经过 40 年的发展，特别是最近这 10 年，我们在信息化、数字化、生物科技赋能等方面做了很多尝试。

过去我们的鸡、鸭、猪、鱼、牛每年都要从国外引种，因为自己的育种体系不如人家好。中国制造业走在了世界前列，但农业跟世界比差距还很大。这方面我们很了解，也比较早就开始布局。前几年我们跟中国农业科学院合作，共同培育的"北京鸭"取得成功了，在"鸭芯片"方面实现了突破。现在我们正在为培育中国的良种猪做技术的研发工作，相信要不了多久这方面一定会补上来。

刚才已经讲了在三农的金融服务中，我们成立了软件公司，现在已经有五六百人，干了4年多。我们另外组建的新网银行本身是一家互联网银行，也有成百上千的科技人员。我们冷链物流体系的运力调配也依靠数字科技，目前科技水平处于行业领先。

整个集团现在正在做6个数字化转型的灯塔项目，包括养猪场、饲料厂、乳业工厂、调味品工厂等。我们控股的昊沧水务公司，在水务智能化方面做得风生水起，也引进了美国丹纳赫公司的投资。另外我们还投资了六七个机器人公司，跟它们一块围绕农业、食品等进行研发和推广。我们也和一些机器人公司再成立合资公司，共同推动屠宰食品厂的分割、分拣、装包等自动化，效果很明显。我们不但投资它们，分享它们成长的价值，更重要的是把它们的高科技能力、经验和我们的场景、工程师的经验结合。

所以新希望整个体系也有不少都是数字化工程师。对于不少做数字化转型、智能化的公司，我们都采取了合伙人机制。也有一些原来在互联网大厂的人才加盟我们，也许刚来的时候收入略低一点，但行业不一样，我们这里很有挑战性，创新公司也有一定的股权激励，所以人家觉得有奔头。来得了，留得住，能起作用，能创造价值，最重要的是我们有新的机制，也有市场前景。因为我们瞄准的这些产品方向，都是国家鼓励的。所以这些员工的成长性好，用发展和机会留人最好。

我们和腾讯合资成立了新腾数致公司，帮助四川省政府做大数据的工业工控体系。我们也和阿里合作，在杭州搞数字化农业批发市场和农产品市场的改造。我们还和字节跳动合作，推动"飞书"这个协同办公软件的使用，我们10万多员工全部都上了飞书体系，不但在飞书里面交流，开通信会议，还在里面进行生产管理、猪场管理、生病治理等等。我们跟一些优秀企业合作推动行业发展，与巨人同行，站在他们的肩上，也推动了双方的发展。

双循环与"走出去"的关系

秦　朔："十四五"规划纲要提出"加快构建以国内大循环为主体、国内国际双循环相互促进的新发展格局"。国家也提出，必须审时度势，努力在经济全球化中抢占先机、赢得主动。但地缘政治、逆全球化等情况，也加剧了国际市场的不确定性。新希望是怎么看待双循环背景下"走出去"的问题的？

刘永好：我们集团是比较早走出去的。20多年前我们开始讨论，认为要做世界级的企业，应该有世界性的布局，有世界性的眼光。同时国家也鼓励企业积极走出去。我们首先考察了美国、欧洲一些发达国家，发觉在农业和食品领域的差距太大。他们单个农场的规模是我们的10倍、100倍。我们要到发达国家去从事农业投资不太合适。

　　然后我们又考察了东南亚、中东、非洲。在这里我们有一定优势，比如我们的生产能力比较强，他们希望引进我们的技术，于是我们开始在东南亚、中东、非洲等地的发展中国家布局。

　　20多年前，我们从越南的河内、胡志明市开始，再到菲律宾、柬埔寨，再到东南亚更多国家、南亚的斯里兰卡等，后来到非洲的埃及。通过这一系列的布局，我们在海外建起了几十家工厂，目前在海外有上万名员工，也有两三百亿元的收入。这些走出去的企业都是生产饲料的工厂或肉食品加工工厂，而且与国家"一带一路"的倡议不谋而合。

在走出去的过程中，我们脚踏实地做好自己的事，做好成本的降低、管理的提升、科技的引进，更好地服务当地的养殖户；我们也非常尊重所在国的法律、文化、宗教，不介入所在国和当地的政治、宗教纠纷；我们力求成为守纪律、正向规范的企业。因此，我们在走出去的地方发展基本上是稳健的。

当然，我们也要面对一些不尽如人意的地方。像现在，俄乌冲突的爆发，使得农产品原料价格暴涨，因为我们是用粮大户，所以也受到很大影响。另外，汇率变化对我们的影响也不小。人员往来也有压力，受到疫情的影响，派出去难，回来也难。所以我们要尽可能地使员工本地化，多培养当地的员工。

新希望的产业主体在国内，未来会有很大空间。但从原材料到很多要素，再到市场布局，我们都必须走出去。这不是短期的、一蹴而就的事，而是难而正确的事，所以我们会坚持做好。

企业和政府的关系

秦　朔：这几年国家一直在倡导"亲清新型政商关系"，促进非公有制经济健康发展和非公有制经济人士健康成长。对民营企业家来说，就是讲真话、说实情、建诤言，遵纪守法办企业、光明正大搞经营。新希望如何认识、处理企业和政府的关系？

刘永好：我们在全国不少地方都有投资，跟不同地方的政府和官员都有交流。我们很认真地按照国家的"亲清"要求来处理和政府的关系。

我们的总部在四川成都，作为四川最大的民营企业，过去某个阶段，四川省、成都市的某些领导出现了一些问题，这里是反腐的重点区域，也有一些企业受到牵连。但没有任何一个反腐部门找过我们，谈话、调查都没有。这至少说明我们在亲清政商关系方面是自律的，经得起考验。

我们是怎么做到"亲清"的呢？第一，还是脚踏实地做实事，做农业，做食品。有困难需要政府帮助解决的时候，我们也按规则做，按法律做，按政策做，而不是通过"捷径"去做，这样就保证自己是走在正道上。

第二，通过自身的行动创造价值。上交税收，解决就业，为扶贫和慈善事业做贡献。对于这些作为，地方政府认为是好事，当然会支持。也就是说，我们是用经年累月的业绩和努力让政府相信我们。

第三，我作为政协委员和全国工商联成员，这些年一共有100多份提案建议，基本都是围绕三农、围绕脱贫攻坚和乡村振兴来提的，也有是围绕民营企业的成长、进步、发展所需要的政策支持来提的。这些建议有一些得到了普遍的认同，也有的被国家采纳，比如我们通过调研提出的建议报告，促成了《国务院关于鼓励支持和引导个体私营等非公有制经济发展的若干意见》（俗称"非公经济36条"）的出台，也在一定程度上促进了民营企业的健康发展。

由于我们与政府官员的关系是清清白白的，从不"寻租"，可能在某些地区、某些时候失去了一些机会，增加了一些成本，甚至受到阻碍。但我们坚持按照国家的法律和政策要求办事，积极正面地和政府沟通，长远看这样做是对的，我们在绝大多数地方都获得了更好更健康的发展。

企业家和社会的关系

秦　朔：从你们创业之初，新津县委要求你们带动农村10户农民致富，到你和一批民营企业家倡导"光彩事业"，再到脱贫攻坚战中的"万企兴万村"，你在做好自己企业的同时，一直努力回馈社会。可以说，你们也是推动共同富裕的先行者。您怎么看待企业家和社会的关系？

刘永好：中国人口多、底子薄，很多农村特别是偏远地区比较穷，所以国家在不同历史时期都提出了扶贫攻坚的计划。我们的企业一直力所能及地为减贫、推动乡村发展贡献力量。我们的贡献是有限的，但众多企业都行动起来，贡献就会比较大。

　　1982年，新津县委书记要求我们回乡创业时要带动10户专业户，结果几年下来，带动的不是10户，是上万户，带动了全县的鹌鹑养殖。新津建设了四川省第一个也是全国少有的"私营经济城"，带动和引领了一批民营企业到这里来投资，形成产业集群，为当地经济服务，为农民、农村、农业服务。

　　后来我们觉得，光一个企业或一个区域的发展还远远不够，我们要动员更多的民营企业，为脱贫做贡献。于是，我联合十位民营企业家发起了光彩扶贫事业，得到了社会的肯定、政府的支持，在相当长的时间内成为民营企业参与扶贫、促进乡村发展的重要力量，我也得到了扶贫方面的特别贡献奖。我特别珍惜这个荣誉。

　　近年国家提出乡村振兴大战略之后，我和10位民营企业家发起倡议，号召全国的民营企业通过"万企兴万村"的形式为新农村做出新贡献。我们集团的光彩扶贫事业和老少边穷地区的投资，加在一起超过50亿元，直接帮扶过几十个老少边穷和农村地区的发展。

  这两年我们提出了乡村振兴"五五工程",用5年时间为乡村振兴完成5项大的任务。2022年我们又提出了节粮专项行动,这一目标相当于每年可省70万亩耕地。

  我觉得,企业只有担负起社会责任,与社会的要求相结合,才能走得远。一个企业只考虑自己赚钱,赚得越多越好,不考虑社会、员工和上下游,它将是短命的。

  新希望集团是中国民营企业中第一个发布《社会责任报告》的,我也联合了几十位企业家,发起了《诚信宣言》,要求重合同、守信誉,用实际行动为国家建设和社会发展出力。从我做起,从现在做起,从手上的事做起,一步一步去做,影响带动更多企业去做。当企业都这么做的时候,社会会更和谐、更美好,企业和社会的关系将更融洽。

传统价值观与新代际的关系

秦　朔： 您创业的时候,今天新希望集团的很多中层管理者,包括部分高层管理者,可能还没有出生。40年来,不同代际的人在新希望的旗帜下共同发展,从文化角度也会有挑战。到底是把新员工都纳入新希望的模子里,还是这个模子本身也在不断调整?您是怎么考虑的?

刘永好： 40年,在世界企业发展史上不算长,但从跟随改革开放同步发展的角度,也是一段不短的时间。

  40年,中国的社会、经济、人口结构、企业及务工人员特征都发生了很大变化。我们创业时,大学生很少,农村人口比城市人口多不少,也很少有人愿意到民营企业工作。最初没有民营企业概念,就是个体户。很多人对个体户的看法不太好,认为有点不三不四的人才做个体户,所以那时我们招工很难。我们自己又是创业者,又是工人,再找一些村里的人。村里年轻人也不一定愿意来。

现在的新希望集团,以年轻人为主体,90后逐步成为主体。管理层中30多岁的人占了大多数。

无论当年还是今天,要把员工凝聚为一体,文化是非常重要的。同时,我们的文化也必须与时俱进。

我们的企业文化首先要有一个大框架。"希望,让生活更美好"就是大框架。"让生活更美好"是指通过我们的努力,通过我们生产的肉蛋奶产品,满足老百姓的需求,让他们的日子都过得更好。

另外我们又提出了"三像"文化,就是像军队、像家庭、像学校。在不同的时候,三者的顺序可以有所调整。需要特别强调执行的时候,"像军队"谈得更多;需要关爱员工,"像家庭"谈得更多;强调在转型期学习新知识的时候,"像学校"谈得更多。但这三点本身都是对的,是要坚持的。

我们坚守自己的初心和价值观,脚踏实地、勤勉认真、实实在在。这都是不变的。但随着时代的不同,我们的文化也要适应年轻人的要求。

新老代际的分别还是挺明显的。老一代人是吃苦过来的,觉得现在再苦,跟以前比都不苦。年轻的新人会觉得,本来就不应该那么苦。那么如何理解吃苦?今天如何吃苦?就需要找到一个平衡点,形成一种共识。所以我们前两年又对新希望的企业文化做了新的修正,提出"新10年,新10条"。这10条的每一条,既有历史文化的传承,又反映了新时代的要求。我觉得这样效果会更好一些。

我们大的文化理念不变,但在执行过程中,会随着群体和时代的变化有所变化，以利于年轻人接受。年轻人的受教育程度比较高，喜欢线上冲浪，向往更好的生活，不希望有太多纪律和条条框框的约束。他们对数字化更敏感，更容易接受，那我们就要多用一些数字技术进行文化表达。

传承与创新的关系

秦　朔：2012年，新希望30周年庆典主题是"感恩30年，有你、有我、有希望"，当时您说首先要感恩这个时代，国家的改革开放使人逐步富裕起来，使得我们从事的事业有了广阔的市场。改革开放40年，您获得了"改革先锋"称号，当时您说，没有改革开放，就没有今天蓬勃发展的民营企业，更没有新希望集团。您觉得新希望40年，最值得总结的经验和价值是什么？

刘永好：首先是感恩。我在集团经常讲，"感恩之心，离成功最近"。员工与员工之间、公司与员工之间、领导者和被领导者之间，如果有感恩之心，事情就会变得更容易。

新希望是一家懂得感恩的企业。首先感恩这个时代，没有改革开放，哪有今天的进入世界500强？我们今天能一起讨论做过的事，是时代给我们机会。我父亲和我们四兄弟一样勤奋、一样努力、一样聪明，为国家、为社会也做了不少事儿，但还是有相当的遗憾。

从历史来看，我们赶上了一个好时代。这个时代就是国家开始以经济建设为中心，发展是硬道理，鼓励民营企业发展，鼓励科技创新。我们得感恩好时代，以及政策的落实者们，更要感恩广大的消费者和人民群众。

我们也要感谢全国的消费者。老百姓的生活水平提高，对肉蛋奶的需求提升了，所以才给了我们巨大的市场。我们现在一年生产的肉蛋奶产品，有四五百万吨，比改革开放前全国一年的计划供应量也不少。我们要感恩，感谢社会给我们的肯定。

一个人、一家人本事再大，也只能做很有限的事。现在我们有10多万员工，大家通力合作、共同发展，才能不断进步。所以要感恩我们的员工。也要感恩上下游伙伴，他们帮助我们，支持我们，推动我们的发展。

另外我也要感谢我们的同行，包括竞争对手。我经常讲，正大集团是我们的老师。正大集团是我们最大的竞争对手，在饲料方面一直是行业第一。现在，我们从老二变成了老大，但我仍然要感谢它。它把先进的、科学的饲料技术、养殖技术带进中国，我们从它身上也学了好多东西。这些感恩、感谢是发自内心的，并不是口号。

当你有了感恩之心，对竞争对手、批评过你的人、对你不满意的人、离开公司的人，都有感恩之心的时候，就不会树敌。这样我能吃得下饭，睡得好觉，每天睡觉都特别好，这种心态有利于身心健康，对于企业的发展格局也是有利的。

我们四兄弟的发展是时代的产物。我们一直走得不错，能在各自的领域走到前列，加在一起的总体量已经不小，这是因为我们几兄弟有比较接近的文化，有比较接近的奋斗精神和拼搏意志。我们几兄弟都比较坦诚，做事简单，充满紧迫感，不做不该做的事，守规律、守法律、守制度、守信用、守承诺，这让我们不是一天两天、一年两年的发展，而是长期可持续的发展，让我们能迈过40年走到今天。

以上说的都是我们应该传承的价值。与此同时，我们也一直在创新。永言在科技领域，永行在重化工业方面，育新在农业领域，我们在数字化和生物科技方面，都有不少创新。我们向时代学习，向年轻人学习。我非常感谢 40 多年来夫人李巍的关心和支持，也很高兴看到女儿刘畅逐步成长为合格的企业家，儿子天天快乐健康地成长，一大批公司的年轻管理者正在成长和进步，正在接过老一辈创业者的接力棒。我希望新希望的下个 40 年更美好。

我们创业 40 年很不容易，现在是科技时代、数字时代、生物科技时代，接下来可能还会有各种新变化。唯有创新，我们才能在下一个 40 年继续进步和发展。一般来说，年轻人对新的变化最敏感。他们能最先获得时代的礼物，成为弄潮儿。我们就应该虚心向这些年轻的佼佼者学习，探索新生事物，学会把握新生事物所代表的新机遇。我们通过新机制、新文化和他们相结合，就能让历史积累的优势资源和他们的科技创造活力生成化学反应，爆发出新的能量。我觉得"新农味"就是有科技含量、有数据驱动、看得见青山绿水、让年轻消费者喜欢的现代化的农味。

总结起来，希望集团、新希望集团，如果说有一些体会可以给大家作为借鉴，那就是永远脚踏实地、认认真真地创造，永远向时代学习和进行自我变革与超越，永远怀着感恩之心，对待这个时代、这个社会、这个世界。

附录二

刘永好发言选编

奔向大海[①]

"辉煌人生是一个不断刷新自己的过程,即便不是为追求辉煌,人生也应该是在不断扩大自己的视野和发挥自己最大潜力的过程中实现自身的价值。"我这样想着,也一直努力这样做着。十多年前在"希望"经过十余年创业并获得了世人瞩目的成功之时,我开始构想一个"新希望"的梦想。当梦想成为现实,而且大大超出我们早先的期望,我要提出"新希望",追求新的梦想。这个梦想,就是要走出四川的崇山峻岭,进入江汉平原,继而奔向大海的梦想;这个梦想,是将各种有效社会资源重组整合,拓展"希望"原有的饲料行业,建设产业化大农业的梦想;这个梦想,是走一条混合型经济的道路,结合不同的企业从而最大限度地解放生产力,实现振兴民族农业的梦想;这个梦想,是需要一批又一批能人志士共同构造一个伟大事业平台的梦想。

三十年来,"新希望"已经做了很多,并且做得还不错。不少人认为"希望"已经是个传奇,新希望又是另一个传奇。然而"成功"也好,"传奇"也好,这些在我看来,也只是万里长征迈出的第一步。历史属于过去,未来属于我们。在未来的事业中,还没有多少人拥有我们这样的优势。全面构建产业化农业,这就是机遇,稍纵即逝的机遇。国家发展现代农业,解决"三农"问题的构想,正合我们大举进军农业的心愿。我们又一次抓住了历史的机遇,打造世界级农牧企业,这是"新希望"之希望所在。"新希望"自己刻苦努力,还要和同行联合起来共同努力。

[①] 2012年,刘永好向全体员工发表主题为"奔向大海"的公开信。

联合求发展,要有共赢的心态与我们的合作伙伴共同发展,让我们的合作伙伴尝到甜头。企业文化、利益格局、个性特点和思维方式上的差异有可能让人费心,然而,我们的共同目标是远大的。在大目标和大利益的驱使下,上述差异必然会在磨合中得到消除。这些年的经验告诉我,做小事赚小钱最容易产生矛盾,而有决心有能力做大事的人,往往是最好的合作对象。

我们要奔向大海,共创辉煌,离不开更多有志之士充满激情地参与。大事业是大家干的。不论"希望"也好,"新希望"也好,还是我们未来新的事业板块也好,都需要一批学有专长、朝气蓬勃、锐意开拓、踏实肯干的精英人才。我们要推出新利益结构,借以构筑让仁人志士施展抱负与才华的"人才高速公路"。在这里,不同层次的人才将各行其道,最杰出的将畅行如风,一日千里。

我们要奔向大海,首先,目标明确,沟、塘、堰、壑不是大海,河、湖、港、湾也不是大海,不能浅尝辄止,不能知足常乐,要坚韧不拔、九死未悔,不达目的决不罢休;其次,要有博大的胸怀,要知道奔向大海意味着自己要融入大海,而要融入大海,就要有大海般的胸怀;最后,要调整心态。今后,我们必然会面临更多的挑战,但目标已经确定,任何迟疑和犹豫都是错误的。用古希腊的一句格言来形容今天的"新希望",那就是:"愿意的,命运领着走,不愿意的,命运拖着走。"

大海在呼唤,让我们以最好的心态,以昂扬的斗志,以清醒的头脑,全力以赴奔向大海,奔向"新希望",在太阳已经升起的时候。

送给年轻人的三个锦囊[①]

各位老师、同学,还有线上的世界各地的同学们、亲爱的朋友们,大家好!

今天能够作为嘉宾受邀参加北京大学国家发展研究院(以下简称"北大国发院")暨南南合作与发展学院2021届毕业典礼,我深感荣幸。

其实我到过北大很多次,印象很深的至少有五次。第一次大概是53年前,我来北大听大学生的演讲。第二次大概在1998年,我作为民营企业家代表来演讲交流,刚才一个老师还给我看了当年的照片。第三次是2004年,北大国发院的前身——中国经济研究中心十周年庆典的时候,我来做了一个主题发言。当时很热闹,我讲了改革开放和民营企业的发展。2006年,我又一次来到北大,作为学生家长代表,来参加我女儿刘畅和同学们的毕业典礼。直到今天,我再一次来到北大,以一个嘉宾的身份,或

[①] 2021年6月,刘永好作为特邀嘉宾受邀出席北大国发院暨南南合作与发展学院2021届毕业典礼,并发表题为"送给年轻人的三个锦囊"的主题演讲。

者说以一个用人单位企业代表的身份来和同学们交流。我们公司有很多北大人，新希望的高管层里有一小半是北大毕业生，还有很多国发院的毕业生，今天也有来到现场的。

这一刻是同学们人生中最重要和隆重的时刻，我对你们表示最深切的祝贺！除了满满的祝福，我心中更多是羡慕。你们能在北大这样中国乃至世界的高水平学府完成学业，比起大多数人，可以说站在了更高的起跑线上。但如何在人生的马拉松中跑得漂亮、跑得持久，还需要不断探索。我作为新希望集团董事长，去年我们集团的营收已超过2000亿元，我深刻地认识到没有国家的改革开放就没有民营企业，更没有新希望的今天。明年就创业40周年，我们可以说见证和参与了改革开放的全过程。今天，我送给大家三个锦囊，希望对你们以后的人生有所帮助。

第一个锦囊是，毕业是学习的新起点。

我知道你们刚刚结束寒窗苦读，但我还是要说，希望你们继续保持学习，持续一辈子的学习。过去的学习是学书本的知识和前人的经验；而迈入社会后，你们要学习的是新的生存方式和新的技术工具，你们将持续处在边学习边使用的过程中。

我之前听一位北大学子说，本以为毕业是无限风光的开始，但没想到毕业那一刻就是人生最高光的时刻。这可能是自嘲，但知识的快速膨胀和更新、激烈的竞争，会快速稀释当下的优势，以积极的态度和辛勤的投入去学习才是较好的解法。

有人说，我是企业家里的常青树。如果非要我说一个秘诀，那就是学习，持续不断地学习。我有随身带个小本子的习惯，不管和谁沟通交流我都习惯边听边记，到哪里参观考察我也是一边拍摄记录一边思考学习。

在新希望，我们"三像文化"里有一个文化是"像学校"，我们以同学互称，把学习看作和空气、雨露一样的自然存在。学习不仅让我今天能站在这里和你们分享一点可能有用的经验，让我拥有还能和你们对话的头脑，更让我在工作和生活中看到了人生的颜色。坚持学习、不要停止，学习会给你带来好运气，这是我送给你们的第一个锦囊。

前几天我参加亚布力论坛接受媒体采访时被问到怎么看待年轻人的"躺平"文化。我当时说："要相信年轻人，不能因为他们吃的苦少就责备他们。"其实因为时间关系这句话没有说完整。我们那个时代很辛苦，我知道今天的你们也很辛苦。当年我们的辛苦是吃不饱饭、干不完活。今天你们的辛苦或许是买不起的房和加不完的班。每个时代的辛苦不一样，使命也不一样。但正是一代又一代人生生不息地学习、创新、坚持和奋斗，才造就了中国今天的发展奇迹。北大从来都是弄潮儿们起舞的地方。

去年我们国家实现了全面脱贫，这是了不起的成就。未来，还有更伟大的目标要我们一起去实现！乡村振兴的大幕已经拉开，经济高质量发展的目标还要我们实现。现在纵然辛苦，但20多岁的辛苦在过来人看来，十分令人羡慕。因为你们有的是时间，困难和希望等着你们呢。

在历史的长河中，北大的先贤们曾经引领过时代和国家的前行，北大的学子不仅要做一个有用的人，更要做一起推动时代巨轮的人。未来世界是什么样，我相信你们会知道！

第二个锦囊是，永远坚持值得坚持的事。

你们的坚持，可能会改变世界的未来。新冠肺炎疫情还在持续，国际格局依旧动荡，我们处在世界百年变局的风口潮头。奋斗的道路一直就不容易，今天迈入社会的你们，可能会遇到困惑、阻碍和机会。你们会发现很多问题都是全新的，是书本里没有答案的。特别是人工智能和数字技术带来的颠覆，让所有人都站在同一起跑线。在转型和创新上，甚至没有人能告诉你们什么是对、什么是错。

你们可能还会感受到，一腔热血和满身干劲处处碰壁、不被认同；你们可能会觉得为之奋斗的事业不过如此；你甚至会对遇到的不公和自己的无力感到失望。你们可能问得最多的问题是：我到底该坚持，还是妥协？

年轻人，这个时候你要警惕，不要坠入平庸的深渊。我们可以平凡，但不可以平庸；平凡是一种选择，但平庸是一种逃避。没有一个问题，是因为逃避就消失了的。我记得姚洋院长在2019年毕业典礼说过："如果同学们想让这个世界变得更好，那就做个堂吉诃德吧。"

是的，当这个社会处处充满成功学，当精致利己主义悄悄蔓延，我希望有人认定自己的目标，勇敢地坚持。在你的经历中，有不适应吗？那就去改变！有不甘心吗？那就去奋斗！你们的样子，或许就是世界的样子。

但是，坚持不是固执。我希望做一个充满智慧的创新者，做一个带上防护设备的冒险家。我希望可以放下骄傲、打开心胸，走到社会的智慧和实践中去，让坚持在土壤中扎根。这一路，可能有一些当下不能认同的，也可能有一些不理解的，但成长，从来就是坚持与妥协的两难，我希望用有原则的妥协保护好值得坚持的坚持，保护好那个永远前行、永远勇敢的堂吉诃德。

新希望也是一家在坚持和妥协中成长的企业。40年间，我们不停地在成长，但也经历过诱惑、彷徨和低谷，我们改变了组织方式和激励方式。但是，我们坚守的初心从未改变。现在的新希望不只是一家企业，我们用品牌、资金、管理等为年轻创业者们赋能，打造一个共同成功和发展的平台。

我还想说：不要害怕失败！因为失败是有价值的，失败的经历是宝贵的，它使一个人更有韧性。去年我们招收了一万名大学生，面试的时候我们总会问一个问题：你经历过什么失败吗？我更喜欢有失败经历的人，他们更有经验，成功概率反而更高！

送你们的最后一个锦囊是：在这一生请尽最大可能保持诚实。既要对他人诚实，同时也要对自己诚实，对社会诚实。

在新希望的文化中，阳光正向、善良守信、简单直接、坦诚透明是基本准则。我们相信坚守这些准则能帮我们走得更远更长久。

新商业文明不仅呼唤诚信，也在奖赏诚信。那些好的产品，对用户诚实的企业，会被肯定。对于个人来说，一个诚实、专业、厚道的人，是当今社会最吃香的人。特别是一些同学，可能走向创业、走向政府部门、公益岗位，我更希望你们保持初心，坚守诚实，永远对弱势群体保持同情心，对规则保持敬畏心，对社会保持回馈心。

践行社会责任一直是新希望最重要的工作之一，从1994年发起光彩事业到2021年"永好公益慈善基金会"启动，助力国家乡村振兴战略的"五五工程"，我们一直在探索如何更好地回馈社会。

今年3月，我到北大跟邱水平书记、姚洋院长、陈春花教授讨论如何助力乡村振兴的新农人培训项目。陈春花教授曾经在新希望担任过6年两任总裁，对新希望发展帮助很大。我们决定向国发院捐助一笔款项，这笔捐赠除用在教学楼外，我们还希望做一些让更多人受益的事。针对新农人培训，我们启动了"10万绿领公益培训"计划，如今这个培训已经持续三年，超过6万人受益。接下来，我们将与国发院联合开展"村长班"公益培训项目，对50名来自全国乡村的基层干部进行培训，为培养乡村基层治理骨干出份力。

亲爱的同学们，今天的你们是天之骄子，会走向各行各业。但是作为北大学子，我希望你们更多去关注制造业、智慧创新、医疗健康等产业。关注这些民生产业、民族脊梁的行业。可能这些行业不是最光鲜的、最赚钱的，但是只有这些行业强大了，中国才有未来，才会更有希望！

新希望以"让生活更美好"为初心和使命。我们布局了一些行业，有些很赚钱，有些很体面。但是40年来，我们从来没有偏离初心。我们总在想，怎么把最新的技术和管理用到最传统的行业中去，让它焕发生机！

目前，新希望已成为一批优秀年轻人的创业营，他们把生物科技、数字科技和人工智能，创新地运用到了生产和管理中，让农牧食品业变成又潮又酷的事情。他们在合伙人平台上做冷链物流、宠物食品、医美健康、数字城乡……搞得热火朝天。

说来我们新希望和北大也颇有渊源，我女儿刘畅曾经在国发院求学，我们集团的高管有近一半是北大的校友，我们的员工也有不少来自北大、来自国发院的师兄师姐，我们欢迎更多来自北大的优秀青年来新希望大展拳脚！

今天我们毕业生里还有南南学院的同学，你们有许多来自发展中国家。新希望集团海外员工有近2万人，在发达国家和发展中国家有50多家企业。我们国际化的探索和发展，对你们会有一定的参考价值和借鉴意义，我也欢迎你们来到新希望交流和学习！

最后，我想送给大家一句话：愿你们未来的路充满发现、充满活力、充满收获。同学们，带上你们满满的智慧行囊，去探险吧！明天，我将对你说：欢迎你，新鲜人，好兄弟！

变化常有 希望常新[①]

过几天就是端午节,我们此时此刻在这里召开 2021 年年会,可见这一年有多特殊。今年年会的主题是"大变局下开新篇"。一个"变",一个"新",我想是这几年大家体会最深的两个字。

我今天首先想讲的是"变化常有"。20 世纪 80 年代我们几兄弟靠养鹌鹑赚了第一桶金,人人都以为这是门好生意的时候,情况却发生了大变化,规模的快速膨胀导致市场极有可能因为过剩而崩盘,于是我们忍痛处理掉了自己家价值几百万元的鹌鹑。

2011 年,新希望的销售额超过 800 亿元,我们觉得迈过千亿元大关不过一年两年的事,但随后的六七年都在徘徊,直到 2018 年,我们才达成这个目标,然后一路开挂,去年达到了 2181 亿元。那些年我们一直在思考,依旧是这些人,依旧做这些事,依旧一样努力,为什么增长不行了?复盘的结论是,世界变了。

新希望明年就是 40 周年了,我们也将步入"四十不惑"的年纪。四十年对我们来说既有值得总结的教训,更是经验的积累,同时也对企业的发展有了更清醒的认识、更深的定力。特别是这些年我们对"变化常有"深有体会,也正因为时刻绷着这根弦,我们才能居安思危,才能自我颠覆。但是,今天这样极速又剧烈的变化确实很多在我们预期之外,从历史上看,这些变化足以称为"大变局"。

从站位定义大变局

大变局是好事还是坏事?我认为站在不同的格局,你得到的答案肯定不一样。

前几年我们讲国际、国内形势的变化,讲数字科技给产业和公司带来的变化,讲互联网让人们的生活和消费发生的变化。去年一场突如其来的疫情,将一切本来还是趋势的变化都迅速变成了现实。

首先,中国所处的国际环境发生了变化。前几轮工业革命中,中国基本处于一个边缘化的位置。而在最新一轮工业革命中,中国有可能成为潜在的引领者之一。角色的转变对中国发展提出了更高的要求,也将我们推上了人类技术攻坚克难的前沿。从一次次的科技摩擦中我们可以看出,这一变化是压力,也是动力,让中国制造在经历了模仿和追赶的周期后,真正步入创新期,争取为科技发展做出更大贡献。

其次,企业发展的动能发生了变化。过去,数字化是锦上添花;疫情中,它是雪中送炭;而在未来,它会成为必然趋势。无论是传统产业还是新兴产业,都无法逃避这一趋势,人工智能、移动互联、大数据等新技术将深刻地改变人类的生产组织形态、

[①] 2021 年 6 月 8 日,刘永好受邀出席 2021 年亚布力中国企业家论坛第二十一届年会,以"变化常有 希望常新"为题做开幕式演讲。

国家治理形态以及人们的生活方式，其影响前所未有。

拥抱新科技，不再是某一类企业的专利，像我们这样以农牧食品为核心的企业，其实早早就在关注、布局，我们可能比纯技术类企业还要饥渴。今年，我们将继续加大生物科技和数字科技的投入，保证技术和管理都能做到持续创新，都力争走在行业前沿。

再次，消费者发生了变化。中国经济的快速发展，导致我们每一代际的消费者都有着巨大不同。今天，90后、00后逐步成为消费主体。他们理性、多元、视野广阔；他们不卑不亢，既有相当的专业知识，又有极强的民族自豪感；他们的消费场景和消费渠道和过去完全不同。

这几年我们都在说国潮，今天来到会场的冷友斌先生领导的飞鹤奶粉，高德康先生创立的波司登羽绒服，都是这波国潮兴起的标志。我们的消费者不再以国产还是进口为标准来选择商品，而是真正回到产品本身，这是中国品牌崛起的机会。

不仅如此，这样的消费者，还有利于市场价值观的重塑。我所知道的一个消费品品牌，过去五年花了大价钱去做品牌营销和包装，让自己看起来像个外国品牌，现在又找咨询公司，花大钱想再做回中国品牌，这说明中国品牌的新价值凸显。新潮、理性的消费者有助于让市场价值观回归常态，有助于企业将注意力集中到产品和消费者本身，更有利于我们打造更多的世界级品牌。

所以，站在这些角度看，大变局来了，我们就把它当成好事，以最积极的态度去迎接。我们新希望的文化是坚持"快半步"、持续迭代的创新思维，坚持客户为本、市场导向的经营宗旨，用积极、向上、向善的观点看待一件事，为之而努力，从而得到好的结果。

新篇章需要新逻辑

其实过去这些年，我们对变局已经讨论得不少。但2020年的疫情，确实更为深刻地改变了这个世界，而且这种改变还在延续。所以即便到了2021年年中，我认为说"新开篇"也还是很有意义的。

"大变局"之下，如何谋划"新篇章"？要让新的东西进来，就要清掉旧的东西，而旧的东西也不是完全没用，所以，重新对企业文化进行复盘和修订是企业在变局中寻求新篇最为重要的事。

2020年，新希望最重要的一件事就是对我们的企业文化进行了全盘的梳理，我们发布了"新希望企业文化金字塔"，确定一个使命、两个愿景、三像基因、四维价值观和五新理念。我们举行了第一届企业文化节，派出文化宣讲团，确保我们十几万人的队伍都明白新希望是一个什么企业，我们要做什么样的事。这件看起来费时费力的事经过一年的沉淀后产生了极其重要的影响，统一共识不仅让我们在特殊年份迈上事业的新台阶，也为发展扫清了很多矛盾和障碍。

自我革新往往是新篇章的开始。我女儿刘畅常跟新员工讲，我这十年做得最对、最难的事情就是从"大王"的宝座上走下来，去成就千千万万的奋斗者。

过去我被称为"鹌鹑大王""饲料大王"，但是大王只有一个，人们的观念里做到最极致就是"大王"。但"大王"是有时代局限的，这个局限是强调个人的权威，而现在大多数企业的问题是激活组织的问题，是带动队伍的问题，我们要动员更多管理者的积极性，创造人人争做创业家的组织。

互联网所带来的大变革让我们意识到，这是一个百花齐放的时代。大企业要奋斗，小企业也有机会，关键是谁满足了需求，谁解决了痛点。所以我们把新希望变成"平台"，去做赋能，我们把游戏规则改成"看谁贡献大，看谁还活得久"，而不是"看谁做大王"。我们希望在新希望的体系和框架下，走出更多细分领域的鸡凤、牛头、独角兽……

大家可能会问，这三个是什么物种？鸡凤更像小而美的小微企业、家庭作坊，它们虽然规模不大，但是勤勤恳恳、精益求精；牛头则代表了那些默默奉献、吃草挤奶的拼搏型企业，它们通过奋斗达到一定的规模，成为推动行业进步的重要力量；而独角兽大家比较熟悉，是指那些估值超过10亿美元的科技型潜力股。鸡凤代表小微企业先锋，牛头代表转型升级力量，独角兽代表未来科技趋势……由它们所引领的千千万万中国企业，构成了精彩的风景线。

常有人问我，现在的新希望是个什么样的企业？我回答，我们正在从一个企业转向一个平台，我们希望赋能不同类型的企业和创业者，为他们提供不同的支持，帮助他们在各自的赛道上尽情发挥！

所以，我们对我们的文化和组织进行了大刀阔斧的改造，在"五新理念"的推动下，在合伙人制度的实施下，新变化在发生。针对市场的需求，新希望乳业推出24小时系列产品，让消费者喝上24小时内的鲜奶；我们的小酥肉在某头部直播间6秒卖掉五万份；我们的正宗法式火腿摆上了高级商场的货架……目前，我们有100多家合伙企业，约500位合伙人。

还有我们的冷链物流、智慧城乡、医疗环保、智慧养猪……我们的组织更像热带雨林，精彩纷呈、生生不息。

新时代下的新责任

最后，我还想说一点。大变局下的新开篇，不仅要求我们思考生存发展之道，更要重新思考企业的社会责任，将社会责任放在更重要的位置，这也决定了这个企业的发展方向。

今年，我们结合国家乡村振兴战略又提出了"五五工程"，包括：未来五年要投资500亿元，振兴乡村产业；新增5万就业岗位，带动大学生、农民等农业从业者就业；公益培训5万绿领新农人，助力乡村人才振兴；服务5万涉农主体，帮扶农户及中小微企业成长；建设5个乡村振兴示范基地，打造数字化乡村振兴样板。

我们为农业从业人员提供从技能到资金、再到市场的全方位帮扶。将农牧这个古老的产业和现代生产方式相结合，然后让更多人从中受益，这是我们探索的一条多赢之路。

2020年，我们走过了艰难的、如泣如歌的岁月；2021年，百废待兴，虽然很多中小企业依然面临不少困难，但希望犹在。我们完成了这个从0到1的艰难跨越，前路漫长，我相信，我们一定能在从1到100的道路上稳步前进。

变化常有，希望常新！我们对未来充满感恩、敬畏，更充满信心！谢谢大家！

坚持长期主义，走向基业长青①
——刘永好董事长给员工的一封信

今天，《财富》杂志公布了"世界500强"企业最新的排行榜，新希望控股集团首次上榜，位列第390位，是今年归类于"食品生产"类企业中唯一的中国上榜企业。

作为一个创业40年，始终坚守以农牧食品为主的企业，进入世界500强标志着我们在成为世界级卓越企业的道路上又迈进了一步。此刻，很多新希望人仍像过去的每一天一样，正在自己的岗位上辛勤耕耘。

首先，我想表达感谢。我谨代表集团，向为我们共同事业辛勤付出的全体新希望人和你们的家人表达真诚的感谢和衷心的问候，是你们的坚守和努力，新希望发展成为拥有一定世界竞争力的农牧食品民营企业。农牧食品业是最基础的产业，不是高利润和高收入的行业，通过40年的坚守，新希望成为世界500强不仅是对我们过去阶段性努力的肯定，也是对从事农牧食品等其他实体企业的一种激励，对保证供应、满足人民生活水平提升的需求和推动产业规模化、现代化发展都有积极意义。

新希望人共同塑造了勇于吃苦、坚韧不拔、追求卓越、专业专注等组织精神和发展理念。我常听到别人讲到新希望时说："这是一个实干型企业。"这让我很骄傲！

以一个使命、两个愿景、"三像"基因、"四维"价值观和"五新"理念为主体，根植大地的新希望文化金字塔已经成为企业发展的内生养分。作为新希望新商业文明的一部分，我们共同打造的企业文化已经具备较好的自生能力，支撑着我们的传承和创新，让新老两代新希望人都为同一个目标而努力。

其次，我要表达感恩。新希望的发展首先得益于时代和国家的发展，我们是改革开放的受益者、参与者和推动者，我们感恩时代、感恩国家，对来自各界的关心和帮

---

① 2021年8月2日，在新希望第一次位列《财富》杂志世界500强后，刘永好向全体员工发布主题为"坚持长期主义，走向基业长青"的公开信。

助感恩在心。自创业之初,我们就深知企业发展和社会责任密不可分。新希望的发展史,也是一个民营企业探索如何更好承担社会责任的变迁史。

从倡议发起"光彩事业"产业扶贫,到积极参与"万企帮万村"精准扶贫,再到今年联合倡议"万企兴万村"活动,践行社会责任和发展企业就像新希望的两条腿,一直在协同奔跑。

今年两会期间,我们根据国家部署正式提出响应乡村振兴战略的"五五工程"。未来五年,新希望集团将联合"永好公益慈善基金会"等,在乡村产业振兴、解决就业、绿领培训、中小微企业帮扶、建设现代乡村振兴示范样板等五个方面发挥龙头企业带头作用,争做"乡村振兴排头兵"。

未来,我们不仅要做好发展企业的本分,更要在"希望,让生活更美好"的责任和使命上做更多探索和实践。

最后,我要分享一点感悟。今年,新冠肺炎疫情的持续让许多行业面临不小的压力,集团旗下部分板块遇到一些困难。特别在非洲猪瘟和猪价下行等因素的影响下,国内整个生猪养殖板块承压,我们也是其中之一。

对于任何企业来说,困难和挑战都是常态。新希望40年,就是在一个又一个的困难和挑战中发展起来的。不逃避问题,不惧怕困难,抓住时代红利,迎接时代挑战,让每一次困难成为发展突破的机会,是新希望做大、做强、做久的秘密。

这些年,我们在组织和制度上做了许多工作。"转换新机制、任用新青年、探索新科技、布局新赛道、担当新责任"的"五新"理念曾帮助我们突破千亿元营收平台,驶入发展的新轨道。

复杂多变的大变局时代,人工智能、移动互联、大数据等新技术正深刻地改变人们的生产和生活方式,数字化过去对企业是锦上添花,而今天已经成为必然趋势。进入新阶段,我们又提出"科技驱动、卓越运营、组织再造"十二字经营方针。今年,我们将继续加大生物科技和数字科技的投入,保证我们技术和管理都能做到持续创新,都力争走在行业前沿。

新希望明年就创业40年,到了不惑之年。"不惑"的意思是有了一定经历和经验后,不再被表象迷惑,有自己的判断力。我们的经验和判断是什么?坚持长期做正确的事、做利他利己的事、做对社会和国家有益的事。漫漫岁月长河,坚持长期主义让40岁的新希望依旧充满青春活力,我相信,胜不骄、败不馁的长期主义战略定力也会帮助我们穿过一个又一个周期,走向基业长青!

同学们,进入世界500强是对我们40年奋斗的一个鼓励,更是对未来奋斗的期许和鞭策。今天,也是新希望和哈佛商学院联合举办的"数字化转型战略加速项目"的启动仪式。站在新的起点上,我们相信未来40年更会有新的机遇,新的挑战,我们要保持初心、拥抱创新,以阳光正向、善良守信、勇于吃苦、坚韧不拔的新希望精神迈向新征程,为我们共同的充满希望的事业继续奋斗。

再次感谢大家,祝福大家!希望,让生活更美好!

继续远航[1]

今年的春天,让我们特别期待。"三年大疫"可能终结于这个春天,重启的希望就在眼前。前些日子,各个社会细胞都在负重前行。企业家们不再讨论风口上的猪,从巨无霸到个体户都在思考怎样降本增效,为活下去勒紧裤腰带过日子,大家都在期盼春天早一点到来。

十年前,我写了一封信,我们要走出四川的崇山峻岭,进入江汉平原,继而奔向大海。今天,新希望已连续两年进入世界500强榜单,今年也被《财富》杂志评选为"2022年最受赞赏的中国公司"。我们从规模上已经是一艘航行在海上的大船。在充满风浪和机遇的迷雾中,在茫茫大海上,这艘船该去向何方?

一艘大船,首先要"承载"责任。发展到今天,新希望已不单是一家民营企业。从我们十多万员工的生计到他们的家庭关切,从中国肉蛋奶的头部供应商到世界饲料产业的龙头企业,从企业自身的发展再到我们已有的100多个合伙企业和近500个合伙人的生态体系……今天,我们已经不再单纯追求规模和增长,而是争取能活得更久、更强,保障食品的安全供应,满足老百姓的消费需求,同时也为更多人创造发展的机会,是新希望的职责所在。

这十年,新希望做了很多尝试。我们打通从田园到餐桌的全产业链,让相关中小微企业加入这个体系,给它们助力,帮它们发展,和上下游供应商共同努力,打造了新希望坚实的农业食品产业链;我们构建多个合伙人生态体系,依托新希望40年的积累,赋予它们品牌力、文化力、资源力、管理力,一个个鸡凤、牛头、独角兽诞生的同时,新希望也在前沿赛道上找到自己的新活力;我们将光彩事业和农村培训作为公益事业的核心,十万"绿领"新农人培训已完成超8万人,乡村振兴"村长班"在基层管理者培训上摸索出一套新模式。作为老农人和广大农民的朋友,我们从来没有忘记血肉相连的乡村和土地。

一艘大船,还要迎得了风浪,经得起考验。新希望人是产业上的耕耘者,我们很幸运地投身在民生产业。2022年,和很多企业一样,我们也面临了诸多的压力。行业的周期、政策的调整、市场的变化,都对我们的经营有直接、间接的影响。今天,企业的经营环境已经有了大的变化。我们要生存、要发展,必须降本增效。我们要靠产

---

[1] 2022年12月31日,刘永好发表主题为"继续远航"的2023年新年致辞。

业的优化，靠扎实的经营，靠技术创新、管理创新、组织创新，不断在经营中夯实产业成果。我们要坚持我们的"五新"理念，坚守我们的文化价值观，去繁就简，去粗取精，回归经营的本质。我们要持续地"为耕者谋利，为食者造福"，为我们的消费者、合作伙伴带来更多更好的产品，"希望，让生活更美好"。

一艘大船，还要跟上趋势，引领潮流，争取航行得更稳更远。作为世界用粮大户，新希望提出开展"节粮专项行动"。通过育种、饲料配方、科学养殖三个方面每年降低1%的用粮消耗，即可节省约30万吨粮食和70万亩良田的地力，5年累计可节粮150万吨，相当于超过300万亩良田地力。我们正联合20多家单位成立节粮联合体，发动社会各界一起来节粮。我们在思考如何降低发展能耗、提高发展效率，为子孙留下更好的生态和更多资源。

我们用现代科技让农业这个古老的行业焕新。我们用生物基因技术推动种猪"芯片"研发的突破，用数字化技术优化饲料配方和养殖管理；我们把柔性机器人和智能化技术应用到农业和食品生产场景中，将数字孪生系统加入生产和经营管理中……生物科技和数字科技两手都要抓，我们希望通过持续去做这些难而正确的事情，让这个行业跟上时代的潮流，发挥大船的责任和作用。今年是新希望创建40年，我们通过文化引领、科技创新、组织变革和管理提升推动这艘大船迎风破浪行稳致远。

在已经过去的2022年，我们和我们的家人都经历了很多不容易。生活还要继续，生活还有梦想和远方。我们看到老将梅西在卡塔尔捧起了大力神杯，普通人的英雄梦和圆满童话在年尾有了最好的脚注；我们也看到新希望的年青一代同学们正在书写时代的新梦想和新篇章，新希望的下个40年和再下个40年要靠他们去创造。

在2023年来临时，我们还在大海上，尽管还会有狂风巨浪，但我们看到了新年的第一缕曙光。万物之中，希望至美；赤诚之心，永远向好。同学们、朋友们，让我们扬起风帆，向大海更远处航行，奔向新的希望！

坚持"授人以渔"为乡村振兴提供有力人才支持[①]

2021年7月1日，在天安门广场庆祝建党百年的活动上，我作为民营企业和改革先锋的代表聆听了总书记的讲话。总书记谈到经过党、国家和全国人民的努力奋斗，我们实现全面脱贫，这是一件非常了不起的大事。1994年，在中央统战部、全国工商联的支持和帮助下，我们十位民营企业家共同倡导发起了"光彩事业"。27年过去了，

---

① 2021年7月16日，在全国"万企兴万村"行动启动大会上，刘永好发表了"坚持'授人以渔'为乡村振兴提供有力人才支持"的主题演讲。

一大批民营企业家在光彩的旗帜下到老少边穷地区、到贫困地区，去扶贫、投资、发展，通过产业扶贫的方式为国家的扶贫大业做出了民营企业应有的、积极的贡献。

扶贫攻坚取得决定性胜利，国家又发出了乡村振兴的号召。我作为一个从事农业产业的民营企业家感到非常高兴、兴奋，这是国家的号召，是广大农民的期盼，是全国人民的心愿，这也是我们正在做的事。国家吹响了乡村振兴的号角，我们应该奋勇直前，我们民企更应该在乡村振兴大业上付出我们的努力、激情，心和血。

今天全国工商联、农业农村部、乡村振兴局、光彩事业促进会组织召开"万企兴万村"启动大会。从"万企帮万村"到"万企兴万村"，我们要继续发挥民营企业的优势，用热血和拼搏在乡村振兴大业上发出我们的光和热，做出我们应有的贡献。

今天我们10位企业家聚在这里，发出《让我们积极投身到"万企兴万村"行动中来》的倡议。这是光彩事业在新形势下的延续和发展，是民营企业在新时期响应党和政府的号召，也是我们最较为国家、为社会、为人民做的事儿。

新希望经过40年创业，已经有一定规模和能力。我们结合集团产业、发挥自身优势，响应和践行乡村振兴。我们提出用五年时间助力乡村振兴做五件事，简称"五五工程"：投资500亿元助力乡村产业振兴；新增5万就业岗位，带动大学生、农民等农业从业者就业；公益培训5万绿领新农人，助力乡村人才振兴；服务5万涉农主体，帮扶农户及中小微企业成长；建设5个乡村振兴示范基地，打造数字化乡村振兴样板。

山东是我们重要的产业和投资基地，截至目前，新希望集团在山东省共有200多家企业，员工4万人，在鲁总投资额达300亿元人民币。2020年，我们在山东的销售收入是516亿元，潍坊也是我们新希望集团重点投资地方之一。

作为一个老农人、一个企业家，我们认识到乡村要振兴，人才是关键。

2018年，新希望发起了"十万绿领新农民培训"，计划用五年时间义务培训十万"绿领新农人"。

截至去年底，我们已线下培训6.1万人，总结形成"5+N"的特色培训体系，即一套标准流程、两版专业教材、三类精品课程、四个支持机构、五种师资来源，以及N个特色示范培训基地。

流程方面，针对"新农民"群体年轻化、群体化、有较强学习期盼的特点，形成了一套可复制、标准化的培训操作手册。这套流程在全国数十个县、市推行，大大提高了培训的规范性和可操作性。

教材方面，我们编制了两版专业教材，包括涵盖养殖、旅游、电商等课程的纸质教材和注重现场操作和演示的视频教材。这些教材是我们组织专家、技术员和培训导师结合农业实践加以总结编制的。

根据农民需求和农业发展阶段的不同，我们开发了三类精品课程。一是侧重培训拥有专业农业技能的新型"技术农民"。

新希望与山东畜牧兽医职业学院 2018 年在潍坊联合设立新希望六和农牧学院，设立现代学徒制班，一年半在学校学习，一年半在企业实习，3 年学习毕业后可拿到大专学历的毕业证书。目前学院已累计培养 375 名现代学徒制学生，并培养绿领新农民 3061 人，累计为企业输送的 1375 名学生，其中大部分成为农业领域的管理骨干，更有一批人成为新型家庭农场主和农村创业能手。

二是为了进一步发挥"农村创富带头人"作用，针对性地开展了创业知识和产业链搭建等方面的课程，我们在山东的青年农场主培训、在江苏句容的电商培训都非常受欢迎。

三是进入乡村振兴阶段后，我们关注到高水平乡村治理的需求，今年计划与北京大学国家发展研究院联合设立"村长班"项目，对乡村的基层管理者进行针对性培训，这是与时俱进、不断地提升培训能力和水平。

为了有力支持十万新农民的绿领培训，我们先后组建成立了四个支持机构，包括项目专项工作组、"永好公益慈善基金会"、新希望产业学院、全国农村产业融合发展联盟，分别负责各个项目的部署执行、资金支持、培训搭建和整合师资等任务。

师资是我们培训中的重要环节，在这过程中，我们整合了五种师资来源：

（一）合作院校的老师和专家负责农业基础课程的教学；

（二）产业学院老师负责日常教学培训，企业各业务板块专家负责课程审核把关；

（三）公司高管团队负责指导商业运营实训；

（四）合作院校专家学者负责科研支持；

（五）跨领域企业导师负责拓宽学员知识面。

通过整合这五类师资力量，努力实现对受训学员的全方位拓展提升。

这些年，我们成立了 N 个绿领培训基地。通过与中国农科院、四川省旅发委、江苏农林学院、山东畜牧兽医职业学院等单位合作，已建设 9 个以青年农场主、农村电商、乡村旅游、农业创客、畜牧业和种植业为主要培训方向的特色培训基地，实现了优势互补、资源共享。

绿领培训今年已经第四年，取得了良好的效果。贵州 56 岁的周绍银因非洲猪瘟亏得一塌糊涂。在最绝望的时候，老周想起了参加过贵阳新希望的绿领培训。他联系上了培训时的技术服务专家，顺利解决了技术上的困难。2019 年，老周严格按照非洲猪瘟防控流程操作，不仅挽回了年初的损失，全年还赢利 50 万元。

再比如，2021 年 7 月 13 日我们在宁波建立的希望的田野·余姚横坎头田园综合体正式开业，四明山新希望绿领学院是其中一个重要的组成部分，这个绿领学院开展培训已经两年了，公益培训了千余名新农人，还打造了一套"溯源＋标准＋设计＋品牌＋新零售"模式发展"绿品"，带动了当地农户累计增收数百万元。

万企兴万村，民营企业在行动。今天在高云龙主席的带领下，我们一批民营企业家来到山东,参与到"万企兴万村"行动大会中。我们见证了乡村变化、参与了乡村振兴、推动了乡村发展,我很自豪,也深感责任重大。希望大家能够在"万企兴万村"的新征程中一起参与、一起推动、一起见证,在乡村振兴的宏伟蓝图上,绘就出我们民营企业浓墨重彩的新篇章!